陪孩子终身成长

李旭影 编著

吉林出版集团股份有限公司
全国百佳图书出版单位

图书在版编目（CIP）数据

理性教育. 陪孩子终身成长 / 李旭影编著. -- 长春：吉林出版集团股份有限公司, 2020.8

ISBN 978-7-5581-9044-5

Ⅰ. ①理… Ⅱ. ①李… Ⅲ. ①儿童教育－家庭教育 Ⅳ. ① G782

中国版本图书馆 CIP 数据核字 (2020) 第 167177 号

前言

把孩子培养成材，是每个家庭的重任，也关乎国家的希望、民族的未来。

但你有没有发现，伴随着教育水平的整体提升，整个社会却越来越焦虑。

很多人都在喊：“别输在起跑线上！”

很多人都在找：哪里有成功的保障？

于是乎，各种学前班、培训班、特长班、兴趣班一股脑儿冒出来，从幼儿园到高中，全方位、一条龙，让人眼花缭乱、欲罢不能。其实，所谓“别输在起跑线上”，是违背孩子成长规律的极其短视的功利行为，家长与社会，学校与老师，都不应该拔苗助长。

有一个著名的笑话：

一个父亲对儿子说：“你真不知道害臊，华盛顿像你这么大的时候，学习成绩总是名列前茅！”没想到儿子打断父亲的话说:“是的，爸爸，不过他像你这么大时，都当总统了！”

这个笑话不仅说明父母怎么做，孩子自然会跟着学，所以要注重言传身教，同时也强调了终身学习与终身成长的重要性。

一个不容忽视的事实是，教育，尤其是对青少年的教育的本质，其实是陪伴。但我们通常是怎么理解教育的呢？要么是灌输，要么是花钱请人灌输。要么是强制，要么是花钱请人强制。自以为有钱就能包打天下，自以为只要自己挣到足够多的钱，孩子的未来就有保障。

时至今日，许多家长仍未能摆脱老观念的统治，总觉得学习是学校里的事，走出学校后就不需要继续学习了。花几千块钱买一件高档时装，甚至花几万元买一个包包，一点不嫌贵，但从钱包里掏几十元钱买本书会觉得难以承受。他们往往舍得在子女身上进行教育投资，却忽视了对自身的教育投资，把对自身投资的重点放在吃、穿、住、行、用和保健上。对此，罗曼·罗兰很早以前就明明白白地指出："成年人慢慢被时代淘汰的最大原因不是年龄的增长，而是学习热忱的减退。"

想教育好孩子，请先反观一下自己。孩子固然需要培养，但家长也不能止步不前，所以我们才推出了《陪孩子终身成长》这本书，在强调长跑的同时，强调陪跑，和孩子一起成长，共赴锦绣前程。就像"唐宋八大家"之一的苏洵，少壮并未努力，27岁才发愤读书，后来与两个儿子（苏轼、苏辙）并称"三苏"，青史留名。

既然这本书强调"终身成长"，那么它显然不能停留在大众过于聚焦的分数和传统成功学范畴。同样是成长，有的人长成了栋梁，有的人成了歪才，还有的人高分低能，百无一用，成了"读书无用论"的案例。可见，成长是一个系统工程，成功则是一系列成功品质的集成。

同理，我们都知道一句话，叫“富不过三代”，以前人们的关注点总是财富的传承，其实在根源上追溯，这些财富最初是怎么来的呢？不出意外都是通过汗水与智慧得来的，其背后是一系列的优秀品质。当人们在质疑那些富二代或富三代时，本质上也是在质疑他们的品质。优秀的品质不能传承，成功的精神不能传承，再多的财富也是枉然。

说到底，我们就是要摒弃那种狂热、高压的教育方法，不再满足于让孩子习得优秀的外在技巧，转而注重孩子与自身的内在力量和精神品格的养成，这才是孩子成材、家庭兴旺的关键。

目录

第一章　勤奋——通往成功的阶梯

第二章　自信——成功的人生始于自信

第三章 行动——在行动中实现梦想

第四章 认真——成功就怕“认真”二字

第五章 坚忍——在充满荆棘的道路上奋进

第九章　惜时——成功属于善用时间的人

第一章

勤奋——通往成功的阶梯

俗话说，天下没有免费的午餐。要想收获美好的果实，就必须付出辛勤的劳动。勤奋是对成功的最好注解，也是通往成功的必由之路。勤奋是成功的秘诀，懒惰是成功的大敌。青少年要有所成就，就必须克服懒惰。一勤天下无难事，青少年时养成的勤勉努力的习惯，就会成为终身受用的法宝，它会伴随着你克服困难，取得人生的成功。

成功属于有刻苦精神的人

哪里有超乎常人的精力与工作能力，哪里就有天才。

——李卜克内西

成功属于有刻苦精神的人。英国小说家特罗洛普刚刚从事写作的时候，一个作家的建议使他受益终生，后来，他又把这句话送给了罗伯特·布坎南。他说："如果你想成为名垂千古的作家，在坐下来写作之前，先放一点鞋匠的粘胶在椅子上，有这样的创作精神才有希望成功。"

索尔·德拉克鲁斯是17世纪墨西哥著名的女诗人。她之所以能够在文学创作上取得杰出的成就，就是因为她自己的不懈努力、勤学苦练。据说，十几岁的时候，她就已经成为当地有名的美女了，她不但有轻盈灵巧的身段、美丽动人的容貌，还长着一头人人艳羡的秀发。

当时，索尔·德拉克鲁斯的家人和朋友都希望她能成为一名出色的演员，因为以她的条件，做演员是再合适不过了。但是，她的志向并不是做一名演员，而是成为一名诗人，用自己所写的美丽诗篇讴歌伟大的祖国和勤劳的人民。

虽然她一心想写好诗歌，但是她一开始所写的诗歌并不好，经常遭到老师的批评。有一天，一群伙伴又跑到她家来找她出去一起玩。虽然她也很想出去，但最后还是婉言拒绝了："我这几天刚刚写了几首诗，正在请老师帮忙审阅呢！如果老师说我有进步，那我就和你们一起出去玩。如果说没有，那我就……"

因为大家都非常喜欢她，所以不想失去与她一起玩的机会，于是大家就一起坐下来，耐心地等着结果。过了一会儿，老师拿着诗稿来了。索尔·德拉克鲁斯接过来一看，脸当时就红了，因为老师不但在上面修改了许多，还专门加了批语，说她进步很小，自己感到很失望，等等。索尔·德拉克鲁斯很认真地看着诗稿，一言不发，其他人也都默默地注视着她。忽然，她放下诗稿，随手抓起一把剪刀，"咔嚓"一下，就把自己那一头人人羡慕的长发剪了下来。顿时，大伙惊得目瞪口呆。

索尔·德拉克鲁斯为什么要剪掉自己美丽的头发呢？原来，为了写好诗，她给自己立下了一条规矩：如果自己在规定的时间里没有学好自己规定的课程，或者在学业上没有什么大的进步，自己就要把那一头漂亮的头发剪掉，以示惩罚。

她对自己那些目瞪口呆的伙伴说："如果一个人没有任何的知识和才能，而只有一个空洞的脑袋，那她就不应该有漂亮的头发作装饰！"她又一次谢绝了伙伴们的邀请，在家里认真地写起诗来！

正因为索尔·德拉克鲁斯这样严格要求自己，不断发奋努力，所以她的诗才写得越来越好，她最终成为墨西哥著名的诗人。

勤劳是对成功的最好注解，也是通往成功的必由之路。古罗马有两座圣殿，一座象征勤奋，另一座象征荣誉，它们在位置安排上有一个秩序，就是人们必须经过前者，才能达到后者。勤奋是通往荣誉的必经之路，那些试图绕过勤奋寻找荣誉的人，总是被荣誉拒之门外。

成功者都有一个共同的特点——勤奋。在这个世界上，投机取巧不会获得真正的成功，偷懒更是永远没有出头之日。

一位成功人士曾经说过："我不知道有谁能够不经过勤奋工作而获得成功。"寓言中守株待兔的人，曾经不费吹灰之力就得到一只兔子，但此后他就再也没有任何收获。所以，不要指望不劳而获的成功。

勤奋是克服"先天不足"的良药

没有加倍的勤奋，就既没有才能，也没有天才。

——门捷列夫

勤奋是成功的点金石，是克服先天不足的灵丹妙药。一个勤奋的人，即使一开始没有表现出惊人的天赋和过人的才华，但是只要他能够踏踏实实、坚持不懈，最终也会比那些浅尝辄止、反复无常的天才取得更大的成绩。如果你有着很高的才华，勤奋会让它绽放无限的光彩；如果你智力平庸、能力一般，勤奋可以弥补全部的不足。

爱因斯坦小的时候，有一次老师要求每个人做一件小工艺品。课堂上，老师让学生们把他们制作的东西拿出来，一件一件地检查。当老师走到爱因斯坦面前时，他停住了，他拿起爱因斯坦制作的小板凳（那可不是一件成功的作品）问爱因斯坦："世上难道还有比这更丑的小板凳吗？"

爱因斯坦以响亮的声音回答老师说："有！"

然后，他又从自己的小桌里拿出了一只小板凳，对老师说："这是我做的第一只。"

一个手脚笨拙的人因为勤奋最后成为一个伟大的科学家。另一个小故事，也能说明这一道理。

古希腊的德摩斯梯尼，他的口才很好，每一次演讲都能吸引众多的听众。但他年轻的时候却有口吃的毛病，经常受到大家的嘲笑。为了改正这一缺点，他坚持天天练习说话。有的时候跑到山顶上，嘴里含着小石子，训练自己的口形，摸索发音的规律。正是坚持不懈的努力使他改掉了口吃的毛病，后来的他说话流畅悦耳，实现了做演讲家的梦想。

自身的缺点并不可怕，可怕的是缺少勤奋的精神。自身之拙，可能会成为我们成功路上的障碍，但伟人、名人就是在克服障碍后得以成功的。

1963 年 2 月 20 日，巴克利出生在美国亚拉巴马州一个偏僻的小镇里。在这个只有 6000 人的贫穷小镇，巴克利一出生就遭遇了与当时很多贫穷黑人小孩一样的不幸。刚出生 6 个星期，小巴克利就由于患有贫血症而进行了一次全身换血的大手术。幸好手术非常成功，他逃离了死神的魔掌，幸运地生存下来。然而，祸不单行，不幸总是喜欢跟贫穷的人们过不去。

小小年纪的巴克利已经有了自己的目标，他要用篮球让自己远离贫穷，他有信心，也有决心。但当时很少有人相信巴克利可以做到，甚至讥笑他在白日做梦，因为他没有表现出足够的篮球天赋。在高一的时候，巴克利的身高还只有 178 厘米，所以他连校队都没能入选，但近 100 千克的夸张体重却让教练建议他去打美式足球。虽然如此，巴克利还是丝毫没有动摇自己的决心，他坚持每天练球直到深夜，风雨无阻，毫不理会别人的嘲笑。为了锻炼弹跳力，巴克利每天都在顶端非常尖锐的栅栏上跳来跳去，吓得他的母亲和外婆心惊肉跳。他就是要告诉每一个人，他一定可以实现自己的梦想。母亲格莲姆总是最支持儿子的人，她一直在鼓励着巴克利，让他坚持自己的梦想。苍天不负有心人，经过一年的苦练，巴克利的球技有了很大的进步，他终于在高二的时候进入了校队。进入校队后，巴克利只能做替补，出场时间少得可怜，但他依旧没有怨言，一上场必倾尽全力，场下他也是训练最刻苦的一个。升高三的那个夏天，巴克利的身高奇迹般地疯长了 15 厘米，体重也增加了 10 千克。这样，巴克利就具备了适合打篮球的身材，再加上刻苦练就的一身好球技，到高三的时候，他终于成为里兹高中篮球队的先发球员。凭着对篮球的热爱，经过不懈的努力，巴克利实现了他儿时的梦想，也实现了自己对妈妈的诺言，用篮球给妈妈带来美好的生活。

出生在一个一贫如洗的家庭，一个受尽白眼的胖小子坚持自己的梦想，遭挫而不折，遇悲能不伤，最后经过自己的努力成功了。巴克利的成长经历就是一个靠勤奋克服自身局限的故事，值得我们每一个人深思。巴克利说："世上大多数人，并不知道该如何才能在芸芸众生中脱颖而出。但我在孩提时代便已经决定，无论我做什么，我都一定要成功。记住！只要你下定决心要成功，那么没有任何人能阻止你。"

天才出于勤奋。著名数学家华罗庚说：勤能补拙是良训，一分辛劳一分才。凡是在某一领域被称作天才的人，都是用辛勤的汗水换来这样的荣誉的。

英国画家雷诺兹曾对天才做过这样的阐释：天才除了全身心地专注于自己的目标，进行忘我的工作以外，与常人并无两样。如果你想在自己的生涯中取得令人骄傲的成绩，就应当为自己定下一个目标，并为之锲而不舍地努力。

美好的生活要靠勤劳获取

懒惰走得如此之慢，以致贫穷很快就赶上它。

——富兰克林

很久以前，有一个叫汉克的年轻人，一心想成为富翁。

他觉得成为富翁的捷径便是学会炼金之术。因此，他把自己所有的时间、金钱和精力都花在寻找炼金术这件事情上。很快他就花光了自己的全部积蓄，家中也因此变得一贫如洗，连饭都没得吃了。

妻子无奈，跑到父亲那里诉苦。她父亲决定帮女婿改掉恶习，于是叫来汉克并对他说："我已经掌握了炼金之术，只是现在还缺少一样炼金的东西……"

"快告诉我还缺少什么？"汉克急切地问道。

"那好吧，我可以让你知道这个秘密。我需要3千克香蕉叶面上的白色绒毛。这些绒毛必须是你自己种的香蕉树上的。等到收齐绒毛后，我便告诉你炼金的方法。"

汉克回家后立刻将已荒废的田地种上了香蕉。为了尽快凑齐绒毛，他除了种自家的田地外，还开垦了大量的荒地。当香蕉成熟后，他便小心地从每片香蕉叶下刮收白绒毛。而他的妻子和儿女则抬着一串串香蕉到市场上去卖。就这样，10年过去了。汉克终于收集够了3千克绒毛。这天，他一脸兴奋地拿着绒毛来到岳父的家里，向岳父讨要炼金之术。

岳父指着院中的一间房子说："现在你把那边的房门打开看看。"

汉克打开了那扇门，立即看到满屋金光，竟全是黄金，他的妻子儿女都站在屋中。妻子告诉他这些金子都是他这10年里所种的香蕉换来的。面对着满屋实实在在的黄金，汉克恍然大悟。美好的生活要靠勤劳获取。只有脚踏实地，靠自己的双手辛勤劳动，才能够过上好的生活。

彼得大帝作为俄国王位的继承者，也是通过艰辛的努力才真正得到自己的王位的。和其他王室成员不一样，他经常换下宫廷服装，穿上工作服去从事劳动。他看到西欧文明的成果在俄国几乎不为人知，感到痛心疾首，便下定决心进行自我教育，提高自己国民的素质。26 岁正是其他的王子们耽于玩乐的年龄，他则开始周游各国，但他的目的并不是游山玩水，而是向这些国家优秀的人们学习。在荷兰，他自愿为一位造船师当学徒。在英国，他在造纸厂、磨坊、制表厂和其他工厂里干活儿。他不仅细心地观察，而且像普通工人一样干活儿并拿工资。

在伊斯提亚铸铁厂，他用一个月的时间来学习怎样冶炼金属，最后一天他铸造了约 300 千克的铁，把自己的名字铸在了上面。陪同他出访的俄国贵族子弟可能根本没有想到他们会干这样的苦活儿，当然最后他们也不得不背运煤块和拉风箱。他问工头穆勒，普通的铁匠每铸 16 千克的铁可以得到多少报酬。“3 个戈比。”穆勒回答说。但是工头付给彼得大帝 18 个金币。“你的金币自己留着吧，”彼得说，“我并没有比普通的工匠干更多的活儿，你给别人多少就给我多少吧！我想买一双鞋，我的鞋实在不能穿了。”他脚上穿的鞋已经补过一次了，现在又满是破洞。他对新买的鞋很满意，说：“这是我用自己的汗水换来的。”彼得大帝铸造的一根铁棒现在还在伊斯提亚铸铁厂展示，上面有他的名字。还有一根保存在匹兹堡的国家珍奇博物馆，作为对亲自参加工作的这位伟大国王的纪念。这对每个俄国人都是很有启发的：国家要想永远地繁荣下去，不管是农民还是沙皇，都需要像彼得大帝这样辛勤工作。

彼得大帝的事例告诉我们：只有靠自己的汗水和辛勤劳动换来的生活才是最真实、最美好的生活。俗话说，天下没有免费的午餐，要想收获美好的果实，就必须付出辛勤的劳动。

许多年前，一位很有智慧的老国王召集了他的大臣，要求他们："我要你们编一本《古今智慧录》，留传给子孙。"接受任务的大臣离开后，工作了很长时间，最后终于完成了一套十二卷的巨作。国王看了说："各位先生，我相信这些都可以称得上是古今智慧的结晶，但是太多了，我想没人愿意把它读完。精简点！"

这些大臣又努力工作了一段时间，几经删减，写成了一卷书。可国王还是认为太长，又命令他们再浓缩。从一册到一章，从一章到一段，最后一段变成了一句："天下没有免费的午餐。"国王看后终于满意了，也很得意。"各位先生，"他说，"这的确是古今智慧的结晶，我们全国各地的人只要知道这个真理，大部分的问题就可以解决了。"

日本有一句著名的谚语："除了阳光、空气是大自然的赋予，其余的一切都要靠劳动才能获得。"

小克莱门斯的老师玛丽是一位虔诚的基督徒，有一天，小克莱门斯问玛丽老师："如果我向上帝祈祷，他会给我想要的东西吗？”“是的，孩子，只要你愿意虔诚地祈祷，你就会得到你想要的东西。”

小克莱门斯当时特别想得到一块很大很大的面包，因为他从来没有吃过那样诱人的面包。而他的同桌，一个金发的小姑娘每天都会带着一块这么诱人的面包来到学校。她常常问小克莱门斯要不要尝一口，小克莱门斯每次都坚定地摇头，但他的心是痛苦的。

放学的时候，小克莱门斯对小姑娘说：“明天我也会有一块大面包。”回到家后，小克莱门斯关起门，无比虔诚地进行祈祷，他相信上帝已经看见了自己的表情，上帝一定会被自己的诚心感动！然而，第二天起床后，当他把手伸进书包的时候，除了一本破旧的课本，什么也没有发现。他决定每天晚上坚持祈祷，一定要等到面包降临。

后来，金发的小姑娘笑着问小克莱门斯：“你的面包呢？”

小克莱门斯已经无法继续自己的祈祷了。他告诉小姑娘，上帝也许根本就没有看见自己在进行多么虔诚的祈祷，因为，每天肯定有无数的孩子都进行着这样的祈祷，而上帝只有一个，他怎么会忙得过来？小姑娘笑着说：“原来祈祷的人都是为了一块面包呀，但一块面包用几个硬币就可以买到，人们为什么要花费这么多的时间去祈祷，而不是去赚钱买面包呢？”

小克莱门斯决定不再祈祷，小姑娘所说的正是他自己所想的——只有通过实际的工作才能获得自己想要的东西。而祈祷，永远只能让你停留在等待中。小克莱门斯对自己说：“我不要再为一件卑微的小东西祈祷了。”他带着对生活的坚定信心走向了新的道路。

多年以后，小克莱门斯长大成人，当他用笔名马克·吐温发表作品的时候，他已经是一位勤奋而且多产的作家了。他再也没有祈祷，因为在无数个艰难的日子中，他都记着：不要为卑微的东西祈祷！只有自己通过努力和辛勤的汗水换来的收获才是最真实的。

享受劳动的快乐

由工作产生的疲劳，能使人感到愉快；而由懒惰产生的疲劳，只能使人在休息时感到烦躁和悔恨。

——石川达三

劳动不仅是生存的必需，还是一种乐趣。劳动可以让人体会生活的意义和乐趣。法国著名画家格勒兹指出，劳动——从事各种有益的职业，是打开幸福大门的钥匙。

早期的基督教牧师都以亲自参加各种辛苦的体力劳动为荣。圣保罗主张“不劳动者不得食”，他一辈子都靠自己的辛勤劳作来养活自己，他为自己这样活着而感到荣幸，为自己没有欠下别人一分钱而骄傲。

垒·波尼法斯到达英国之后，他一只手拿着书，另一只手拿着木匠用的尺子，这样做了几年牧师。后来，他又从英国辗转到了德国，他还是靠自己的木匠手艺吃饭。

路德更是这样。路德一生干过许多活计，他干过园艺、建筑、钟表制造等等。无论干什么，他都极其勤勉，他总是凭自己的劳动去获取面包。

法国新教神学家、古典学者卡佐本有一次在他的一位朋友的一再劝说之下，离开工作彻底地放松了几天。但他享受不了这份清闲，旋即又回到了工作岗位上，他说："我宁可带病坚持工作，也不愿意无所事事，什么事情都不干才是最令人痛苦的事情。"

劳动不仅可以带给我们美好的生活，而且还是快乐之源。大发明家爱迪生在别人眼中是最辛苦的人，但他心中却认为自己是世界上最快乐的人。23 岁时爱迪生开办了自己的工厂，招募了一批工程师、工匠，层出不穷地推出各种电气发明，这些人都热爱自己的工作，为自己充满创造力的头脑和勤劳的双手而自豪，他们都是工作狂，而爱迪生是"总工作狂"。他每天的睡眠时间不到 4 个小时。他的办公桌就在车间一角，每当取得一项工作突破，他就站起来，跳起非洲大陆的原始舞，嘴里还念念叨叨："这么简单的解决办法，怎么原来没想到。"这已经成了一种标志、一种信号，工人们一看到老板跳舞，就围过来，他们知道又有新鲜事可做了。订单像雪片一样飞来，在不断增加人手的情况下还要日夜开工。工人们没有抱怨，共同的兴趣让他们和爱迪生建立了友谊，整个工厂都充满了劳动和快乐的氛围。

劳动是一种赐福，没有劳动的生活就好像是一潭死水，没有一点活力和希望。事实上，真正的幸福绝不会光顾那些精神麻木、四体不勤的人们，幸福只在辛勤的劳动和晶莹的汗水中。懒惰会使人们精神沮丧、万念俱灰，只有劳动才能创造生活，给人们带来幸福和欢乐。任何人只要劳动，就必然要耗费体力和精力，劳动可能会使人们感到精疲力竭，但它绝对不会像懒惰一样使人空虚沮丧、万念俱灰。

一位心理学家认为：劳动是治疗人们身心病症的最好药物。马歇尔·霍尔博士认为：“没有什么比无所事事、空虚无聊更为有害的了。”有一个比喻描述得很贴切：“一个人的身心就像磨盘一样，如果把麦子放进去，它会把麦子磨成面粉，如果不把麦子放进去，磨盘虽然也在照常运转，却不可能磨出面粉来。”

劳动是一种负担，但它同时也是一种荣誉，是一种快乐，是幸福生活的源泉。年轻人要拥有幸福快乐的生活，就应当善于体味劳动的快乐，养成勤劳的好习惯。

第二章

自信——成功的人生始于自信

自信是成功的第一秘诀，是一个人取得成功的内在驱动力。只有自信的人才能够在成功的路上健步如飞，而缺乏自信的人则一定是步履蹒跚。对于青少年来说，树立起自信，用信念激发出自己内在的勇气和雄心，是他们迈向成功人生的第一步。

每个人心头都隐伏着一头雄狮

信心使一个人得以征服他相信可以征服的东西。

——萧伯纳

土耳其谚语说：每个人的心中都隐伏着一头雄狮。孟子认为：人皆可以为舜尧。这些鼓舞人心的话道出了这样一个真理：每个人都可以成功。只要我们相信自己的力量，充分发挥自身的潜能，每个人都可以大有作为。

自信心是一个人取得成功的内在驱动力。它能够使弱者变强，强者更健。只有自信的人才能够在成功的路上健步如飞，而缺乏自信的人则一定是步履蹒跚。美国作家爱默生说得好：“自信是成功的第一秘诀，自信是英雄主义的本质。”对于青少年来说，树立起自信，用自信激发出自己内在的勇气和雄心，是他们迈向成功人生的第一步。

20世纪30年代，在英国一座普通的小城里，有一个叫玛格丽特的姑娘，从小就在父亲严格的管教下成长。父亲经常向她灌输这样的观点：无论做什么事情都要力争一流，永远走在别人前头，而不能落后于人。“即使是坐公共汽车，你也要永远坐在前排。”父亲从来不允许她说“我不能”或者“太难了”之类的话。

父亲这种近乎残酷的教育理念，培养出玛格丽特积极向上的决心和信心。在以后的学习、生活和工作中，她时时牢记父亲的教导，总是抱着一往无前的精神和必胜的信念，尽自己最大的努力克服一切困难，做好每一件事情，事事必争一流，以自己的行动实践着“永远坐在前排”的誓言。

玛格丽特上大学时，学校要求学五年的拉丁文课程，她凭着自己顽强的毅力和拼搏精神，仅在一年之内便修完了。令人难以置信的是，她的考试成绩竟然名列前茅。玛格丽特不光学业优秀，她在体育、音乐、演讲等方面也都出类拔萃。她所在学校的校长评价她说：“她无疑是我们建校以来最优秀的学生，她总是雄心勃勃，每件事情都做得很出色。”

正是在这种“永远都要坐在前排”精神的激发下，40 多年以后，玛格丽特成为英国乃至整个欧洲政坛上一颗耀眼的明星。连续 4 年当选保守党领袖，并于 1979 年成为英国第一位女首相，她雄踞政坛长达 11 年之久，被世界政坛誉为“铁娘子”。

“永远都要坐在前排”是一种积极、自信的人生态度，它可以激发积极进取的精神，促使梦想变成现实。

林肯总统说过，喷泉的高度不会超过它的源头；一个人的事业也是一样，他的成就不会超过自己的信念。如果想像玛格丽特那样取得骄人的成就，就要树立起自信，抛弃无所作为、甘居下游的想法，充满信心地去施展自己的才华。

高尔基说过：“人最凶恶的敌人，就是意志的薄弱和信心的缺乏。”信心的缺乏会限制一个人的潜能，束缚一个人的发展。

有一则寓言，说的是一个懦夫想摆脱自己软弱的个性，让自己变得勇敢起来，就报名参加了“杀兽”学校。这所学校专门培养人的能力和胆量，使人敢于拿起剑去杀死怪兽。校长是有名的魔法师莫里。莫里对懦夫说：“你不必担心，我给你一支魔剑，此剑魔力无边，可以对付各种凶恶的怪兽。”培训中这位懦夫使用魔剑杀死了很多头模拟的怪兽。结业考试时，他将面对真的怪兽了。不料冲到山洞口，看到怪兽伸出头露出狰狞面目时，他却发现拿错了剑，他手中的剑只是平日用来训练的。这时后退已不可能，那样只会被怪兽吞食。他挥动那把普通的剑，居然杀死了怪兽。莫里校长对他会心地笑着，说：“我想你现在已经知道了没有一支剑是魔剑，唯一的魔力在于相信自己。”

这则寓言说明了这样一个道理：每个人都有创造奇迹的魔力，只要相信自己，真正的魔剑就在自己的手中。生活中，我们难免会有畏难和退缩的时候，在巨大的困难和压力之下，我们常常会背上沉重的心理包袱，甚至会因此而丧失自信，这个时候就要勇敢地站起来，直面困难，相信自己的能力，这样，困难就不会成为成功的障碍。

著名的成功学大师拿破仑·希尔说过：“成功并不是少数人的专利，每个人的出生都是为了成为一个成功者。”只要能够在自己的内心树立起自信，就能和所有的伟人和成功者一样，拥有卓越的人生。

信念是所有奇迹的萌发点

要有自信，然后全力以赴——假如有这种信念，任何事情十有八九都能成功。

——威尔逊

出生在纽约州贫民窟的黑人小孩罗尔斯并不怎么受老师欢迎，他跟那里很多孩子一样，有着诸多不良习惯，而且总是口出秽语，还喜欢逃课打架。教师奥里森煞费苦心地劝说这些孩子，却像对牛弹琴一样，一点效果也没有。

奥里森实在不能认同这些孩子再这样发展下去，便想出了一个绝妙的方法。他知道当地人非常迷信，于是就在课堂上给孩子们看起了手相。起初，孩子们都不太愿意接受，后来看到奥里森对大家手相的推测，将来一个个不是地位显赫就是财运亨通，因此孩子们也都愉快地接受了。

罗尔斯看到同伴们的命运都如此之好，便也按捺不住，最终走上台去，让老师也帮自己看一看。奥里森煞有介事地把罗尔斯黑乎乎的小手看了又看，“研究”了好半天，然后认真地说道：“你以后一定会是纽约州的州长。”

“这是真的吗？我会是一名州长？”罗尔斯有点不敢相信自己的耳朵。他疑惑地望着老师，但从此却在心里暗暗确立了当州长的信念。

从那以后，罗尔斯改掉了自己身上的种种恶习，在他看来一个真正的州长就应该是这样的。从那以后，当州长的念头丝毫没有动摇，他始终朝着自己的目标奋斗着。51岁那年，罗尔斯登上了纽约州第53任州长的宝座。他是有史以来，纽约州当选的第一位黑人州长。

虽然上述罗尔斯的故事纯属虚构，但在2008年纽约州真的诞生了一位黑人州长，他也是美国第一位盲人州长，他的名字叫戴维·帕特森。人们认为戴维·帕特森的传奇经历简直就是罗尔斯的翻版。

因此我们可以说：在这个世界上，信念这种东西任何人都可以免费获得。成功的人，最初都是从一个小小的信念开始的——信念就是所有奇迹的萌发点。

信念是一个人成功的动力，是造就人生奇迹的伟大力量。如果你想了解奇迹背后是什么的话，那么就请你阅读一下下面这个美国小男孩的故事。

这名小男孩的父母希望他们的儿子能成为一位体面的医生。可是，男孩读到高中便被计算机迷住了，整天鼓捣着一台十分落后的计算机，他把计算机的主机拆下又装上。

男孩的父母很伤心，告诉他应该用功念书，否则根本无法在社会上立足，可是，男孩说："有朝一日我会开一家公司的。"但是，父母根本不相信，还是千方百计按自己的意愿培养男孩，希望他能成为一位医生。

不久，男孩终于按照父母的意愿考入了一所医科大学，可是他仍然只对电脑感兴趣。在第一学期，他从零售商处买来降价处理的IBM个人电脑，在宿舍里改装升级后卖给同学。他组装的电脑性能十分优良，而且价格便宜，所以不但在学校里走俏，连附近的律师事务所和许多小企业也纷纷向他购买。

第一个学期快要结束的时候，他告诉他的父母，他要退学，父母坚决不同意，只允许他利用假期推销电脑，并且告诉他，如果一个夏季销量不好，那么，他就必须放弃。可是，男孩的电脑生意在这个夏季突飞猛进，仅用了1个月的时间，他就完成了18万美元的销售额。

他的计划成功了，父母很遗憾地同意他退学。

他组建了自己的公司，打出了自己的品牌。在很短的时间内，他良好的商业成绩引起投资家的关注。1988年，公司顺利地发行了股票，融资3000万美元，那年他才23岁。10年后，他创下了类似于比尔·盖茨般的神话，拥有净资产43亿美元。他就是美国戴尔公司总裁迈克尔·戴尔。比尔·盖茨曾经亲自飞赴奥斯汀向他祝贺。比尔·盖茨对他说："我们都坚信自己的信念，并且对这一行业富有激情。"两位商业巨人的手紧紧地握在一起。

戴尔的成功说明，每项奇迹都是始于一个伟大的想法。或许没有人知道今天的一个想法将会走多远，但是，不要怀疑，只要静下心来，努力去做，那么心中的梦想就会触手可及。

信念好比航标灯射出的明亮光芒，在浩瀚的人生海洋中，指引着人们走向辉煌。高高举起信念之旗的人，对一切艰难困苦都无所畏惧。相反，信念之旗倒下了，人的精神也会随之垮下去。而从来就不曾拥有过信念的人对一切都会畏首畏尾，在漫长的人生旅途中抬不起头，挺不起胸，迈不开步，整天浑浑噩噩，看不到光明，因而也感觉不到人生的幸福和快乐。

一天晚上，一位名叫杰克的青年站在一条河边，一脸忧郁。

这天是他 30 岁生日，可他不知道自己是否还有活下去的必要。因为从小在福利院里长大，身材矮小，长相也不佳，讲话又带着浓厚的法国乡下口音，所以杰克一直很瞧不起自己，认为自己是一个既丑又笨的乡巴佬，连最普通的工作都不敢去应聘，没有工作，也没有家。

就在杰克徘徊于生死之间的时候，与他一起在福利院长大的好朋友汤姆兴冲冲地跑过来对他说："杰克，告诉你一个好消息！"

"好消息从来就不属于我。"杰克一脸悲戚。

"不，我刚刚从收音机里听到一则消息。拿破仑曾经丢了一个孙子。播音员描述的相貌特征，与你丝毫不差！"

"真的吗？我竟然是拿破仑的孙子？"杰克一下子精神大振，联想到爷爷曾经以矮小的身材指挥着千军万马，用带着泥土芳香的法语发出威严的命令，他顿感身材矮小的自己同样充满力量，讲话时的乡下口音也带着几分高贵和威严。

第二天一大早，杰克满怀信心地来到一家大公司应聘。

20 年后，已成为一家大公司总裁的杰克，查证出自己并非拿破仑的孙子，但这早已不重要了。

杰克的故事告诉我们，信念可以创造奇迹，信念能够唤起一个人的自信。无论是谁，只要把自己的信念牢牢地根植于心，就能够克服重重困难，实现自己的理想。

自信多一分，成功多十分

信心和能力通常是齐头并进的。

——约翰逊

自信是我们战胜困难，取得成功的重要动力。自信是成功的助燃剂，自信多一分，我们的成功就可以多十分。

拿破仑·希尔说："有方向感的自信心，令我们每一个意念都充满力量。当你有强大的自信心去推动你的致富巨轮时，你就可以平步青云。"

美国前总统里根在接受《成功》杂志采访时说："创业者若抱有无比的信心，就可以缔造美好的未来。"

自信是成功不可少的条件。当机会来临的时候，我们是否能把握住，往往取决于是否有足够的自信。

《纽约时报》的著名记者麦克总是津津有味地述说他是怎样找到第一份工作的。当时，申请材料已经送进去了，他紧张兮兮地等在办公室门外。一会儿门开了，一个小职员出来："主任要看您的名片。"

麦克从来就没有准备过什么名片，灵机一动，他拿出一副扑克抽出一张黑桃 A 说：“给他这个。”

半个小时后，麦克被录取了。黑桃 A 真是一张好牌。麦克若是没有足够的自信，怎敢用它当名片？

拳王阿里有一个绰号叫“牛皮诗大王”。他每次比赛前都喜欢作诗，以表达自己必胜的信心。如他经常宣传的诗句是：

最伟大的拳王，
二十年前便已露锋芒。
我美丽得像一幅图画，
能把任何人打垮。
…………
我预告哪个回合取胜，
就像这是必然的事情。
我把敌人玩弄于掌中，
迅如雷，疾如风。

正是因为心中充满了自信，阿里才能够一次次击败对手。人们可能不知道某国总统是谁，但很少有人不知道拳王阿里。

人是自己命运的舵手，自信就是指引人生之舟航向的罗盘。

人生的成败得失和幸福与否，关键在于是否树立了坚强的自信心。一个人心中充满了自信，他的前程必然是一片坦途。这一点美国旅馆业大王、世界级巨富威尔逊的经历会给我们以启示。

威尔逊在创业之初，全部家当只有一台分期付款的爆米花机，价值50美元。第二次世界大战结束后，威尔逊做生意赚了点钱，便决定从事地皮生意。这一目标的确定，就是基于他对自己的市场需求预测充满信心。

当时，在美国从事地皮生意的人并不多，因为战后人们一般都比较穷，买地皮修房子、建商店、盖厂房的人很少，地皮的价格也很低。当亲朋好友听说威尔逊要做地皮生意时，异口同声地反对。

威尔逊坚持己见，他认为反对他的人目光短浅。他认为虽然连年的战争使美国的经济很不景气，但美国是战胜国，美国的经济会很快进入大发展时期。到那时买地皮的人一定会增多，地皮的价格会暴涨。

于是，威尔逊用手头的全部资金再加一部分贷款在市郊买下很大的一片荒地。这片土地由于地势低洼，不适宜耕种，所以很少有人问津。可是威尔逊亲自考察了以后，决定买下这片土地。他的预测是：美国经济会很快繁荣，城市人口会日益增多，市区将会不断扩大，必然向郊区延伸。在不远的将来，这片土地一定会变成黄金地段。

后来的事实正如威尔逊所料。不出三年，城市人口剧增，市区迅速发展，大马路一直修到威尔逊买的土地的边上。这时，人们才发现，这片土地周围风景宜人，是夏日避暑的好地方。于是，这片土地价格倍增，许多商人竞相出高价购买，但威尔逊不为眼前的利益所动，他还有更长远的打算。后来，威尔逊在自己这片土地上盖起了一座汽车旅馆，命名为“假日旅馆”。由于地理位置好，舒适方便，开业后，顾客盈门，生意非常兴隆。从此以后，威尔逊的生意越做越大，他的假日旅馆遍布世界各地。

威尔逊的经历告诉我们，一个人的成败和他的自信心息息相关。如果一个人时刻对自己充满自信，能够坚定不移地去做自己心中认定的事情，那么即使他才能平平，也可以取得卓越的成就。

勇于挑战自己的缺憾

对于凌驾命运之上的人来说，信心就是命运的主宰。

——海伦·凯勒

汤姆·邓普西出生的时候，右脚只有半只脚，右手畸形。但是，小邓普西的父母却并不因此而沮丧，也从来不让他因为自己的残疾而感到不安。

结果是，在他们的鼓励和帮助下，邓普西竟然能够把同龄人能做的事情都做得非常好。比如说，如果别的孩子能走10千米，那么小邓普西也就同样能走完10千米。

后来，他要踢橄榄球了。经过一段时间训练，当他和别的孩子在一起玩的时候，他十分吃惊地发现，他能够把球踢得和他们一样远。于是，邓普西不禁对自己更加充满信心。他找人为他专门设计鞋子，参加了踢球测验，最终他竟然获得了冲锋队的球员资格。

但是冲锋队的教练却尽量委婉地告诉他，说他“不具备做职业橄榄球员的条件”，建议他去试试其他的事情。

最后，邓普西申请加入新奥尔良圣徒队，并且请求教练能给他一次机会。圣徒队的教练虽然心存疑虑，但是看到这孩子这么自信，便对他有了好感，因此就收下了他。

两个星期后，圣徒队的教练对他的印象更深了，因为他在一次友谊赛中一脚将球踢出了 50 米远并得分。

1970 年 11 月 8 日，球场上即将迎来一个伟大而又激动人心的时刻。六万多名球迷等待着比赛的结局。比赛只剩下十几秒钟，圣徒队把球推进到 41 米线，但是到这个时候可以说已没有时间了。

“邓普西，进场踢球。”教练大声说。

邓普西进场的时候，他知道他的队距离得分线有 50 米远。球传接得很好，邓普西一脚踢在球上，球笔直地前进。但是球踢得够远吗？全场的球迷屏住了呼吸。

接着终端得分线上的裁判举起了双手，得了 3 分！球在球门横杆上几厘米的地方越过。

最终，邓普西所在的新奥尔良圣徒队以 19:17 取得了胜利。

球迷们狂呼乱叫，他们为踢得最远的一球而兴奋，要知道，这是手脚畸形的球员踢出来的！

“真是让人难以相信！”有人大声叫道。但是邓普西却只是笑了笑。他想起了自己的父母，他们告诉他的是他能做什么，而不是他不能做什么。

邓普西这一表现使他成为圣徒队的球员。

在这一赛季中，他为自己的球队赢得了 99 分。

他之所以创造了这么了不起的记录，正如他自己所说的：“他们从来没有告诉我，我有什么不能做的。”

和汤姆·邓普西一样，蒂尼·博格斯也是一个勇于挑战自身缺憾的人，他不仅没有因为自身的缺憾而自卑，相反，他把自身的缺憾变成了自己的一种优势。这种精神，尤其值得青少年学习。

NBA（美国男子篮球职业联赛）中有一位身高仅 1.6 米的运动员，他就是蒂尼·博格斯——NBA 最矮的球星。博格斯这么矮，怎么能在巨人如林的篮球场上竞技，并且跻身大名鼎鼎的 NBA 球星之列呢？这是因为博格斯的自信。

博格斯自幼十分喜爱篮球，但由于身材矮小，伙伴们瞧不起他。有一天，他很伤心地问妈妈：“妈妈，我还能长高吗？”妈妈鼓励他：“孩子，你能长高，长得很高很高，会成为人人都知道的大球星。”从此，长高的梦想像一粒种子在他心中生根发芽，长高的渴望越来越强烈，不可遏制。

“业余球星”的生活即将结束，博格斯面临着更严峻的考验——1.6 米的身高能打进职业赛吗？

博格斯横下心来，决定要凭自己 1.6 米的身高在高手如云的 NBA 赛场中闯出自己的一片天地。“别人说我矮，反倒成了我的动力，我偏要证明矮个子也能做大事情。”在威克·福莱斯特大学校队对阵华盛顿子弹队的球场上，人们看到蒂尼·博格斯简直就是个“地滚虎”，从下方传的球 90% 都被他收走……

后来，凭借精彩出众的表现，蒂尼·博格斯加入了实力强大的夏洛特黄蜂队，在他的一份技术分析表上写着：投篮命中率 50%，罚球命中率 90%……

一份杂志专门为他撰文，说他个人技术好，发挥了矮个子重心低的优点，成为一名使对手害怕的断球能手。“夏洛特的成功在于博格斯的矮”，不知是谁喊出了这样的口号。许多人都赞同这一说法，许多广告商也推出了“矮球星”的照片，上面是博格斯淳朴的微笑。

成为著名球星的博格斯始终牢记着当年妈妈鼓励他的话，虽然他没有长得很高很高，但他真的成为人人都知道的大球星了。

身高 1.6 米的博格斯能够成为一名球艺出众的 NBA 明星，关键就在于他相信自己，并能够在此基础上充分发挥自己的“身高优势”，使自己成为夏洛特黄蜂队里的超级断球手。博格斯的成功告诉我们这样一个道理：无论是谁，只要相信自己，努力进取，劣势也可以变成自己的优势，弱项也可以转成自己的强项。

事实上，缺憾并不是自卑的理由。一个人要敢于正视自己的缺点，尤其是年轻人，不要因为自己的一些缺憾而放弃成功的信心，要让自己的缺憾成为自己上进的动力。

不要被他人评价所左右

一个人除非自己有信心，否则不能带给别人信心；信服自己的人，方可被人信服。

——阿诺德

社会心理学家指出，大多数人都很容易接受外来意见。而大量事例都证明，轻易接受建议是危险的，旁人的建议，无法使自己变成自己真正想要成为的样子，反而容易被操纵成别人理想中的样子。

“做任何事情，开始时，最为重要的是不要让那些总爱唱反调的人破坏了你的理想。”芭芭拉·格罗根指出，“这世界上爱唱反调的人真是太多了，他们随时随地都可能会列举出若干个理由，说你的理想不可能实现，在这种情况下你一定要坚定自己的立场，相信自己的力量，不要因为他人的评价而放弃自己内心的想法。”

哈代是一个发明家，但他周围的朋友和同事都认为他是一个满脑子怪念头的“傻瓜”。当他弄明白电影放映的原理之后，便从电影胶卷的转盘中获得了灵感：他让胶卷上的画面一次只向前移动一格，以便老师有充足的时间详细阐述画面里的内容。

这个想法让哈代遭到不少嘲笑，但是他没有因此退缩，经过反复试验之后，哈代终于成功地实现了让画面与声音同步进行的目标，创造了“视听训练法”。

另外，作为一名游泳运动员，哈代曾经连续三届获得“密西西比河16千米马拉松赛”的冠军。哈代在游泳的时候，觉得大家在比赛时使用的游泳姿势不好，决心加以改进。

但是，当他把想法告诉教练时，教练认为他的想法太过荒唐，立刻拒绝了。一位游泳冠军也告诫他不要冒险尝试，以免不小心在水里淹死。

当然，哈代还是没有理会他们的告诫，仍然不断地改进传统的游泳姿势，最后终于发明了自由式游泳。自由式游泳现在已经成为国际游泳比赛的标准姿势之一。

不要怕被称为傻瓜，有时候，真理只站在少数人这边。要相信自己内心的想法，努力去实现它，这样，你才能取得人生的胜利。巴尔扎克说过：“发明家全靠一股了不起的信心支持，才有勇气在不可知的天地中前进。”同样，在人生成长的道路上你也要靠自己强大的自信支持自己的行动，而不是让别人的言行左右你的成长。

杰克是一位年轻的画家。有一次他在完成一幅作品后，把作品拿到展厅去展出。为了能听取更多的意见，他特意在他的画作旁放上一支笔。这样一来，每一位观赏者，如果认为此画有败笔之处，就可以直接用笔在上面圈点。

当天晚上，杰克兴冲冲地去取画，却发现整个画面都被涂满了记号，一笔一画没有不被指责的。他十分懊丧，对这次的尝试深感失望。

他把他的遭遇告诉了一位朋友，朋友告诉他不妨换一种方式试试，于是，他临摹了同样一张画拿去展出。但是这一次，他要求每位观赏者将其最为欣赏的妙笔之处标上记号。

结果等到他再取回画时，发现画面也被涂满了记号。一切曾被指责的地方，如今都换上了赞美的标记。

“哦！”他不无感慨地说，“现在我终于发现了一个奥秘：无论做什么事情，不可能让所有的人都满意，因为，在一些人看来是丑恶的东西，在另一些人眼里或许是美好的。”

杰克所遇到的情况，我们在现实生活里也常常会碰到。同样的事，同样的人，常常会得到不同的评价。仔细想想，这也并不奇怪，因为人世间每一个人的眼光都不相同，理解事物的角度也不一样。所以遇事要用正确的思维方式去判断，不要完全相信你听到的、看到的一切，也不要因为他人一时的批评而迷失自己。

我们无论做什么，一定要对自己有一个清楚的认识，要有自己的主见，不能因为别人一时的批评和议论而迷失自己，改变自己，失去了自己的主见。

心理学家认为，外部因素虽然可以影响一个人的决定，然而真正起决定性作用的还是一个人的内心。也就是说，不经你的同意，没有人能够影响你。一个人的自信心越强，就越不容易受到外界的影响。心理学家讲过这样一个例子——如果你在船上走近一位看起来很可怜的人，对他说：“你看起来好像很不舒服，你的脸色好苍白，我想你一定是晕船了。我扶你到船舱去。”你晕船的提示和他自己的恐惧感联结在一起，该乘客的脸色苍白了。他接受了你的扶助，到船舱里躺了下来。你消极、不好的提示被他接受之后，就成真了。

对于同一提示，不同的人会有不同的反应。这是因为他们潜意识所接受的状况和思想境界不同的关系。如果你走近的不是一名乘客，而是一名水手，你同情地说：“老弟，你看起来好像很不舒服。我看，你要晕船了。”

根据他的特殊身份，他不是笑说你在“开玩笑”，就是会生气。在这种情形之下，你的提示他是听不进去的。因为你的晕船提示，在他的心中引不起恐惧或忧虑，反而会激发出他的自信心。

一项提示或者评价之所以能对一个人的行为产生影响，是因为它被考虑、接受，对人的心智产生了影响。你必须记住：一项提示如果和你的意识方向不一，就无法把某种想法或观念灌输到你的潜意识中。换句话说，你的意识具有排斥提示的力量。譬如，对于故事中的水手来说，他根本不怕晕船。他深信自己不会晕船，因此你消极、否定的提示，对他根本就不起作用。

我们之中的每个人，内心都有着自己的信念和见解。我们心里认定的东西，会统治、支配我们的生活。别人的提示本身并没有力量，除非你在心理上接受了它。一旦你接受了它，它就会引发你思想上的改变，对你的成长轨迹造成影响。

第三章

行动——在行动中实现梦想

成功在于计划，更在于行动。再完美的计划，如果缺乏行动，就会变成空谈。只有行动才能让心中的蓝图变成现实。青少年朋友要实现自己的梦想，就应当注重行动，在行动中实现自己的梦想。

只有行动才能让计划变成现实

一张地图无论多么详尽，也无法帮助它的主人前进一步。

——奥格·曼狄诺

只有行动才能让计划变成现实。一张地图，无论多么精确，也永远不可能带着主人周游世界；严明的法规条文，无论多么神圣，也永远不可能阻止罪恶的滋生。凝结智慧的宝典，永远不可能创造财富；只有行动才能使地图、法规、宝典、梦想、计划、目标具有现实意义。

安妮是一个可爱的小姑娘，可是她有一个坏习惯，那就是她每做一件事时，总是爱让计划停留在口头上，而不是付诸行动。

和安妮住在同一个村子的詹姆森先生有一家水果店，里面出售本地产的草莓。一天，詹姆森先生对安妮说："你想挣点钱吗？"

"当然想，"她回答，"我一直想有一双新鞋，可家里买不起。"

"好的，安妮。"詹姆森先生说，"隔壁卡尔森太太家的牧场里有很多长势很好的草莓，他们允许所有人去摘。你去摘了以后把它们都卖给我，1 夸脱我给你 13 美分。"

安妮听到可以挣钱，非常高兴。于是她迅速跑回家，拿上一个篮子，准备马上就去摘草莓。

这时，她不由自主地想要先算一下采 5 夸脱草莓可以挣多少钱。于是她拿出一支笔和一块小木板，计算结果是65美分。

“要是能采 12 夸脱呢？”她计算着，“那我又能赚多少呢？”“上帝呀！”她得出答案，“我能得到1美元56美分呢！”

安妮接着算下去，要是她采了 50、100、200 夸脱，詹姆森先生会给她多少钱。她将时间花费在这些计算上，没想到很快就到了中午吃饭的时间，她只得下午去采草莓了。

安妮吃过午饭后，急急忙忙地拿起篮子向牧场赶去。而许多男孩子早就在那儿了，他们快把好的草莓都摘光了。可怜的小安妮最终只采到了 1 夸脱草莓。

回家的途中，安妮想起了老师常说的话：“办事得尽早着手，干完后再去想。因为一个实干者胜过一百个空想家。”

只有行动才能让计划变成现实。成功在于计划，更在于行动。目标再伟大，如果不落实，就永远是空想。

在一次行动力研习会上，培训师做了一个活动。问道：“现在我请各位一起来做一个游戏，大家必须用心投入，并且采取行动。”他从钱包里掏出一张面值 100 元的人民币，问道：“现在有谁愿意拿 50元来换这张 100元人民币？”他问了几次，都没有人行动，最后终于有一个人跑向讲台，但仍然用一种怀疑的眼光看着培训师和那一张人民币，不敢行动。培训师提醒说：“要配合，要参与，要行动。”那个人才采取行动，换到了那 100 元。那位勇敢参与者立刻赚了 50 元。

最后，培训师说：“凡事马上行动，立刻行动，你的人生才会不一样。”

有这么一个笑话，也说明了行动力对于成功的重要性。

有一个郁郁不得志的年轻人每隔三两天就到教堂祈祷，而且他祈祷的话几乎每次都相同：“上帝啊，请念在我多年来敬畏您的分上，让我中一次彩票吧！阿门。”

几个月后，他垂头丧气地在教堂里跪着祈祷：“上帝啊，为何不让我中彩票？我愿意更谦卑地来服侍您，求您让我中一次彩票吧！阿门。”

到了最后一次，他跪着重复他的祈祷：“我的上帝，为何您不垂听我的祈求？让我中彩票吧！只要一次，让我解决所有困难，我愿奉献终身，专心侍奉您——”

就在这时，他耳畔响起一个声音：“我一直垂听你的祷告。可是——最起码，你也该先去买一张彩票吧！”

再美好的梦想，离开了行动，就会变成空想；再完美的计划，离开了行动，也会失去意义。青少年朋友要实现自己的梦想，就应当注重行动，在行动中实现自己的梦想。

不要只生活在梦想里

“梦想家”只让自己置身于虚无缥缈之中，而不去抓住眼前稍纵即逝的光阴。

——罗曼·罗兰

约翰是一名年轻的乞丐。有一次，他整整一天都没有讨到吃的东西，到了傍晚，饥饿困倦的他靠在街道旁的一阶石梯上迷迷糊糊地睡着了。

睡梦中，约翰得到了一大笔钱，他用这笔钱开办了几家大公司，购置了一所带花园的别墅，娶了一位身材修长、美丽善良的姑娘。这位姑娘为他生了三个健壮的儿子。三个儿子长大之后，一个成了杰出的科学家，一个当上了国会议员，最小的儿子则成了一位将军。不久，儿子们都娶妻了，给他添了几位活泼可爱的孙子。

他后来成了世界级富豪，日子过得舒坦极了，他常常带着妻子和孙子们登上市内最高的观光塔，心满意足地观赏着城市的美景。一天，当他抱着最小的孙子在塔顶观看晚霞的时候，不知怎么的，一下子从塔顶上摔了下来……

他一下子醒了过来，睁开眼睛一看，自己仍然躺在冰冷的石板上，刚刚发生的一切都只是在梦中。怀中抱着的一件破棉袄仿佛在提醒他，现在最需要的是找点填肚子的东西。

这是一个关于梦想的故事。故事中的约翰做了一场根本不可能实现的、虚幻的、甜蜜的梦，他梦里的东西太美妙了，可惜梦想不能当饭吃，他仍然面临着生存的危机。

这个故事告诉我们，梦想固然可以带给我们希望和动力，但只有坚定不移地为自己的梦想而奋斗，为自己的梦想洒下辛勤的汗水，我们的梦想才会成为现实。

梦想是一个人成功的动力。但是梦想必须加上切实的行动才会有意义。对于“梦想”，人们有各种不同的看法。有人认为健全的人应面对现实，不应耽于幻想。有人觉得，爱做梦的人，根本不适合在现实社会中生存。事实上，只要能够坚持不懈地为自己的梦想而奋斗，拥有梦想并不是一件坏事。没有梦想，人类恐怕到现在还只能仰望天上的飞鸟。

记住，一旦有了梦想，就必须树立实现梦想的坚强意志和决心。如果像故事中的乞丐一样有梦想而没有努力，梦想永远也不会实现。

梦里的东西最美，现实的东西最真，只有通过艰苦的工作、不断的努力，才能将梦想变成现实。

青少年容易耽于梦想，缺乏行动。那么，如何才能把自己心中的梦想化为行动，成为促使自己走向成功的力量呢？

1. 正视现实

现实当然不比想象来得令人满足，但现实是现实，非想象可以比拟。想象的东西只有落实到现实才有意义。如果一个人能正视现实，那么，当想象不能实现时也不会因此而灰心，而会继续向着自己的目标不断地迈进。

2. 学会比较

比较，主要是同以前的自己进行比较。只有不断地比较，才能发现真正的自己与世界，才能正确看待眼前的现实。

3. 当空想实在不可抑制时，就去努力实现它

既然是空想，当然不能实现。但是，如果你为了这个空想去拼搏了，虽然不能实现这个空想，但是行动本身仍会给你带来成功。这种成功，虽然比空想的来得小，但一定比现实的来得大。

用目标激励行动

只要不丧失目标，走得最慢的人，也比漫无目的地徘徊的人走得快。

——莱辛

目标是一个人成功路上的里程碑。目标就像是看得见的靶子，当你一步一个脚印去实现这些目标时，就会信心倍增，会生出成就感，向更高峰挺进。

成功学大师拿破仑·希尔说过，不甘做平庸之辈的人，必须要有一个明确的追求目标，这样才能调动起自己的智慧和精力，全力以赴为自己的目标而行动。

目标是一种持久的热望，是一种深藏于心底的潜意识。它能长时间调动你的创造激情，调动你的心力。一旦有了明确的目标，你就会有一种原子能般的动力，就会有一种钢铸的精神支柱；一想到它，你就会为之奋力拼搏，就会忘我地投入行动。

1952 年 7 月 4 日，在浓雾中，弗拉伦兹·恰克走下加利福尼亚以西 37 千米的卡塔利娜岛，向加州游去，她要成为第一个横渡这个海峡的女人。雾很大，甚至瞧不见领航的船只。海水冻得她浑身麻木，海中还有鲨鱼，时时在威胁着她。

15 个小时过去了，她感到自己不能再游了，她要放弃了。

她的母亲和教练在另一条船上，他们告诉她离海岸已经很近了，劝她不要放弃。但朝加州海岸望去，弗拉伦兹·恰克发现，除了浓雾外什么也看不到。

过了一会儿，在她的坚持下，人们把她拉上了船。

到了岸上，她渐渐觉得暖和多了。这时，她才发现，人们拉她上船的地点，离加州海岸只有 800 米左右。

一时间，她感到了失败的打击。

后来，她不无懊悔地对记者说："说实在的，我不是为自己找借口，如果当时我看见陆地，也许我能坚持下来。"

其实，令她半途而废的不是疲劳，也不是寒冷，而是她在浓雾中看不到目标。弗拉伦兹·恰克一生中就只有这一次没有坚持到底。

两个月后，她终于成功地横渡了这个海峡。

目标是一个人行动的动力，现实生活中我们会发现，那些获得成功的人始终会将目光集中在他们的目标上，他们常常在向目标奋进的过程中运用想象提醒自己目标所在。

十项全能选手詹姆斯·卡特为了实现自己的奥运目标，用运动器械装备了整个寓所，以便每天提醒自己去实现目标。他将十项全能每个项目的器械放在他不训练时也不得不看到的地方，跨栏是他最差的一项，他就将一个栏放在起居室的正中央，每天必须跨越 30 次；他的门把手是个铅球；杠铃就放在室外廊檐下；撑竿跳高用的竿子和标枪在沙发后竖立着；壁橱里放着他的运动服和跑鞋。詹姆斯说这种不寻常的陈设在他准备奥运会比赛的过程中，帮助他改善了他的竞技状态。

已故网球名将阿瑟·阿什早年也有类似的经验。

阿什是打破网球界人种限制的先驱，在他之前，网球界几乎就是白人的天下。阿什在他的生命后期，全力与艾滋病对抗，以唤起人们对这个世纪病毒的重视。

他的一生可说是不断设定并达到目标的过程。阿什早年在网球场上开始了这种模式，他学会了如何获得成就感，一次只订立一个目标。

阿什一生都坚持这样的信念："每次你订立一个目标，然后完成那个目标，这样你就可以在目标的激励下不断前进。"

阿什一生都以这种方式过日子。他订立一个目标，一旦达到那个目标，他就再订立一个新的目标。为什么呢？他解释道："我相信，自信能改变一个人。自信也能体现到生活中很多不同的层面，使你不但对自己的专长自信，而且还能对很多其他的事提高信心。相信自己也能做到，大可运用在其他工作或另外一组目标上。"

阿什就是运用这种订立目标的方法，登上了世界第一的宝座。他说："我早年的几位教练常订立清楚明确的目标，这正是我愿意遵循的。这些目标不见得一定要像赢得巡回赛这么重大，而是将一些有待克服的困难、需要努力与做计划的事订立为目标。如果能达到这个目标，就一定会有某种收获。不过我要再强调，不是只有赢得巡回赛可以作为目标，而是一些小目标一个个达到后，我自己都能意外地发现：'嘿！

我距离得大奖越来越接近了。’”

阿什一直以这种方式参加高难度的比赛。他说：“参加巡回赛，总想能进入复赛。比赛时，总希望漏接的反手球低于某个数字。或者是必须锻炼体力到一定的程度，气候太热时，才不至于很快就感到疲倦。这一类的小目标，可以帮助你将世界第一或赢得巡回赛这类的远大目标分解开来，变得更容易实现。”

做好行动前的准备

只有最充分的准备才能换来最好的结果。

——拿破仑·希尔

第二次世界大战期间，具有决定性意义的诺曼底登陆是非常成功的。为什么那么成功呢？原来美英联军在登陆之前做了充分的准备。他们演练了很多次，他们不断演练，演练登陆的方向、地点、时间以及应对一切可能遇到的状况。最后真正登陆的时候，已经胜券在握，登陆的时间与计划的时间只相差几秒钟。这就是准备的力量。

古人说得好，有备无患。只有充分准备才能换来最好的结果。一个人准备工作做得越充分，成功的可能性就越大，所以我们常说：养兵千日，用兵一时。这也是一种准备哲学。

在吸引了几乎全世界人眼球的拳坛世纪之战中，当时如日中天的泰森根本没有把霍利菲尔德放在眼里，自负地认为可以毫不费力地击败对手。同时，几乎所有的媒体也都认为泰森将是最后的胜利者。美国博彩公司开出的是22赔1泰森胜的悬殊赔率，人们也都将大把的赌注押在了泰森身上。

在这种情况下，认为稳操胜券的泰森对赛前的准备工作——观看对手的录像，预测可能出现的情况及应对措施，保证自己充足的睡眠和科学的饮食等都敷衍了事。

但是，比赛开始后，泰森惊讶地发现，自己竟然找不到对手的破绽，而对方的攻击却往往能突破自己的防线。于是，气急败坏的泰森做出了一个令全世界都感到震惊的举动：咬了霍利菲尔德的耳朵！

世纪大战的最后结局当然是泰森成了一位可耻的输家，还被内华达州体育运动委员会罚款300万美元。

泰森输在准备不足。当霍利菲尔德认真研究比赛录像，分析泰森的技术特点和漏洞时，泰森却将教练准备的资料扔在了一边；当霍利菲尔德在比赛前拼命热身，提前进入搏击状态时，泰森却和朋友在一起狂欢。虽然泰森的实力确实比对手高出一筹，从年龄上也占尽了优势，但他最后却一败涂地。

霍利菲尔德的成功和泰森的失败都在于准备。是的，每一次差错往往因准备不足，每一次成功又往往因准备充分。

当然，在这种一战定胜负的比赛中，偶然性确实占了很大的比重。这个时候，比的并不是谁的实力更强，而是谁犯的错误更少。只有真正地重视准备，扎实地把准备工作都做到位，才能从根本上保证自己不犯或少犯错误。葡萄牙波尔图足球队的前主教练、被称为“上帝第二”的穆里尼奥说过一句很著名的话：“当准备的习惯成为你身体的一部分，它就会永远在那里，并帮助你取得令人惊讶的胜利。”

穆里尼奥担任葡萄牙波尔图球队的主教练，率领球队征战欧洲冠军联赛时，几乎没有人相信他们能杀入决赛，更别提夺得冠军了。但结果却使所有人都大跌眼镜，这个从队员到主教练都没有名气的俱乐部，竟然得到了欧洲足球的最高荣誉。

确实，波尔图的队员们和皇马、米兰等大牌球队的球星相比，无论名气上还是实力上都相差悬殊；当时的穆里尼奥和卡佩罗、马加特、扎切罗尼等知名教练也不可同日而语。但穆里尼奥却有一个制胜的武器：对准备工作超乎寻常地重视。他几乎观看了所有对手最近的每一场比赛，可以说，所有对手的技术特点、战术风格、最近的状态他都了如指掌；甚至对比赛当天的天气、场地草皮的状况，他都进行了详细的了解并制定了相应的对策。结果在决赛当天，他使用的队员、阵型、战术打法都直指对方的软肋，就像他夺冠后所说的那样：“如果大家知道我们为了取得胜利而研究了多少场比赛，准备了多少资料，筹划了多少方案，就会认为这个冠军我们当之无愧。”

当时，有相当多的人认为穆里尼奥的成功只是运气好，再加上那些大牌球队在对阵无名球队时缺少重视和兴奋感，才让他捡到了一个冠军。其实，穆里尼奥的胜利是必然的，因为他的准备工作做得比任何人都充分，正是因为对准备超乎寻常地重视，才使他站到了欧洲足球之巅。

功成名就的穆里尼奥在夺冠后来到英超球队切尔西，这里会集了很多世界级的大牌球星。当穆里尼奥和这些队员们第一次见面的时候，他所做的第一件事是打开随身携带的笔记本电脑，开始如数家珍般地介绍这些球星：从身高体重、技术风格、进球数，甚至详细到哪些是左脚打进的、哪些是右脚打进的，都了如指掌。穆里尼奥的这一举动一下子就震住了那些球星。不过，这只是开始，他们更没有想到的是，主教练这种近乎完美的准备工作会使他们在后面的比赛中取得一个又一个胜利。

在穆里尼奥的带领下，切尔西队不管是在国内联赛还是在欧洲冠军联赛，都取得了一连串的胜利。穆里尼奥出名了，但他在赢得别人尊重的同时，又被许多对手厌恶。喜欢他的人称他为“上帝第二”，讨厌他的人却称呼他“魔鬼”。

现在，不管是欣赏他还是厌恶他的人，都开始研究穆里尼奥，他们总结了很多条，比如，善于用人、阵形选择合理、自信等。遗憾的是，却很少有人领会到穆里尼奥成功的真正原因——充分的准备。

这是为什么呢？原因就在于，准备太重要，但也太平常了，我们大家几乎每天都生活在准备之中，所以，反而对它的重要性视而不见。提起准备，也许有人会说：“准备没有什么了不起。”但就是这不起眼的准备，却能造就神奇的成功；反之，也能造成痛苦的失败。

不要被想象中的困难吓倒

想象中的困难要大过实际上的困难。

——莎士比亚

所有的困难都是纸老虎，你越是怕它，它就越强大；你如果积极想办法，努力地去解决，那些看起来难以解决的问题就会迎刃而解。

琳达是一位中年妇女，自从她嫁到现在所在的这座农场，那块石头就已经在这里了。石头的位置刚好位于后院的屋角，而且是一块形状怪异、颜色灰暗的石头。它的直径大约 1 米，从屋角的草地里突出将近 2 厘米。如果不小心，随时都有可能被它绊倒。

有一次，琳达使用割草机清除后院的杂草时，不小心碰到了石头，割草机高速运转的刀片就这样被碰断了。因为常常造成不便，所以琳达就对丈夫说：“能不能想个办法，把这块石头挖走呢？”

“不可能挖起来的。”丈夫这么回答。琳达的公公也表示同意。

“这个石头埋得很深。”公公对琳达说，“从我小时候，这块石头就在这里了，从来没有人尝试把它挖起来。”

石头就这样继续留在后院里。年复一年，琳达的孩子们出生，然后成家，接着是琳达的公公去世，到最后，琳达的丈夫也去世了。

在丈夫的葬礼过后，琳达开始打起精神清理房子，这个时候她看见了那块石头，因为它的关系，周围的草坪始终无法正常打理。

于是琳达找出了铁铲和手推车，准备花上一整天的时间挖走这块石头。没想到才过了十几分钟，石头就已经开始松开，而且一会儿工夫就被琳达给挖出来了。

原来，这块石头在地下的部分只不过几十厘米深而已，于是，那块原本每一代都认定没办法移动的石头，就这样简单地被移走了。

如果琳达没有亲自动手去做，关于这块石头难以移动的“神话”，或许也就这么继续流传下去了。

困难到底是不是困难，必须动手去做才会知道。如果你只是在一旁空想，那么这个世界对你而言，会是被重重“困难”包围的可怕环境，而你，永远也无法破除困难，往前再进一步！

很多人成功靠的就是这种勇于行动、不被想象中的困难吓倒的精神。

日本冈山市有栋非常漂亮气派的五层钢筋水泥大楼。这栋大楼就是条井正雄所拥有的冈山大饭店。然而，谁也没想到，条井当年身无分文却盖起了这栋大楼。

条井以前是一个银行的贷款股长，一直负责办理饭店旅馆业的贷款工作。10年的工作，使他学到了丰富的旅馆经营知识，这时他心里自然地产生了经营旅馆的渴望。为了做出更完整的方案，他实地做了细致的调查，调查结果是来冈山市的旅客中，有97%是为商务而来的。然后，他又在公路边站了3个月，调查汽车来往情况。然而，当时冈山市的旅馆却没有一家拥有像样的停车场。他想，将来新盖的饭店，必须具有商业风格，而且附设广阔的停车场，以此来吸引旅客。他又花费1年时间，制成几张十分阔气的饭店设计图纸和一份经营计划书。抱着试试看的心情，他来到冈山市最大的建筑公司碰运气。

一位主管看了条井的设计后，问他："你准备了多少资金来盖这栋大楼？"

"我一分钱也没有，我想，先请你们帮我盖这栋大楼，至于建筑费，等我开业之后，分期付给你们。"条井泰然自若地回答。

"你简直是在白日做梦，真是太天真啦，请你把这个设计图拿回去吧！"

"这几张图纸和计划书是我花了两年的时间做成的，我认为很完整。请你们详细研究，我以后再来讨教！"条井不再多言，把设计图丢在那里，掉头就走。

半个月后，奇迹发生了，这个建筑公司约他去面谈。该公司的董事和经理济济一堂，从上午8点到下午4点，一个接一个地向他提各式各样的问题，那场面真是令人心惊肉跳。然而，难以令人相信的事还是发生了，建筑公司决定花2亿日元替这位身无分文的先生盖饭店。

一年后，饭店落成了，条井成了老板。

方法总比困难多。所有的困难在智慧和行动面前都会变得不值一提。

1968 年春，罗伯·舒乐牧师立志在加州用玻璃建造一座水晶大教堂，他向著名的设计师菲力普·约翰逊表达了自己的构想："我要的不是一座普通的教堂，我要在人间建造一座伊甸园。"

约翰逊问他的预算，舒乐牧师坚定而坦率地说："我现在一分钱也没有，所以 100 万美元与 400 万美元的预算对我来说没有区别。重要的是，这座教堂本身要具有足够的魅力来吸引人们捐款。"

教堂最终的预算为 700 万美元。700 万美元对当时的舒乐牧师来说是一个不仅超出了能力范围也超出了理解范围的数字。

当天夜里，舒乐牧师拿出一页白纸，在最上面写上"700 万美元"，然后又写下了 10 行字：

（1）1 笔 700 万美元的捐款

（2）7 笔 100 万美元的捐款

（3）14 笔 50 万美元的捐款

（4）28 笔 25 万美元的捐款

（5）70 笔 10 万美元的捐款

（6）100 笔 7 万美元的捐款

（7）140 笔 5 万美元的捐款

（8）280 笔 2.5 万美元的捐款

（9）700 笔 1 万美元的捐款

（10）1 万扇窗户，每扇 700 美元

60 天后，舒乐牧师用水晶大教堂奇特而美妙的模型打动了富商约翰·可林，他捐出了第一笔 100 万美元。

第 65 天，一对倾听了舒乐牧师演讲的农民夫妻，捐出 1000 美元。

90 天时，一位被舒乐牧师的精神所感动的陌生人，在生日的当天寄给舒乐牧师一张 100 万美元的银行本票。

8 个月后，一个人对舒乐牧师说："如果你的诚意和努力能筹到 600 万美元，剩下的 100 万美元由我来支付。"

第二年，舒乐牧师以每扇 500 美元的价格请求美国人订购水晶大教堂的窗户，付款办法为每月 50 美元，10 个月分期付清。6 个月内，1 万多扇窗户全部售出。

1980 年 9 月，历时 12 年，可容纳 1 万多人的水晶大教堂竣工。这成为世界建筑史上的奇迹和经典，也成为世界各地前往加州的人必去瞻仰的胜景之一。

水晶大教堂最终造价为 2000 万美元，全部是舒乐博士一点一滴筹集而来的。

许多困难乍看起来像大山一样不可撼动，然而我们本着从零开始，点点滴滴去实现的决心，有效地将问题分解成许多板块，那么，再大的困难也阻止不了我们行动的步伐，所有的困难都会被我们顺利解决。

第四章

认真——成功就怕“认真”二字

世界上怕就怕“认真”二字，无论做什么事情，只有抱着认真的态度才能够将它做好。青少年要有所成就，就要养成认真细致的品质，形成认真做事的习惯。不积跬步，无以至千里。青少年要成就一番伟业，就必须从身边最容易的事情入手，认真地做好每一件小事。踏踏实实地做好每一件事，你才能够更快地走向成功。

专心致志，一次做好一件事

一个人不能骑两匹马，骑上这匹就要丢掉那匹。

——歌德

专注的力量是惊人的，集中精力专注于自己正在做的事情，做起事来不仅轻松、有效率，而且也能够把事情做得更好。

做事情专心致志，心无旁骛，才能够把事情做好，取得“真功”。而那些能够在事业上取得卓越成就的人无一不是做事十分认真投入的人。

在历史上，阿基米德不仅是一位伟大的数学家，还是一位伟大的物理学家。他通过大量实验发现了杠杆原理，又用几何演绎的方法推出了许多杠杆命题，并给出了严格的证明。不仅如此，阿基米德还是一位十分出色的工程师，他能够把数学和生活中的具体问题结合起来考虑，大胆地运用数学方面的知识去解决天文学和物理学的问题。他之所以能够取得如此辉煌的成就，就是因为他是一个非常投入的人。

据记载，阿基米德钻研数学的时候非常专心，往往因为过于投入而忘记了其他事情。比如在冬天吃饭的时候，他就坐在火盆旁边，一只手端着饭碗，一只手在火盆的灰烬里比画着，进行各种数学习题的演算，因为过于投入而忘了吃饭。

有一次，因为一道数学题没有找到答案，他把自己关在房间里苦思冥想，由于一直没有时间去洗澡，身上的污垢散发出一股难闻的气味。在家人的一致要求下，阿基米德才勉强进了浴室。

那时候的人们都有个习惯，洗完澡之后要往身上擦香油膏。阿基米德待在浴室里好半天还不出来，家里人感到十分奇怪。他们站在门外喊了几声，可是一点回应也没有。这是怎么回事？会不会出了什么意外？

家人赶紧推开门，令人哭笑不得的是，他们发现阿基米德已经忘了自己是在洗澡，他把浴室当成了工作室，正坐在浴盆的边缘，用手指头蘸着香油膏在皮肤上画几何图形哩！

和阿基米德一样，著名的科学家居里夫人也有着非凡的注意力。

她小时候读书很专心，完全不知道周围发生的一切，即使别的孩子为了跟她开玩笑，故意发出各种使人不堪忍受的声音，都不能把她的注意力从书本上移开。有一次，她的几个姊妹恶作剧，用六把椅子在她身后造了一座不稳定的三脚架。她始终在认真看书，没有发现头顶上的危险。突然，“木塔”轰然倒塌，引起周围孩子们的哄笑。

至于科学家牛顿把怀表当鸡蛋煮，黑格尔思考问题在同一地方站了一天一夜，爱因斯坦因为看书入了迷把一张价值1500美元的支票当书笺丢掉等轶事，都是这些伟大人物注意力高度集中的典型例子。

化学家告诉我们，如果把4000平方米草地所具有的能量聚集在蒸汽机的活塞杆上，那么它所产生的动力足以推动世界上所有的磨粉机和蒸汽机。但是，因为这种能量是分散存在的，所以从科学的角度来说，它基本上没有价值可言。这也说明，能量一旦聚焦于一点，将会产生多么大的动力。

博恩·崔西有一句名言："一次做好一件事情的人比同时涉猎多个领域的人要好得多。"在太多的领域内都付出努力，我们就难免会分散精力，顾此失彼，最终一无所成。圣·里奥纳多在一次给福韦尔·柏克斯顿爵士的信中谈到他的学习方法，并揭示了他成功的秘密。他说："开始学法律时，我决心吸收每一点有用的知识，并使之同化为自己的一部分。在一件事没有充分了解清楚之前，我绝不会开始学习另一件事情。"

专注是成功的重要保证。一位记者问爱迪生："成功的首要条件是什么？"爱迪生回答道："如果你有一种让自己的身心全部投入到同一个问题中而且不知疲倦、锲而不舍的能力，你离成功就不远了。我们每个人拥有的学习、工作、生活的时间差不多，早上7点起床，晚上11点睡觉。之所以我能够取得成功，是因为他们会在这些时间里做许多许多的事情，而我只做一件，这就是区别。倘若他们将时间和精力放到同一个方向上，他们也能成功。"

一旦专注于某种事物，人们会将自己有限的资源投入到这种事物中去，对于别的事物则不会产生兴趣，从而节约了时间和精力。这种专注能够让你的思维处于连续的工作中，积极地思考必能取得好的结果。同时，专注会蓄积你全身的热忱，你的思维、你的行动会变得积极而迅速。

精益求精，尽善尽美

如果你能够真正地做好一枚曲别针，要比制造一架粗陋的蒸汽机更有价值。

——阿尔伯特·哈伯德

罗丹是一位闻名于世的雕塑家。有一天，罗丹在自己的工作室向一位来访者解释为什么自他上次来参观到现在，自己都忙于这个雕塑的创作，而迄今为止还有一部分未完成。罗丹一边用手指着雕塑一边认真地说：“这个地方，我仍需要润色一下，让它看起来更加光彩夺目，这样整个面部的表情会因为光彩的增加而更柔和。当然在它的衬托下，”他又用手指了一下说，“那块肌肉也会显得强健有力。然后呢，”他顿了一下说，“嘴唇会更富有表情。当然，全身会因为以上的种种而显得更加有力度。”

那位来访者听了罗丹的介绍，疑惑不解地说：“您所说的相对于这座雕像来说，好像都是些琐碎之处，它们在整个雕像中并不是那么引人注目！”

罗丹回答道：“也许如此，但是你一定要知道，也正是你所说的这些琐碎的、不引人注目的细小之处才使整个作品趋于完美呀！而对于一件作品来说，完美的细小之处可不是件小事情呀！”

那些凡是能够在事业上取得卓越成就的人大都是像罗丹一样认真地对待自己要做的事情的人，他们做事精益求精，尽善尽美。事实证明，一个人只有抱着精益求精的态度去做事，才能把事情做到尽善尽美。

美国前国务卿基辛格博士，在诸事繁忙之时，仍然坚持让下属不断地培养关注细节的习惯。他的助理呈递一份计划给他，数天之后助理问他对其计划的意见时，基辛格和善地问道：“这是不是你所能做的最佳计划？”

“嗯……”助理犹疑地回答，“我相信再做些改进的话，一定会更好。”

基辛格立刻把那个计划退还给他。

努力了两周之后，助理又呈上了自己的成果。几天后，基辛格请该助理到他办公室去，问道：“这的确是你所能拟定的最好计划了吗？”

助理后退了一步，喃喃地说：“也许还有一两点可以再改进一下，也许需要再多说明一下……”

助理随后走出了办公室，腋下夹着那份计划，他下定决心要拟出一份任何人——包括亨利·基辛格都必须承认的“完美”计划。

这位助理日夜工作，有时甚至就睡在办公室里，三周之后，计划终于完成了！他很得意地迈着大步走入国务卿的办公室，将计划呈交给基辛格。

当听到那熟悉的问题“这的确是你能做到的最最完美的计划了吗”时，他激动地说：“是的。国务卿先生！”

“很好。”基辛格说，“这样的话，我有必要好好地读一读了！”

基辛格虽然没有直接告诉他的助理应该做什么，然而却通过这种严格的要求来训练自己的下属怎样完成一份合格的计划书。

青少年做事情多数都像故事中的下属一样，浅尝辄止，往往在事情还没有臻于完善的时候便匆匆了结，结果自然是错漏百出，不尽如人意。俗话说，“慢工出细活儿”，要做好一件事情，就必须认真细致地做好每一个细节，追求每一个细节的完美，这样才能将事情做到尽善尽美。

1886 年，法国政府送给美国一座历时 10 年雕刻而成的、高约 46 米的自由女神像，这是纪念美国独立 100 周年的礼物。女神的外貌设计源于雕塑家的母亲，高举火炬的右手则以雕塑家妻子的手臂为蓝本。这座自由女神像象征着美国人民的自由精神。直至今日，这座雕像依然是美国最具代表性的景观之一。

人们从四面八方涌来，为的就是一睹自由女神的风采。在雕像耸立于美国自由岛的 100 多年以后，有一位画家和朋友乘坐一架私人小飞机飞到了距离地面约 100 米的空中，画家和他的朋友清楚地看到了自由女神像头部的所有细节：一缕缕飘逸而韧性十足的头发，丰富的脸部表情，额头、鼻翼两侧还有耳郭边的每一个线条，以及坚定地望着前方、充满火热激情的眼睛，所有的一切都被雕塑家表现得栩栩如生。这位画家素以对作品无比挑剔和苛刻著称，但是看到眼前美轮美奂的自由女神像，他也不由得赞叹，这座雕像简直是巧夺天工。

在1886年之前，飞机还没有被发明制造出来，而雕塑家却尽其所能地完成雕像的每一个部分，丝毫没有忽略任何一个细节。

一个多世纪以前，这位雕塑家用自己的双手一刀一锉地刻出每一个完美的细节，即使是最细微、最不可能为人所注意的部位也没有丝毫马虎，他甚至不考虑自己精心雕刻的某些细节可能永远都不会被看到。他始终没有放松对自己的要求，他在巨大的自由女神像上一刀一刀地刻着，在他眼中只有手中的刀锉和刀锉下的完美细节。也正是因为雕塑家鬼斧神工的雕刻技艺，以及他对于完美细节的不懈追求，巨大的自由女神像才以近乎完美的形象展现在人们眼前，同时展现在人们眼前的还有雕塑家的精巧技艺及其通过每一个细节向人们传递的自由精神。

这位雕塑家就是弗雷德里克·奥古斯塔·巴托尔迪。他的名字将和自由女神像一样流传千古，他向人们传递的自由精神将会被千万代的人所铭记。

弗雷德里克的雕刻带来这样的启示：只有认真才能够将事情做到尽善尽美。青少年要成就一番事业，就必须养成这种做事认真、精益求精的习惯。

纳迪亚·科马内奇是第一个在奥运会上赢得满分的体操选手，她在 1976 年蒙特利尔奥运会上完美无瑕的表现，令全世界为之疯狂。

在接受记者采访的时候，纳迪亚·科马内奇谈到她为自己所设定的标准以及如何维持这样的高标准时说：“我总是告诉自己‘我能够做得更好’，不断驱策自己更上一层楼。要拿下奥运金牌，就不能过正常人的生活，要比其他人更努力才行。对我而言，做个正常人意味着过得很无聊，一点意思也没有。我有自创的人生哲学：‘别指望一帆风顺的生命历程，而是应该期盼成为坚强的人。’”

只要你肯坚持，事情总能够做得更好。青少年应当把“我能够做得更好”当成自己的座右铭，不断激励自己朝着更高的目标去努力，这样才能够更快地走向成功。

不要做差不多先生

差之毫厘，谬以千里。

——朱熹

生活中，“差不多”是很多人的口头禅，这是很多人做事马虎轻率的直接原因。“差不多”是一种看似聪明实际糊涂的做事态度，小则影响一个人的成败，大则关系整个民族的兴衰。胡适在著名的《差不多先生传》中对这种“差不多精神”做了生动的刻画，下面的内容就节选自这篇文章：

差不多先生的相貌和你和我都差不多。他有一双眼睛，但看得不很清楚；有两只耳朵，但听得不很分明；有鼻子和嘴，但他对于气味和口味都不很讲究；他的脑子也不小，但他的记性却不很精明，他的思想也不很细密。

他常常说：“凡事只要差不多就好了，何必太精明呢？”

他小的时候，妈妈叫他去买红糖，他买了白糖回来。妈妈骂他，他摇摇头道：“红糖白糖不是差不多吗？”

他在学堂的时候，先生问他：“直隶省的西边是哪一省？”他说是陕西。先生说：“错了。是山西，不是陕西。”他说：“陕西同山西不是差不多吗？”

后来他在一个钱铺里做伙计，他也会写，也会算，只是总不精细，十字常常写成千字，千字常常写成十字。掌柜的生气了，常常骂他，他只笑嘻嘻地赔小心道：“千字比十字只多一小撇，不是差不多吗？”

有一天，他为了一件要紧的事，要搭火车到上海去。他从从容容地走到火车站，迟了两分钟，火车已开走了。他白瞪着眼，望着远远的火车上的煤烟，摇摇头道：“只好明天再走了，今天走同明天走，也差不多。可是火车公司未免太认真了，八点三十分开同八点三十二分开，不是差不多吗？”他一面说，一面慢慢地走回家，心里总不很明白为什么火车不肯等他两分钟。

有一天，他忽然得了急病，赶快叫家人去请东街的汪大夫。家人急急忙忙地跑去，一时寻不着东街汪大夫，却把西街的牛医王大夫请来了。差不多先生病在床上，知道寻错了人，但病急了，身上痛苦，心里焦急，等不得了，心里想道：“好在王大夫同汪大夫也差不多，让他试试看吧。”于是这位牛医王大夫走近床前，用医牛的法子给差不多先生治病。不到一刻钟，差不多先生就一命呜呼了。

差不多先生差不多要死的时候，一口气断断续续地说道：“活人同死人也差……差……差不多……凡事只要……差……差……不多……就好了……何……何……必……太……太认真呢？”他说完了这句格言，方才绝气了。

这篇著名的文章可谓是道尽了“差不多”思想的危害。青少年在做事和学习上的马马虎虎，并不是一日两日就见危害的，所以也往往为人所忽视。但是，“差之毫厘，失之千里”，开始差不多，天长日久，积少成多，几年、十几年、几十年以后，学习上马虎、不严格的人，比起那些严格要求的人来就差得多了。这是我们应该切记的。

粗心马虎、做事差不多就行的习惯是可以改变的。下面就是几种改掉马虎习惯的方法，可以帮到“差不多先生”们。

1. 集中精力，重视眼前

把注意力集中在我们的现实世界中，不要太多地追悔过去，不要沉溺于冥想未来，而应全力以赴把握眼前，重视当下的学习和生活。

2. 排除干扰，稳定情绪

每个人的心理能量都是有限的，如果被过多杂务干扰，心绪烦乱，情绪不稳，就容易涣散注意力，就很难做到全神贯注。要真正做到细心谨慎，必然要处理好自身的各种心理困惑，保持一颗平静的心，正所谓“宁静而致远”。

3. 赋予自己责任，切实用心

任何事情，都是事在人为。同样一件事，能够负起责任、切实用心，就可能成就一篇杰作；如果毫不在乎，不当回事，就可能竹篮打水一场空。只要能够负起责任，就有一种油然而生的神圣责任感和使命感，就有可能激发全部的智慧，调动无穷的潜力。因此从这个意义上说，细心很大程度上依赖于责任心。

4. 培养兴趣

我们深知，一旦自己对于某事有了浓厚兴趣，常能乐此不疲、流连忘返，也就能够精心钻研、细心考量。如果缺乏兴趣，就容易心猿意马、朝三暮四，难以做到持久的静心、细心，更不可能保持足够的耐心。我们理应认识到自身的优势，做自己想做又能做的事情，然后将潜力发挥到极致，这样才能真正维持住持久的细心。

对小事认真才能对大事认真

天下难事必作于易，天下大事必作于细。

——老子

荀子云：“不积跬步，无以至千里；不积小流，无以成江海。”说的就是“要想成大事必须认真从小事做起”的道理。“天下难事必作于易，天下大事必作于细。”青少年要成就一番伟业，就必须从身边最容易的事情入手，认真地做好每一件小事。做好小事才能够成就大事。

海尔的总裁张瑞敏说：“把每一件简单的事做好就是不简单，把每一件平凡的事做好就是不平凡。”

一心渴望伟大，伟大却了无踪影；甘于平淡，认真做好每一件小事，伟大却不期而至。这就是小事的魅力。

日本国民一直传颂着一则动人的故事：多年以前，一个妙龄少女来到东京帝国酒店当服务生。这是她的第一份工作，她将从这里迈出人生的第一步。为此她暗下决心：一定要好好干，干出成绩来！

可她万万没有想到，上司安排她这个漂亮姑娘去刷洗厕所！

对于刷洗厕所这样的工作，除非万不得已，一般人都不会主动承受，更何况是一个天性喜爱洁净的少女呢？她能干得了吗？

开始，她虽然不停地暗下决心，鼓足勇气去尝试、去适应，但是，真正用自己白皙的小手拿着抹布伸进马桶里时，视觉和嗅觉上的反应还是猝不及防，她的胃里翻江倒海，想呕吐又吐不出来，实在太难受了！而老板对工作质量的要求是：必须把马桶抹洗得光洁如新！

她当然明白光洁如新是什么含义，也知道这样高标准的质量要求对自己意味着什么。她为此而痛苦，陷入了困惑与苦恼之中。她也想过退却，想过辞职另谋职业，但是她又不忍心自己人生面临的第一课就以失败告终。她认为那是非常丢人的事情，她真的不甘心就这样败下阵来。她想起了自己刚来的时候曾经下过的决心：人生第一步一定要走好！可是，即使她憋足了劲要干好工作，还是适应不了这样的工作环境。

就在这时，一位令她感激万分的前辈站到了她面前，用自己的行为解除了她心头的苦恼和困惑。他并没有对她反复说教，而是非常认真仔细地为这位姑娘做示范。他一遍一遍地抹洗着马桶，直到擦得光洁如新。然后他从马桶里盛了一杯水，一饮而尽。

这告诉了她一个极为朴实的道理：光洁如新的要点在于新，新的东西就一点也不脏，新容器里的水是完全可以饮用的；反过来，只有马桶里的水达到了可以喝的程度，才算是把马桶抹洗得光洁如新了。而这一点已经被证明是完全可以做到的。

就这样，这个日本小姑娘从前辈的关怀、鼓励中获得了战胜困难的勇气和信心。她激动得不能自持，从身体到灵魂都震颤不已。她从目瞪口呆到热泪盈眶，从如梦初醒到恍然大悟，她痛下决心并付诸行动：就算今后一辈子洗厕所，也要做一名全日本最出色的洗厕人。

这位少女的成功揭示了这样一个道理：一个人只有对小事认真，才能够对大事认真，踏踏实实地做好每一件小事才能够更快地走向成功。

在我们的生活中，许多青少年年轻气盛，自恃学识高，不屑于做平凡的工作、平凡的小事，他们心中想的净是“伟大”的事业，而这些事业他们终归也只有“想”的份儿。不管哪项伟大的事业，都必须从小事、平凡的事中总结经验，从小事中起步。

练习造就完美，熟练才能精通，再小的事情做到极致就能成就大事。大家也许还记得达·芬奇画蛋的故事吧，为了把一个蛋画好，达·芬奇成百上千次地不停地画圈圈。任何事情都是这样：先把小事做好，对小事认真才能对大事认真。

第五章

坚忍——在充满荆棘的道路上奋进

挫败是成长的阶梯，困境是人生的另一所大学。一个人的一生如果没有经历过困难，那他的生命就是不完整的。一个人的成长，就是经历一连串磨难的过程，迎接并战胜它们，你就会拥有足够的力量和智慧。困境就好像是运动器械，可以锻炼人，使人更加强健。青少年要成为未来社会的强者，就应当在生活中磨炼自己坚韧的意志，把不幸和困难当成自己人生最好的教材。

挫折是大自然的计划

在科学上没有平坦的大道，只有不畏劳苦沿着陡峭山路攀登的人，才有希望达到光辉的顶点。

——马克思

我们深信，挫折是大自然的计划，大自然就是通过这种方法来考验人类，促使他们在磨难中不断成长。大自然偏爱那些努力奋斗的孩子，把高尚的品格、瞩目的成就和优越的地位当成他们战胜挫折的回报。

困境是人生的另一所大学。我们常常羡慕那些含着金汤匙出生的人，却没意识到自己有着真正令人羡慕的地方。如果你能把生活中的困境和挫折当成磨炼自身意志和成长自我的机会的话。

大自然让人们在奋斗的过程中不断成长、壮大与进步。未经磨难，一个人是不可能成功的。

一个人从生到死，就是经历一连串的成长与考验的过程，并从每一次面对挑战的经验中积累智慧。

爱默生说过："放手去做，你就会有力量。"

迎接磨难并予以克服，你就会拥有所需的足够力量与智慧。如果一个人生活在一帆风顺的环境中，没有经历过挫折的磨炼和洗礼，就好像温室里的花朵，一旦脱离了优越的生活环境，就会面临自下而上的困境。

森林中最强壮的树木，并未受到严密的保护，它们必须和环境搏斗，和周围的树木争夺养分才能得以生存。

汤姆的祖父以制作马车为生。每回整地播种时，他总会留下几棵橡树，任凭它们在空旷的田地里承受风吹雨打。他这样告诫汤姆：

“那些在大自然里努力求生存的橡树，比森林里受到保护的同伴更坚实，更具韧性。祖父用那些饱经风霜的橡木制作车轮，弯成弧形的零件，不必担心会断裂。因为它们受过磨难，有足够的力量承受最沉重的负担。”

“磨难同样可以强化人们的意志。大多数的人希望一生平坦顺利，然而，未经磨难与考验，往往会庸庸碌碌过一生。”

“我们勇于面对逆境，努力奋斗，才会有更多机会。”

“磨难迫使我们前进，没有它我们将停滞不前；它引导我们通过考验，获得成功。未经磨难，无法得到有价值的经验，简单的事情每个人都可以做到。每一个成功的人，都会在生活中经过一番奋斗。人生是不断奋斗的过程，勇于面对困难，克服困难，继续迎接下一个挑战的人，就是最后的赢家。”

汤姆祖父的话指出了挫折在我们人生成长过程中的意义。苦难是人生的大学，挫败是成长的阶梯。伟大人物无一不是由苦难而造就的，一个人如果好逸恶劳，就无法战胜困难，也绝不会有什么前途。一个成功人士说：“生前没有经历困难的人，他的生命是不完整的。”

困境就好像是运动器械，可以锻炼人，使人更加强健，所以，困境恰恰是我们成就事业的有利因素。安德鲁·卡内基说：“一个年轻人最大的财富莫过于出生于贫穷之家。”困境虽然不会令人心情愉快，但经过奋斗而脱离困境，便是无比的快乐。

在困难面前你需要重新站起来

如果我们被打败了，我们就只有从头干起。

——恩格斯

青少年在成长过程中难免会遇到挫折和困难，在困难面前跌倒是很正常的。关键是能够从挫折中站起来，不被困难所击垮。能够承受一次次困难和挫折的人才能够坚持到底，取得胜利。

在一则报道中有这么一个故事：有一群登山爱好者准备征服一座海拔 6000 米的高山。于是，他们组成一个小分队扎营在海拔 2000 米的营地等待天气好转。他们当中有些是专业的登山运动员，体魄健壮，经验丰富。

天终于晴朗了，微风轻吹，队员们开始行动起来，由经验丰富的队员带领着出发了。

在攀登者眼中，高山有种乖顺的宁静，只有峰顶的冰川才会在阳光下闪着迷人的光辉，所以每个登山者都沉浸在攀登的乐趣中。他们用手提电台与基地保持着联系，不时地与遥远的家人通话，向亲人叙述他们在高山上所见的美景。

正当他们慢慢接近主峰的时候，灾难悄悄降临了。突然间，乌云翻滚，狂风肆虐，气温骤降。几个经验丰富的登山运动员知道情况不妙，要求大家全力返回。可是，由于在路上逗留时间过长，夜已慢慢逼近，按经验他们已无法下山，只能等营救人员前来。狂风如决堤之水，怒吼而来，许多队员的衣服被风撕破，手套也脱落了……

祸不单行的是，有位队员的腿部被飞石击中，出了大量的血，伤员痛苦地呻吟着。

风越来越大，严寒也随之降临。伤员极其痛苦地喊着“我冷，我冷”，他腿部的血流出后很快结成了冰。有一个登山者说：“现在天色尚未全黑，让我来背他下山，或许他会有救。”

“你这是去找死，营救人员马上会来的。”众人劝他。可是，他还是背起伤员努力向山下走去。

夜幕降临了，山上起了暴风雪，营救人员根本无法上山。第二天，营救人员发现在原处等待救援的人们紧紧挤在一起，已经僵硬了。然而救援人员在海拔4000米的地方发现伤员和背着他的人，竟然还活着。

营救人员说在这种天气下能存活下来简直是奇迹。他们分析原因后断定，他们之所以能活着，是因为他们一个晚上都没有停止过高强度的运动。

在困难面前摔倒是难免的，最关键的是你能够重新站起来，并且承受一次又一次的摔倒。即使挫折、失败或迷惘，只要坚持到底，就能取得胜利。

作为电影制片人，鲍勃可谓是一帆风顺。

鲍勃若是满足于做制片人，也许他真会一帆风顺。然而，他认为，做制片人还不能充分发挥他的才能和创造性。在好莱坞，真正的荣耀属于导演。

他执导了一部片子，评论界众说纷纭，票房很低。导演鲍勃可不像制片人鲍勃那样受人欢迎了，失败接二连三地向他袭来。

一年之内，电影砸锅，朋友背弃他，婚姻破裂，他从加利福尼亚躲到纽约，过起了隐姓埋名的生活。“我完全垮了。”他说。

他陷入了冥思苦想。面对生活与事业的双重打击，他决定偃旗息鼓，他获得了暂时的安宁。

对于鲍勃和那些有成就的人，成功的关键是要控制局面。但是，失败使他完全失去了控制力。也许他没有必要控制，也许他可以改变，而改变会更幸福。

最后，鲍勃重新回到了洛杉矶，回到他失败的地方。他怀揣着从未有过的谦卑感回去了。一切都得重新开始，一种完全不同的自我意识支持着他。

他放下面子，从低级的活儿开始干。“我得倒退三步，才能前进四步。倒退虽然痛苦，却必不可少。”

鲍勃最终还是重登好莱坞的顶峰，这一次，他既非制片人，亦非导演，而是电影公司的董事。

鲍勃知道自己是幸存者。

鲍勃现在是轻装上阵。他的价值观非常明确。也许，他会遇到更多的挫折，但他绝不低头。在他看来，成功并不在于重新执掌电影公司，而在于审视自己的生活这一过程。他将这一精神旅程视为最大的成就。

看着鲍勃的精神之旅，你会明白“我完全垮了”对鲍勃来说是错误的，而对你来说，也是——错误的。

“失败了再爬起来”，看起来是一句鼓舞遭遇危机者最好的话，但是要真正实现起来，需要的是自我鼓励的品质和勇气。有没有这种品质和勇气，直接决定了一个人是不是优胜者，因为这决定了他能不能在挫败之时看到站起来的希望！

梅西 14 岁的时候来到美国。因为他从 7 岁起就跟着裁缝师学缝纫，所以到了美国之后，很顺利地就在一家裁缝店中找到了工作。

到了 18 岁时，梅西决定要成立一家属于自己的店。

于是，他和弟弟及其他合伙人共同买下了一间礼服店，他信心十足地把所有的积蓄都投资在这里。但是，接下来发生的许多事情，却不断地考验着梅西经营这家店的决心。

先是在即将开业的前一天晚上，小偷偷走了将近 8 万美元的存货。接下来他再度进的货，又在一场意外的大火中付之一炬。而且他发现保险经纪人欺骗了他，根本没有把他支付的保险费支票交给保险公司，所以这次的损失没有保险理赔。更惨的是，可以证明公司存货内容和价值的一位重要证人，还正好在这个时候去世了。

接二连三的打击实在让梅西受够了，他决定到别的裁缝店工作。但是，过了没多久，他渴望拥有自己事业的欲望又开始蠢蠢欲动。

于是，他再度鼓起勇气，开了一家裁缝兼礼服出租店。这一次，他决定多采纳别人的意见，但在大方向上他依然坚持自己做决定。因为，他始终相信：如果因此跌倒了，是自己让自己跌倒的；如果站了起来，那也是靠自己站起来的。

因为梅西坚持着这个信念，所以不久之后，他的“法兰克礼服出租店”便成为底特律的知名店铺。

梅西的经历告诉我们，当人生遭遇挫折和困难时，只要坚定成功的信念，不被失败击垮，那么最后迎接我们的必将是成功。

用行动反击失败

生活好比橄榄球比赛，原则就是：奋力冲向底线。

——富兰克林·罗斯福

在拿破仑的传记作品里，曾经记载过这样一个故事：

在马伦哥战役的前夕，拿破仑坐在营帐里，凝视着面前摊开的一张意大利地图。他把四枚钉子立在地图上，一边挪动钉子，一边思考着。

过了一会儿，他自言自语地说："现在一切部署好了，我要在这里抓住他！"

"抓住谁？"身旁的一个军官问道。

"梅拉斯，奥地利的老狐狸，他要从热那亚回来，路过都灵，进攻亚历山大里亚。我要渡过波河，就在这儿打败他。"拿破仑的手指向马伦哥。

但是，马伦哥战役打响后，法军受到奥军强有力的抵抗，只剩招架之力，拿破仑期待的胜利眼看要成为泡影。

正在法军即将败退之际，拿破仑手下的将领德赛带着大队骑兵驰过田野，停在拿破仑站着的山坡附近。队伍中有一个小鼓手，他是德赛在巴黎街头收留的流浪儿，一直跟随法军作战。

当军队站住时，拿破仑朝小鼓手喊道："击退兵鼓。"

这个孩子却没有动。

"小流浪汉，击退兵鼓！"

"小流浪汉，击退兵鼓！"

孩子拿着鼓槌向前走了几步，朗声说道："啊，大人，我不知道怎么击退兵鼓，德赛从来没有教过我。但是我会击进军鼓，是的，我可以敲进军鼓，敲得让死人都排起队来。我在金字塔敲过它，在台伯河敲过它，在罗地桥又敲过它。啊，大人，在这里我也敲进军鼓吗？"

拿破仑无可奈何地转向德赛：“我们吃败仗了，现在可怎么办呢？”

“怎么办？打败他们！要赢得胜利还来得及。来，小鼓手，敲进军鼓，像在台伯河和罗地桥一样敲吧！”

不一会儿，队伍随着德赛的剑光，跟着小鼓手猛烈的鼓声，向奥地利军队横扫而去，他们不惜流血牺牲，把敌人打得一退再退。德赛在敌人的第一排子弹中就倒下了，但是队伍并没有动摇。硝烟散去时，人们看到那小流浪儿走在队伍最前面，笔直地前进，仍旧敲着激昂的进军鼓。他越过死人和伤员，越过营垒和战壕，他的脚步从容不迫，鼓声激昂有力，他以自己勇敢无畏的精神开辟了胜利的道路。

这个故事告诉我们，不管失败的打击有多大，你都不应该畏缩不前，而是应该显出高傲的姿态，以一种胜利者的态度去迎战，然后，做棒球史上最伟大的投手弗兰克在他经受臂伤时所做的事——反击。

“我是1974年为洛杉矶道奇队打一场夜间比赛时受伤的，那个赛季我拥有一个棒球选手所梦想的最佳状况——我是那年全国联赛的头号投手，即将赢得参赛以来的第20场胜利，球队也将打进世界系列赛。男孩子所有的梦想，都将在我身上实现。突然间，我站上投手板，砰的一声，什么都完了。

“我韧带断了，投手最怕肘部受伤，因为手术常常意味着投手生涯的终结。我需要进行的手术，是任何主要大联盟的投手都没有做过的，但我知道要想继续打球，就别无选择。”

“1974年9月25日，布兰克·乔布医生给我做了手术，复原的过程极为缓慢。我问医生：‘我有没有机会再投球？’他回答说：‘有1%的机会。’但他对我太太玛丽更坦白，说：‘你的工作就是要鼓励弗兰克，想想他将来要做什么，因为他的投球生涯恐怕已经结束了。’”

“16个星期之后，我拆掉石膏，手指萎缩得很厉害，我太太说看起来很像鸡爪。手臂瘦弱无力，好像是90岁的老人。要抓东西，还得把手指头扳过去。连切肉、开门都办不到。玛丽用婴儿油帮我擦肌肤时，我的皮肤会一块块剥落，掉在她手上。”

“在康复阶段，我把大量的时间花在体育场里。在球场上，教练为我实施一系列严格的训练，帮助我强健肌肉。”

“复原进展极为缓慢。有一天，我记得从球场回家，把手放在背后，告诉玛丽，要给她一个惊喜。她以为我在开玩笑，想可能是死蜥蜴之类的东西，但当我慢慢把左手从背后伸出来弯着小指去碰拇指时，我们互相拥抱，跳来跳去，高声欢叫。这是我受伤后第一次能移动手指，感觉就好像得到10万元奖金似的，因为这表明那些肌肉终于康复了。”

“当我不和教练一起练习的时候，就和球队一起出去，坐在本垒板后面比画投球动作，尽量为球队做我可以做的事。我告诉道奇队的老板彼得·欧麦里说：‘我在康复，不能投球，但我愿帮忙做任何事情。’”

“其他球队的球员、教练、领队都问我：‘你真的以为你可以让那只手复原，让它再度看起来像是投球的手吗？’我回答他们：‘我坚信。’”

“复原是一段漫长、艰辛的过程，在一年半的时间里，除了周日，我每天都坚持练习。于是我真的恢复了，手术后主投的球赛，比以前还要多，并且代表扬基队在世界锦标赛中出场。”

“许多人看到我，会摇头感叹我是那么坚定果敢，尽最大的努力。这或许是我家乡威尔斯的传统，或许是其他什么因素，但我喜欢证明别人的谬误。”

弗兰克的成功说明了这样一个道理：行动是扭转不利局面的唯一途径。人生就好比是一个大的赛场，像弗兰克一样你会面临很多意想不到的挫折和困难，但是如果你能像弗兰克那样用坚忍的毅力和不懈的行动去反击失败，脱离困境，那么就会和弗兰克一样，克服困难，获得最后的胜利。

用微笑迎接挫折

让我不要祈求免遭危难，而是让我能大胆地面对它们。

——泰戈尔

困难和挫折是人生中不可避免的。有的人成功了，是因为他们能够坚强地面对，而有的人失败了，是因为他们面对困难一蹶不振，失去了继续拼搏的勇气。伟大的发明家爱迪生说过，厄运对乐观的人无可奈何，面对厄运和打击，乐观的人总会选择笑脸迎接挫折。

琼妮小姐是新西兰一位建筑商的女儿，移居美国后，曾在休斯顿一家电视台工作，1990年起任美国有线电视新闻网的摄影记者。1992年6月，她被派往萨拉热窝进行战地采访。在那里，曾有多名记者丧生。

琼妮在萨拉热窝工作6个星期后，已经习惯周围的流弹，一天清早，一颗子弹击穿车玻璃，正好击中她的脸部，几乎掀掉了她的半边脸，她的颧骨被打得粉碎，牙齿没有了，舌头被打断。送到诊所时，大夫们直摇头，认为她不行了。但经过20多次手术后，她又奇迹般地回到了工作岗位。这时的她，下颚仍无感觉，脸部还留着弹片，体重减轻了8千克。令大家吃惊的是，她要求重返萨拉热窝。

她幽默地说："说不定我还能在那里找回我的牙齿。"她甚至想认识一下当初袭击她的枪手。

有人问她，见到那个枪手后怎么办。她说："我会请他喝一杯，问他几个问题，比方说当时距离有多远。"

琼妮面对厄运的乐观态度证明她是一个坚韧的女孩，正是这种乐观的性格，使她能够迅速摆脱挫折的阴影，积极地投入到新的工作中去。

和琼妮一样，杰克也是一个具有超强乐观精神的人。他的心情总是特别好，而且对任何事情总是有正面的看法。当有人问他近况如何时，他总是回答："我快乐无比。"每当有不愉快的事情发生时，杰克都会对自己说：“杰克，你可以选择成为一个受害者，也可以选择从中学些东西。”每一次他都会选择后者。

有一天，杰克出事了。他清晨出去锻炼时，忘记了关门。他回来时发现有三个人正在他家偷窃，其中一个歹徒因为紧张而对他开了枪。幸运的是，歹徒匆忙离开了，好心的邻居迅速把杰克送进了急救室。经过 18 个小时的抢救和几个星期的精心照料，杰克出院了。

事情发生 6 个月后，一个朋友去看杰克，问他近况如何，他答道：“我快乐无比。想不想看看我的伤疤？”朋友弯下腰看了看他的伤疤，问道：“当歹徒来时，你想些什么？”

“第一件在脑海中浮现的事是，我应该关好门。”杰克答道，“当我躺在地上时，我对自己说：有两个选择，一是死，一是活。我选择了活。”

“你不害怕吗？你有没有失去知觉？”朋友又问道。

杰克回答说：“医护人员都很好。他们不断告诉我，我会好的。但当他们把我推进急诊室后，我看到他们脸上的表情，从他们的眼中，我读到了‘他是个死人’的讯息。我知道我需要采取一些行动了。”

“你采取了什么行动？”朋友紧追不舍地问。

“有个很可爱的护士大声问我问题，她问我有没有对什么东西过敏。我马上答：‘有的。’这时，所有的医生、护士都停下来等着我说下去。我深深地吸了一口气，然后大声说道：‘子弹！我对子弹过敏！’在一片大笑声中，我又说道：

‘我选择活下去，请把我当活人来医治，而不是放弃。’”

杰克活了下来，一方面要感谢医术高明的医生，另一方面得感谢他那惊人的乐观态度。

我们也许不会遇到像杰克和琼妮那样的厄运，但是我们在成长和生活过程中也会遇到各种障碍、困难，遭遇很多失败、痛苦。在挫折面前，有的人会出现暴怒、恐慌、悲哀、沮丧、退缩等情绪，影响了学习和工作，损害了身心健康；而有的人却能够像杰克、琼妮那些乐观的人一样笑对挫折，对环境的变化做出灵敏的反应，善于把不利条件化为有利条件，摆脱失败，走向成功。

安德鲁是石油界的一位知名人物，不仅仅是他成功地开采了石油，还由于他对事业的执着追求，以及面对工作中的逆境时的坚强乐观。

安德鲁在 60 多岁的时候回顾人生，他自认为他是一个遭受失败最多的人。他是一个热衷于石油开采的人，他说他一生中每打 4 口井，就有 3 口是枯井。可是他从逆境中走了出来，成了一个身价超过 2 亿美元的富翁。安德鲁自己回忆说：“当年我被学校开除后，就跑到得克萨斯的油田找了一份工作。随着经验的逐渐丰富，我便想当一名独立的石油勘探者。那时候，每当我手里有钱了，我就自己租赁设备，做石油勘探。在连续的两年里，我一共开采了将近 30 口井，但全部都是枯井。当时，我真的失望极了。”安德鲁的确陷入了困境，都要接近 40 岁了，他依然一无所获。但是，他不但没有被逆境难倒，反而更加勤奋努力。他开始研读各种与石油开采有关的书籍，学习了丰富的理论知识。等理论知识掌握得非常充分的时候，他卷土重来，租好设备，找好地皮，继续进行石油开采。这一次他没有遇到枯井，汩汩直冒的石油成就了他的事业。

安德鲁正是由于积极乐观地面对逆境，没有对现实失去信心，才取得了成功。由此可见，在逆境面前，充满希望才能有机会取得成功。

乐观的人在遭受挫折打击时，仍坚信情况将会好转，前途是光明的。其实，谁都有面临困难与逆境的时候，关键是看怎样处理。有些人在逆境中永远消极，成为一个永远的失败者；而有些人却能够积极地面对逆境，冲出重围，走向成功。

卡耐基认为，逆境是人生中不可避免的事件。既然逆境是不可避免的，那就让我们从逆境中找到动力吧，让逆境成为推动我们走向成功的动力。我们应该将逆境视为成功的预兆。卡耐基说过："困难与挫折其实是上天故意安排来考验我们的，其实，它们就是成功的化身。成功与失败把握在我们自己手中。"

因此，面对困难和挫折，你要抬起头来，笑对它们，相信"这一切都会过去，今后会好起来的"。希望是不幸者的第二生命。向往美好的未来，是困难时最好的自我安慰。在多难而漫长的人生路上，我们需要健康的心，需要绚烂的笑容。苦难是一所没人愿意上的大学，但从那里毕业的，都是强者。

在挫折面前多坚持走一步路，多坚持一分钟，也许就会发现自己已经站在了成功的大门前。

第六章

进取——做自己命运的开拓者

在成长过程中，总有一种神秘的力量在推动着我们追求更高的理想，这种力量，就是进取心。进取心是一个人向上的动力，人生在世就应当努力进取，只有这样，生命的价值才能够不断地提升。进取心代表了一个人的发展方向和他所能达到的人生高度。人一旦养成不断自我激励，始终向着更高目标前进的习惯，进取心就会成为一种强大的自我激励力量，使人生变得更加充实。

害怕前进只能停留在原地

人生就是行动、斗争和发展，因而不可能有什么固定不变的目标，人生的欲望和追求不会停止不动。

——弗兰克·梯利

现实生活中，随处可以见到这样的人：他们一生都做着简单平常的事情，他们似乎也因此而满足，但实际上他们完全有能力干出一些更出色、更卓越的事情。他们并不缺少能力，只是缺乏一种追求的勇气和强烈的进取心。进取心是一个人积极向上的动力，人生在世就应当努力进取，这样，生命价值才能够不断地提升。害怕前进只能让一个人停滞不前。

在美国，有一个叫加纳的孩子，他出生在一个贫穷的黑人家庭，他的成功就是一个不断进取、改变命运的传奇。加纳的家庭十分贫困，因此他 5 岁时就不得不开始劳动，8 岁开始赶骡子，帮助家庭维持生计。

加纳有一位非常具有进取精神的母亲。她目睹自己家庭的生活环境，即使她每日艰苦劳动，获得的收入也仅能糊口，无法让孩子得到读书的机会。她知道自己的家庭与繁荣昌盛的世界形成鲜明的对比，她慢慢觉得形成这个现实必定有什么原因。她考虑这个问题，并时常同自己的儿子讨论这个问题。

有一天，她与儿子加纳讨论说："加纳，我们不应该贫穷。我不愿意听到你说，我们的贫穷是上帝的意愿。我们的贫穷不是由于上帝的缘故，而是因为你的父亲从来就没有产生过成功的愿望。我们家庭中的任何人都没有产生过出人头地的想法。"

妈妈这番话给加纳的心灵留下了深深的烙印：没有产生过成功的愿望，即没有进取精神，没有积极的心态，甘愿世世代代贫穷下去。加纳此时虽年纪不大，但他的心里已萌发了成功的决心，从此他时时刻刻注意怎么走上成功之路。他总是把他所需要的东西放在心中，对于不需要的东西置之不理。这样，他成功愿望的种子慢慢开始发芽、生长。

加纳为了走上成功之路，选择经商作为自己奋斗的途径。他先从当小伙计入手，在零售百货店里当推销员。3 年后，他懂得了哪些商品最畅销，哪些用户习惯买哪种商品，并与众多的顾客相识了。在这样的基础上，他决定自己经营创业，并把肥皂作为经营产品。于是，他靠自己的点滴资本，从肥皂厂购进一两箱肥皂，然后自己挨家挨户地上门推销。

在积极进取心态的支撑下，加纳不畏各种劳累和困难，一块一块地推销肥皂，一分钱一分钱地积累资金，一年 365 天坚持不懈地奔跑。就这样，一晃 12 年过去了，此时他家里的生活一天天改善，但他并不因此而放弃了继续进取，相反，他等待机会以获取更大的成功。后来，他获悉供应肥皂给他的那家公司由于内部原因，拟拍卖出售，售价是 15 万美元。

加纳通过种种努力买下了这家公司，他终于成为一个成功的商人。

加纳的成功是一个靠努力改变命运的典型例子。那么，究竟是什么力量能够不断地激励加纳，朝着自己的目标前进？这个力量就是——进取心。

进取心是神秘的宇宙力量在人身上的体现，这种力量并不是纯粹的人为力量能创造的。为了获得和满足这种力量，我们甚至愿意放弃舒适的现状乃至牺牲自我。我们每个人都感到，我们需要这种激励，它是我们人生的支柱。

一旦我们有幸受这种伟大推动力的引导和驱使，人生就会成长、开花、结果。进取心带来的激励也存在于人体内，它推动我们完善自我，追求完美的人生。如果无视这种力量的存在，或者只是偶尔接受这种力量的引导，我们就只能让自己微不足道，也就不会取得任何成果。并且，这种向上的愿望，这种至高无上的力量，也可能会消失。一旦染上了懒惰的习性，我们就会停滞不前。

总是有一种神秘的力量在推动我们追求更高的理想。人类的发展就像一条永无尽头的河流，为此，我们的进取心也是永无止境的。进取心，这种内在的推动力从不允许我们停下来，它总是激励我们为了更加美好的明天而努力。我们今天所达到的境地也许足以令人羡慕，但是我们却发现，今日的位置和昨日的位置一样，无法让自己完全满足。一旦我们想原地踏步，耳边就会响起那个声音，听到向更高目标努力的召唤。

人生的精彩来自梦想的精彩。人的成长就好像是一个不断攀登高峰的过程，当你攀过一座又一座人生的高峰时，在不断的征服和跨越中，你就会拥有一个精彩充实的人生。

进取心代表了一个人的发展方向以及他所能达到的人生高度。可以这么说，一个人的梦想有多远，他就能够走多远。

欲望是开拓命运的力量

一个人追求的目标越高，他的能力就发展得越快，对社会就越有益。

——高尔基

对成功的强烈渴望是一个人不断进取的精神动力。这种对成功的渴望可以时刻把我们的行动和心中的目标联系在一起。拿破仑·希尔认为，支撑人类生存和发展的一个重要因素就是欲望。只有那些拥有欲望的人，才会产生不断奋斗的勇气和决心。

松下幸之助曾经这样说："如果你想成功，那么不管做什么事，最重要的就是要有想完成那件事的强烈欲望。如果心里一直想着不完成它绝不罢休，那么事情可以说是已成功了一半。有了这种积极的成功欲望，一定能想出完成这件事的手段或方法来。"

这段话道出了一个亘古不变的成功法则：对成功的渴望从

来都是推动人们成就事业的巨大力量。

然而，仅仅拥有一般的欲望是不够的，要成功就必须拥有和保持强烈的成功欲望。

成功学大师安东尼·罗宾曾问过这样一个问题：如果你是一个业务员，那么，对你来说是赚 1 万元容易，还是赚 100 万元容易呢？

他给出的答案是：赚 100 万元比赚 1 万元更容易。

为什么呢？因为倘若你的财富目标只是赚 1 万元，那么你的打算不过是仅仅能够糊口就成了。假使这就是你的财富目标与你工作的原因，那么请问：你自己工作的时候还会兴奋有劲吗？你还会热情洋溢吗？

历史和现实都可以证明，信心与欲望的力量可以使穷汉变成富翁，使失败者重振雄风，使残障人士拥有想要康复的力量，使人在强烈的冲动下，把那些不可能的事变成可能，把“自己不行”的卑微感彻底抛开，昂首阔步地走向成功。尤其是在改变经济状况的活动中，欲望越强烈，成功的可能性就越大，离成功的目标也就越近。

1873 年，当巴恩斯从货运列车上爬下来时，他的外表也许像一名无业游民，但是他却具有国王一样的雄心。

在走向爱迪生办公室的途中，他想象自己站在爱迪生的面前，听见自己要求爱迪生给他一个机会，以实现他一生着了迷的炽烈欲望——要做这位伟大发明家的商业伙伴。

巴恩斯的欲望并不只是一个希望，不是一种祈求，而是一种强烈的欲望。它凌驾于一切之上，它是明确的。

数年之后，巴恩斯再度站在爱迪生的面前，站在与爱迪生初次会面时的那间办公室里，这一次他的欲望已经转变为事实：他和爱迪生成为合作伙伴了，支配他一生的理想终于实现了。

巴恩斯的成功，是因为他具有强烈的成功欲望，并选定了一个明确的目标，并以他的全部精力、全部意志力甚至他的一切，去奔向这个目标。

这是一个由明确欲望产生力量的证明：巴恩斯达到了目标，是因为他什么都不要，只要做爱迪生的合作伙伴，他构想出一套计划，以此达到了目的。他破釜沉舟地坚持着他的欲望，直到这欲望变成了事实为止。

他没有对自己说："我要劝说爱迪生随便给我一个工作。"他想的是："我要见爱迪生，并且告诉他，我来是要做他事业上的伙伴的。"他也没有想："我要睁大眼睛注视着另一个机会，以防在爱迪生的企业中得不到我所要的工作。"他只告诉自己："在这个世界中只有一样东西是我决心要得到的，那便是和爱迪生在事业上合作。我要把我的整个前途投注在我的能力上，去获得我所要的东西。"他不给自己留下一点点后路。他必须成功，否则便是毁灭。

这就是巴恩斯成功的全部方法。

不只是巴恩斯，那些成功人士的身上无一例外有一种渴望成功的强烈愿望，正是这种愿望使他们无论做什么事情都会和自己的目标联系在一起。因此，无论遇到什么变故或挫折，他们都能像巴恩斯一样坚强地向自己的目标挺进。

本·哈根是世界上最伟大的高尔夫选手之一。他并没有其他选手那么好的体能，能力上也有缺陷，但他在坚毅、决心特别是追求成功的强烈愿望方面高人一筹。

本·哈根在打高尔夫球的巅峰时期，不幸遭遇了一场可怕的意外。在一个有雾的早晨，他开车带太太薇尔出门，在一个拐弯处调头时，突然看到一辆巴士的车灯，本·哈根想这下可惨了，他本能地把身体挡在太太面前来保护她。这个举动反而救了他，因为方向盘深深地嵌入了驾驶座。事后他昏迷不醒，过了好几天才脱离险境。

医生们认为本·哈根的高尔夫生涯从此结束了，甚至断定他能站起来走路已经很幸运了。但是他们并未将本·哈根的意志与需要考虑进去。本·哈根刚能站起来走几步，就想尽快回到球场。起初他还站得摇摇摆摆，再次回到球场时，也只能在高尔夫球场的轻打区蹒跚而行。后来他能稍微正常走路时，就走到高尔夫球场练习。开始只打几次球，但是他每次去都比上一次多打一次球。他不停地练习球技，并增强臂力。最后，当他重新参加比赛时，名次上升很快。理由很简单，本·哈根坚信自己是胜利者，他有必胜的强烈愿望，他知道他会回到高手之列。

是的，普通人跟成功者的差别就是这种强烈的成功愿望。

卡耐基说：欲望是开拓命运的力量，有了强烈的欲望，就容易成功。因为成功是努力的结果，而努力又大都产生于强烈的欲望。正因为这样，强烈的成功欲望，便成了取得成功最基本的条件。如果你不想拥有平庸和失败的人生，就要有进取心和向上的欲望，并让这种欲望时时刻刻鞭策你、激励你，让你向着自己的目标坚持不懈地前进。许多成功者都有一个共同的体会，那就是：对成功的渴望和持续不断的努力是取得成功的关键。

20世纪心理学的一项重大发现，就是思想能够控制行动。你怎样思考，你就会怎样去行动。你要是强烈渴望成功，你就会调动自己的一切能量去追求成功，使自己的一切行动、情感、个性、才能与成功的欲望相吻合。对于那些与成功的欲望相冲突、矛盾的东西，你会竭尽全力去克服、消除；对于有助于成功的东西，你会竭尽全力地去扶植、扩大。这样，经过长期的努力和调节，你便会成为一个你所渴望的成功者，使成功变成现实。相反，要是欲望不强烈，一遇到挫折，便会偃旗息鼓，失掉进取心，将成功的欲望淡化或压抑下去。

每天都是一个新起点

我们的一切追求和作为都是一个令人厌倦的过程，做一个不识厌倦为何物的人就好。

——歌德

有一天，池沼向在自己身边奔流而过的大河问道：“你整天奔流不息，一定累得要命吧！你一会儿背着沉重的大船，一会儿负着长长的水筏，在我眼前奔流而过。小船、小划子更不用说了，它们多得没有个穷尽。你什么时候才能抛弃这种无聊的生活呢？像我这样安安逸逸的生活，你找得到吗？我是一个幸福的闲人，舒舒服服、悠悠闲闲地荡漾在柔和的泥岸之间，好比高贵的太太窝在沙发的靠枕里一样。大船小船也罢，漂来的木头也罢，我可没有这些无谓的纷扰；甚至小划子有多重我也不知道，至多偶尔有几片落叶漂浮在我的胸膛上，那是微风把它们送来和我一起休息的。一切风暴有树林挡住，一切烦恼我也沾染不上，我的命运是再好不过的了。周围的尘世不断地忙忙碌碌，我却躺在哲学的梦里养神休息。”

“哲学家，你既然懂得道理，可别忘了这条法则，”大河回答，“水只有流动才能保持新鲜，我成了壮阔的大河就是因为我不躺在那儿做梦，而是按照这个法则川流不息。结果呢，我源源不绝的水，又多又清的水，年复一年地给人们带来幸福，也为我赢得了光荣的名誉，或许我还要世世代代地奔流不息。那时候，你的名字就不会有人知道了。”

多年以后，大河的话果然应验了，壮阔的大河仍旧川流不息，池沼却一年浅似一年。池沼的表面浮着一层黏液，芦苇生出来了，而且生长得很快，池沼终于干涸了。

这个故事告诉我们这样一个道理：水只有在流动中才能够保持新鲜，人只有在不断进取的状态下才能够永葆生命的活力。既然生命不息，那就应该不断进取，超越自我。

在日常生活中，我们都有这样的感觉：每天都在做同样的事情。今天是昨天的重复，明天又是今天的翻版，既单调又平凡。如果每天只是这样翻来覆去地延续，人生的希望和意义又在哪里呢？日本著名企业家松下幸之助认为，倘若希望实现繁荣、和平与幸福，生活不应是单调的反复。今天应该比昨天进一步，明天则比今天进一步，也就是每天要有生成发展。那么生成发展到底是什么？对人生的意义又何在呢？

按松下幸之助的理解，所谓“生成发展”，就是日新月异，每一刹那都是新的人生，每一刹那都有新的生命在跃动。这就是旧的东西灭亡，新的东西诞生的历程。世间的一切事物没有一刻是静止的，它们不断地运动、不断地变化。这种运动和变化是随着自然法则进行的，是不可动摇的宇宙哲理。

假定生成发展是自然法则，那么我们的生活，就必须经常保持新的创意。有句俗语“十年如一日”，这是说十年的努力就好像一天的努力那样充满活力。它强调的是勤劳、努力与毅力，并不是说在这过程中没有任何进步。这种十年如一日的努力，一定会产生非常新颖的创意和进步。假如大家的工作十年来没有任何变化，而是千篇一律，那么就是违反了生成发展的原理。松下幸之助曾举例说明这个道理：

明治维新时，坂本龙马常和西乡隆盛长谈，坂本的谈话内容和观念每次都有一点改变，西乡每次的感受也都不一样。于是，西乡就对坂本说：“前天，我遇到你的时候，你所讲内容和今天又不一样，所以你说的话，我有所存疑。你既然是天下驰名的志士，受到大家的尊敬，应该有不变的信念才行。”坂本就说：“不，绝对不是这样的。孔子说过‘君子从时’，时间不停地流转，社会情势也天天在变化，昨天的‘是’，成为今天的‘非’，乃是理所当然。我们从‘时’，便是行君子之道。”坂本接着又说：“西乡先生，你对一个事物一旦认定，就遵守到底，将来你一定会变成时代落伍者。”

生命不息，前进不止。对于一个积极进取的人来说，每一天都是崭新的起点。如果你能时刻保持进取的心态，每天都要求自己比以前有所进步，时间长了，你就能够成为一个优秀杰出的人。

超越自我，和自己比赛

人类的使命在于自强不息地追求完善。

——列夫·托尔斯泰

很多年前，有一群熊欢乐地生活在一片树木茂密、食物充足的森林里，他们在这里繁衍子孙，同其他动物友好相处。后来，地球上发生了巨大变化，这片森林被雷电焚烧，各种动物四散奔逃，熊的生命也受到威胁。其中一部分熊提议说：“我们北上吧，那里没有天敌，可以使我们发展得更强大。”另一部分熊则反对：“那里太冷了，到了那里，只怕我们大家都要被冻死、饿死。还不如去找一个温暖的地方好好生存，可供我们吃的食物也很多，我们也会很容易生存下来。”争论了半天，谁也说服不了谁，结果，一部分熊去了北极边缘生活，另一部分熊则去了一个四季温暖、草木繁茂的盆地。

到了北极边缘的熊，由于气候寒冷，他们逐渐学会了在冰冷的海水中游泳，还学会了潜入水下捕食鱼虾，甚至敢与比自己体型还大的海象搏斗……长期下来，他们的身体比以前更大、更重，习性也更凶猛。这就是我们现在看到的北极熊。

另一部分熊到了盆地之后才发现，这里的肉食动物太多了，自己身体笨重，根本无法和别的肉食动物竞争，便决定不吃肉了，改为吃草。没想到这里的草食动物更多，竞争更激烈。草也吃不成了，只好改吃别的动物都不吃的植物——竹子，这才得以生存下来。渐渐地他们把竹子作为自己唯一的食物来源。由于没有其他动物和他们争抢食物，他们变得好吃懒动，体态臃肿不堪，就演化成了我们现在看到的大熊猫。但后来竹林越来越少，大熊猫的数量也越来越少，濒临灭绝，最终只能靠人类的帮助生存。

熊的遭遇如此，每个人的人生又何尝不是这样呢？如果自己不主动去竞争，迟早会和大熊猫的遭遇一样，被别人排挤，甚至被别人吃掉。

中国有句古话叫作“胜人者有力，自胜者强”，这句话告诉我们：一个人只有战胜自己、超越自己，才能够成为一个真正的强者。一个人超越不了自己，就谈不上超越别人。

这不但阻碍自己人生的发展，也使自己很难在竞争激烈的社会上立足，以至于最终为时代大潮所抛弃。

现在的社会是一个崇尚竞争的社会，只有不断进取，不断挑战和超越自己的人才能够成为最后的成功者。

事实上，超越的意识时刻存在于我们的意识之中，大多数人都从懵懂中逐渐学会了关注和审视别人。学习上的尖子、生活中的强者、各个领域的明星人物自然成了我们关注和审视的对象。我们会情不自禁地问自己："为什么他们能够取得如此的成绩，而我却总是这样平平庸庸地过活呢？"

我们不能仅仅局限于对别人成就的羡慕和望而兴叹，应更加注重于了解自己的能力和潜质，从而付出努力以争取达到自己理想中的目标。"每个人都会有一片明朗的天空"，我们已经从消极走向积极，从被动走向主动，我们不再羞怯，不再遮掩，也不再隐忍，而是将心中的兴奋与激动化作行动，化为汗水，洒在成功的路上。而踏上成功巅峰的时候，我们会惊叹自己有如此之大的能耐，有如此之深的潜能，而这在以前只不过是一种梦想罢了。

事实上，这就是超越。

超越自我，积极进取，不断地发展自己、丰富自己，努力地汲取新知识，思考新问题，在个人能力上，不断地否定自己、超越自己，不断地给自己制定新的目标，这样你就能够在未来的社会中成为一个胜利者和成功者。

第七章

自制——管理好自己才能管理别人

自制力不仅仅是人的一种美德，而且在成就事业的过程中也是一项决定成败的关键因素。自制对于青少年的成长和进步来说，有着十分重要的意义和作用。斯威夫特说过，只有自制的人才拥有真正的美德。控制自己能够让一个人变得更强大。青少年要想成为能够主宰自己命运的强者，就必须学会克制自己，管理自己。

控制自己让你更强大

哪怕是对自己的一点小小的克制，也会使人变得强而有力。

——高尔基

一个人要成就大的事业，就不能随心所欲、感情用事，对自己的言行应有所克制，这样才能使自己的错误、缺点得到改正和克服，不致铸成大错。高尔基说：“哪怕是对自己的一点小小的克制，也会使人变得强而有力。”德国诗人歌德说：“谁若游戏人生，他就一事无成，不能主宰自己，永远是一个奴隶。”一个人要想成为能够主宰自己命运的强者，成就一番事业，就必须对自己有所约束、有所克制。

贝利从小就显现出非凡的足球天赋，他常常踢着父亲为他特制的“足球”——用一个大号袜子塞满破布和旧报纸，尽量捏成球形，外面再用绳子捆紧。贝利经常光着黑瘦的脊梁，在家门前那条坑坑洼洼的小街，赤着脚练球。尽管他经常摔得皮开肉绽，但他始终不停地向着想象中的球门冲刺。

渐渐地，贝利有了些名气，许多认识、不认识的人常常跟他打招呼，还向他递烟。像所有未成年人一样，贝利喜欢吸烟时的那种“长大了”的感觉。

有一次，当贝利在街上向别人要烟的时候，父亲刚好从他身边经过，父亲的脸色很难看，贝利低下头，不敢看父亲的眼睛。因为，他看到父亲的眼睛里有一种忧伤，有一种绝望，还有一种恨铁不成钢的怒火。

父亲说："我看见你抽烟了。"

贝利不敢回答父亲，一言不发。

父亲又说："是我看错了吗？"

贝利盯着父亲的脚尖，小声说："不，你没有。"

父亲又问："你抽烟多久了？"

贝利小声为自己辩解："我只吸过几次，几天前才……"

父亲打断了他的话，说："告诉我味道好吗？我没抽过烟，不知道烟是什么味道。"

贝利说："我也不知道，其实并不太好。"说话的时候他突然绷紧了浑身的肌肉，手不由自主地往脸上捂去，因为，他看到站在他面前的父亲猛地抬起了手。但是，那并不是贝利预料中的耳光，父亲把他搂在了怀中。

父亲说："你踢球有点天分，也许会成为一名优秀的运动员，但如果你抽烟、喝酒，那就到此为止了。因为那会让你无法在90分钟内保持一个较高的水准。这事由你自己决定吧。"

父亲说着，打开他瘪瘪的钱包，里面只有几张皱巴巴的纸币。父亲说："你如果真想抽烟，还是自己买的好，总跟人家要，太丢人了，你买烟需要多少钱？"

贝利感到又羞又愧，眼睛里涩涩的，可他抬起头来，看到父亲的脸上已是泪水纵横……

后来，贝利再也没有抽过烟。他凭着自己的勤学苦练，终于成为一代球王。

自制对于一个人的成长进步,有着十分重要的意义和作用。每个人都应当树立自我管理意识，在心中培养自我管理意识的紧迫感。这种紧迫感不能是别人强加的，必须是自己切身感觉到的。首先，这种紧迫感来自个人成长和发展的强烈渴望。有了这样的愿望，才能形成如何有效地管理自己的思想、言论和行动的意识，才能自觉地去管理自己。反之，一个人自己没有成长和发展自己的愿望，当然不会产生如何管理自己的意识。其次，这种紧迫感来自对社会现实的深刻认识。当今的社会，管理正在作为一门科学迅速应用于人们生活的各个领域，整个社会的经济管理、政治管理、思想管理、法律管理、道德文化管理等正在走向科学化，越来越多的人已经开始把管理科学运用于人生。盲目对待人生的时代正在宣告结束，人生正在朝着科学化的方向前进。科学化的人生需要科学的自我管理。如果能清醒地看到这一点，就会产生一种觉悟，即自己不科学地管理自己，就会失去人生的主动权，就会被别人远远地抛在后边。有了这种觉悟，就会主动地发展自己。

人的自我管理能力并不是天生的，它和其他能力一样，都是后天培养出来的，每个人的自我管理能力都是可以不断提高的。那么，青少年怎样才能不断提高自己的自我管理能力呢?

1. 正确认识自己

正确认识自己是多方面的，包括生理素质、心理素质、智能特点、行为特点等等。但从个人修养角度，则主要在于个体应客观地、全面地、正确地认识和评价自己，为自律打下良好的基础，这就是所谓的“自知者明”。不能自识、自知，就无从自律，行动中就会因盲动而招致失败。只有首先自识，才能自觉按客观规律严于律己，在行动中获得成功。

2. 多多反省自身

自省即自我反省、自我监督、自我检点。它是在自识前提下进行的。通过自省，发现自己思想深处存在的种种问题，及时加以纠正和克服。

3. 做好自我批评

自我批评是自我的进一步发展与深化，也是自省的结果付诸行动的过程。自我批评历来是成就大业者自我教育、自我改造、开诚布公承认错误和公开改正自己错误的最好武器。凡是在修养上卓有成效者，都是严于自我解剖、勇于自我批评的人。

不要成为情绪的奴隶

易激怒是一种卑贱的素质，受它摆布的往往是生活中的弱者。

——培根

自制力不仅仅是人的一种美德，在一个人成就事业的过程中，自制力也是一项决定成败的关键素质。

有人说：一个人要想在事业上取得成功，务必戒奢克俭，节制欲望，只有有所放弃，才能有所获得。自制不仅仅是在物质上克制欲望，对于一个想要取得成功的人来说，精神上的自制力也是非常重要的。衣食住行毕竟是身外之物，不少人都能自制，甚至是做得尽善尽美，但精神上的、意志力上的自制却非人人都能做到。

想要成功必须使消极的情绪得到有效的控制，否则，生活质量、工作成效和事业成就将无法保证。米开朗琪罗曾说："被约束的才是美的。"对于情绪来说也是如此，一个人的情绪如果不能得到有效的调控，那么，人就有可能成为情绪的奴隶，成为情绪的牺牲品。

芬妮是一个脾气暴躁、容易出现情绪波动的女孩，经常因为小事和别人吵架，她的人际关系因此愈来愈紧张，结果男友也难以忍受她的坏脾气，和她分手了。终于有一天，她觉得自己已经处于崩溃边缘。

她打电话向她的一个朋友詹森求救。詹森向她保证："芬妮，我知道现在对你来说是有点糟，可是只要经过适当的调节，一切就会好转。""你现在要做的第一件事是让自己安静下来，好好地享受一下宁静的生活。"

听了詹森的话，芬妮开始试着放弃先前忙碌的生活，好好地放松一下自己，她给自己放了一个长假。当她已经稳定了一段时间之后，詹森又建议道："在你发脾气之前，不妨想想，究竟是哪一点触动了你？”

“你可以拥有两种思考，一种是让每件事情都在脑海里剧烈地翻搅，另一种则是顺其自然，让思想自己去决定。”说着，詹森拿出了两个透明的刻度瓶，然后分别装了一半刻度的清水，随后又拿出了两个塑料袋。芬妮打开来，发现里面分别是白色和蓝色的玻璃球。詹森说：“当你生气的时候，就把一颗蓝色的玻璃球放到左边的刻度瓶里；当你克制住自己的时候，就把一颗白色的玻璃球放到右边的刻度瓶里。最关键的是，现在，你该学会控制自己的情绪，如果不试着控制自己的情绪，你会继续把生活搞得一团糟。”

此后的一段时间内，芬妮一直照着詹森的建议去做。后来，在詹森的一次造访中，两个人把两个瓶中的玻璃球都捞了出来。芬妮发现，那瓶放蓝色玻璃球的水变成了蓝色。原来，这些蓝色玻璃球是詹森把水溶性蓝色涂料涂到白色玻璃球上做成的，这些玻璃球放到水中后，蓝色涂料溶解到水中，水就呈现了蓝色。詹森借机对芬妮说：“你看，原来的清水投入‘坏脾气’后，也被污染了。你的言语举止，是会感染别人的，就像玻璃球一样。当心情不好的时候，要控制自己。否则，坏脾气一旦投射到别人身上，就会对别人造成伤害，再也不能回复到以前。所以一定要控制好自己的言行。”

芬妮后来发现，按照詹森的建议去做时，她真的不会那么混沌了，事情也容易理出头绪。在此之前，她的心里早已容不下任何新的想法和三思而后行的念头，已经形成了一种忧虑的习性，这些让她恐惧慌乱而情绪化。

当詹森再次造访的时候，两个人惊喜地发现，那个放白色玻璃球的刻度瓶竟然溢出水来——看来芬妮对自己的克制成效不小。慢慢地，芬妮已学会把自己当成一个思想的旁观者，来看清自己的意念。一旦有了不好的想法就很快发现，想法失控的时候就及时制止。这样持续了一年，她逐渐能够信任自己并且静观其变，生活也步入常轨，并得到了一位优秀男士的爱，美好在她的生活中渐渐展现开来。

任凭坏情绪摆布的人往往是生活的弱者，当你要发脾气的时候，应该做的第一件事就是尽量让自己安静和放松下来，想一想目前出现了什么情况，而不是顺其自然让脾气发作，被情绪牵着走。

有一天，陆军部长斯坦顿怒气冲冲地来找林肯，抱怨一位少校公开指责他偏袒下属。林肯建议斯坦顿立即写一封信回敬那位少校。

“可以狠狠地骂他一顿。”林肯说。

斯坦顿立刻写了一封措辞激烈的信，然后拿给总统看。

“对了，对了。”林肯高声叫好，“要的就是这个！好好教训他一顿，真写绝了，斯坦顿。”但是当斯坦顿把信叠好装进信封里时，林肯却叫住他，问道：“你要干什么？”

“寄出去呀。”斯坦顿有些摸不着头脑了。

“不要胡闹。”林肯大声说，“这封信不能发，快把它扔到炉子里去。凡是生气时写的信，我都是这么处理的。这封信写得好，写的时候你已经解了气，现在感觉好多了吧，那么就请你把它烧掉，再写第二封信吧。”

和别人生气的时候，要注意合理控制自己的情绪，既不要把自己的愤怒压抑在心底，也不要直接将愤怒发泄给别人，而要找出一个缓解愤怒情绪的合理步骤，让自己的情绪缓一缓，等自己的内心平静了再做决定。

除了愤怒情绪之外，忧郁、失望、苦闷等消极情绪也是阻碍我们走向成功的重要因素。一个人要取得成功，就要学会合理地控制自己的消极情绪。

一个人成功的最大障碍不是来自外界，而是来自自身，除了力所不能及的事情做不好之外，自身能做的事不做或做不好，那就是自身的问题，是自制力的问题。

如果你能够恰当地掌握好情绪，那么将在别人心目中留下“沉稳、可信赖”的形象，你的人生也必定会因此而受益匪浅。

驾驭好自己的情绪，增强自控能力，是取得成功的一个重要因素，也是成功人生的重要法则之一。

冷静沉着，遇事应付自如

无论做什么事情都不要着急，不管发生什么事，都要冷静、沉着。

——狄更斯

约翰·强生并没有十分过人的才华，也没有做出什么惊天动地的大事，却成了全美国人心中最优秀的青少年楷模之一。这究竟是为什么呢?

18 岁的约翰·强生是一位美国高中学生，他住在北达科他州的一个农场。1992 年 1 月 11 日，他独自在父亲的农场里干活儿。当他在操作机器时，不慎在冰上滑倒了，他的衣袖绞在机器里，两只手臂被机器切断。

强生忍着剧痛跑了 400 米来到一座房子里。他用牙齿打开门闩，爬到了电话机旁边，但是无法拨电话号码。于是，他用嘴咬住一支铅笔，一下一下地拨动，终于拨通了他表兄的电话，他表兄马上通知了附近有关部门。

明尼阿波利斯市的一家医院为强生进行了断肢再植手术。他住了一个半月的院，便回到北达科他州自己的家里。过了一段时间，他已能微微抬起手臂，并能够回到学校上课了。他的全家和朋友为他感到自豪。

美国人为什么喜欢强生呢?有的说，他聪明，用铅笔打电话，还会用嘴打开门。有的说，他喜欢干活儿，我们喜欢勤劳的人。还有的说，他身体真棒，一定曾努力锻炼身体，不然早没命了。

一位学者概括了这些人的回答，人们除了佩服他的勇气和忍耐力外，还有一种遇事冷静沉着的精神。他一个人在农场操作机器，出了事后，冷静沉着，顽强自救，所以他是好样儿的。

强生的冷静还体现在这样一个细节：他把断臂伸在浴盆

里，为了不让血白白流走。救护人员赶到后，他被抬上担架，临行前他冷静地告诉医生："不要忘了把我的手带上。"

一个人在关键的时候，在危难之中能够保持冷静，不仅是一种可贵的品质，也是战胜困难、避免危险的重要条件。

第二次世界大战期间，法国有一位普通的家庭主妇，她的丈夫雷诺在马其诺防线被德军攻陷后，当了德国人的俘虏，她的身边只有两个幼小的儿女——12 岁的雅克和 10 岁的杰奎琳。为把德国强盗赶出自己的祖国，母子三人参加了当时的秘密情报工作。

一天晚上，屋里闯进了三个德国军官，其中一个是本地区情报部的官员。他们坐下后，一个少校军官对着一张揉皱的纸在暗淡的灯光下吃力地阅读着。这时，那个情报部的中尉顺手拿过藏有情报的蜡烛点燃，放到长官面前。情况变得危急起来，雷诺夫人很清楚，蜡烛燃到铁管就会自动熄灭，同时也意味着他们一家三口的生命将告结束。她看着两个脸色苍白的儿女，急忙从厨房中取出一盏油灯放在桌上。"瞧，先生们，这盏灯亮些。"说着轻轻地把蜡烛吹熄，一场危机似乎过去了。但是，轻松没有持续多久，那个中尉又把冒着青烟的烛芯重新点燃，"晚上这么黑，多点支小蜡烛也好嘛。"他说。烛光接着发出微弱的光。此时此刻，它仿佛成为这房里最可怕的东西。雷诺夫人的心提到了嗓子眼儿上，她似乎感到德国军官那几双恶狼般的眼睛都盯在越来越短的蜡烛上。一旦这个情报中转站暴露，后果是不堪设想的。

这时候，儿子雅克慢慢地站起来说："天真冷，我到柴房去搬些柴来生火吧。”说着伸手端起烛台朝门口走去，屋里顿时暗下来。中尉快步赶上前，厉声喝道：“你不用灯就不行吗？”说着一把把烛台夺回。

时间一分一秒地过去。突然，小女儿杰奎琳娇声对少校军官说道：“司令官先生，天晚了，楼上黑，我可以拿一盏灯上楼睡觉吗？”少校瞧了瞧这个可爱的小姑娘，一把拉她到身边，用亲切的声音说：“当然可以。我家也有一个像你这样年纪的小女儿。来，我给你讲讲我的路易莎好吗？”杰奎琳仰起小脸，高兴地说：“那太好了。不过，司令官先生，今晚我的头很痛，我想睡觉了，下次您再给我讲好吗？”“当然可以，小姑娘。”杰奎琳镇定地把烛台端起来，向几位军官道过晚安，上楼去了。正当她踏上最后一级台阶时，蜡烛熄灭了。

冷静沉着，临危不乱，才能够化险为夷，力挽狂澜。面对生活中的压力和危险，青少年要从容不迫，沉着应对，只有控制好自己，才能控制意外的局面。

破除坏习惯，养成好习惯

要是一个人不能改掉坏习惯，那他就毫无价值。

——奥斯特洛夫斯基

习惯是一个人成功或者失败的分水岭。好习惯是一个人通向成功的保证，而染上了坏习惯甚至恶习，就等于为失败敞开了一扇大门。

约翰尼·卡什很小的时候就梦想要成为一名歌手。上大学时，他买到了自己有生以来第一把吉他。他开始自学弹吉他，练习唱歌，甚至自己创作了一些歌曲。毕业后，他开始努力工作以实现当一名歌手的夙愿，可他没能马上成功。没人请他唱歌，就连电台唱片节目广播员的职位他也没能得到。他只得靠挨户推销各种生活用品维持生计，不过他还是坚持练唱。他组织了一个小型的歌唱组，在各个小镇上巡回演出，为歌迷们演唱。最后，他灌制的一张唱片奠定了他音乐工作的基础。他吸引了两万名以上的歌迷，金钱、荣誉、在全国电视屏幕上露面——所有这一切都属于他了。他对自己坚信不疑，这使他获得成功。

很快，卡什面临了他人生中的第二次考验。经过几年的巡回演出，他被那些狂热的歌迷拖垮了，晚上需服安眠药才能入睡，而且还要吃些“兴奋剂”来维持第二天的精神状态。他开始沾染上一些恶习——酗酒、服用镇静催眠药和刺激兴奋性药物。他的恶习日渐严重，以致对自己失去了控制能力。他不是出现在舞台上而是更多地出现在监狱里了。

一天早晨，当他从佐治亚州的一所监狱出狱时，一位行政司法长官对他说：“约翰尼·卡什，我今天要把你的钱和麻醉药都还给你，因为你比别人更明白你有充分的自由去选择自己想干的事。看，这就是你的钱和药片，你现在就把这些药片扔掉吧，否则，你就去麻醉自己、毁灭自己，你选择吧！”

卡什选择了重新开始。他又一次对自己的能力做出了肯定，深信自己能再次成功。他回到纳什维尔，并找到他的私人医生。医生不太相信他，认为他很难改掉吃麻醉药的毛病，医生告诉他："戒毒瘾比找上帝还难。"

然而卡什并没有因为医生的话而放弃自己的想法。他知道"上帝"就在他心中，他决心"找到上帝"，尽管在别人看来几乎不可能。他开始了第二次奋斗。他把自己锁在卧室里闭门不出，一心一意要根绝毒瘾，为此他承受了巨大的痛苦，经常做噩梦。后来在回忆这段往事时，他说，他总是昏昏沉沉，好像身体里有许多玻璃球在膨胀，突然一声爆响，只觉得全身布满了玻璃碎片。当时摆在他面前的，一边是麻醉药的引诱，另一边是他奋斗目标的召唤，结果他的信念占了上风。九个星期以后，他又恢复到原来的样子了，睡觉也不再做噩梦。他努力实现自己的计划。几个月后，他重返舞台，再次引吭高歌。他不停息地奋斗，终于又一次成为超级歌星。

约翰尼·卡什经过奋斗成为众人喜爱的歌星，然而由于染上了毒瘾，几乎葬送了自己的一生。破除坏习惯的要诀是以好习惯代之，改变在一个月内就可以看得到。具体办法如下：

1. 选择正确的时间

事不宜迟，如果想改变习惯而又一再地拖延，就会更加害怕失败。在较为轻松的日子，所下的决心即使面临考验也较易应付，因此选择的时间应没有亲朋好友来你家小住，也没有太多限期需要完成的事情。不要选择年底之前，年底要准备过节，不免忙碌紧张，那种压力只会使坏习惯加深，令人故态复萌。

2. 运用意愿力而非意志力

习惯之所以会形成，是因为潜意识把这种行为跟愉快、慰藉或满足联系起来。潜意识不属于理性思考的范畴，而是情绪活动的中心。“这种习惯会毁掉你的一生。”理智这样说，潜意识却不理会，它“害怕”放弃一向令它得到安慰的习惯。

运用理智对抗潜意识，简直难以制胜。因此，要戒掉坏习惯，意志力不及意愿力有效。

3. 用好习惯替代坏习惯

另外培养一种新的好习惯，那么破除坏习惯就会容易得多。

有两种好习惯特别有助于戒除大部分的坏习惯。第一种是采用一个有营养和调节得宜的食谱。情绪不稳定使人更依赖坏习惯所带来的慰藉，防止因不良饮食习惯而造成的血糖时升时降，这样有助于稳定情绪。

第二种是经常做运动。这不仅能促进身体健康，也会刺激内啡肽的产生，内啡肽是脑内一种天然类吗啡化学物质。近年的科学研究指出，慢跑的人感受到自然产生的“愉悦感”，全是内啡肽的作用。

4. 化整为零，分阶段进行

一旦决定改变习惯，就拟订当月的目标，要切合实际，善于利用目标的“吸引力”。如果目标太大，就化整为零，分阶段进行。达到一个小目标时不妨自我奖励一下，借以加强目标的吸引力。

5. 不要气馁

成功值得奖励，但失败也不必惩罚。在改变习惯期间如果偶有失误，不要自责或放弃。一次失误不见得是故态复萌。

一些心理学家和行为学家认为，重拾坏习惯的强烈愿望如果不能消除，终会成为破坏力量。然而只要转移注意力，即使是几分钟，那种愿望也会消散，而自制力则会因此加强。

把时间花在解决问题上

聪明人不会把时间花在生气上，他会想办法去解决问题。

——卡耐基

愤怒、暴躁、指责都无助于问题的解决，只有平息冲动的情绪，着眼于当前的问题，才能尽快地将问题解决。

有一家电脑公司，赶了一批货交给一家新开发的客户，交货之后，却迟迟未见客户将货款汇来。等了两个星期后，老板亲自到客户的公司拜访。老板在该公司等了很长一段时间之后，得到一张可立即兑现的现金支票。

老板拿着现金支票赶到银行，但是柜台小姐告诉他，这个账户内的存款不足，他的支票根本无法兑现。老板明白是那个客户故意耍诈，想要刁难他。原本他想立刻冲回客户的公司和对方大吵一架，但是，这个老板一向秉持“和气生财”的经营原则，所以他压下自己的怒气，向银行的柜台小姐询问这张支票之所以无法兑现，到底差了多少钱。由于老板的态度很诚恳，所以柜台小姐也很热心地帮他查询。查询的结果是，账户内只剩下 98000 元，跟他的支票金额差了 2000 元。

正如老板所料，这个客户是存心和他过不去。老板灵机一动，从身上拿出 2000 元，请柜台小姐帮他存到客户的账号里，补足支票的面额 10 万元后，再将支票轧进去。这样，他顺利地领到货款了。

其实，这位老板完全可以理直气壮、怒气冲冲地跑到客户的公司去抱怨，但是他却没有这么做。因为他知道，要是他这么做的话，不但浪费自己的时间，而且也会因此永远失去这个客户。所以，他把时间花在解决问题上，而不用来制造新的问题。

面对自己始料不及的情况时，很多人往往会失去理智并迁怒于别人，但这样只会把问题弄得更糟。如果我们把生气的时间花在解决问题上，那么事情就会变得顺利多了。

成功学大师戴尔·卡耐基刚开始拓展事业的时候，经常在全国各地巡回演讲，举办一些成人教育班和座谈会。

后来有一位记者在报纸上毫不留情地攻击了卡耐基和他所热爱的事业。

卡耐基读了报纸之后愤怒难当。他认为这些文字侮辱了他的人格、他的理想，以及他全心全意专注的事业，这个记者根本是在刻意扭曲事实。

气急败坏之下，卡耐基马上打电话给《太阳报》执行委员会的主席，要求刊登一篇声明，以澄清真相。

是可忍孰不可忍，卡耐基当时只有一个念头，就是一定要让犯错的人受到应有的惩罚。

几年之后，卡耐基的事业越做越大，他不禁为自己当时的幼稚行为感到惭愧。

因为，他直到这时才体会到，当时气冲冲地发表自己的文章，想要借此昭告天下、澄清事实，但是实际上，看那份报纸的人当中也许只有十分之一会看到那篇文章；看到那篇文章的人里面可能有二分之一会把它当成一件微不足道的小事；而真正注意到这篇文章的人里面，又有二分之一会在几个礼拜之后，把这件事忘得一干二净。如此一来，刊登这篇文章有什么作用呢？

经过一番思考，卡耐基的处世态度更为成熟，他明白了这样一个道理：在你的能力范围内，尽可能做你应该做的事，把生气和抱怨的时间用在解决问题上，这才是真正的明智之举。

第八章

创新——天才是自创法则的人

人类社会的发展史就是不断创新的历史。从近代科学技术日益迅猛发展的趋势中，越来越多的人开始感受和认识到创新的重要和可贵。创新是21世纪的通行证。模仿永远也成不了真正的大师，在知识经济时代，各行各业的成功人士身上都闪烁着创新的光彩。创新不仅是企业生存和发展的必需，也是个人取得成功、实现自我价值的必由之路。

创新：21 世纪的通行证

如果你要成功，就应该朝新的道路前进，不要跟随被踩烂了的成功之路。

——约翰·D. 洛克菲勒

人类社会的发展史就是不断创新的历史。人类学会了驾驭马匹以代替步行，当他们觉得马车仍不够快时，他们就幻想着能够御风而行，于是就有了汽车，有了飞机。人类就在不断创新中得到飞速的发展。

在科学技术日益迅猛发展的今天，人们越来越深切地感受和认识到创新的重要和可贵。有识之士提出了响亮的口号：“创新是 21 世纪的通行证。”

事实证明，现今世界企业界的精英们都是创新的高手。在美国专门设有针对企业创新力的排行榜，以求分析出企业成功与创新力的关联程度。众多经典企业以其卓越的创新力而名扬世界。

美国的微软公司就是一个因创新而举世闻名的企业，它的产品改变了许多现代人的生活方式，而公司创始人比尔·盖茨本身就是一位勇于创新的大家。在比尔·盖茨的手下，微软的成功秘诀被概括为两条，人才与创新。而人才的含义中，没有创新能力几乎是天方夜谭。

和微软一样，3M公司也以产品创新而著称，它允许工程师们花费15%的时间做他们自己选择的创新工作。3M公司的一位技术总监十分鼓励员工在工作中的自主创新，他认为在创新中错误难免，但只要员工的观念与做事方向大体上正确，就不用干预他们，否则只会抹杀整个公司的主动性、积极性与创造性。因此，在3M公司，即使创新出一些无用产品，也不会招致责骂。3M公司在1996年推出了500种新产品。

1965年，英特尔公司的创办人之一摩尔预言，电脑微处理器芯片的记忆容量，每18个月将增加1倍，这条广为人知的“摩尔定律”成为企业上下信奉的目标。更为惊人的是，英特尔从此制定了定时出击政策，即主动创新，不仅每18个月推出新产品，还每9个月增加厂房设备。每次的创新总能为企业带来活力。

基因泰克公司坚持研究者们可以花25%～35%的时间在他们自己的研究项目上，它在分子生物学和遗传学研究机构中排名第四。

在麦当劳的营销策略及可口可乐公司的销售经验中，创新都是至关重要的一项。

我国的华为公司、联想集团、格力电器等，在重视创新上均有独到之处。

创新不仅是现代企业生存发展的必需，同时也是人们通往成功的通行证。在崇尚创新的21世纪，人人都要懂得创新的重要性。当今社会，科学技术不断更新，人与人之间的竞争更加激烈，在个人奋斗和集体思想同样重要的社会里，创新更是取得成功、实现自我价值的必经之路。

有一位青年在美国某石油公司工作，他所做的工作连小孩都能胜任，就是巡视并确认石油罐盖有没有自动焊接好。石油罐在输送带上移动至旋转台上，焊接剂便自动滴下，石油罐旋转一周，作业就算结束。

他每天如此，几百次地反复注视着这个过程，枯燥无味，厌烦极了。他想创业，可又没有其他本事。他发现罐子旋转一次，焊接剂滴落 39 滴，焊接工作便结束了。他想，在这一连串的工作中，有没有什么可以改善的地方呢？一天，他突然想道：如果能将焊接剂减少一两滴，是不是能节省点成本？于是，他经过一番研究，研制出了“37 滴型焊接机”。

但是，利用这种机器焊接出来的石油罐，偶尔会漏油，并不理想。但他不灰心，又研制出“38 滴型焊接机”。这次的发明非常完美，公司对他的评价很高。不久，新机器便批量生产出来并投入使用。虽然每次节省的只是一滴焊接剂，但“一滴”却给公司带来了每年 5 亿美元的新利润。

这位青年，就是后来掌握全美制油业 95%份额的石油大王——约翰 · D. 洛克菲勒。

人生的改变总是从有所创新开始的，改良焊接机改变了洛克菲勒的人生。他成功的关键在于，他特别注意普通人往往忽略的平凡小事。能见别人所未见，才能做别人所不能做的事。

和洛克菲勒一样，各行各业的成功人士身上都闪着创新的光彩。模仿永远成不了真正的大师。到了知识经济时代，创新更是社会进步与个人发展的动力，实践证明，无数佼佼者正是基于创新而成功。

从比尔·盖茨、洛克菲勒到中国的成功商人如任正非、柳传志、董明珠、段永平、刘永好、黄宏生等，敢为天下先，不断创新，无一不是他们的秉性。

打破常规，敢于标新立异

异想天开给生活增加了一分不平凡的色彩，这是每一个青年和善感的人所必需的。

——巴乌斯托夫斯基

艺术大师毕加索曾说过：“创造之前必须先破坏。”

破坏什么？破坏传统观念和传统规则！

创新作为一种最灵动的精神活动，最忌讳的就是呆板和教条，任何形式的清规戒律，都会束缚其手脚，使其无法大展所长。只有勇于打破常规，敢于标新立异的人，才能真正有所作为，才能敞开胸怀拥抱成功。

天才大都是能够自创法则的人。随着时代的发展，尤其是网络的普及，在瞬息万变的现代社会中，传统和经验的意义已经远远没有过去那么重要了，时代更加突出了创新的意义，创新重于经验！

对于年轻人来说，更是如此。年轻人要想成功，就必须敢于标新立异，推陈出新。在这里，美国商界奇才尤伯罗斯为我们做出了一个很好的榜样。

1984 年以前的奥运会主办国，几乎是“指定”的。对举办国而言，往往是喜忧参半。能举办奥运会，自然是国家民族的荣誉，还可以借此宣传本国形象，但是以新场馆建设为主的大规模硬件软件投入，又将使政府承受巨大的财政负担。1976 年加拿大主办蒙特利尔奥运会，亏损近 10 亿美元，这一巨额债务直到 2006 年才最终还清；1980 年，莫斯科奥运会总支出达 90 亿美元，具体债务更是一个天文数字。奥运会几乎变成了为“国家民族利益”而举办，为“政治需要”而举办，赔老本已成奥运定律。最好的自我安慰就是：有得必有失！

1984 年洛杉矶奥运会，美国商界奇才尤伯罗斯运用他超人的创新思维，改写了奥运经济的历史，不仅创下了奥运史上第一次巨额盈利纪录，更重要的是建立了一套“奥运经济学”模式，为以后的主办城市如何运作提供了样板。

鉴于其他国家举办奥运的亏损情况，洛杉矶市政府在得到主办权后即做出一项史无前例的决议：第 23 届奥运会不动用任何公用基金。因此而开创了民办奥运会的先河。

尤伯罗斯出任洛杉矶奥运会组委会主席之后，发现组委会竟连一家皮包公司都不如，没有秘书、没有电话、没有办公室，甚至连一个账号都没有。一切都得从零开始，尤伯罗斯决定破釜沉舟。他以1060万美元的价格将自己的旅游公司股份卖掉，开始招募工作人员，把奥运会商业化，进行市场运作。

第一步，开源节流。

尤伯罗斯认为，自1932年洛杉矶奥运会以来，规模大、虚浮、奢华和浪费成为办会风尚。他决定想尽一切办法节省不必要的开支。首先，他本人以身作则不领薪水，在这种精神感召下，有数万名工作人员甘当义工；其次，延用洛杉矶现成的体育场；最后，把当地三所大学的宿舍作为奥运村。仅后两项措施就节约了数以十亿计的美金。

第二步，举行声势浩大的“圣火传递”活动。

奥运圣火在希腊点燃后，在美国举行横贯美国本土的1.5万千米圣火接力跑。用捐款的办法，谁出钱谁就可以举着火炬跑上一程。圣火传递权以每千米3000美元出售，1.5万千米共售得4500万美元。尤伯罗斯实际上是在卖百年奥运的历史、荣誉等巨大的无形资产。

第三步，创造别具一格的融资、盈利模式。

尤伯罗斯创造了别具一格的融资和盈利模式，让奥运会为主办方带来了滚滚财源。尤伯罗斯出人意料地提出，赞助金额不得低于500万美元，而且不许在场地内包括场地上空做商业广告。这些苛刻的条件反而刺激了赞助商的热情。一家公司急于加入赞助，甚至还没弄清所赞助的室内赛车比赛程序如何，就匆匆签字。尤伯罗斯最终从 150 家赞助商中选定 30 家。此举共筹到 1.7 亿美元。

最大的收益来自独家电视转播权转让。尤伯罗斯采取美国三大电视网竞投的方式，结果，美国广播公司以 2.5 亿美元夺得电视转播权。尤伯罗斯又首次打破奥运会广播电台免费转播比赛的惯例，以 7000 万美元把广播转播权卖给美国、欧洲及澳大利亚的广播公司。门票收入，通过强大的广告宣传和新闻炒作，也取得了历史最高水平。

第四步，出售与本届奥运会相关的吉祥物和纪念品。

尤伯罗斯联合一些商家，发行了以本届奥运会吉祥物山姆鹰为主要标志的各种纪念品。

通过这四步卓有成效的市场运作，在短短的十几天内，第 23 届奥运会总支出 5.1 亿美元，盈利 2.5 亿美元，是原计划的 10 倍。尤伯罗斯本人也得到 47.5 万美元的红利。在闭幕式上，国际奥委会主席萨马兰奇向尤伯罗斯颁发了一枚特别的金牌，报界称此为“本届奥运最大的一枚金牌”。

尤伯罗斯的故事告诉我们，创新具有强大的力量，它可以变废为宝，化腐朽为神奇。青少年是保守思想最少的群体，是最勇于开拓进取的群体，是最勇于打破常规的群体，是创新思维最为活跃、精力最充沛、最好动脑筋、创造欲最旺盛的群体。

李大钊曾说：“青年之字典，无‘困难’之字；青年之口头，无‘障碍’之语。”青少年，一言以蔽之——“敢为天下先”！

所以，这是一个属于青少年的时代，而要占领这个时代的首要条件，就是要敢于标新立异，用创新去打破所有不合时宜的传统、权威和规则！

对于青少年而言，因为大多数人还处在学习阶段，所以，很多人还没有形成真正的创造性思维，还停留在迷信书本、迷信老师、迷信权威、迷信传统、迷信规则的思考方式上，往往是老师讲什么，就被动地听什么、记什么，或者在解决问题时只会运用一般的、通常的方法来分析思考。这无疑是最严重的思想禁锢，不但不利于创新能力的培养，更无法形成敢于质疑老师、质疑书本、质疑规则的创新意识，会很容易形成盲从和跟随，缺乏独立思考的意识。

我们必须清楚，当面对学习和生活中一些比较简单的问题时，传统与规则确实能起到提高效率的作用，但是，在一些较为复杂的问题上，传统与规则不但不能使问题得到圆满的解决，而且还很容易让我们自设陷阱、自设障碍，从而误入死胡同，迷迷糊糊转不过弯来，以致常常做出一些糊涂事来。

而真正聪明的人则完全不会被传统与规则束缚住手脚，他一方面会用惯性的思维方式去处理一些简单的小问题，另一方面还能随时、主动地突破传统、挑战规则，为创新思维创造一个可以自由伸展的空间。

英国诗人布莱克说："独辟蹊径才能创造出伟大的业绩，在街道上挤来挤去不会有所作为。"这句话对于每个有志于培养创新能力的青少年来说，当属金玉良言。

当传统与规则已经不再适应变化了的新情况时，你就应该学会解放思想，不拘泥于常识及常规，善于变化，另辟蹊径。只有这样，你才可能化缺点为优点，化不利为有利，化腐朽为神奇，在似乎绝望的困境中寻找到希望，创造出新的生机，取得出人意料的成功。

展开想象的翅膀

一切创造性劳动都是从创造性的想象开始的。

——爱因斯坦

想象力是创造的源头。事实证明，许多发明或者创新就是在原有事物的基础上经过联想裁减、增加、改造而成的。可以说，没有了想象力，人类就不会有创造。

对于青少年而言，好奇心是求知的原动力，探索欲是成长的催化剂，而想象力就是创新的翅膀，是创造力中最宝贵的品质，是不可缺少的创新智慧。衡量创新思维能力高低的一个重要标准，就是想象能力！

想象是创新的基础，想象是创新的源泉，想象是创新的翅膀。可以说，没有想象，就没有创新，创新的每一个环节都离不开想象的作用。

想象让我们变得更加聪明，世界也因而变得更加丰富多彩。

因为有想象，鲁班发明了曲尺、墨斗、锯子等工具，使木工的劳动效率成倍提高；

因为有想象，爱迪生发明了电灯，使我们的生活由黑暗变为光明；

因为有想象，富尔顿发明了汽船，使我们可以自由航行在大洋之中；

因为有想象，马可尼发明了无线电，让我们远隔千里仍可通信；

因为有想象，莱特兄弟发明了飞机，让我们可以周游世界；

因为有想象，瓦特发明了强大的蒸汽机，使我们告别了马车的颠簸；

因为有想象，才诞生了《西游记》《封神演义》《聊斋志异》等杰出的文学作品；

因为有想象，才有了李白“白发三千丈，缘愁似个长”的千古绝唱；

因为有想象，郭沫若才会把夏夜的繁星满天看作是《天上的街市》；

因为有想象，《白雪公主》《海的女儿》《拇指姑娘》等家喻户晓的童话才会诞生在安徒生的笔下。

想象力是智力活动富于创造性的重要条件。作家的人物构思、艺术家的勾画创作、工程师的蓝图设计、科学家的发明创造、实践家的技术革新，都离不开想象这一过程，也正是想象力激励他们获得成功的。

“免扣带”是怎么发明的？

大家都知道在衣服、鞋子上有一种一扯即开的“免扣带”，它以方便省时而大受现代人的欢迎。说到它的发明就要讲到一个叫马斯楚的瑞典人的故事。

马斯楚就是“免扣带”的发明人，这个发明纯属偶然。

1948年的一天，他和朋友兴致勃勃地去登山。登上顶峰后，他们随便坐在草地上吃午餐。这时，马斯楚突然觉得臀部又痛又痒。他知道这又是鬼针草的“恶作剧”，于是坐不住了，不耐烦地把鬼针草一根一根地从裤子上摘下来，但摘不胜摘。回家后，他把残留在裤子上的鬼针草取下来，想弄清楚它为什么“粘”人，结果发现鬼针草的结构十分特殊，所以粘在裤子上拍不下来。马斯楚顿生一念：“如果模仿它的结构做一种纽扣或别针，那该多好！”

一念之间，一项新发明诞生了。马斯楚制成了一种合上就不易分开的布，即在一块布上织成许多钩子，在另一块布上织成很多圆球，两者合起来，产生拉链的效果。他将其命名为“免扣带”，申请了专利，然后与一家织布公司合作生产。由于“免扣带”的使用范围很广，马斯楚足足赚了3亿多美元。

在文学艺术创作中，想象力的应用更为广泛。许多名著都是在作者丰富的想象力下完成的。

法国著名作家大仲马偶然在警察局的档案中看到一份资料，记录的是：皮科，一个鞋匠，同一个富有的孤女结了婚。皮科后来被人诬告入狱。在狱中，他忠心耿耿地服侍一位因政治问题而被捕的意大利主教。主教临死前告诉了皮科一个埋藏珍宝的秘密地方。7 年后，皮科找到珍宝重返巴黎，终于将诬告他的仇人一一杀死。大仲马就是根据这件事，经过扩充想象，写成了一部波澜起伏、扣人心弦的著名小说——《基度山伯爵》。

毫不夸张地说，没有想象，尤其是没有扩充想象，也就没有文学创作。

关于想象的作用，爱因斯坦说："严格地说，想象力是科学研究中的实在因素。"换句话说，想象对于科学研究的重要性不亚于它对于文学创作的重要性。

想象，从实质来看，来源于现存事物但又高于现实，它是新生的事物与印象，是一种"新"的产生。因此，创新能力从一个侧面说，就是想象力。想象力强的人，其创新能力一般而言比较丰富，想象是创新的生命之源。

想象力和其他能力一样，都有待于后天的开发和培养，如果平时不重视想象力的培养，想象力就会逐渐枯竭。

美国著名的教育家何利思·曼恩有一次参观纽约市的一所公立高中时，走进一间高三的教室，拿起粉笔，在黑板上画了一个实心的小圆。他问学生："这是什么？"90%以上的学生都说那是一个点，其他的学生则说是一个句号。

曼恩在小学三年级学生的教室里又重复了一次这个实验。结果出现了 27 种不同的答案，从"我爸爸的秃头"到"上帝的眼睛"都有。

小学三年级学生和高三学生的答案为什么出现这么大的差异？答案就是，右脑发展水平不同。1981 年罗杰·斯佩里因为揭开了人的大脑两半球秘密和功能分工而获得诺贝尔奖。我们的左脑负责逻辑、线性及分析性思考；而右脑则控制想象力、创造力及冲动性思考。左右脑虽然各司其职，但运作却相辅相成。例如，当我们想到某人时，右脑的运作使我们想到他的脸，左脑则使我们联想到他的名字。

遗憾的是，我们在学校所受的教育，鼓励的是左脑的活动（例如记诵一些已发生的事实，然后来填写试卷），较少鼓励右脑的活动（创意思维等）。结果是，我们左脑的发展胜过右脑的发展。

想象力需要经过后天不断的开发和培养，才能成为一种创新品质。那么，我们如何在日常的生活和学习中培养自己的想象力呢？

首先，为了有效地锻炼自己的想象力，可以经常想象自己所不了解的一些事物的细节。比如在只知道一个故事的梗概时，不妨尽可能地揣想它的具体细节，尽力把它“填充”为一个有血有肉、完整、生动的故事。

其次，多参加一些需要发挥想象力的竞赛与游戏活动。对于青少年朋友来说，经常参加“中学生智力运动会”一类的竞赛与游戏，对培养与训练想象力就很有好处。另外，经常看看电影、电视，以及欣赏包括漫画在内的各种文艺作品，也可以使想象力得到有效的训练。

再次，聪明伶俐、想象力强的小孩都能把一件看似平常的事物加以扩展，经常和这样的小孩接触，也会培养自己的想象力。儿童的想法不受任何社会观念的影响和束缚，一般都富有创造性。而随着年龄的增长，在生活中逐步学会各种各样的“规则”以后，如果不是有意识地保护、培养，便很容易在长大的过程中逐渐丧失想象力。正如艺术大师毕加索所说：“每个儿童都是艺术家，关键是他长大后如何才能仍然是一个艺术家。”当你感到自己的想象力不强时，不妨多同聪明伶俐、善于想象的小孩接触，也许会使你受益匪浅。

勇于创新，不要畏惧失败

如果斗争只是在有极顺利的成功条件下进行的，那么创造世界历史就未免太容易了。

——马克思

创新意味着机会，同时也意味着风险。青少年要养成创新的品质，就不要畏惧失败。

第二次世界大战期间，纳粹德国给世界人民带来巨大的灾难。但在战争期间，那些德国将领们也给战争史留下许多创造性的战例。

1942 年 2 月 12 日中午，英国海军和空军重兵布防的英吉利海峡上空，一架英国战斗机在例行巡逻。突然，飞行员发现有一队德国舰队大摇大摆地从远处开了过来，他立即将这一发现向司令部报告。英国司令部的军官们大惑不解：德国舰队怎么可能在大白天从英吉利海峡通过，是不是飞行员搞错了？英国人忙于思考和争论，却没意识到时间正一分一秒地溜走。过了近一个小时，又一架侦察机发现德国舰队已经闯入海峡最窄的地段，并且正在全速行驶时，英军指挥官们才意识到敌情的严重性，等他们判定形势，调集部队，下令进攻时，德国舰队已经远离了最危险的地段，德国舰队受到致命打击的可能性已经丧失。整个下午，英军虽然不断出动飞机、驱逐舰对德国舰队进行拦截，但由于仓促上阵，反而被严阵以待的德军给予了沉重打击。就这样，德国人在英国人的眼皮底下，将驻泊在法国布雷斯特港内的舰队顺利地转移至挪威海面，增强了那里的战斗力。

原来，这一切是德军为完成这次战略转移精心策划的大胆行动。从法国到挪威有两条路线可走，一条是向西绕过英伦诸岛北上，这条航线路途遥远，费时费力，如果遭遇兵力占绝对优势的英国军队，后果将不堪设想；另一条航线则是直穿英吉利海峡，但此处有英国海、空军的重兵布防，同样是危机重重。最后，德军指挥官经过反复权衡后，决定在英国人根本想不到的情况下，出其不意地闯过英吉利海峡，在夜间出发，白天通过英吉利海峡最危险的多佛和加来之间的地段。

这一大胆冒险的行动果然成功，庞大的德国舰队在英国人认为绝不可能的时候出现，在英军来不及判断和阻挠的情况下，明目张胆地闯过英吉利海峡，给英国人上了一堂生动的战争教学课。

这场战役带给我们一个启示：创新与风险并存，如果你要创新，就不能畏惧失败。

威尔士是美国东北部哈特福德城的一位牙科医生，是西方医学界对人体进行麻醉手术的最早试验者。在威尔士以前，西方医学界还没有找到麻醉人体之法，外科手术都是在极痛苦的情况下进行的。

1772 年，英国化学家约瑟夫·普里斯特利发现了“笑气”（一氧化二氮）。1844 年，美国化学家考尔带着笑气到各地做旅行演讲，并做笑气“催眠”的示范表演。这天他来到美国东北部的哈特福德城进行表演，不想在表演中发生了意外。那是在表演者吸入笑气之后，由于开始的兴奋作用，表演者突然从半昏睡中一跃而起，神志错乱地大叫大闹着，从围栏上跳出去追逐观众。在追逐中，由于他神志错乱，动作混乱，大腿根部一下子被围栏划破了个大口子，鲜血流淌不止，在他走过的地上留下一道殷红的血印。围观的观众早被表演者的神志错乱所惊呆，这时又见表演者不顾伤痛向他们追来，更是惊吓不已，都惊叫着向四周奔去，表演就这样匆匆收了场。

这场表演虽结束了，但表演者在追逐观众时腿部受伤而丝毫没有疼痛感的情状，给牙科医生威尔士留下了非常深刻的印象。于是他立即开始对笑气的麻醉作用进行实验研究。

1845 年 1 月，威尔士在试验成功之后，来到波士顿一家医院公开进行无痛拔牙表演。表演开始，威尔士先让病人吸入笑气，使病人进入昏迷状态，随后便做起了拔牙手术。但不巧，由于病人吸入的笑气不足，麻醉程度不够，威尔士的钳子夹住病人的牙齿刚刚往外一拔，便疼得那位病人“啊呀”一声大叫起来。众人先是一惊，随之都对威尔士投去轻蔑的眼光，指责他是个骗子，把他赶出了医院。

威尔士表演失败了，他的精神也崩溃了。他转而认为手术疼痛是“神的意志”，于是他放弃了对麻醉药物的研究。

可是他的助手莫顿与其不同，莫顿鼓足勇气开始了自己的探索。1846 年 10 月，莫顿在威尔士表演失败的波士顿医院当众再做麻醉手术。这次他用乙醚来进行麻醉，结果，他获得了成功。

由此可见，在创新的道路上，往往有失败和风险同行。成功属于能够不畏艰险，善于从失败中汲取经验并坚持到底的人。

失败往往是成功之母，只要态度正确、运用得当，失败常常孕育出成功的创新。丰田汽车在美国创造的奇迹就是一个显而易见的事实。

20 世纪 60 年代，丰田汽车初次进军美国市场，即遭惨败。开到美国高速公路上的皇冠车，由于功率不足，根本就跑不起来，其他性能更是没法说。在美国的先行者写信回日本，建议放弃整个计划。但是总部坚持经历就是财富，认为哪怕卖出一辆也是胜利，更重要的是，通过一次次的失败，创新成功的概率就会越来越大。

事实表明，这种面对失败而搞的创新是成功的，因为它有极充分的准备。丰田人看准了美国三大汽车公司的弱点：都不愿生产小型汽年，并且质量和服务也不是很好。丰田人加紧创新，生产出消除丰田车各项缺陷、满足美国人需求的新型车，那就是后来风行美国的丰田花冠，并且丰田人以优良的质量和售后服务，迅速填补了美国汽车界这方面的空白。

自此以后，以丰田车为代表的日本车开始在美国站稳脚跟。

丰田人的创新正是从失败的教训中得来的。一位哲人曾经说过，世界上令人深刻记忆的东西，不是成功，常常是失败。因为失败是惨痛的，唯其如此，从血泪中得来的教训经验更是弥足珍贵，这也是为后来的创新在做准备。

创新求变意味着一定的风险，而对不可知的未来，人们承受压力的程度也大不相同。有的人对失败有一种天生的恐惧心理，或者怕丢面子，或者怕失去既得的利益，归根到底，是不能正确认识失败。

第九章

惜时——成功属于善用时间的人

时间是组成生命的材料。“一切节约，归根到底都是时间的节约。”时间是你可以握在手中的最宝贵的财富。如果你想取得成功，就必须认识到时间的价值。对于青少年来讲，时间尤其宝贵，你应当像珍惜自己生命一样珍惜自己的时间，只有这样，你才能够在有限的人生中做出更多有意义的事情。

重视时间的价值

醒来吧——你的良辰已经来临！醒来吧——每个瞬间贵如黄金！

——普希金

歌德曾经说过："你珍惜生命吗？那么就请珍惜时间吧，因为生命是由时间累积起来的。"

"别忘了，时间就是金钱。假设，一个人1天的工资是10先令，可是他玩了半天或躺在床上睡了半天觉，他自己觉得他在玩上只花36便士而已。错误！他已经失去了他本应该得到的5先令。千万别忘了，就金钱的本质来说，它是可增殖的。钱能生更多的钱，并且它的下一代还会有很多的子孙。假如一个人杀死一头能下仔的母猪，也就是毁灭了它的后一代，甚至于它的子子孙孙。假如谁消灭了5先令的金钱，那样就等于消灭了它所有能产生的价值。换句话说，可能毁掉了一座金山。"

这段话是美国著名的思想家本杰明·富兰克林说的，它简单直接地告诉人们这样一个道理：假如你想成功，就必须认识到时间的价值。

"一切节约，归根到底都是时间的节约。"时间是你可以握在手中的最宝贵财富。那些在事业上取得卓越成就的人都十分重视时间的利用。我们来看看法国著名作家巴尔扎克是怎样利用一天时间的。

午夜，墙上的挂钟敲了12响，巴尔扎克准时从睡梦中醒来，他点起蜡烛，洗一把脸，开始了一天的工作。这是最宁静的时刻，不会有任何人来打扰，这是他写作的黄金时间。

准备工作开始了，他把纸、笔、墨水都放在适当的位置上，这是为了不要在写作时有什么事情打断自己的思路。他又把一个小记事本放到写字台的左上角，上面记着章节的结构提纲。最后，他把为数极少的书籍整理一下，因为大多数书籍资料都早已装在他脑子里了。

巴尔扎克开始写作了。房间里只听见奋笔疾书的“沙沙”声。他很少停笔，有时累得手指麻木，太阳穴激烈地跳动，他也不去休息，只是喝上一杯浓咖啡，振作一下精神，又继续写下去。

紧张有序的写作一直持续到早晨8点。此时巴尔扎克草草吃完早饭，洗个澡，紧接着就处理日常事务。印刷所的人来取墨迹未干的稿子，同时送来几天前的清样，巴尔扎克赶紧修改稿样。

修改稿样的工作一直进行到中午12点。整个下午的时间，他用来摘记备忘录和写信，在信中和朋友们探讨艺术上的问题。

吃过晚饭，他要对晚饭以前的一切略做总结，更重要的是，对明天要写的章节进行细致缜密的推敲，这是他写作中一个非常重要的环节，一个必不可少的步骤。晚上8点，他放下了一切工作，按时睡下了。

这普通的一天，只是巴尔扎克几十年间写作生活的一个缩影。

巴尔扎克曾经这样说过："我发誓要取得自由，不欠一页文债，不欠一文小钱，哪怕把我累死，我也要一鼓作气干到底。"

他在生命弥留之际，还念念不忘尚未完成的《人间喜剧》。他向医生了解确切的病况，医生问他：

"你完成那些工作还要多少日子呢？"

"6个月。"

医生摇摇头。

"6个月都活不到吗？6个星期怎么样？"

医生还是摇摇头。

"至少6天总可以吧？我还可以写个提纲，也可以把已经出版的50卷校订一下！"

医生只是劝他即刻写遗嘱。

"什么？6个小时？"

就在他这样问着的时候，死神悄悄地来到了他身边。

虽然巴尔扎克没有完成心中的夙愿，但是他惜时如金的精神使他为后世留下了90多部著作，对世界文学的发展和人类进步产生了巨大的影响。

每个人在生活的每一天都必须考虑并安排好：我该为哪些事花费时间？哪一些可以忽略或缩短？

只有像计较金钱那样计较时间，我们才能在有限的人生中做更多有意义的事情。

警惕你的“时间窃贼”

你要把时间当作一条河，你不要坐在岸旁，看它流逝。

——纪伯伦

时间如同金钱，愈懂得利用的人，就愈能感受到它的价值，愈是贫穷的人，愈感觉它可贵。我们往往不知道如何利用时间而任意挥霍，当自己真正需要的时候，时间却已经所剩无几了。这时候我们可能会产生“时间都到哪儿去了”的困惑。

时间管理学研究者们发现，人们的时间往往是被下述“时间窃贼”给偷走的。

1. 寻找东西

据对美国200家大公司职员做的调查，公司职员每年都要把6周时间浪费在寻找乱放的东西上面。这意味着，他们每年要损失10%的时间。对付这个“时间窃贼”，有一条最好的原则：不用的东西扔掉，不扔掉的东西分门别类保管好。

2. 懒于行动

对付这个“时间窃贼”的办法是：

（1）使用日程安排簿。

（2）在家居之外的地方工作。

（3）及早开始。

3. 时断时续

研究发现，造成公司职员浪费时间最多的是干活时断时续的方式。因为重新工作时，职员需要花时间调整大脑活动及注意力后，才能从停顿的地方接着干下去。

4. 为过去惋惜或空想未来

老是想着过去犯的错误和失去的机会，欷歔不已，或者空想未来，这两种状态都是极浪费时间的。

5. 拖拖拉拉

有些人花许多时间思考要做的事，担心这个担心那个，找借口推迟行动，又为没有完成任务而悔恨。在这段时间里，其实他们本来能完成任务而且转入下一个任务的。

6. 未认清问题便盲目行动

这种人与拖拉的人正好相反，他们在未获得充分的相关信息之前就匆忙行动，以至于往往需要推倒重来。这种人必须培养自己的自制力。

7. 分不清轻重缓急

即使是避免了上述大多数问题的人，如果分不清轻重缓急，也达不到应有的效率。

区分轻重缓急是时间管理中很关键的问题。许多人在处理日常事务时，完全不考虑完成某个任务之后他们会得到什么好处。这些人以为每个任务都是一样的，只要时间被工作填得满满的，他们就会很高兴。或者，他们愿意做表面看来有趣的事情，而不理会不那么有趣的事情。他们完全不知道怎样把人生的任务和责任按重要性排队，确定主次。

在确定每一天具体做什么之前，你要问自己三个问题：

（1）我需要做什么？——明确那些非做不可，又必须亲自做的事情。

（2）什么能给我最高回报？——应该把时间和精力集中在能给自己最高回报的事情上。

（3）什么能给我最大的满足感？——在能给自己带来最高回报的事情中，优先安排能给自己带来满足感和快乐的事情。

随时警惕“时间窃贼”，切记珍惜时间就是珍惜生命。时间是生命的本钱，一个人浪费时间就是白白送掉自己的生命。时间来得匆匆，去得也匆匆，要想使自己的生活更有意义，就应该珍惜属于自己的短暂时间。

时间对每个人来说都是平等的，珍惜时间的人就会得到无穷无尽的财富，而浪费时间的人将一无所获。

合理规划你的时间

合理规划时间等于节约时间。

——培根

著名的效率专家查尔斯·菲尔德认为：善于为时间立预算、做规划，是有效管理时间的第一步。

事实上，时间都是“计划”出来的。能够合理规划自己时间的人就等于每天拥有比别人多出几个小时的时间。

A、B 二人斗智，A 出了一个题目让 B 来完成。这个题目看起来是不可能完成的，即在一个同时只能烙两张饼的锅中，3 分钟内烙好 3 张饼，每张必须烙两面，每面烙 1 分钟。这样算下来，最少需要 4 分钟才可能把 3 张饼烙完。可是 A 只给了 B 3 分钟的时间，这怎么办呢？

B 想了想，就想到了在 3 分钟内烙 3 张饼的方法，这种方法的宗旨就是打破常规的烙饼方法：先烙两张饼，1 分钟后，把一张翻烙，把另外一张取出，放入第 3 张饼，等第 2 分钟过后，把烙好的饼取出，并将已经烙好一面的饼放入锅中，同时，将第 3 张饼翻烙，这样等 3 分钟过后，3 张饼就全部烙好了。

思想家及诗人歌德说过，我们都拥有足够的时间，只要我们能好好地善加利用。假如萧伯纳没有为自己定下严格的规定，保持每天写出 5 页稿纸的文字，他可能永远只是个银行出纳员。他度过了 9 年心碎的日子，9 年总共才赚了 30 块钱稿费，但由于他一直把写作当成自己最重要的事情去做，并严格执行自己定下的计划，终于成了世界著名的作家。

看过《鲁滨孙漂流记》的读者都知道，就连漂流到荒岛上的鲁滨孙也不忘每天定下一个作息表。由此可见，我们无论做什么事情，事先都要有一个计划，这样才能保证你有时间完成自己最重要的事情。

为自己制定日程表，是合理规划时间的一个重要方法。只要尝试拟订日程表，原本凌乱不堪的各种预定计划，就会显得条理井然起来。

人们之所以忙得不可开交，究其原因，是因为心中缺乏对时间的整体把握。人们总是习惯在工作即将截止之前，手忙脚乱，加班熬夜。这种做法，经常导致工作水平下降。相反，及早着手准备才是快速完成工作的保障。

先忧后乐是时间计划的一个基本原则。

我们可以拟定一个双休日的具体日程表，以此来学习一下规划时间的方法。

首先，所谓双休日究竟是从什么时候开始到什么时候结束呢？一般的看法是从周六早上到周日晚间为止。不过如果想要利用双休日，充分争取时间从事自我启发的话，这样做是不行的。

所谓双休日，应从周五晚间算起，到周一早上为止。如此解释，就有将近三天的假期可资运用，无妨将它当作一个整体时段来加以掌握。

倘若你认同这一理念，那么周五的晚间就变得十分重要。譬如周五晚间聚会迟归，会连带地使得周六起床之际已过日中时分。

周六和周日，基本上还是应该早起。但过于严苛的话，恐有难以持续之虞，因此不妨稍微放松，比平日晚起一两个小时也没关系。尽可能和家人一起共用早餐。

其次，要将周六、周日的上午定为主要进修时间，不足的部分排入周六、日的晚间。若周日晚间不排计划只管就寝，周一早上提早起床也可以。不过，有件事情非常重要，就是必须对下周开始的工作预做心理准备。本周日晚间是思考并制订下周计划的绝佳时机。

除此之外，合理规划时间还应当注意以下两点：

（1）要善于有效分配时间

千万不要平均分配时间。一件事情摆到你面前时，你就要问："这件事情值不值得去做？"千万不能碰到什么事都做，更不可以因为"反正我没闲着，没有偷懒"就心安理得。

（2）要学会处理两类时间

对于每一个人来说，存在着两类时间：一类是属于自己控制的时间，称作"自由时间"；另一类是属于对他人他事的反应的时间，不能由自己支配，称作"应对时间"。

两类时间都客观存在，都是必要的。没有"自由时间"，便完全处于被动、应付状态；不能自己支配时间的人，不是一名有效的领导者。但是，要完全控制自己的时间在客观上也是不可能的。没有"应对时间"，只有"自由时间"，实际上也就侵犯了别人的时间，因为个人的完全自由必然会造成他人的不自由。

用好 20/80 法则

珍惜一切时间，用于有益之事，不搞无谓之举。

——富兰克林

1897 年，意大利经济学家帕累托偶然注意到英国人的财富和收益模式，于是潜心研究这一模式，并于后来提出了著名的 20/80 法则，即二八法则。

帕累托研究发现，社会上的大部分财富被少数人占有了，而且这一部分人口占总人口的比例与这些人所拥有的财富数量具有极不平衡的关系。帕累托还发现，这种不平衡的模式会重复出现，而且是可以提前预测的。

于是，帕累托从大量具体的事实中归纳出一个简单而让人不可思议的结论：如果社会上 20% 的人占有社会 80% 的财富，那么可以推测，10% 的人占有了 65% 的财富，而 5% 的人则占有了社会 50% 的财富。

这样，我们可以得到一个让很多人不愿意看到的结论：一般情况下，我们付出的 80% 的努力，也就是绝大部分的努力，都没有创造收益，或者是没有直接创造收益。我们 80% 的收获来源于 20% 的努力，其他 80% 的付出只带来 20% 的成果。

显然，20/80 法则向我们揭示了这样一个道理，即投入与产出、努力与收获、原因与结果之间，普遍存在着不平衡关系。小部分的努力，可以获得大的收获；起关键作用的小部分，通常就能主宰整个组织的盈亏和成败。

20/80 法则告诉人们一个道理，就是要把自己的精力放在自己的主要目标上，这是提高一个人工作和生活效率的关键。20/80 法则对工作的一个重要启示便是：避免将时间花在琐碎的多数问题上，因为就算你花了 80% 的时间，你也只能取得 20% 的成效。你应该将时间花在少数的重要问题上，因为解决这些重要问题，你只需花 20% 的时间，即可取得 80% 的成效。

理查德 · 科克在牛津大学读书时，学长告诉他：“要尽可能做得快，没有必要把一本书从头到尾全部读完，除非你是为了享受读书本身的乐趣。在你读书时，应该领悟这本书的精髓，这比读完整本书有价值得多。”这位学长想表达的意思实际上是：一本书 80% 的价值，已经在 20% 的页数中就已经阐明了，所以只要看完整部书的 20% 就可以了。

理查德·科克很喜欢这种学习方法，而且以后一直沿用它。牛津并没有一个连续的评分系统，课程结束时的期末考试就确定一个学生在学校的成绩。他发现，分析过去的考试试题，把所学到知识的 20%，甚至更少的与课程有关的知识准备充分，就有把握回答好试卷中 80% 的题目。这就是为什么专精于一小部分内容的学生，可以给考官留下深刻的印象，而那些什么都知道一点但没有一门精通的学生却不尽如考官之意。这项心得让理查德·科克并没有披星戴月终日辛苦地学习，但依然取得了很好的成绩。

理查德·科克到壳牌石油公司工作后，在条件艰苦的炼油厂内服务。他很快就意识到，像他这种既年轻又没有什么经验的人，最好的工作也许是咨询业。所以，他去了费城，并且比较轻松地获取了沃顿商学院的工商管理硕士学位，随后加盟一家顶尖的美国咨询公司，他领到的薪水是在壳牌石油公司的 4 倍。

运用 20/80 法则，理查德·科克大大地提高了自己在学习和工作上的效率，20/80 法则是一个管理时间的利器。当我们把 20/80 法则应用到时间管理上时，就会出现以下假设。

一个人大部分的重大成就——包括一个人在专业、知识、艺术、文化或体能上所表现出的大多数价值，都是在他自己的一小段时间里达成的。在创造出来的东西与花在创造活动上面的时间这两者之间，有极大的不平衡，不论这时间是以天、星期、月、年或一生为单位度量的。

如果快乐能测算，则大部分的快乐都发生在很少的时间内，而这种现象在多数的情况里都会出现，不论这时间是以天、星期、月、年或一生为单位度量的。

用20/80法则来表述就是，80%的成就是在20%的时间内达到的；反过来说，剩余的80%时间，只创造了20%的价值。

一生中80%的快乐，发生在20%的时间里；也就是说，另外80%的时间，只有20%的快乐。

如果承认上述假设，那么我们将得到四个令人惊讶的结论。

结论一：我们所做的事情，大部分是低价值的事情。

结论二：我们所有的时间里，有一小部分时间比其余的多数时间更有价值。

结论三：若我们想对此采取对策，我们就应该彻底行动。只是修修补补或只是小幅度改善，没有意义。

结论四：如果我们好好利用20%的时间，将会发现，这20%是用之不竭的。

安德烈亚是一个十分珍惜时间的人，他从来不浪费一秒钟的时间，只要时间允许，他就一定在拼命工作。所有知道他的人都说："看，安德烈亚真是太珍惜时间了！"人们都知道，为了能成为一名出色建筑师，他拼命地想要抓住每一秒钟的时间。

每天，他把大量的时间用在设计和研究上，除此之外，他还负责很多方面的事务，每个人都知道他是个大忙人。他风尘仆仆地从一个地方赶到另一个地方，因为他太负责了，以至于不放心任何人，每一项工作都要自己亲自参与了才放心。时间长了，他自己也感觉很累。

其实，在他的时间里，有很大一部分时间都浪费在管理一些乱七八糟的事情上。无形中，他增加了自己的工作量。

有人问他："为什么你的时间总是显得不够用呢？"他笑着说："因为我要管的事情太多了！"

后来，一位学者见他整天忙得晕头转向，但仍然没有取得令人骄傲的成绩，便语重心长地对他说："人大可不必那样忙！"

"人大可不必那样忙？"这句话给了他很大的启发，就在他听到这句话的一瞬间他醒悟了。他发现自己虽然整天都在忙，但所做的真正有价值的事实在是太少了！这样做对实现自己的目标不但没有帮助，反而限制了自己的发展。

从混沌中惊醒的安德烈亚放下了那些偏离主方向的事务，把时间用在更有价值的事情上。很快，一部传世之作《建筑四书》问世了，该书至今仍被建筑师们奉为行业宝典。

他的成功只是因为一句话："人大可不必那样忙！"

花一点时间去印证20/80法则，几分钟也好，几小时也行。找出在时间的分配与所得的成就（或快乐）两者之间，是否真的有一种不平衡现象。你最有生产力的20%的时间，是不是创造出了80%的价值？你80%的快乐，是不是来自生命中20%的时间？

理性
教育

陪孩子走过小学6年

好家长一定要懂的心理学

李旭影　编著

吉林出版集团股份有限公司
全国百佳图书出版单位

图书在版编目（CIP）数据

理性教育.陪孩子走过小学6年　好家长一定要懂的心理学/李旭影编著.-- 长春：吉林出版集团股份有限公司，2020.8

ISBN 978-7-5581-9044-5

Ⅰ.①理… Ⅱ.①李… Ⅲ.①儿童教育－家庭教育 Ⅳ.①G782

中国版本图书馆 CIP 数据核字 (2020) 第 167181 号

前言

从出生到读完小学6年级，是孩子人格、品质、行为方式形成的关键时期。这一时期，孩子可塑性非常强，如果给他的心灵注入乐观、勇敢、有礼貌、知识无价、人生美好等甘露，那么这些优良的品质就将滋养孩子，伴其成长，令其受益终生；而如果此时放任狭隘、自私、懒惰、怕苦、畏难等毒药入侵孩子的精神世界，那么这些负面思想也会慢慢腐蚀孩子的心灵，也必将伴随孩子的一生。因此，这一时期是培养孩子的重要阶段。孩子在学龄前和小学阶段，要为各种能力发展、素质提升打基础，基础打好了，中学、大学乃至成年后的职业生涯都会少一些挫折。

父母在孩子的成长过程中至关重要。家长是孩子的第一任老师，从孩子出生开始，家长的一举一动都是对孩子最直观、最有效的经验指导。孩子是敏锐的，他们善于捕捉家长的动作，然后不动声色地学习、模仿、调整自我。家长错误的教育方式，往往会使孩子误入歧途；而家长正确的言传身教，可能让孩子功成名就。从这个意义上说，每个家长都应该是教育家，要有爱和洞察力，还要能够透彻认识自己，完善自己的育儿知识和教养方式，为孩子提供一个适宜的成长环境。只有这样，才能够把自己的孩子教育好，使孩子健康幸福地成长，并在人生道路上取得成功。

随着社会竞争的日趋激烈，每位家长都希望自己是最好的家长，能够教出最优秀的孩子。遗憾的是，不少家长对如何教育孩子感到力不从心。有的家长想当然地按照自己的想法“教育”孩子，可最后发现孩子越来越难教，越来越不“听话”，于是，“教育”方法就“升级”了——呵斥孩子，甚至是打骂孩子，结果可想而知。有的家长花大价钱把孩子送进各种名气很大的“艺术班”，把孩子送到一流的幼儿园、一流的学校，希望孩子样样都好，可到头来孩子特长、才艺、学习成绩等各方面都没有起色，甚至还产生抵触心理，变得越来越叛逆。为什么家长们用心良苦、付出颇多，教育的结果却与初衷背道而驰呢？究其原因，就在于家长没有真正走进孩子的内心。孩子是一本无字的书，家长们在解读孩子的成长问题时，应该从“心灵”入手，而非单纯地从“行为”入手。教育实际上就是一门“动心”艺术，家长们应该懂得教育孩子的心理学。孩子的内心世界，跟成年人是大不相同的。鲁迅先生就曾说过：“孩子的世界，与成人的世界截然不同，倘不先行理解，一味蛮做，便大碍于孩子的发达。”家庭教育，很关键的一点就是要走进孩子的心里，了解他的心理状态，知道他在想什么，“对症下药”，对孩子施以正确有效的教育，这样才能培养出优秀的孩子。

本书旨在帮助家长了解最基本的教育学、心理学知识，掌握科学的教育方法、技巧，培养出真正优秀的孩子。上篇详细介绍了 0 ~ 13 岁儿童心理学基础知识：首先，详细阐释儿童心理学发展的基本路线和儿童心理学涉及的具体问题；其次，对儿童认知心理学、儿童发展心理学、儿童社会心理学进行了深入浅出的分析；最后，为了给每一个孩子制订适合自己的个性发展路线，我们还介绍了儿童的气质心理学、个性心理学和色彩心理学，并且给家长列出了一系列经典的心理学书籍。下篇主要是教给家长们心理学知识在教育中的应用技巧。针对孩子的心理需求、人际交往、自控能力、思维能力、自立能力等各个方面可能存在的问题，我们为大家提供了教育孩子时切实可行的操作方法，揭开孩子行为背后的心理动机，帮助家长们避开教育中的暗礁。

本书内容贴近现实生活，科学实用，书中收录的一些实例极具参考价值，是家长了解孩子心理、塑造优秀孩子的不可多得的好帮手。每个孩子都是珍贵的存在，每个孩子都可能成为人才，而每位家长，都可能是培养人才的教育家。我们不能仅仅关注孩子智力的开发和身体的成长，更应该关注孩子心理上的变化，家长应掌握一定的心理学知识及在生活中运用它们的方法。最后，衷心祝愿每一位家长都能做有智慧、懂教育的好家长，每一个孩子都能受到最好的教育，都能健康、快乐地成长。

目录

第四章　满足孩子的心理需求

第五章　爱得多不如爱得对

第一章

陪孩子需要把握的儿童发展关键点

儿童心理发展起跑线

生命开始之时，心理发展之初

一天，妈妈带着3岁多的璐璐出去散步。璐璐看到一个大肚子的阿姨，就奇怪地问道："妈妈，这个阿姨怎么这么胖呀？"妈妈告诉她："这是因为这个阿姨的肚子里有个小宝宝啊。"璐璐又接着问："妈妈，我小时候也住在你肚子里吗？"妈妈笑着回答说："是啊，小璐璐也是从妈妈的肚子里出来的。"璐璐又好奇地问："妈妈，我在你肚子里的时候也会吃饭睡觉吗？"妈妈摸了摸她的头说："当然，不过跟现在的吃饭睡觉不一样。璐璐知道吗？在你还很小很小的时候，就已经开始理解妈妈的心思了。妈妈开心不开心，你都知道呢！"璐璐听完，拍着手说："哇，璐璐好聪明啊！"

孩子心理发展的起点并不是他降生的时刻，早在受孕的时候，孩子就已经被赋予了很多对他今后的发展具有重大影响的特质。在孩子的一生中，环境和基因这两种因素对孩子的心理发展起着重要作用。其中，基因是在受孕的时候就开始起作用的因素，这也被称为“基因禀赋”；另外，很多可能影响孩子未来心理发展的因素在他还生活在妈妈子宫里的时候就已产生。

人的生命是从受精卵开始的。精子和卵子的结合标志着一个新的、独一无二的个体的到来。同时，也是父母将特定的基因传递给这个新生命的过程。父母的基因组合将伴随这个新个体一生，它也会为这个孩子的人格和心理发展奠定基础。

那么基因有什么样的性质，为什么它能够影响孩子的性格发展呢?

基因首先为孩子的健康成长奠定物质基础，正常的基因可以保证孩子发育成一个身体健康的人。

基因存在于细胞核内，是染色体上一个个具有遗传功能的片段，就像项链上的珍珠一样串联在染色体上。这些基因中蕴藏着人的身体密码。身高、体重、智力、眼睛的颜色等都与基因有着密切的关系。

为什么所有的人都有两只手两只脚，为什么人类的耳朵没有像小猫一样顶在头上，为什么我们身后没有长长的大尾巴?其实，这一切的答案都藏在基因中。所有的人都有一部分相同的基因，这些基因保证了我们具有共同特征，是它们保证每个人发育出双手双脚，都具有相同的神经系统，并且在一定的年限中完成性发育来保证人类的繁衍生息。

基因保证了人类的生长发育按照一定的时间顺序进行。婴儿的运动能力就是按照一定的顺序出现的，首先是头部控制、坐起，然后才是爬行、站立、行走等。比如孩子站起来了，这之后我们可以轻松地预测孩子就要开始走路了。其实这个序列的可预测性都是由正常发育的人类个体所具有的基因控制的。

但是，就像世界上没有完全相同的两片树叶一样，世界上也没有完全相同的两个人。不管双胞胎的外貌多么相似，他们之间总会有一些细微的差别，也许一个孩子性格外向，一个孩子性格内向，这些差别同样来自基因。正是人体的另外一部分基因将我们塑造成独一无二的个体，让我们的生理构造和心理特性，以及个体能力具有极大的差异性。比如虽然说每个正常发育的婴儿都能够学会走路，但是他们掌握这个能力所需要的时间却是不同的，这就是基因带来的差别。

总之，在精子和卵子结合的瞬间，孩子未来的样貌和潜在的心理特征就有了发展走向，那是孩子未来心理发展的基础。

基因不是万能的——环境对胎儿的影响

基因不是万能的，为了给孩子的身心发展打下一个良好的基础，父母千万不能忽略环境的影响。发育从胚胎早期就开始了，从这个时期开始，胎儿就能受到妈妈传递的环境影响。

许多孕妇妊娠反应比较强烈，恶心、呕吐、厌食等症状影响了孕妇的生活。为了减轻这种折腾人的反应，20世纪60年代，德国一家医药公司推出了一种具有镇静作用的药，人们把它称为“反应停”。

因为这种药见效快，许多孕妇都愿意服用，所以这种药一时间畅销海内外。但是随后，这些国家忽然间诞生了很多畸形儿，人称“海豹症”。得了“海豹症”的孩子除了四肢残缺外，还有骨骼发育不全、缺耳、无眼等生理缺陷。

开始人们并不知道罪魁祸首就是这种深受欢迎的“反应停”，直到两三年后，经过流行病学调查和动物实验才确证，“海豹症”患儿的畸形是“反应停”强大副作用的结果。

科学家发现，母亲使用的药物可以通过血液流经胎盘从而进入胎儿体内，对胎儿产生不良影响；有些药物则可能直接导致胎盘功能降低，影响胎儿的正常发育。药物致畸的另一种途径是引起孕妇生理状况的改变，从而改变子宫内的环境。所以，怀孕妇女应避免使用任何药物，如果确有服药的必要，应该在医生的指导下进行。

另外，如果孕妇在孕期大量饮酒，酒精可以通过胎盘对胚胎产生显著的危害和永久性的影响。即使是少量饮酒，也有可能给胎儿适应性功能的发展带来风险。孕期大量吸烟的妈妈所生的婴儿则体格明显小于其他婴儿，这是因为烟中所含的有害物质会限制流向胎盘的血液流量。

除此之外，孕妇还要注意环境中一些有毒物质可能对胎儿产生的影响。有研究表明，环境中的有害物质和污染物都会对胎儿的生长发育产生影响，比如铅、汞等。环境中大量存在易接触的铅，水管、蓄电池、建筑材料、油漆、染料和防腐剂等都不同程度地含有铅。如果食用了被汞污染的水产品，就可能造成汞中毒。汞中毒可能引起胎儿脊髓麻痹和小头畸形。我们生活中常见的杀虫剂也会对胎儿造成不良的影响，不仅会增加流产率，也会使胎儿发育迟缓。杀虫剂种类很多，怀孕后应该禁止在家庭或工作区使用这些杀虫剂。如果孕妇无法做到完全与环境中的有毒物质隔离，那么就要做到尽量避免接触这些物质。在吃瓜果蔬菜前要彻底清洗，如果实在无法避免接触农药，一定要在接触后彻底洗手。

除了这些有毒的化学物质，另一个不应忽视的致畸因素就是辐射。目前确定的是X射线会对胎儿产生负面影响。X射线不但会使胎儿流产、畸形，甚至可能造成死胎，还可能增加孩子长大后血癌的发生率。即使是在怀孕前半年接受了X光照射，也可能对胎儿产生影响。因此，准备怀孕的时候，一定要注意从怀孕前一年到半年起就要避免X光照射。

帮助早产儿健康快乐地成长

早产儿通常是指不足37周出生的婴儿，至今有记录的最小的早产儿是20周出生的。

早产的孩子先天不足，容易发生各种问题。短期内，早产儿在应对外界环境这些方面明显处于劣势，他们可能出现体温控制困难，吮吸和吞咽困难。有些产龄过小的则可能因为重要器官功能不全而需要更长时间接受治疗。

早产的孩子在感知能力、运动能力和语言学习等方面可能相对滞后，他们也更容易出现多动、注意力不集中和缺乏情绪控制能力等问题。

早产儿是否能够正常生长发育，取决于他们出生时的情况和随后的医疗是否到位，当然他们在家庭生活中所得到的心理支持所起到的作用是更加重要的因素。

那么父母与孩子的相处中应该注意些什么呢？

父母要努力与孩子建立良好的亲子关系。早产儿的爸爸妈妈也不要过度紧张，对任何人来说建立和谐的亲子关系都不是一件轻松的事情，只要父母给孩子足够的关爱，大多数早产儿在出生后的3～6个月都能赶上足月婴儿的步伐，也能像其他孩子一样健康快乐地成长。

探索美丽新世界：幼儿生理机能发展

本能反应——生存的基础

小米满月之后，原本瘦瘦的小脸变得白白胖胖的。每当她醒着的时候，爸爸都要跟小米玩上一阵。“小米，爸爸在这儿呢！”小米的爸爸手里拿着小手电筒在她身边晃来晃去。这时候本来正在专心吃奶的小米就转过头来开始寻找光柱，等发现了光柱，小米又转过脸去继续她的“工作”了。

小米的爸爸还惊奇地发现了一些有趣的现象。有一次他在挠小米的小脚丫的时候，小米不但没笑，而且还把大拇指翘起，其余的几个小脚趾张开成扇形，就像一面小小的芭蕉扇。如果托住小米的两腋，让她脚底碰到地面，她还会做出迈步的动作，就像走路一样。如果把她面朝下横着平托起来，小米的四肢还会像在游泳一样做出划水的动作呢！

另外，爸爸发现虽然小米个头不大，但是小手很有劲儿。如果把笔放在她的手心，她会紧紧地握住，要把笔从她手里拿出来还得用点儿力气才行。

小米还是一个很能吃的宝宝，有时候妈妈用手指在她的小脸颊上轻轻一碰，小米便会扭过头来吸吮妈妈的手指头。

其实小米的这些动作都属于无条件反射，也就是人类生存的本能反应，是与生俱来的能力。婴幼儿不用学习，只要刺激条件一成立，他们就会做出这些动作来应对出现的刺激。这些反射是神经系统固有的遗传反射，是人类进化过程中遗留下来的。

婴幼儿的这些反射活动具有明显的生物学意义。婴儿经常会把眼睛转向光源，这种反射是人类保护自己的基础，也是生存和发展的基础。而吮吸反射则让孩子一出生就会自己吮吸乳汁，保证生存。

无条件反射没有实际的生物学意义，出现一段时间后就会消失。如果在今后的生活中需要这种技能，人们需要重新学习才能再次掌握。

这些反射满足了幼儿早期的生存需要，是神经正常发展的基本标志。许多证据显示，如果有某些反射没有出现，或者出现了却没有在一定的时间内消失，可能表明儿童患有某种病症。这些病症大多是由于儿童大脑受到损伤而导致的。

一般在定期进行的婴幼儿身体检查中，专业医师会对孩子的反应能力进行检查。所以家长们应尽可能按时带孩子到正规医疗机构为孩子检查发育状况。

动作发展——渴望独立的信号

小洁已经有 10 个月大了，这些日子她总是喜欢扶着东西站立。如果爸爸妈妈想帮助她，她还会扳开他们的手，一定要自己扶着东西站，然后会瞪着圆溜溜的大眼睛看着爸爸妈妈，那神情就好像在说："爸爸妈妈，你们看我，很厉害吧，我都能自己站了。"她一定是觉得这样很好玩，总是反复地这样做。站累了，小洁才会坐下。

慢慢地，她站立的时间越来越长，也越来越稳。有时候她还尝试先跪着，然后再站起来；偶尔自己站起来，勇敢地向前挪动两步后，略显紧张地看着爸爸妈妈。这时候爸爸妈妈就会给她鼓掌，她就好像得到了巨大的支持，自己也拍着手，乐滋滋地扑到爸爸妈妈怀里。

人类的动作在胎儿时期就已经开始。大约从怀孕第4个月起，胎儿的活动就已经可以被他的妈妈所感知。胎儿5个月大的时候会出现踢蹬动作。大约280天后，一个全新的生命诞生。在成人的关怀和照顾下，婴儿真正作为一个独特的个体拉开了自己人生的序幕。动作的发展就是这个时期儿童发展的主旋律。

动作在婴儿心理发展中的作用一直是心理学研究的一个重要问题。多年来，心理学家从不同的角度探讨这一问题，提出了不同的理论和假说。

从心理的起源与发展来看，动作发展对于个体的心理发展有着深远的影响。每个人心理的起源都与动作密不可分。认识并不是人与生俱来的简单知觉，感知的源泉和思维发展的基础有赖于动作的发展。

一个人想要认识世界并且对外界产生感知必须通过动作来实现。通过动作，人不仅可以获得对事物的直观认识，还可以获取社会经验，产生自己的想法，完成自己主观世界的构建。

从个体心理的发展历程来看，每个人的心理发展都是逐步内化的，而动作在心理的内化过程中则起着关键性的作用。心理发展初期，动作是婴儿认知活动的重要工具，向外界施加动作，并根据动作的结果进一步调整动作是婴儿认识世界的基本方式。随着动作的不断丰富，一岁半到两岁之间的孩子开始心理的内化过程。

动作对于大脑的发育具有促进作用，为个体心理的发展奠定良好的基础，可以使个体对外界的刺激做出更加敏捷的反应，促使个体认知结构的不断优化，通过提供新经验调和个体原有认知结构与新环境刺激间的冲突和不协调。

运动的发展在婴幼儿时期主要是指动作的发展，包括婴幼儿对自己身体动作的控制和对外界事物的控制两个方面。这些控制的发展过程都是从不灵活到灵活、不稳定到稳定。

刚出生的孩子颈部肌肉还不能够支撑头部的重量。孩子出生 4 周左右只能抬起下巴，2 个月之后才可以微微抬头，到第 12 周时，可以使自己的头和肩部离开地面并且支持住。6 个月之后，孩子可以抬起腹部以上的身体，并且能以俯卧的姿势翻身。7 个月时，他又能以仰卧姿势翻身。9 个月时，孩子基本上可以学会坐，而且可以支持 10 分钟左右。

一般而言，儿童动作的发展顺序遵循以下规律：从整体到局部。以婴儿抓握东西为例，首先是试图整只手去抓，接着出现五指的分化。

头尾及近远序列。婴幼儿最初的动作出现在头部，而后才向脚趾的方向发展。

提前进行动作训练有好处吗？

涛涛学走路似乎比别的孩子稍晚一些，同龄的孩子都已经走得稳稳当当了，涛涛才刚刚开始学步。因为涛涛身体平衡能力发展慢一些，妈妈认为孩子走路是“船到桥头自然直”，反正人长大早晚都会走路的，多练少练没什么关系。而涛涛爸爸却持有不同的观点，他认为应该抓紧时间让涛涛学习走路，否则就会落后于其他孩子。为了这个问题夫妻俩经常发生冲突。

其实，从能力发展的过程来看，不必让孩子提前“预习”，顺其自然是最好的。人类有许多与生俱来的能力，发展到一定阶段自然就会掌握。

但是，哈佛大学学前教育研究项目主任伯顿·怀特曾经指出：如果婴儿2岁后父母才注意教育的问题，那就有些晚了。尤其在最初的6个月里，婴儿的动作训练如果没有得到足够的关注，那么孩子未来对学习的兴趣、对新鲜事物的好奇心以至于对他人的信任感都可能受到影响。

心理学家吉布森也提出过这样的观点，渐进的训练对未来的学习体验具有积极的效果。我们不可能让婴儿学习他无法体验的东西，却可以渐进地训练和积累，培养他学会怎样学习。

不可忽视的是，动作训练也要以生理条件成熟为基础。如果忽视了生理条件而强行进行动作训练，也会给孩子带来负面影响。

美国著名儿童心理学家格塞尔认为，支配儿童心理发展的因素有两个：一个是成熟，另一个是学习。在两者之中，成熟更为重要。不成熟就无法产生学习，学习只是对成熟起到一种促进作用。

为了证明自己的观点，格塞尔曾经做过一个很著名的实验——双胞胎爬梯。在这个实验中，格塞尔选择了双胞胎中的一个，从 48 周起就开始每天进行 10 分钟的爬梯训练，连续训练 6 周。到第 52 周时，这个孩子才能熟练地爬上 5 级楼梯。另一个孩子从 53 周才开始进行爬梯训练，结果只过了两周，他就可以不用成人帮助顺利地爬到楼梯顶端了。

格塞尔的这个实验表明，儿童的发展主要是一个自然成熟的过程，教育并不能改变儿童发展的主要时间进程。只有当儿童成熟到一定程度的时候，教育才能使儿童的发展加快。对孩子的动作采取提前训练的方法，改变了孩子应有的成长顺序，还可能破坏儿童对学习的兴趣。

其实类似的例子在我们周围屡见不鲜。比如中国家长大多特别重视尽早进行排便训练，而在西方国家，多数父母都是在孩子 1 岁之后才开始训练孩子有控制地排便。心理学研究表明，过早训练排便不仅不会收到预期的训练效果，而且还可能造成排便心理障碍，所以建议家长们不要对 1 岁前的小孩进行排便训练。

青春期序曲——性别意识的增强

课桌上的“三八线”

小玉的妈妈最近发现了一件奇怪的事情，那就是小玉忽然不爱搭理好朋友飞飞了。飞飞是个男孩子，两个孩子上幼儿园的时候经常在一起玩，飞飞总是像小哥哥一样照顾小玉，他们从来不吵架，非常合得来。上小学以后，飞飞和小玉还是经常在一起玩，但是升入三年级之后，小玉就开始刻意地远离飞飞，有时候飞飞叫她出去玩她还会很不高兴地拒绝。妈妈问她：“小玉，你和飞飞吵架了吗？”“没有啊！”“那最近怎么不跟他一块玩了呢？”“他是男孩子，我是女孩子，我才不跟男孩子一块玩呢！”

刘洋在小学做老师，是四年级的班主任。他发现班里几乎每张课桌上都画着“三八线”，尤其是那些男孩和女孩共用的课桌，这条线往往更加明显。另外他在课堂上还发现，有时候男孩做什么事情，女孩看见了就会“鄙视”地把嘴撇到一边；同样，男孩也看不惯女孩的行为举止。不过，有时候有些“淘气包”会故意把胳膊伸过界，看见同桌的女孩为此生气的时候，脸上总露出一副得意扬扬的表情。

孩子们到底怎么了呢？为什么原本关系和谐的男孩和女孩忽然变得势同水火了呢？其实，这些现象都是在悄悄地告诉家长和老师——孩子的青春期就要来临了。在孩子10岁左右的时候，世界在他们眼中已经变成了两个半球——“男半球”和“女半球”。性别分界在这个时候变得非常清晰，大部分男孩和女孩在这个年龄就已清楚地认识到了自己所属的阵营，这两个半球泾渭分明，互不相容。两个阵营的“战士们”用尽自己的方法战胜对方。男女生在课桌上画出“三八”线，每天展开“课桌争夺战”；有的男生经常揪前排女生的辫子；有的女生则擅长群体战术，七嘴八舌地对男生群起而攻之……老师和家长经常被孩子们之间发生的这些小事弄得不知所措。

心理学研究表明，这种表面的对立背后，实际上潜藏着男孩和女孩相互间的好奇和好感。所以面对这个年龄段的孩子忽然产生的行为变化，家长和老师不必大惊失色，也不要只是粗暴地制止他们的行为，而是要对孩子们的交往进行恰当的引导，提早消除矛盾的根源，或者迅速解决冲突，从而防止孩子陷入愤怒和攻击的深潭。

这时候的家长在严格要求孩子的同时要充分信任他们，帮助孩子扩大交往范围，养成与他人合作的习惯。

青春期来临，大脑也变化

英国著名的喜剧演员斯蒂芬·弗莱上学时曾经收到过一份校长评语：“他身上带有众多非常狰狞的缺点，在刚刚过去的那个学期里，我们显然体验到了它们的可怕程度。”另一个演员诺曼·维斯顿小时候则被老师这样评价：“这孩子从头到脚每一寸都是愚蠢的，幸好他身材不高。”

一提到“青春期”，很多家长可能会觉得脑袋“嗡”的一下。在很多成年人的眼里，青春期的孩子就是一个难题。在这个阶段，人会发生最重要的两个转变，一是生殖器官发育成熟，二是自我意识基本确立。

孩子进入青春期之后，通常会出现几种“反常现象”。

1. 与同龄人的交往增多

孩子会一改往日喜欢与爸爸妈妈在一起的状态，转而用更多的时间与同龄人相处。孩子们会与伙伴们一起做一些共同感兴趣的事情，希望获得同龄人的认同。

2. 对压力更加敏感

研究表明，与成人相比，日常生活的压力更容易影响青少年的决策能力，更糟的是他们可能面对比成年人更多的困扰。

3. 冒险行为增多

青少年天生爱冒险，而且爱冒险的孩子更容易被同龄人接受和崇拜。很多人认为处于青春期的孩子暴躁易怒，不服管教，是心理上追求独立的过程。但是其实他们的大脑在这个时候也处于急速变化中。

掌管着人类计划、考虑和抑制冲动、做出明智决定的大脑额叶是最晚成熟的器官，因而青少年的大脑随时处于斗争、激动和逃避的状态，缺乏计划和自控能力。这个时候的父母应该用自己的经历帮助孩子更好地解决问题和做出人生规划。

但是，此时青少年大脑中控制情感的区域却十分活跃，这让青春期的孩子几乎时刻处于情感震荡中，他们追求刺激，爱用夸张的表达方式，例如翻白眼、叹气等表情，一些不明真相的父母往往会对孩子的这些表现大发雷霆。

青春期，与记忆相关的海马体和与思维相关的髓鞘会快速发展。因此，在这个阶段孩子的记忆力、思维能力都会大幅增加；但是额叶还远未成熟，所以考虑后果的能力相对薄弱。

对于孩子正在经历的这些变化，明智的父母应该做到以下几点。

首先，明确这种观念：孩子并不是微型的成人，他们的大脑无论是在生理结构还是神经反应上都和成年人不同。

其次，因为他们的大脑额叶发育还不成熟，所以不要指望他们会深思熟虑和宽容体谅。

再次，要善于利用孩子丰富的情感和敏捷的思维，让他们把从外界获得的积极的情感体验运用到自身。

最后，要相信自己的影响力。也许孩子会跟你大吵大嚷，但是这并不妨碍他们暗地里模仿你的行为。

情绪化有原因，化学物质在捣蛋

冉冉是个活泼可爱的孩子，妈妈一直都为养了这么一个女儿而骄傲。但是自从冉冉上了初中，就像变了个人似的，整天无精打采。以前妈妈去叫她吃早饭，她都是兴高采烈地冲到饭桌旁边，大叫着："我饿了！好香的饭啊！妈妈真棒！"但是现在，孩子总是淡淡地回应一声："知道了。"然后磨磨蹭蹭地坐到桌子旁边，默默地吃饭。冉冉的妈妈很奇怪，反省了一下自己的行为，但是自己什么也没做，为什么孩子会发生变化呢?

与冉冉的妈妈不同，彤彤的妈妈则是为女儿总是过于激烈的情绪烦恼。有时候孩子放学回来还开开心心的，忽然之间就可能会因为父母一句无心的话暴跳如雷。彤彤的妈妈对自己的女儿也非常不理解。

孩子在成长过程中都会经历青春期，这一时期的孩子缺乏独立思考能力、感受力和行动能力等；另一方面，初步觉醒的自我意识又会支配他们强烈的表现欲，即处处想体现自己，想通过展示自己和别人的不同来证明自己的价值。所以，这一时期的孩子总是喜欢和别人打扮得不一样，喜欢做一些引人注目、与众不同的事情，也爱说一些令人吃惊的话，希望别人能够对他们另眼相看，这就是他们想要的效果。了解到这些，相信很多家长就不难理解这一时期孩子的情绪化表现了。

但是面对情绪化的孩子，家长也不能听之任之，而是要积极做起"情绪调节专家"的工作。作为一个合格的调动情绪和调节情绪的专家，必须首先明确以下前提——想转变孩子的行为，要从孩子的情绪入手。

家长可以设身处地地想一想 ，如果自己心情不好，行为肯定也好不到哪里去，更何况十几岁的孩子！孩子心情不好时，难免会烦躁或者不服从，如果你指望他们会自己由“乌云密布”转为“阳光灿烂”就大错特错了。

我们每天的情绪不仅会受到当天经历的影响，也取决于我们的大脑和身体里面的化学反应。

肾上腺素分泌与遗传因素和环境因素相关，肾上腺素分泌过多的孩子常常会表现为行为缺乏理智，过度亢奋，一生气就跑掉，喜欢和人吵架，看上去忙碌无比实际上收效甚微。家长应该努力去营造一个有规律和规矩分明的家庭环境。如果孩子因为这种激素不平衡而出现情绪不稳定的时候，你可以平静地告诉他如何处理情绪。这会加强孩子的安全感，并且能够冷静下来思考自己的行为。其实，父母也可以利用肾上腺素做些有益的事情。最好的办法就是让孩子和时间来一次赛跑。比如让孩子收拾房间的时候这样说：“让我们试一试能不能在5分钟之内把房间打扫干净！”

皮质醇可能是另外一种不受欢迎的化学物质，它是人们承受压力并且产生紧张感时分泌的一种激素。它不仅会降低孩子的语言表达能力，还会影响人灵活处理问题的能力，人在压力之下做事常常缺少理智就是这个原因。皮质醇水平过高的孩子经常坐立不安，爱生气，防御心理很强，做事不分主次。为了让孩子们处于安静平和的状态，除了维持有规律的生活作息外，还要避免让孩子们遭受暴力和语言上的羞辱。良好的睡眠也可以减少皮质醇的产生。

多巴胺和羟色胺则是能给人带来激情和快乐的物质，这两种物质分泌不足，孩子就会做事缺乏积极性，精神疲倦，情绪低落，不爱说话，不喜欢与他人进行交流。要促进这两种物质分泌，家长要带着孩子积极参加运动，多多鼓励孩子，夸奖孩子。如果发现孩子经常处于忧郁状态，还要及时带着孩子去医院检查，因为羟色胺的缺乏极有可能引发抑郁症。

第二章
陪孩子需要懂的儿童社会心理学

个性——影响心理活动的重要因素

角度不同，心理感受就不同

有一对孪生兄弟，一个非常乐观，一个特别悲观。

有一天，父亲想要对他们进行“性格实验”。于是，他让那个乐观的孩子待在一间满是马粪的屋子里，而让悲观的孩子待在一间放满漂亮玩具的屋子里。

一个小时后，父亲走进悲观孩子的屋子里，发现他正缩在一个角落里，一把鼻涕一把眼泪地哭。父亲看着泣不成声的孩子，就问：“你怎么不玩那些玩具呢？”“玩了会坏的。”孩子哭着回答。

当父亲走进乐观孩子的屋子时，发现孩子大汗淋漓地用一把小铲子挖着马粪，把散乱的马粪收拾得干干净净。看到父亲，乐观的孩子高兴地喊：“爸爸，这里有这么多马粪，附近肯定有一匹漂亮的小马，我要帮它清理出一块干净的地方！”

故事中这对孪生兄弟为什么会有这么大的差别呢？这主要是因为他们看事情的角度不同，而这种看事情的角度在某种程度上是由气质决定的。

我们常说的气质，指的是在情绪反应、活动水平、注意力和情绪控制方面所表现出来的稳定的心理特征。迄今为止较有影响的是托马斯和切斯进行的气质研究。这项研究发现，孩子在出生后的几周就会表现出明显的个体差异。有的孩子很爱哭，有的孩子比较安静；有的孩子很容易安慰，有的孩子则需要好久才能平静下来。然而，托马斯等人也发现，气质并不是恒定不变的，父母的教育能够在相当大的程度上改变儿童的气质。

托马斯、切斯等人将幼儿的气质分为三种类型。

第一种是“容易型”。他们的饮食、睡眠习惯以及大小便都有一定的规律，喜欢探索新事物，对环境的变化很容易适应。

第二种是“困难型”。他们的活动没有规律，对新环境很难适应，遇到新奇的事物或陌生人容易退缩，心态很消极，容易表现出紧张反应，如大哭、大叫，发脾气时脸会变色。

第三种是“迟缓型”。他们的生活规律多变，遇到新事物或陌生人时往往会退缩，对新环境的适应较慢。

孩子最初表现出来的气质特点是个性发展的基础，也是个性塑造的起跑线。正是由于这种差异或特点制约了父母与孩子相互作用的方式，也制约了父母对孩子的教育方式和效果。有的孩子生下来就对人很冷淡，有的则相反。于是，那些喜欢别人拥抱、亲吻的孩子就可以从父母那里得到更多的关注，而且会促使父母对他表示更多、更亲热的行动；而气质较冷淡的孩子则容易令父母对他远离和忽视。当然，这里也要考虑父母的个性。一个性格安静的孩子可能不讨喜欢说笑的妈妈的欢心，却可能得到喜欢安静的爸爸的喜爱。

总之，孩子的个性发展是在天生气质的基础上，伴随与外界的互动进行的。这也使得孩子对世界的看法有所不同，因此世界带给他的心理感受也不同。

作为家长，要尽早了解孩子的气质特点，这样就可以给孩子提供适合的生活环境，并且更好地理解孩子在学习上、与人相处上所遭遇的困难，正确地引导孩子，使孩子能够用积极向上的心态去感受世界。

外表会影响孩子的个性吗？

因为搬家，锐锐换了一家幼儿园上学。第一天去的时候，妈妈特意为他换上新衣服，还给他拿了几块很好吃的巧克力。锐锐高高兴兴地来到了新幼儿园上学。但是妈妈下午来接锐锐回家的时候，却惊讶地发现锐锐的新衣服竟然已经被撕破，脸上还有一块淤青。锐锐一见到妈妈就“哇”地哭出声来：“妈妈，他们笑话我，说我瘦，说我矮，我不喜欢他们，我讨厌上幼儿园！”

妈妈望着小小的锐锐，想不出合适的话来安慰他。是啊，锐锐在班里一直是最瘦、最矮的孩子，妈妈经常要拜托老师多多关注一下锐锐。但是锐锐现在已经5岁了，不能总是受到特殊的保护，是该好好想个办法了。

于是妈妈先带锐锐去医院检查了身体，医生说锐锐的身体没有什么问题，只是建议锐锐多进行运动，这样才能强壮起来。

听了医生的话，妈妈给锐锐制订了详细的运动计划。半年后，锐锐比以前强壮了许多，虽然不胖，但很结实，也很精神。现在锐锐总是很自豪地跟妈妈说：“我是班上最有力气的男孩子，现在谁也不敢欺负我了，我还能保护其他小朋友呢！”

运动不仅改变了锐锐瘦弱的外形，也改变了他的个性。锐锐从前很内向，缺乏自信，很少主动参加班上的活动，现在他经常主动参加活动，而且也比以前自信多了。

外貌、体格指的是一个人的长相、身高、体重以及身体的比例。外貌与体格是影响个性的间接因素，因为外貌和体格会影响个体对自己的评价。

外貌在每个孩子的个性发展中究竟占有什么样的地位，是产生积极的影响还是消极的影响，取决于孩子所处环境中的其他人，尤其是在孩子心目中的“权威人士”对孩子外貌的看法，也取决于孩子本人的其他一些个性特征，特别是孩子的能力和理想。一个外貌出众的孩子也可能由于家庭环境欠佳、父母教育方法不当、学习成绩不好或不能正确认识自己等原因，成为一个缺乏自信、依赖性极强的人；而一个相貌不出众甚至身体有残疾的孩子，如果在家庭和集体中能得到足够的温暖与帮助，自己的能力出众，对人生有正确的看法，而且愿意为自己的梦想努力，便极有可能在未来取得非凡的成就。

事实上，虽然体貌特征对个性会产生一定影响，但是社会因素才是对个性的发展起决定性作用的因素。所以父母应该在尽量让孩子拥有健康的体格之外，更多地关注孩子的内心，同时注意让孩子不要养成以貌取人的坏习惯。

孩子能禁得住糖果的诱惑吗？

幼儿园里，小朋友们正在观看一部动画片，其中的故事引起了小朋友们的热烈讨论。

森林里正在举行一场别开生面的运动会——“看谁能坚持到底”。比赛规定每个运动员必须带上自己最喜欢吃的东西跑完1000米，中途不能偷吃。小羊、小猫和小白兔报名参加了这项比赛。

起跑线上，小羊的脖子上戴着青青的草环，小猫的脖子上挂着一串小鱼，小白兔则拿着一根新鲜的胡萝卜。发令枪一响，运动员们像离弦的箭一样冲了出去，谁也不甘落后。跑到一半，小猫忍不住吃了一条小鱼，“味道太美了！”但它没敢吃第二条，然后一路跑到了终点。小白兔看着自己手里的胡萝卜，也很想咬一口，可是比赛规定不到终点时不能吃，于是就把胡萝卜放进了口袋里，让自己看不到胡萝卜，然后继续往前跑。小羊虽然落后于小猫和小白兔，但是小羊忍住没有碰一下青草，坚持跑到了终点。这一切都被裁判看在眼里，最后裁判把冠军给了小羊。

小朋友们讨论的时候认为裁判不公平，因为小白兔比小羊先到终点，而且很聪明，藏起了胡萝卜没有吃；有的小朋友则坚持认为裁判是对的，因为只有小羊没有碰青草坚持跑到了终点。你认为究竟谁应该得到冠军呢?

心理学家米歇尔在20世纪60年代曾经对斯坦福大学附属幼儿园的孩子做过类似的实验。实验人员在孩子们面前摆上糖果，告诉他们可以马上就吃，但是如果坚持到20分钟之后实验人员回来还没有吃的，就可以得到两块糖果。有些孩子抵制不住诱惑，实验人员一走就把糖吃了；有些孩子决心熬过那漫长的20分钟。为了抵制诱惑，孩子们有的闭上双眼，有的把头埋在胳膊里休息，有的喃喃自语，有的唱歌，有的干脆努力睡觉。凭着这些简单的技巧，这些小家伙战胜了自我，最终得到了两块糖的双倍回报。

这个实验表明，儿童抗拒诱惑和延迟满足的能力并不像人们想象的那样——要等孩子上学懂事之后才能形成。这种能力在幼儿时期就已经有所发展，只不过此时儿童更容易受到外界各种因素的干扰。

米歇尔从这些孩子4岁时开始对他们进行跟踪研究，一直坚持到他们高中毕业。在12～14岁时，这些孩子进入青春期，他们在情感和社交方面的差异已经非常明显。那些在4岁时就能够为得到双倍回报抵制诱惑的孩子长大后有着更强的社会竞争力、更高的效率和更强的自信心，能较好地应付生活中的挫折、压力，他们不会轻易崩溃、手足无措或者惶恐不安。面对困难，他们勇敢地迎接挑战，有自信心，独立性强，办事可靠，能够得到普遍的信任。

这项研究表明，那些能够为获得更多的糖果而等得更久的孩子要比那些缺乏耐心的孩子更容易获得成功。由此可见，培养孩子“延迟满足”的能力对培养孩子的良好性格是非常重要的。那么父母要如何培养孩子的“延迟满足”能力呢？“延迟满足”不是单纯地让孩子学会等待，也不是一味地压制他们的欲望，更不是让孩子“只经历风雨而不见彩虹”，培养这项能力的关键就在于要帮助孩子形成控制、调节自己的情绪和行为的能力。说到底，就是一种克服当前的困难而力求获得长远利益的能力。

培养孩子这种能力的方法多种多样，但是针对不同年龄段的孩子应该有不同的侧重点。

对于1~3岁的孩子，父母可以通过跟孩子做游戏的方式来培养孩子“延迟满足”的能力。在孩子想吃某种喜爱的糖果之前，先和孩子共同完成一个游戏，如果成绩“达标”，就奖励孩子糖果。“延迟”的时间可以逐渐加长，告诉孩子：“刚才你已经吃过一颗糖了，另一颗糖要等晚上吃完晚饭才能吃。”这样让孩子学会适当地控制自己“渴望”与“失望”的情绪，并让孩子逐渐认识到“任何东西都不是想要就能立刻得到的”。

4～5岁的孩子已经有了许多自己喜欢的活动，父母可以利用这一点来培养孩子的“延迟满足”能力。如果孩子想去游乐园，父母可以说：“这个星期爸爸妈妈太忙了，我们下周末再去游乐园好吗？”孩子如果参加了舞蹈班，就应该告诉他们：“每次都要认认真真地跟老师学，儿童节演出的时候你才能表演给其他小朋友看。”对于参加棋类活动的孩子，可以告诉他们：“不要着急，一着一着地下，只要坚持到最后你就是最棒的。”

总而言之，孩子的“延迟满足”能力事实上是“自我控制”能力的一种体现。这种能力的获得，绝不是一朝一夕之功。是否要延迟，延迟多长时间，都不是关键所在，最关键的是父母要帮助孩子形成一种认识并最终成为习惯：任何愿望都必须通过自己的不断努力来实现。

要尽量保护孩子的自尊心

李珊是一位美术老师，主要教小学一年级的学生。一天，她给孩子们讲完画画的技巧之后就让他们自己画。快要下课的时候，她发现甜甜的画纸上什么都没有，于是就问：“甜甜，你怎么什么都没画呢？”

甜甜噘着小嘴说：“我不想画。”

“能告诉老师原因吗？”

“老师，我可以告诉您，但是您不要告诉我妈妈好吗？”

“好。”

“上次我在家画画，妈妈说我画得乱七八糟的，什么都不像，所以我现在不想画了。”

甜甜的话让李珊的心情有些不安，因为她以前也曾使用过类似的语言。她没想到那样一句无心的话竟然会伤害孩子的自尊心，挫伤孩子的自信心。

课后，李珊找甜甜谈了心，并指导她完成了一幅画。再次上美术课的时候，李珊向全班同学展示了甜甜的作品，还表扬了甜甜。

从那之后，李珊发现甜甜对自己有了坚定的信心，绘画技能也有了明显提高，各方面都有所发展。

有高度自尊心的儿童性格活泼，智力发展状况也会比较好，他们更善于表达自己的思想，讨论问题时能主动发言，对周围的事物感兴趣，喜欢探索，富于创造力，对自己从事的活动充满自信。这样的儿童身体也相对健康，较少生病。而缺乏自尊心的儿童，多半情绪低沉，害怕参加集体活动，认为没有人爱他们、关心他们，也不愿表达自己的思想。

英国作家毛姆说过："自尊心是一种美德，是使一个人不断向上发展的一种原动力。"自尊心是人对自己的态度，是要求自己受到别人的尊重，不允许别人歧视、侮辱的一种积极情感。自尊是健康人格发展的必备要素之一，它对人的认知、动机、情感及社会行为均有重要影响。所以保护自尊心对孩子心理的正常发展以及身心的健康成长都是至关重要的。

要保护好孩子的自尊心，家长要经常从正面表扬、鼓励，努力帮助他们解除心理障碍。

作为家长，营造和谐、愉快、宽松、安全的家庭氛围对孩子来说是至关重要的。父母一定要多给孩子关心和鼓励，并培养孩子独立自主的习惯。尊重他们的爱好兴趣，正确对待孩子的学习成绩，尽量使孩子的生活丰富多彩，容许孩子有不同的观点与见解。如果孩子长期生活在相互尊重的环境中，就更容易建立自尊心。

另外，要尽量为孩子创造成功的情境和体验。成功的体验是儿童获得积极自我评价的基础，是自尊心形成的关键。家长可以给儿童确立一个适当的标准，让孩子通过达到这一标准来获得成功的体验。但要注意不能主观地把标准定得过高，而是要从儿童自身的能力和特点出发，否则孩子屡遭失败，自尊心就会受到伤害。在孩子达到要求之后，要给予孩子积极的评价，使其体会到成就感。

不过，虽然自尊心对一个孩子来说是很重要的，但是如果自尊心过强反而会变成缺点。有心理学家曾经做过一个非常形象的比喻："一个没有气的气球毫无价值，然而气充得太满则容易胀破；只有气充得不多也不少，才会兼具观赏性与安全性。"

那么对于那些自尊心过强的孩子，父母应该怎么办呢？

首先，家长应该帮助孩子培养适当的抗挫折能力，要让孩子明白，人生的挫折就像自然界的风雨一样不可避免。其次，在孩子遭遇挫折的时候，家长要帮助孩子对失败的原因进行分析。失败通常有三种原因：一是孩子本身努力不够，二是超出了孩子的能力范围，三是客观因素影响。如果是第一种原因就要激发孩子的斗志，让孩子继续努力，增强信心，如果是后两种原因应引导孩子正确对待，不要自暴自弃、怨天尤人，今天做不到，以后通过努力总能做到。

道德，孩子价值观的根基

孩子为什么爱告状？

午饭时，孩子们都吃得津津有味，教室里只有吃饭的声音。这时贝贝指着阳阳对老师说：“老师，阳阳把青菜扔了一桌子！”这时候所有小朋友的目光都集中在阳阳身上。“是呀，阳阳把青菜都扔了！”“老师说过要珍惜粮食的。”小朋友们你一言我一语，都显得很激动。老师看到阳阳面前一片的青菜和一群叽叽喳喳的孩子，温和地说道：“好了，阳阳以后不要再扔青菜了。其他小朋友也不要再说话了，快吃饭吧。”孩子们这才把目光从阳阳身上移开，不再说话。

涛涛从家里带来了一把玩具手枪，男孩子个个都爱不释手。小伟一早来到幼儿园就玩个不停，小宇也很想玩，就一直在旁边等着，还不时说上一句：“让我玩一会儿吧！”可是小伟总是说：“不行，我还没玩好呢！”小宇听了只好跑到老师跟前告状：“老师，他都玩了那么长时间了，还不让我玩！”老师摸摸小宇的头说：“你再跟小伟商量一下，要不你就先选一样别的玩具吧！”

孩子们正拿着自己的小杯子排队接水喝。航航忽然伸手推了推前面的小仪，想抢到前面去。小仪扭头瞪了他一眼以示抗议，但航航还是伸手推她。“老师，他推我！”小仪委屈地说。老师正在教喝完水的小朋友摆放杯子，听到小仪的话，她转过身轻轻安慰了小仪一下，然后严厉地看了一眼航航，航航马上排好了队。

在幼儿园里，几乎每时每刻都会有孩子告状，这是幼儿日常活动中最常见的行为之一。其实，孩子爱告状很大程度上是由于年龄的关系，因为他们的道德认知还处在一个比较初级的阶段，道德观念也不完善。对于是非、好坏、善恶的理解比较单一。“好”就是和我一块儿玩，“坏”就是把玩具借给别人而没有借给我……孩子就是这样根据直接的利害来看待好坏、判断是非的，他们不可能像大人那样从本质上去理解道德的含义。

不同年龄的孩子，对道德的认知是不同的，所以父母应该根据孩子的不同年龄采取不同的方式来培养道德感。

3 ~ 4 岁的孩子道德感体验不深，他们的道德判断容易受到成人的暗示，只要大人说是好的，或他自己觉得有兴趣的，就认为是好的；反之，就是坏的。同时，他们判断某个行为的好坏，只关注结果，而看不到行为的动机。比如妈妈告诉一个 3 岁的孩子“要和小朋友友好相处”时，他会点点头；但当他和小朋友抢玩具时，并不会意识到这有什么不对。如果 4 岁的孩子看到有小朋友试着修理班里的坏玩具，却没有修好，他也会认为这个小朋友不好。这时候父母要做的是用自己良好的行为规范为孩子树立榜样，培养孩子建立良好的道德观念。

5 ~ 6岁的孩子已经掌握了生活中的一些道德标准，并且开始注意别人对自己行为的关注，同时，他也开始关心其他人的行为是否符合道德标准。比如一个5岁的孩子想玩小伙伴的玩具，他会友好地和小伙伴商量，如果此时父母表扬他懂礼貌，他就会非常高兴。以后，他也会用这种商量的方式来处理类似的事情。如果遇上别的孩子抢玩具，他还会出于正义感而向家长或老师求助。

7 ~ 8岁的孩子道德感已经趋于复杂化和稳定化，对好坏对错，他们已经有了比较稳定的认识。同时，他们会开始关注某个行为的动机，而不是只看结果。例如当一个7岁的孩子还是看到同学试着修理班里的坏玩具，但是没有修好，他会明白同学修玩具是出于好心，会认为这个同学并没有错。这个年龄段孩子的道德标准基本上开始稳定，如果他对某些事物有不同的看法，父母可以用讲道理的方法来说服他。

出于同情的奖励伤害更大

今天，幼儿园的游戏区里摆满了新积木。中班孩子的任务是搭建一座大桥。了解任务后，他们首先兴致勃勃地讨论了前一天刚刚参观过的大桥，然后，孩子们就脱了鞋子坐在地毯上，开始用各种颜色的积木安安静静地搭建心中的大桥了。

时间在孩子们的游戏中流逝，很快就到了游戏结束的时候，孩子们争先恐后地展示着自己的成果：有的大桥线条流畅，有的气势磅礴，有的色彩和谐，但也有些大桥摇摇欲坠，还有的仍在“建设”中。

每个完成任务的孩子都得到了一颗糖作为奖励。其中一个没有完成任务的孩子也得到了一颗糖作为鼓励。接下来是户外活动，大部分孩子都拿着糖兴高采烈地跑到门外去参加活动。只有那个没完成任务的孩子迟迟没有出门，手里紧紧攥着那颗糖，看上去十分伤心……

尽管拿到了糖，但那个孩子却显得很伤心，这说明，此时孩子已经有了羞愧心理。羞愧心理不是天生的，而是随着年龄的增长，孩子的羞愧感也在随着个性和道德的发展而发展。

苏联心理学家库尔奇茨卡娅曾经设计了一个实验来研究孩子的羞愧感。她比较了孩子在不同情况下的表现，发现3岁的孩子已经出现了羞愧感的萌芽，但是这种羞愧感还没有从惧怕中“独立”出来，它往往与难为情、胆怯交织在一起。最开始的羞愧感并不是由于认识到自己的过失而产生的，而是由于成人直接刺激——带有责备和生气的口吻才产生的。这个年龄段的孩子，羞愧感全部显露在外面。比如当孩子背儿歌忘词，老师羞他的时候，他会脸红，然后不好意思地跑到自己的座位上坐下。

稍稍长大一些的学龄期儿童已不需要成人的刺激，他能为自己的行为不对感到羞愧，而且他们已经能将惧怕感与羞愧感区分开。研究还发现，小班和中班的孩子只有在成人面前才会感到羞愧；大班孩子在同伴面前，特别是在本班同伴面前也会感到羞愧，这表明对孩子来说集体舆论已经越来越重要。

随着年龄的增长，孩子羞愧感的范围在不断扩大，而且越来越“社会化”，但羞愧感表现在外部的范围在缩小，对羞愧感的心理体验在加深。孩子还会记住产生这种情绪的条件，以后遇到类似的情况就会努力克制可能使自己再做错事的行为和动机，将成人的要求逐渐变为自己对自己的要求。

库尔奇茨卡娅还认为，羞愧感的产生意味着孩子的个性正在发生变化。当羞愧感成为个性中一种稳定的品质时，它就会改变孩子的个性结构。道德情感的发展是一个从外部行为控制向内部控制转移并不断内化的过程。有了这种羞愧感，就有可能使孩子自觉地克制不良行为。

但是家长们要注意，对待孩子的不当行为，应该采取正向引导的态度和方式，不能过多地指责，否则，由于过多责骂而引起的极度强烈的羞愧感可能会束缚儿童的发展，并使孩子形成不良个性。

孩子的暴力行为从何而来？

1996年5月18日，辽宁省沈阳市某中学的考场上，一名男生用事先准备好的刀子刺伤两名同学后，扔下刀逃走了。

2001年12月，山西省襄汾县的古城中学发生一起初中生伤人事件。这所中学的陈某因与同学发生矛盾，用稀释硫酸制造了一起致使20人受伤、13人被毁容的惨剧。

2002 年 1 月 3 日，陕西省铜川市 15 岁的初中生余某与一四川打工者一起，向同班同学李某勒索钱财后，又劫持李某对李某父母进行敲诈。

2004 年 5 月 28 日，江苏省泗洪县某中学高二男生陈某因不堪同学欺侮，在校园内用匕首刺伤多名学生，其中一名学生被刺中心脏死亡。

2004 年 2 月 23 日，云南省昆明市云南大学 2000 级学生马加爵残忍地用钝器将 4 名同学杀死后逃跑。

2011 年 12 月 5 日，湖南省宁远县八中校园发生了暴力事件。学生们正在吃午饭时，该校学生乐某叫来 6 名社会上不明身份的成年男子，对同校同学周某一阵拳打脚踢，要求其下跪求饶。

现代社会的青少年犯罪案件情节越来越恶劣，而很多研究社会问题的专家把批评的矛头指向了暴力影片。

大量的研究表明，如果孩子看到他人的违规行为受到斥责，他们就可能避免犯类似的错误；反过来，如果孩子看到他人的反社会行为受到了赞赏，就有可能去尝试这种行为。在这两种情况下，孩子本人没有行动，也没有受到直接的惩罚和强化，但“榜样”所受到的对待方式会影响孩子的道德意识，这就是“替代强化”的表现。

美国心理学家班杜拉曾做过一个经典实验，研究儿童对攻击性行为的观察和模仿。研究的结果发现：看过有攻击性行为的录像之后，所有被试儿童都表现出了一定的攻击行为。

这就是说，儿童平时对电视、电影中的打斗情境的观察，虽然没有直接地加以模仿，但是也并没有能阻止他们的学习，而且即使是对这些反社会行为给予惩罚，也不能阻止他们对这类行为的无意识学习。

最新的研究表明，电视对孩子暴力行为的产生具有重要的影响。在孩子的生活中，看电视的时间变得越来越长。电视节目对儿童的价值判断和行为方式的形成有着很大影响。不幸的是，如今的电视节目中存在着许多暴力场面。有研究发现，受电视暴力的影响，儿童可能逐渐接受“暴力是解决问题的途径”的观念，并且会认同电视剧中角色的做法，不过孩子认同的这个角色既有可能是受害者也可能是施害者。

尽管暴力节目不是儿童产生暴力行为的唯一原因，但它对儿童的暴力行为有着重要的影响，因此，父母应该保护孩子不受电视暴力的影响。比如，注意儿童正在观看的节目，以及谁与他们一起观看。避免让孩子观看暴力性很强的节目，在暴力镜头出现时换频道或关掉电视机，向孩子解释这样的行为错在什么地方。在孩子面前表示对暴力场景的不赞同和厌恶，强调这样一种观念：暴力行为并不是解决问题的好方法。

孩子能管住自己吗？

东东是一个很聪明的孩子，就是缺乏耐心，上课不专心。晚上回家，妈妈给他辅导功课的时候，他不是要吃东西就是要喝水，刚坐下没两分钟，又吵着要上厕所，来来回回地折腾。

本来半个小时就能做完的作业，他非得花上两个钟头。东东的妈妈为此头疼不已，她实在不明白为什么东东就是不能集中精力专心学习。

东东的例子比较典型，在小学低年级的孩子身上经常看到的好动、注意力不集中、自控力差的特点，是儿童缺乏自我控制的体现。

自我控制是指个体在无人监督的情况下，从事指向目标的单独活动或集体活动。孩子自控能力差表现多样，包括做事缺乏耐心、乱发脾气、无故招惹别人等。

自我控制能力会影响孩子的身心健康、同伴关系、社会适应能力等，要建立符合社会道德的行为模式必须学会自我控制。

自我控制能力并非与生俱来，孩子在后天的生活环境中，随着生活范围的扩大、生活经验的丰富、认知的发展和教育的影响，孩子开始逐步学习并掌握了一定的策略来控制自己的动作和情绪。孩子自我控制能力的发展主要在以下几个阶段。

（1）初步移情阶段：年龄小的幼儿心理认知还没有完全发展，这决定了他以自我为中心的心理特点，考虑事情多是站在自己的角度，很少考虑他人。但是这个阶段的孩子已经具有了初步移情能力，对别人的体会和感受具有了一定的理解能力。

（2）延迟满足阶段：孩子的自我控制能力在这个阶段的

一个重要表现就是延迟满足。孩子在遇到喜欢吃的食物又不能马上吃的时候，会控制自己的行为，忍一会儿，直到可以吃的时候再行动。

（3）有效掌握阶段：这个阶段的孩子已经掌握了一些有效的自我控制方法，对自己的行为和情绪进行调节，比如采取转移注意力、同其他人进行协商等方法。

善于自我控制的孩子又可以称为“弹性儿童”。他们有很强的灵活性，对自己的控制程度随环境变化而改变，在需要控制的时候能很好地管住自己，在不需要控制时也能完全放松自己，如同弹簧一样，既能紧，也能松。这样的儿童在学习的时候能够专心学习，在玩的时候也能尽兴地玩耍。

那么，是不是自我控制能力越强越好呢？其实并不是，自我控制也有一个适宜的度。

自我控制过度的儿童很少表达情绪，不会直接表达自己的需要，行为刻板，有很强的抑制性，做事情不分心，但是没有主见。他们平时很少惹麻烦，很容易被老师和父母忽视，容易焦虑、抑郁、不合群。

当然，更多家长烦恼的是自己的孩子学习时太容易分心，一旦想吃什么想玩什么就要马上得到，这是儿童自我控制过低的表现。这样的孩子无法延迟满足，易冲动，情绪多变，在人际交往中带有一定的攻击性。

如何才能提高孩子的自我控制能力呢？以下是一些比较常见的做法。

1. 正确评价孩子的行为

父母要及时对孩子的行为做出反应，孩子做得对时要积极表扬，孩子做得不对也要进行批评，帮助孩子建立正确的自我评价体系，如：欺负别的小朋友是不对的，主动帮助别人是高尚的行为，等等。只有正确认识和评价自己，孩子才能提高自我控制的水平。

2. 在日常生活中树立规则概念

父母可以让孩子在实际生活中去体验一些常见的规则和要求，如红灯停绿灯行等，让孩子真正理解和掌握这些规则要求，从而逐渐养成遵守规则的行为习惯，逐步提高自我控制能力。

3. 培养孩子的耐性

培养孩子的时间观念，有意识地延迟满足，让孩子学会等待，在平时要求孩子坚持做完一件事情后再去做另一件事，帮助孩子提高自我控制水平。

孩子的自我控制能力的发展是一个渐进的过程，家长要从孩子还小的时候做起，针对孩子的特点，采取有效措施，促进孩子自我控制各方面的平衡发展。

社会性发展对孩子心理的影响

妈妈离去，为什么孩子的表现如此不同？

姗姗的妈妈很苦恼，因为姗姗已经2岁了，却还是爱赖着妈妈，妈妈离开一会儿就哭闹不休，连爸爸哄都不行，更别说陌生人了，这样下去可怎么行？

晴晴也两岁，但是，晴晴跟姗姗不同，晴晴不怕生，也不依赖妈妈，似乎跟妈妈还有点合不来，妈妈在不在都漠不关心，妈妈抱她的时候她也挣扎着不让妈妈抱。

为什么姗姗和晴晴的表现截然相反呢？因为她们的依恋类型不同。

依恋是婴儿出生后形成的第一个社会关系，是婴儿寻求并企图保持与抚养者亲密的身体联系的一种姿态和信号。依恋发生的时间因人而异，也受不同的文化背景影响，但依恋发展的基本模式一致，它是随着婴儿的生理成长循序渐进增长并逐渐地复杂化的，具有一定阶段性的发展规律。

根据鲍尔比的理论，婴儿的依恋发展可分为四个阶段。

第一阶段，对人无差别反应和表现信号阶段。从出生到3个月大，这期间婴儿对所有人的反应都相同，出现社会性微笑，激发母性行为。

第二阶段，集中于熟人的有差别反应和表现信号阶段。3 个月到 6 个月大，婴儿对亲人尤其是妈妈的反应频率高于陌生人，表现出自发性喜悦之情。

第三阶段，积极维持接近阶段。6 个月到 2 岁，婴幼儿处于“陌生人焦虑”阶段，更喜欢与妈妈在一起。

第四阶段，与依恋对象建立确定关系，2 岁以后婴幼儿与妈妈或其他依恋对象已形成稳定联系，能考虑妈妈的需要，预测其行为，从而调整自己的行动。

安斯沃思在鲍尔比理论的基础上，设计了“陌生情境”实验。在实验中，安斯沃思等人将几十个 1 ~ 2 岁的幼儿放在一个陌生的环境中，让这些幼儿与各自的母亲分离，和陌生人在一起。通过观察这些幼儿的反应，将婴幼儿的依恋分为三种类型：安全型、回避型和矛盾型。

安全依恋型的婴幼儿，喜欢接近妈妈，但并不总靠在妈妈身边，也可以安心玩耍，在妈妈离开时会表现出不同程度的痛苦，妈妈回来时会积极寻求安慰，很快平静下来。对陌生人有焦虑性反应，但也有主动接近行为。

回避依恋类型的婴幼儿对妈妈采取回避态度，妈妈离开时和返回时，都没有什么反应，没有明显的陌生焦虑。

矛盾型的婴幼儿对妈妈怀有矛盾的情感。当妈妈离开时会歇斯底里地反抗，妈妈回来时又拒绝同妈妈接触，需要花费较长时间才能平静下来。对陌生人表现得消极被动，有明显的陌生焦虑。

后来，有研究者又补充了第四种依恋类型——紊乱型。这种类型的幼儿行为组织性很差，有明显的陌生焦虑，妈妈回来时表现出一系列混乱、矛盾的行为，有时会对父母表现出像对陌生人一样的谨慎。

婴幼儿的依恋使得他们以抚养者为安全基地，主动大胆地去探索周围的环境，这是孩子自信心和安全感的来源。一般来说，婴幼儿在突然离开父母时，会使其依恋感受阻，引发不安全感，产生“分离性焦虑”。幼年时经常体验到分离性焦虑又不能得到缓解的孩子，日后在情感发展方面可能会潜藏一些问题。

那么，如何缓解孩子的这种焦虑呢？一方面是要尽可能地多和孩子在一起玩耍，鼓励孩子多交朋友，在孩子和小伙伴一起玩耍的时候陪伴在侧，让他知道和小伙伴一起也是安全的。另一方面，分步骤做好分离铺垫工作，也就是说，要根据孩子的年龄和承受能力缓慢进行，不要让孩子感觉突然间“失去”了重要关系。重要的是，不能欺骗孩子，也不要偷偷离开，你可以告诉孩子你去做什么，何时回来，并且一定要按照承诺按时回来，如此经历几次之后，孩子就知道妈妈不会“远离”，从而放下心来。

“婴猴”实验带来的启示

美国著名的心理学家、行为主义心理学的创始人华生曾经这样说过：“婴儿对爱的需求首先来源于对食物的需求，满足了他对食物的需求就满足了他对爱的需求。”

但是美国心理学家哈洛对这个结论很是怀疑，于是他设计了一个独特的“婴猴”实验，这个实验最终推翻了上面的结论。

哈洛把刚刚出生的小猴子从母猴所在的笼中取出来，放到另一个装有两个人造母亲的笼子中。这两个人造母亲中，一个是用纯金属丝打造的，但是胸前有一个奶瓶，能够24小时为小猴子提供食物；另一个人造母亲是用柔软的布做的，但是胸前没有奶瓶。也就是说，这两个母亲，一个能满足小猴子对食物的需求，另一个能给小猴子带来温暖的感觉。按照华生的理论，小猴子应该经常爬到安有奶瓶的金属丝妈妈的身上才对，但是结果却恰恰相反，小猴子只是在肚子饿要吃奶的时候才爬到金属丝妈妈身上，而其余大部分时间都抱着布妈妈不肯撒手。如果在布妈妈的身上也安上奶瓶，那么小猴子就几乎不会再接触金属丝妈妈了。如果在小猴子下地玩耍的时候突然放入一个自动玩具，小猴子会吓得马上逃到布妈妈身上，但是不久它就开始观察这个玩具，然后回到这个玩具面前去试着接触它，最后会摆弄起这个玩具来。但是，对另外一只生活在只有一个金属丝母亲的笼子里的小猴子做这样的实验，研究者发现笼子里的小猴子总是极其恐惧地躲在一边，一直不敢去触碰那个玩具。

这个实验推翻了人们“有奶便是娘”的传统认知。通过这个实验我们可以知道，刚出生的小猴子对母猴的依恋主要不是有食物吃，而是有柔软、温暖的接触。人类孩子依恋母亲的怀抱也并不仅仅是为了吃奶，他更需要的是柔软而温暖的皮肤接触。孩子只有在抚养者温暖的怀抱里才能健康地成长，就像小猴子不喜欢只能提供食物的“金属妈妈”一样，孩子也不喜欢只能提供食物、金钱的“金属父母”，他们更需要的是爸爸和妈妈温暖的关爱。

后来哈洛还做了另外一组实验，他把刚出生的小猴子分为四组，一组由真正的母猴喂养，一组由金属丝妈妈喂养，一组由绒布妈妈喂养，一组单独放在一个笼子里人工喂养。每一组又分成两种情况：一种是每天几次让小猴子与其他小猴子接触玩耍，另一种是不让被试小猴子与其他小猴子接触。被试小猴子在两种情况下的小猴子长大以后，在行为和情绪方面表现出极大的差异。

由母猴喂养并与其他小猴子频繁接触的猴子成年后行为最正常，不与其他小猴子接触的猴子稍微胆小些。单独人工喂养且不与其他小猴子接触的猴子行为反常，它们孤僻、不合群、胆小、没有母性，但与其他小猴子接触的猴子则行为基本上正常，不过十分好斗，缺少母性，甚至会虐待自己的子女。另外的几组猴子所表现出来的行为介于上述两组之间。

从哈洛的实验我们可以很明显地看出，亲子依恋对孩子的心理发展有重要的影响。所以父母一定要把培养亲子依恋关系放在一个重要的位置，经常与孩子做游戏是一个很好的方式。通过全身心投入游戏和亲密的身体接触建立起来的依恋关系，可以培养孩子强烈的自我感知力、信任感及在生活中建立信任关系的能力。

爸爸妈妈可以尝试用下面的方法来建立亲子间的依恋关系。

（1）让爸爸用皱纹纸将孩子装饰起来，作为礼物送给妈妈。妈妈则假装不知道，满怀欣喜地打开，并告诉孩子："你是上天赐给我们的礼物，是我们最大的惊喜。"

（2）妈妈在孩子的手上吻三下，然后迅速地把孩子的手放进自己的手里，防止这些吻"飞"走了。

（3）与孩子相互喂食，可由妈妈扮演婴儿，孩子扮演妈妈，让孩子喂东西给她吃。

不要剥夺孩子应得的母爱

一对夫妻在事业上非常有成就，结婚生子后，两个人一起到国外去攻读博士学位。临行前，他们将孩子托付给爷爷奶奶照顾。三年之后，他们学成归来，把孩子接回了自己家。孩子刚接回来的时候还挺乖的，可没过多长时间他就开始跟爸爸妈妈较劲，不服管教。爸爸妈妈也发现孩子身上有许多坏毛病，于是他们千方百计想把孩子的这些坏毛病纠正过来。结果，父母和孩子之间的战争不断，大人烦恼、孩子生气，一家人整天都处在不愉快的氛围中。

这个家庭出现的问题，其根本原因就是孩子没有在父母的身边长大。孩子刚接回来时乖巧的样子是因为他跟父母还不熟悉，之后开始跟父母“叫板”，并提出很多无理要求，这是孩子开始在心理上依恋父母的表现。孩子从小远离父母，没有体会过和妈妈的绝对依赖关系以及在妈妈怀里的安全感，所以孩子需要补偿。

这个要求补偿的过程同时也是孩子行为退化的过程，他会突然变得不如从前，甚至越来越爱犯错误。其实，他只是在试探妈妈是不是真的爱他，会不会无条件地接受他。经过顶撞和冲突，亲子关系大多会变得更加亲密。如果孩子接回来之后一直都很乖巧，从来不知反抗或顶撞，这才是更可怕的现象。因为这样的孩子很难对父母敞开心扉，他对待父母可能会一直客客气气的，就像对待陌生人一样，那时候父母想了解孩子的内心世界，就更加困难了。

在儿童成长发育的关键时刻，他会和日夜照料他的人建立起亲密的感情，这种强烈的情感是维系亲情的纽带。而早年没有得到父母照顾的孩子并没有建立起这种感情纽带，和父母的心理距离很远，再加上生活习惯有差别，极有可能互相看不惯。由于没有感情，父母教育孩子的时候通常也不会手下留情，孩子对父母的教育也不情愿接受。时间长了，父母与孩子之间没有形成感情依恋，却产生了强烈的心理对抗，冷漠的种子也就埋下了。与父母长期分离对孩子的成长十分不利，严重者会导致儿童性格上的缺陷。因此，父母要尽量在孩子身边，使他能够健康快乐地成长。

父母一定要利用一切机会多与孩子在一起，与孩子进行感情的交流，培养孩子与父母的感情。有些父母因为工作的关系，一旦孩子不吃奶了，就送到外地交由他人抚养，等到上学时再把孩子接回来。其实，这种做法对孩子的伤害是很大的，亲子感情的疏离，会给孩子的心理带来无可挽回的伤害。

孩子从出生的头几个月起便和母亲建立了广泛而持久的联系，这相当于经历了一个敏感的社会化阶段。这种联系的目的不完全是从母亲那里获得物质报偿，更重要的是形成一种稳定的依恋关系。只有早期建立了这种牢固的依恋，孩子成年后才有和其他人建立良好人际关系的可能。

孩子有了被爱的经历，他长大后才会给予爱，才能和谐友好地与他人相处。所以为了孩子的未来，家长要尽量做到以下几点：

（1）提高做家长的责任意识，及时地应答孩子的需求。

（2）多和孩子做亲密的身体接触，婴儿抚触操就是一种很好的方法。

（3）按照孩子的需求调整自己的行为，不要把自己的意识强加给孩子。

同龄人才是孩子最好的朋友

齐齐刚上幼儿园，是个活泼调皮的孩子，可是这天妈妈发现，齐齐从幼儿园回来后一声不响的，问他也不说话，妈妈还以为齐齐生病了。好说歹说哄了半天，齐齐红着眼睛说，小朋友不喜欢他。妈妈还没问明白怎么回事呢，幼儿园老师的电话就打来了。老师说，今天班上的小朋友们做了一个小游戏，请每一位小朋友挑选出最喜欢一起玩的小朋友。选齐齐的小朋友比较少，这说明齐齐的同伴交往能力还需要培养。齐齐的妈妈有点纳闷——这么小的孩子也需要培养交往能力吗？

婴幼儿间的同伴交往是指在各种因素的作用下，婴幼儿在集体中形成的一种独立、平等、自愿、互助的友好关系。同伴交往所形成的同伴关系与同伴经验有利于促进婴幼儿身心健康发展，是婴幼儿社会性发展的一种需要，是幼儿社会化的重要途径。

婴儿早期同伴交往可划分为三个阶段：首先是以客体为中心阶段，在这个阶段婴儿的交往更多地集中在物品或玩具上，而不是别的婴儿，大部分是单方面社交行为，一个婴儿的行为很少引起另一个婴儿的反应；接着是简单交往阶段，这时婴儿之间有了直接的相互影响、接触，婴儿已能对同伴的行为做出反应，经常企图去控制另一个婴儿的行为；最后才进入互补性交往阶段，出现了更多更复杂的社交行为，婴儿彼此之间相互模仿已经较为普遍，婴儿同伴间的行为趋于互补，如你追我逃、共同进行一个游戏等，婴儿能积极地进行交往，还经常伴随有语言、情绪等反应。

影响同伴交往的主要有婴幼儿自身因素和环境因素两个方面。

婴幼儿自身因素指宝宝的认知能力、性格特征、兴趣取向等，如愿意分享、友好、外向的宝宝更受小伙伴的欢迎。

由于婴幼儿自身因素影响，使他们形成了不同类型的交往模式，大致分为以下四种：专一型、受欢迎型、攻击型、忽略型。专一型婴幼儿倾向于和固定的小伙伴玩。受欢迎型婴幼儿多半性格外向，常常乐于接受同伴的请求或共同游戏的邀请。攻击型婴幼儿性格暴躁，常见表现为喜欢骂人、打人，对别人的行为活动进行破坏。忽略型婴幼儿胆小、怯懦，不愿参加小伙伴的游戏或活动。

环境因素指成人的指导和玩具游戏等，如果成人为孩子准备适合一起玩的玩具或游戏，将有助于孩子同伴交往能力的发展。

家长可以从以下几方面入手，帮助孩子培养交往能力，促进其社会性的发展。

（1）提供良好的家庭环境。家长应该创造宽松和谐亲密的家庭关系，让孩子充分体验到爱和被爱的感觉，以积极的成长环境造就孩子健康积极的身心，这是迈向成功交往的第一步。

（2）以身作则，做孩子的榜样。家长待人接物的方式是孩子学习初步的人际交往的最直接榜样，积极的交往态度必定会对幼儿产生积极的影响，因此，家长在与邻居、亲友、同事的日常相处中要表现出尊重他人，乐于助人，体谅宽容，让孩子在耳濡目染中学会交往。

（3）创造更多的交往机会。家长可以经常让孩子把小伙伴邀请到自己家里来玩，或去别的小朋友家里做客，给孩子创造与同龄伙伴交往的机会，指导孩子进行共同游戏，或与孩子一起游戏，如老鹰抓小鸡等，在游戏中培养孩子的同伴交往能力。

生活就像游戏，让孩子在游戏中感受社会

3岁的微微经常自己做游戏。她最爱玩的游戏就是每天模仿妈妈的日常活动：买菜、做饭、梳妆打扮、电话聊天、匆匆忙忙出门去上班等，甚至会边穿衣服边拿东西，嘴巴里还会忙不迭地喊着："来不及了！来不及了！宝贝再见！要乖……要听话……"

游戏是孩子的重要活动之一。游戏是想象力和现实生活的结合，是人的社会活动的初级形式。孩子动作和语言发展后，渴望参加社会实践活动但是又缺乏相关经验和能力水平，在这种情况下，游戏就成了孩子参加社会实践的一种方式，是孩子的一种社会性活动。

孩子的游戏内容通常来自周围的现实生活，例如"过家家""开汽车"等，都是现实生活的反映，都是以孩子有过的经历为素材的。但是，孩子的游戏不是原原本本地照搬生活，而是孩子根据自己对生活的理解，加入自己对生活的愿望，将内容进行重新组合后的创造性活动。

游戏在孩子社会能力的发展中起着十分重要的作用，孩子可以在游戏中按照自己的意愿去扮演任何角色，并从中体会到各种思想和情感。孩子还可以通过游戏学会如何在集体

里发挥自己的作用，如何与别的孩子合作得更好。另外游戏在发展孩子的自我控制、活动方式以及改造孩子的问题行为方面也起着重要作用。

如果想让孩子有更丰富的情感体验，家长应该抽出更多的时间来陪孩子一起玩游戏。家长可以在家中设置一些特殊的“游戏角落”。孩子的玩具不需要多么精巧、多么高级，家里的很多东西都可以“变废为宝”，大纸箱、旧布、坏掉的门把手等都可以变成孩子的宝贝。纸箱可以变成郊外的小房子，旧布变成云彩或者巫婆的斗篷，门把手可以变喇叭、做假鼻子……在玩的过程中，孩子不但动手能力可以得到提高，对感情的理解也会更加深刻丰富。

很多家长都知道游戏对孩子的好处，所以她们总是带着孩子到户外去与其他小朋友一起玩耍。虽然户外活动对孩子来说是必不可少的，但是面对大自然，很多孩子并不感到亲切，这是怎么回事呢?

小波特别爱在家里玩玩具，因为玩得专心，有时连妈妈叫他都听不见。妈妈想让小波到外面和小朋友们一起玩，可是发现小波好像更迷恋玩具。每当妈妈让他外出时，小波总是表现出有些不情愿。妈妈很不理解，小波这是怎么了?

其实，孩子的游戏没有大人那么强的目的性，他们关注的只是玩的过程，能够体验快乐情绪对他们来说就足够了。对

4 ~ 5岁的孩子来说，玩具依然是假想伙伴，过了特定的阶段，他就会跨过以独自玩耍为主的阶段。

家长们经常可以看到孩子一边自言自语，一边摆放玩具，或者指挥打仗，或者和小动物对话。在这样的游戏中，他是在“演练”将来如何与人交往。在家玩玩具或外出找小伙伴玩，无论孩子选择哪种游戏方式，家长都应该支持，不要勉为其难。

第三章
揭开孩子行为背后的心理真相

小孩子的“怪癖好”

孩子为什么爱扔玩具？

宋梅家的孩子9个月了，最近开始了一个新游戏——扔玩具，见什么扔什么，而且越扔越开心。只要东西拿到手上，他常常不遗余力地扔出去。宋梅以为是孩子不小心把玩具掉在地上的，于是就弯腰去把玩具给他捡起来，但是每次刚把玩具还给孩子，他又会用尽力气扔出去。这样反反复复好多次，宋梅这才发现原来是孩子在故意扔东西，于是就不再理他了。可是看到孩子眼泪汪汪地依旧用手指着地上的东西，宋梅只好又一次次地去把玩具捡起来给他。

很多9 ~ 10个月的孩子都会出现扔东西的情况，家长们总是苦不堪言。其实孩子喜欢扔东西并不是他存心捣乱，而是由这个时期孩子的年龄特点决定的，这是一件好事，因为扔东西代表孩子长大了，他开始了对世界的探索。

儿童心理学家认为，“扔东西”是孩子学习过程中的必经阶段。到了一定的年龄，孩子就会对事物的因果联系非常感兴趣。比如偶然把球扔出去的时候，孩子发现球是滚动的。开始他并不知道是自己的动作引起了球的滚动，但是经过多次的“偶然”，孩子就发现了“必然”，发现是自己扔球的动作引起球滚动的效果。这让孩子意识到自己具有某种力量，并且发现自己和其他物体之间存在着某种关系。同时，在扔东西的过程中，孩子还意识到了自己与动作对象之间存在区别，这是自我意识发展的第一步。而孩子在扔了东西后，东西总会掉在地上，并且不同的东西会发出不同的声音或者产生不同的改变，这对孩子来说是很新鲜的体验，于是就有了对世界最初的探索。

此外，孩子总是反复地扔东西，也可能是想向大人显示自己的力量，渴望得到大人的表扬。刚出生的时候，孩子的手部动作还不灵活，没法拿住东西。但是随着个体的发展，他发现自己不仅能够拿东西，还可以把东西扔出去了。这让他异常兴奋，认为自己又学会了一项大本领，所以经常非常高兴地进行多次重复，同时也希望引起爸爸妈妈的注意，给予他表扬。

当然并不是每次扔东西都是孩子在探索和发现新世界或者显示自己的力量，有时候他们是想向大人传达某些信息。比如当孩子把自己手边的东西扔在地上的时候，他可能是因为发现自己长时间没人关注，于是想吸引家人过来和他一起玩；如果他把盖在身上的被子扔在地上，很有可能是告诉爸爸妈妈他热了，父母要细心留意孩子的需求。而在这种扔东西的过程中，孩子和父母之间就建立了互动关系，这也为孩子最初的社交活动拉开了序幕。

为了孩子的健康成长，爸爸妈妈应该充分理解孩子“扔”的欲望，为孩子提供扔东西的环境。

当然，当孩子把大人的贵重物品丢出去的时候，也千万不要发火，因为孩子不像大人那样有“爱惜物品”“不把东西弄坏”的意识。所以，为了防止孩子造成不必要的损失，父母最好把贵重物品或者易碎物等有危险的物品保管好，放在孩子拿不到的地方，然后可以让孩子玩一些比较安全的玩具，比如摇铃、小球等。

但是凡事都有一个限度，在孩子扔东西的时候，父母可以制定一些必要的规矩。例如可以告诉孩子球可以扔着做游戏，但食物就不能扔在地上。如果你不能花许多时间为孩子捡东西，那么可以让他坐在铺有垫子的地板上，自己去玩扔玩具的游戏。当孩子自己爬过去或走过去把玩具拾起来的时候，要及时给孩子鼓励，这样可以避免孩子养成“丢”东西的坏习惯。

孩子喜欢扔东西，父母不必烦心，这只是一个很短暂的阶段。当孩子学会正确地玩玩具和使用工具后，他的兴趣会逐渐转移到更有趣的活动上，扔东西的现象会自然消失。但是如果孩子过了2岁，仍然喜欢随意扔东西，那么就应该纠正孩子这个习惯了。

孩子为什么总是说“不”？

妈妈带着刚满3岁的女儿丫丫和她的表哥去踏青，路上，妈妈说：“丫丫，让哥哥拉着你的手走，这样不会摔倒。”丫丫想都没想就很坚决地吐出了一个字：“不！”

妈妈听了，就继续劝道：“哥哥拉着你会很安全的！”丫丫还是倔强地说：“就不！我就不！”于是妈妈就让丫丫表哥主动去牵丫丫的手，这下可把丫丫气坏了，竟然大哭起来，不仅把哥哥的手甩开了，还一屁股坐在地上不走了……丫丫妈妈感到很奇怪：“女儿最近怎么总是这样反常呢，这么犟，情绪也很暴躁，以前那个温顺可爱的女儿去哪里了呢？”

正常情况下，一周岁左右的孩子就已经可以步行甚至小跑，他们发现自己即使没有妈妈的帮助，也可以去自己想去的地方。与此同时，孩子也开始对各种新鲜事物产生兴趣，思维也逐渐形成，并且开始试着表达自己的意见。

2岁左右，运动能力、思维方式以及语言能力的发展让孩子学会表达自己的想法和主张。这时候的孩子，任何事情都希望亲自去做，很讨厌大人的帮助，比如洗脸的时候会拨开妈妈的手；还不会用筷子，却偏偏要自己拿筷子吃饭，如果帮他纠正拿筷子的方法，他还显得很不耐烦，会大发脾气。

家长总是发现原本乖巧可爱的孩子怎么好像突然变了一个人一样，无论家长要求他做什么，他都是一样的回答“不！”，很多家长为此烦恼不已，甚至还有可能对孩子大打出手。

其实当孩子说出“不”的瞬间，家长就应该意识到自己的孩子长大了。能够说出“不”说明孩子正在形成自我意识，从此开始逐渐独立，不再任何事情都依靠家长了。“不”可以说是孩子向成人发出的独立宣言。

面对孩子的独立，家长应该高兴并且支持。当孩子开始说“不”并且一切都要自己去尝试的时候，家长一定不要批评孩子的失误，更不能对孩子冷嘲热讽。比如当孩子拨开大人的手一定要自己吃饭，最后却打翻了饭碗时，家长千万不要训斥：“非要自己吃，打翻了吧？”这是对孩子独立要求的否定，会延缓孩子自我意识的形成。如果家长不顾孩子的想法，总是用命令的态度来对待孩子，会让孩子感到耻辱，还会磨灭他想独立完成某一事情的意识，最后的结果只能是父母自己吃苦头。因为如果孩子小时候不能表达自己的主见，到了容易产生困惑的青春期甚至成年后，他可能会因为情绪不能自控而出现更大的问题。

当孩子自我意识刚刚形成的时候，很可能会提出很多无理的要求，这个时候家长要怎么办呢？难道就听之任之？当然不是，这就需要家长开动脑筋去引导孩子养成好习惯了。比如，当孩子自己不会穿衣服，帮他穿上后他又偏偏哭着要脱下来坚持要自己穿的时候，家长不要责怪孩子制造麻烦，而是要表扬他能够自己试着做事情；家长也可以不跟孩子表明自己的目的，只把孩子放在特定的环境里。比如孩子应该睡觉的时候，家长可以直接把孩子抱到床上，这样就可以减少被孩子拒绝的机会。如果孩子仍然大喊："我不睡觉。"家长可以说："你可以先在床上玩一会儿。"其实父母如果意识到孩子的反抗是长大的体现，每天都为孩子的成长而感到高兴，这样不论抚养的过程多么艰难，父母也不会感到累，反而会体验到看着孩子成长的乐趣。

"人来疯"宝宝心里在想啥？

"小麻雀"是爸爸送给女儿的昵称。这个孩子从小就活泼好动，今年她已经4岁了，虽然依然是个小淘气，但是也能坐下来安安静静地玩玩具或者看书。爸爸经常觉得女儿长大了，开始懂事了，非常开心。可是，每次带女儿去亲戚家，或者参加婚宴，又或者家里来了客人的时候，小家伙就会马上恢复"小麻雀"的本性，变得特别兴奋，欢呼雀跃，大喊大叫。一会儿打开电视，把音量开到最大；一会儿上蹿下跳，模仿动物的叫声；一会儿又把洋娃娃抱出来，在客人面前玩过家家……如果爸爸妈妈制止她这种行为，她反而会闹得更厉害。

相信很多家长都遇到过这种尴尬的场面，甚至平时乖巧、礼貌的孩子也不例外，一旦有客人来了就无理取闹、撒野，弄得父母很难堪，不知如何是好。为什么孩子会出现这种"人来疯"现象呢？

儿童心理学家认为，家长的过度溺爱或者过严管束都有可能造成孩子的"人来疯"现象。我们知道，现在的孩子大多数是“独生子女”，如果平时全家围着孩子转，无限制地满足孩子的一切要求，就会导致孩子“自我为中心”的意识特别强。孩子在心里觉得自己的地位“至高无上”，而且已经习惯了这种待遇。但是，在家里来了客人时，父母关注的焦点发生了转移，把主要精力放在招待客人身上了，对孩子的行为和心理状态没有平常那么敏感，孩子会感觉到自己一下子从“宝座”上摔了下来，心理落差很大，所以要通过任性、不听话等方法来引起父母、客人的关注，这实际上是在提醒父母：“还有我呢，不要把我忘记了。”

过度严厉的管束也会引起孩子的“人来疯”现象，如果平时家长不让孩子与外界接触，孩子就像笼中的小鸟，被抑制了爱玩的天性。一旦家中来了客人，而且客人还夸奖孩子活泼，这时候家长又很宽容，不好意思当着客人的面训斥孩子，孩子就会敏感地察觉到这种变化，利用这个机会来解放自己。

另外，父母要反思家庭气氛是不是过于沉闷，日复一日，平淡单调，所以有人来做客打破往日的平静，才会给孩子带来强烈的刺激，使孩子发“人来疯”。

那么，面对孩子的“人来疯”，父母应该怎么做呢?

首先，父母应该改善家庭教育方法，平时要多给孩子机会与外界接触，多与人交往，以减少来客人时的新鲜感。家里有客人来时，让孩子与客人正常接触，学会问好和招待，使孩子懂得待客之道。同时还要注意把孩子介绍给客人，不要使孩子感觉到受冷落，大人们交谈的时候，如果不需孩子回避，就尽量让他参加；如果需要孩子回避，也不要把孩子单独支到一边，可以由父母中的一个人去陪他。

其次，当孩子发生“人来疯”的行为时，家长不要急于呵斥制止，因为直接的说教可能会使孩子产生逆反心理。为了改正孩子的“人来疯”情况，家长应该试着和孩子玩在一起，等孩子放松下来，再有针对性地慢慢沟通和解决问题，而不要只是一味强硬地要求孩子改正。

再次，在批评孩子的行为的时候，也要注意方法。如果孩子还小，家长应该让孩子清楚自己错在什么地方。要对孩子讲清楚，这种行为是对客人的不礼貌，大家都不喜欢。但是最好不要采取过激的态度，因为那样不仅会让客人尴尬，孩子也听不进去。如果孩子比较大了，最好不要当着客人的面教训他，因为这时候的孩子自尊心很强，如果当着别人的面批评他，会让他觉得很难为情。

最后，家长也可以利用孩子的“人来疯”，引导孩子在客人面前展示自己的优点和其他特长，孩子在客人面前的表现往往比平时好。

偷东西的孩子就是贼吗？

小童今年5岁，聪明伶俐，是个帅气的小男生。这天下午放学后，妈妈把他从幼儿园接回家，就去厨房准备晚饭了。客厅里放着轻柔的音乐，一向顽皮的小童，今天竟然也安安静静地在屋子里看起了画册。

妈妈从厨房里探出头来：“小童今天好乖哦。”小童拿起画册，兴冲冲地说：“妈妈，这本故事书好好看！”看到那本书，妈妈的脸沉了下来，原来，并没有人给他买过这本书。“你怎么会有这本书呢？”小童紧紧抱着那本书，喊道：“这是我的！”“瞎说，爸爸妈妈没有给你买过这本书。”“我的……是爷爷买给我的。”

爸爸回家后，妈妈把这件事情告诉了他。晚饭后，爸爸对小童说：“小童，我们去看看爷爷好不好？”小童一听，似乎明白了爸爸的意思，连忙说：“我明天还要上学呢，不想去了。”

“爷爷给你买了这么好看的书，不去谢谢爷爷多没礼貌啊！”爸爸又说。小童见事情没法再隐瞒，就羞愧地道出了事情原委：“今天下午，我看见欢欢的桌子上放着这本书，我很喜欢，就趁她不注意拿回来了。爸爸，我错了……”“这怎么得了，才5岁的孩子就学会说谎，还偷别人的东西，长大以后还不知道会怎么样呢……”妈妈指着小童怒气冲冲地说。

在这种情况下，很多父母都会担心自己的孩子有小偷小摸的倾向，其实这不过是情绪发育过程中的正常现象。著名心理学大师皮亚杰认为2～7岁儿童思维属于“前运算阶段”，是从表象思维向抽象思维过渡的阶段。处在这一阶段的孩子，往往分不清什么是“你的”“我的”“他的”，只要是自己喜欢的东西，孩子都认为可以带走，年龄越小，这种现象就越普遍。因此，我们不能把孩子的“顺手牵羊”称为“偷窃”。

但是对孩子的这种行为听之任之当然也不行。必须让孩子知道，在没有得到许可的情况下，拿走别人的物品是绝对错误的行为。妈妈必须在孩子的世界里建立“所有权”的观念——让孩子清晰地知道，什么是别人的，什么是自己的。同时也要让孩子知道，在拿别人的东西之前，需要得到对方的同意。

其实，建立所有权观念，应该从小做起。在家里，应该有明确的“所有权”概念，哪个东西是爸爸的，哪个东西是妈妈的，哪个东西是孩子的。另外，要建立孩子的所有权概念，妈妈还要学会尊重孩子的所有权。例如，当需要拿孩子拥有的物品时，要先征得孩子的同意，归还时还要对孩子表示感谢；如果有小朋友想借孩子的物品，告诉他们这个东西是孩子的，让他们去征求孩子的意见……一旦孩子感到自己的所有权得到了尊重，那么他在不知不觉中也就学会了尊重他人的所有权。

怎样剪断妈妈的“小尾巴”？

4岁的男孩天天最近经常缠着妈妈，成了一个不折不扣的“小尾巴”和“醋坛子”。天天以前都是自己睡觉，最近忽然要求妈妈和他一起睡。有一天，妈妈给他讲完故事，看他已经闭上了眼睛，便想悄悄离开，不料妈妈刚一动身，他就猛地睁开眼睛，拉住妈妈的衣服央求道：“妈妈，我想和你一起睡。”

妈妈带他去公园玩，他也不愿意离开妈妈去和其他的小朋友玩。如果勉强去和小朋友玩了，一旦看到妈妈在对某一个小朋友笑，就会马上冲过来抱着妈妈，对那个小朋友“示威”：“这是我的妈妈！”

妈妈对此非常发愁，她想：儿子这么黏人，长大之后怎么能成为一个有担当、能独立处理问题的男子汉呢？

其实，这是一种很正常的现象。因为这时候的孩子进入了情感表达的敏感期。4 ~ 5岁孩子的情感世界会被父母的爱唤醒，他对情感也产生了更加深刻的认识。所以，这个年纪的孩子特别喜欢跟妈妈和爸爸在一起，总是喜欢和父母黏在一起，感受来自父母的温暖。这就是为什么孩子会忽然变得特别依恋妈妈的原因。

此外，这时候的孩子还希望父母能够把爱都给他，不能分心，否则他就会怀疑父母是不是不再爱自己了。所以如果妈妈去忙别的事情，或者跟其他的小朋友稍微亲近些，甚至妈妈笑着跟别人说话他都会很难过，会马上跑过去阻止妈妈去做这样的事情，有的时候甚至会哭闹不止。

那么，这时候的父母应该如何满足孩子的情感需求，让孩子顺利地走过情感敏感期呢？

首先，父母要尽量满足孩子的心理需求。当孩子处在情感敏感期的时候，一般都会表现得比较“脆弱”，父母一定要理解孩子，尽量去满足他的心理需求。比如当孩子晚上要求妈妈抱着他睡觉的时候，如果妈妈同意，他的感情需要就得到了满足。其实，表面看来是孩子要求妈妈抱抱，真正的意思却是说自己想要得到妈妈更多的爱。当妈妈哄孩子睡觉时，可以一边拍着孩子一边说：“妈妈喜欢宝宝，妈妈会永远爱宝宝的！”这样孩子的心理需求就得到了满足，会很快安然入睡。

其次，父母要给孩子表达感情的自由。因为孩子的语言能力发展并不完善，但是他们又急于表达自己的情感，所以处于情感敏感期的孩子总是喜欢亲吻父母，会经常往父母的怀里钻。其实，这不仅是孩子向父母索取爱的过程，也是向父母表达爱的过程。这个时候，父母应该高兴地接受孩子的感情，配合孩子，一定不要用自己的主观意识去解读孩子的行为，或者根据自己的心情去回应孩子。

不过值得注意的是，虽然孩子对父母产生依恋是正常的而且是成长过程中的必要阶段，也为孩子将来能够成功地与他人和睦相处打下基础。但是如果上了小学，孩子还是强烈拒绝和父母以外的任何人亲近，这个时候就属于过度依恋了。

孩子为什么离不开他的“破枕头”？

2岁的小哲有一个蓝色的枕头，从小哲一出生就陪伴着她。小哲非常喜欢这个枕头，时时刻刻都离不开它，甚至有时候去奶奶家过夜也要抱着自己的“破枕头”去。现在这个枕头的枕套已经破了，而且看上去很脏，妈妈就自作主张换了一个新枕套。不料小哲发现之后大哭大闹，一定要原来的那个枕套。妈妈没有办法，只好把那个旧枕套补了一下还给了小哲。

孩子依恋枕头或者布娃娃的行为是一种典型的儿童恋物现象，父母不必害怕，因为这绝对不是个别现象，很多小孩子都会出现这样的恋物现象。这种恋物现象与孩子早期的生活是分不开的。幼儿时期的孩子会通过各种感官体验来满足探索世界的需求或者安抚自己的情绪，比如，吸奶嘴、手指是为了满足口腔吸吮的欲望：抚摸被角、毛巾、毛毯、棉布等物品是为了寻找触觉的舒适感。

一般来说，8 ~ 9个月大的孩子就会开始对柔软、触感好的东西表现出强烈的喜爱，比如衣服、毯子、玩具娃娃等。这些物品被称作“过渡期对象”，它们能给孩子带来心理安慰。在孩子的潜意识中认为“这些东西就是妈妈，妈妈是我的”。

为什么这些物品被称作“过渡期对象”呢？这是因为此时的孩子正处在离开妈妈、获得精神独立前的过渡状态，如果孩子要离开妈妈、获得独立，就必须找到能暂时代替妈妈的东西，而这些东西就是孩子们眼中的“无价之宝”，是无论什么东西都取代不了的。

孩子在困倦或者承受较大心理压力的时候，会表现得更加依恋这些物品。比如，当孩子身处让他感到害怕的环境中或者是陌生的地方，他就会通过抚摸喜爱的物品来让内心安定下来。

通常情况下，孩子在4岁左右注意点得到转移，对过渡期对象的需求也就不会那么强烈了。在孩子4岁前强行阻止恋物行为会给孩子造成压力，因此是不可取的。

如果孩子长大之后依然有恋物行为并且还出现了性格孤僻、不善交际和忧郁敏感的情况，这就要引起爸爸妈妈的注意了。因为只有当孩子与父母没有形成良好的依恋关系时，他才会对一件物品产生过度依恋。如果孩子对父母的信任感减弱，孩子的恋物行为就会变得更严重。这时候父母要去请教专业的医生，并且要为孩子准备“迁移载体”，使孩子无法对依恋物“专情”。当然，最重要的是加大对孩子的感情投入，增加与孩子的接触和互动，让孩子形成安全感。修补好出现了问题的亲子关系才是解决孩子恋物癖的根本方法。

如果孩子只是单纯地依恋某件物品，并没有出现性格上的缺陷，那么父母其实也没有必要紧张，因为那可能只是孩子形成了一种习惯而已，并不是心理问题。

比“网瘾”还可怕的“考试瘾”

东辉是海口一所重点高中高二的学生。他家离学校很近。每天放学后，匆匆吃完饭，他就钻进自己的卧室开始学习。一般情况下他都会学习到凌晨两三点，早上五六点又起床准备上学。妈妈看他这样拼命，总是劝他注意休息，但是无论怎么说都无济于事。他的爸爸还很骄傲地跟别人说：“我们家孩子太爱学习了，不让学还很生气。”

东辉的这种学习状态从初中就开始了。那时，东辉经常考全班第一名，但他对此很不满意，他一直以考全市第一为目标，对于学习丝毫不懈怠。上初三时，为了考上最好的高中，东辉更加疯狂地学习。初三本来就很紧张，所以东辉的妈妈没有太在意孩子的这一做法。但上了高中后，东辉仍然如此拼命，甚至在暑假期间，他仍然每天都发奋学习。他对自己的要求是，高一就要把高中三年的知识学完，保证自己在这所全国重点高中拿第一。他妈妈当时觉得苗头不对，想带东辉去看心理医生；但东辉的爸爸反对，他认为孩子太爱学习不是毛病，不能批评，更不容另眼看待。

但后来，东辉这个高二的孩子身体日渐瘦弱，精神过于亢奋，终于有一天承受不住，住进了医院。

由于应试教育压力极大，学生们容易对上学和考试产生消极抵触心理，这很容易理解；但像东辉一样，强迫自己超负荷学习，最终导致身心崩溃，这就属于不太正常的心态了。因为人天生就有“趋利避害”的心理机制，它包含两方面内容：人会对来自外界与自身的压力和不利因素本能性地进行反抗和逃避；人会对自己想要的东西有着本能性的向往，想占有，想获得，并且会采取一定的行动来实现它。这是一种健康的心理机制。

对东辉来说，学习的压力很大，正常的心理反应应该是逃离这种压力，而东辉却恰恰相反，主动去接近这种压力，这实际上是一种“趋害避利”的心态，是一种不健康的心理机制。东辉的这种“瘾”并不是“学习上瘾”，而是“考试上瘾”。学习上瘾的孩子，享受的是知识带来的快乐；而“考试上瘾”

的孩子所追求的，不是学习知识的快乐，而是家长、老师等外部世界的奖励和认可。

家长常常会害怕孩子染上“网瘾”，但很少有人会担心孩子有“考试瘾”，甚至有些家长还希望孩子能有“考试瘾”，认为只要孩子喜欢考试，他就会喜欢学习，就能学到更多的知识了。其实，这种“考试瘾”甚至比“网瘾”还害人。在孩子的成长过程中，如果任由这种心理机制发展下去，可能发展成偏执型人格障碍。考试成绩将成为他精神上的唯一支柱，一旦这个支柱倒塌，孩子就有可能走向精神分裂。

聪明的家长首先要懂得把孩子的成绩看淡些，不要只根据孩子的成绩好坏来奖罚孩子。如果孩子成绩好，但外部奖励太频繁，孩子内心的喜悦就会被夺走，最终孩子的学习动机也会变得不再单纯。当然孩子没有取得好成绩的时候，家长也不应该责骂，而是应该给予理解。

此外，家长要鼓励孩子多发展业余爱好，或者让孩子适当地参与家务劳动，总之不要让孩子把追求好的学习成绩当成是人生唯一的任务。

孩子总是欺负同学怎么办?

8 岁的轩轩散漫、冲动、好斗，言行极具攻击性，一年级下学期就闻名全校。他成绩门门红灯高挂，调皮捣蛋得出奇。老师见他头疼，同学见他害怕，因为他上课破坏纪律，下课欺负同学。课间的操场上，他一会儿把同学的球抢过来扔掉，一会儿把女同学正在跳的橡皮筋拉得有十来米长，一会儿又故意用肩膀去撞对面走过来的同学。如果谁说他一句，他就会拳脚相向。

孩子之所以欺负人，其实是调动了自己的心理防御机制，将自己所遭受的虐待和承受的痛苦转移到别人的身上并从这个过程中取得自己心理上的平衡。孩子往往不懂得如何恰当地运用心理机制，那些曾经受过家庭虐待、遭受父母遗弃的小孩多数会选择这种心理防御机制。他们不敢或没有机会将父母带给他们的愤怒直接返还给父母，就把这种愤怒转移到另一个对象上去了。这些“替罪羊”多为更加弱小的孩子，甚至是一些小猫、小狗等小动物。

孩子转移不安的方法通常是采取攻击性行为，也就是欺负别人。攻击性行为不单单指动手打架，它在不同的年龄阶段有不同的表现形式。幼儿园阶段主要表现为打架，是一种身体上的攻击；稍微长大一些的孩子会采用语言攻击，谩骂、诋毁，有意给对方造成心理伤害。

采取这些暴力行为的孩子，家庭可能存在不太和谐的情况。培养出暴力孩子的家庭通常也有暴力父母，孩子可能经常被父母的暴力手段惩罚，这会使孩子产生一种抵触情绪，并把这种恶劣的情绪“转嫁”到别的人身上，找别人出气；有时候父母喜欢看一些暴力电影，经常玩暴力游戏，这也会在无形中影响孩子的行为。此外，家长过度的溺爱也会使孩子成为这种惹事“小霸王”。有时候，父母看似为孩子好的一句话也会引起孩子的暴力行为。

有儿童心理专家曾经提出过这样一个观点：那些总是去欺负别的小朋友的孩子，其实在心里觉得自己是非常弱小的。的确，只有那些觉得自己非常弱小的孩子，才会通过欺负别人的方式来证明自己的强大。但是很明显，孩子的这种自我意识是非常不健康的。

那么，有哪些因素使得孩子把自己定位为弱小的人呢？总是有些家长认为，自己的批评可以使孩子变得强大，但事实却正好相反，孩子不仅没有变得强大，反而会觉得自己是不被父母接受的孩子，在这个复杂的世界中只有自己才能帮助自己，这让孩子顿时觉得自己很渺小。家长的批评还会让孩子对人际关系产生强烈的恐惧感，这种恐惧感很有可能伴随孩子一生。在人际关系恐惧感的影响下，孩子不会交朋友。但是如果孩子错过了学习如何交朋友的最佳时机，日后在社会交往中也很难有良好的表现。

为了改正孩子的攻击行为，父母应该注意以身作则，停止自己的那些攻击性言行，创造一个良好的家庭气氛；要尽量少观看有暴力情节的电影、电视，不让孩子玩有攻击性的玩具；不要鼓励孩子的攻击性行为，要引导孩子换位思考，让孩子慢慢懂得用暴力不仅无法解决问题，反而可能引发更多问题。

孩子得了“多动症”怎么办？

5 岁的明明是个很难管教的男孩。他几乎没有一刻安静的时候，总是动来动去，即使是在房间里，也总是不停地跑跑跳跳，不是撞到茶几，就是打翻杯子。他从外面回家时，腿上总是青一块紫一块，连自己都不知道是什么时候磕的。他吃饭的时候也不老实，总是扭来扭去，不能安静地吃东西。连睡觉的时候，他都在不停地动，一会儿踢开被子，一会儿把枕头弄到地上。

明明的妈妈听人说，得了多动症的孩子就是这样“屁股长钉子”，怎么也坐不住，因此她觉得孩子是患上了多动症。但是医生说，孩子只是活动量过大而已，并没有多动症。

那么，什么是多动症呢？它和活动量过大有什么区别呢？

活泼好动是儿童的天性，也是他们的可爱之处。但是日常生活中有些孩子并不是活泼好动，而是不听家长、老师的劝阻，不分时间、地点地乱动乱跑，这些儿童很可能就是患上了儿童多动症。

儿童多动症又称为注意力缺陷障碍，是一种以注意力缺陷和活动过度为特征的行为障碍，一般在学龄前出现，其中男孩发病率高于女孩。

多动症儿童的主要表现就是活动过度，经常不分场合地过多行动；但并不是只要孩子活动量大就是患了多动症，那只是多动症的一个表现而已。多动症患儿的行动往往没有目的性，做事经常有始无终。而活动量大的孩子行动是有目的性的，自己还会对行动进行计划。

注意力不集中也是多动症患儿的一个显著特点。与正常儿童相比，多动症儿童极易受外界的干扰而分散注意力，总是不停地从一个活动转向另一个活动。他们在任何场合都不能较长时间集中注意力，即使是在看动画片的时候，也不能专心去看；而那些仅仅是活动量过大的孩子，在做自己喜欢的事情时，是能够全神贯注的。

此外，情绪不稳、冲动任性，易激动、易冲动等都是多动症儿童的典型特征。由于注意力不集中，多动症儿童还常常出现学习困难的情况，但是多动症儿童的智力发育是正常的。

多动症如果得不到及时治疗，将会影响一个人生活的各个方面。到了青春期，患儿就会出现一系列问题，如逃学、反社会行为等。到成年期，虽然很多患者会发展出一套行为机制来隐藏多动症症状，但是他们依然无法避免多动症带来的影响：难以与他人融洽相处，因此社会关系紧张；很难较好地完成工作任务，因此无法维持固定的工作，导致收入低。

那么，面对患有多动症的孩子，家长应该采取什么样的方法来最大限度地减少多动症带来的影响呢?

首先家长要正视现实，给孩子更多的关心，带孩子去医院进行心理咨询和检查，听听医生的分析。如果确定孩子患有多动症，就要配合医生进行治疗。目前对多动症的治疗主要是药物治疗，但是要在医生的指导下进行，家长不能胡乱给孩子用药。

还有一系列的心理治疗方法，家长要协助孩子完成。首先是提高孩子的自我控制能力。家长可以试着给孩子一个简单的题目，让孩子在完成题目之前做好一系列的动作：先停止其他活动；然后看清题目，听清要求；最后回答问题。这种训练可以随时随地进行，比如当孩子要看书的时候，让孩子自己把书本、凳子摆好，打开台灯，完成这一系列动作之后再开始看书。需要注意的是，在进行自我控制训练时，任务要由简到繁，时间要由短到长，自我命令也要由少到多。

另外，在生活中多动症儿童的父母还要注意以下几点。

（1）要正视孩子的问题，既不逃避，也不歧视，要有耐心地进行教导。

（2）对孩子的要求要适当。不要用对正常孩子的要求来要求患有多动症的孩子，要先把他们的行动控制在一定范围内，然后再慢慢提高要求。

（3）多动症儿童的注意力本来就很难集中，因此在孩子吃饭、做作业时，父母要避免主动分散他们的注意力。

（4）多动症患儿的父母一定要明白，爱才是影响孩子治疗效果的决定性因素。父母应该全面了解孩子的病情，关心孩子、爱护孩子，这样孩子才能逐渐好转。

这些行为要在理解的基础上纠正

孩子打人有原因

王莉很苦恼地跟好朋友抱怨："我们家宝宝最近不知道怎么回事，简直成了一个'暴力分子'，他总是喜欢打我的脸，打我的头，有时候会狠狠地拽着我的头发不放手。对他奶奶也是，下手特别狠。而且他只打和他亲近的人，要是邻居哄哄他，抱抱他，他都不会动手。"

相信很多小宝宝的妈妈都会有这样的烦恼，这是为什么呢？是低龄的孩子都有"暴力倾向"吗？

关于这一点，有儿童心理学认为：

不会说话的婴幼儿打人的行为是他们表达爱的一种方式。每个孩子都能感受到家长对他的爱，可是因为孩子还没有掌握语言，也不知道怎样能更合适地表达自己的爱，所以他们只能用最简单的表达方式——打人，来向自己亲近的人传递自己的感情。

不过，这种解释仅适用于年龄很小还不会说话的婴儿，大一些的孩子如有类似行为可能出于其他原因。随着孩子年龄的增长，尤其是孩子能够自己走路和说话之后，很多家长就不再像孩子小时候那样去关注孩子的每一个动作和每一个表情了，但孩子对家长关注的需求却并没有减少，这时候孩子难免会产生失落感。如果孩子偶然因为打人被父母关注，孩子就会发现打人原来可以吸引家长注意，于是便认为只要他有打人行为，就可以成功地获得父母的关注。从此打人的行为就成了孩子吸引家长注意力的一种手段。

理解了行为的动机后，对于孩子打人的这两种情况，家长可以根据情况解决。

当年龄小的孩子用打人表达爱的时候，家长应该教会孩子用正确的方式来表达爱，比如亲吻、拥抱、握手等。

对于那些年幼的婴儿来说，他们还没有灵活地掌握语言，也不会用其他的方式来表达自己的爱。所以，在这种情况下，家长最应该做的就是教会孩子正确地表达自己的爱，而不是把全部注意力都放在孩子打人这种行为上。

孩子学会了表达爱之后，忽然又出现了打人现象，那这时候父母就要反思是不是自己给孩子的关注不够多，导致孩子为了吸引家长注意而打人。家长要注意的是，虽然孩子长大了，活动的范围也变广了，但是孩子对大人关注自己的需求并没有减少，家长不要因为孩子可以自己玩了就减少对孩子的关注。

骂人的孩子不一定是坏孩子

第一次听到孩子冷不丁地说出“我打死你”“你是猪”

等骂人的话或者其他脏话时，大多数父母想必都是心头一震，大声斥责：“你这是跟谁学来的？”“谁教你的？”这些不好的话当然不会是孩子自己想出来的，而是孩子听见别人说才跟着学会的。

孩子听到别人说的话以后会跟着学，这就是学习语言的过程。说脏话也是一样的，孩子很可能并不知道自己所说的话的意思，他们只是在重复自己刚刚学到的语言。另外，孩子学会说脏话，其实意味着他的社会关系正在逐渐扩大，已经超越了单纯的家人范围。家长们不必为了孩子说脏话而过分担心，以为孩子有什么问题，要认识到这是孩子的一个成长阶段。但并不是说家长可以允许孩子用脏话来表达想法。当孩子说脏话的时候，家长要告诉他如何正确地表达自己的思想。

孩子两岁半以后，自我意识开始萌芽。这时候，孩子会惊奇地发现，语言有一种神奇的力量：语言能让人发脾气，能让人伤心落泪……正是因为这个原因，孩子开始快乐地试验语言的力量。

由于家长对这些脏话非常敏感，当孩子使用这些语言时，家长多半会强行制止孩子，或者大发雷霆。家长的这种表现反而让孩子更加深刻地感受到了语言的力量，所以他们就更加喜欢使用这些语言。

孩子第一次说脏话，大部分情况不是为了表达生气的情绪，而是淘气。他只是发现语言具有力量之后，一边试探语言的力量，一边与身边的人玩激怒你的游戏。但是如果家长对孩子的游戏不做反应，孩子可能很快会主动放弃这个没意思的游戏。

对待2～6岁这一年龄段孩子的骂人行为，家长们没有必要对孩子发怒或者急于纠正孩子的行为，不要对孩子的这些语言过度关注，而是教他如何正确地引起别人关注，正确地表达情绪。但是如果孩子长大后并且已经明白骂人的影响之后还出现这种情况的话，家长就应该用非常严肃的语气指出孩子这样做是不对的，并且纠正这种行为。

我的孩子是个破坏王

在刘老师的心理咨询室里，坐着小亮母子俩。

小亮是一个聪明伶俐又很调皮的小家伙，讲起话来手舞足蹈，有意思极了。小家伙在咨询室里一点儿都不害怕，反而做出各种各样奇怪的表情，惹得刘老师哈哈大笑。

看着小亮的“表演”，妈妈觉得又好气又好笑，她问刘老师：“刘老师，我这孩子是不是有多动症？您看他这样子，没有一刻能安静下来。我们家里的东西几乎被他拆了个遍，现在弄得家里垃圾一大堆，简直成了废品收购站。刚开始，他只是拆拆小东西，所以，我们也没在意，心想坏了再换一个就是了。后来，这孩子就变成了见什么拆什么，前几天竟然把我的电脑主机给拆了，还把一些主要零件也弄坏了，害我花了2000多元钱才修好。为此我狠狠地揍了他一顿，原以为他会改好，可是刚安分了几天，他又开始折腾了。我们哪经得起他这么折腾啊。”听完妈妈的诉说后，刘老师给小亮做了检查，排除了小亮有多动症的可能。那么小亮为什么这么爱搞破坏呢?

有很多孩子像小亮一样，非常喜欢把家里的闹钟、收音机、电灯等拆开，想看看这些东西为什么能工作，为什么会发出声音。有一些孩子的破坏行为则表现为经常扔他人的玩具和文具，还有一些孩子喜欢在墙壁上乱涂乱画。这一切在大人们眼中都是搞破坏的行为，但是这些行为背后其实是有不同原因的，家长应该细心地去观察，不能粗暴简单地用打骂来应对孩子的破坏行为。

像小亮那样看到闹钟能走、收音机会唱歌、电脑能做许多神奇的事就想知道原理的孩子，其实是强大的求知欲在吸引着他“搞破坏”，他们对这些现象往往十分好奇，想了解其中的究竟。这些孩子中可能有些愿意与家长共同探讨，有些孩子则愿意通过自己动手去寻找答案。如果父母总是没有时间或意识和孩子一起探讨，或者指导孩子如何拆卸，那么这些行为在许多家长眼中就变成了具有极端破坏力的行为。

而那些喜欢拿别人的物品撒气的孩子，有可能是因为他认为自己遭到了不公正的对待，但是又没有人帮助他正确地处理，他内心想反抗，又不敢付诸行动，于是只能把怒气撒在别人的物品上，通过搞破坏来发泄自己心中的不满。

还有一些孩子没有得到家长足够的关爱，没有感受到家庭的温暖。在这种情况下，孩子就有可能通过破坏物品来发泄心中的怒气，同时期望以此引起家长的注意。还有一些是在溺爱中长大的孩子，长期为所欲为，也有可能习惯摔门、摔椅子、撕衣服等破坏性行为。

当发现孩子出现破坏性行为时，很多家长的第一反应是愤怒，可能不分青红皂白地对孩子一顿打骂。对孩子的这些行为，家长首先要做的应该是耐心地与孩子交流，找出孩子出现破坏行为的深层原因。

如果孩子的破坏性行为是出于好奇，家长就不应该责备孩子，以免抹杀孩子的学习兴趣。这时候，家长可以跟孩子订立一个规矩。对一些比较便宜的物品，家长可以提供参考书，让孩子有指导地独立探索；对一些较为昂贵的物品，比如电脑等，家长可以抽出时间与孩子共同研究。让孩子能够在成人的指导下进行研究，这不仅能减少物品的损坏情况，还能更好地满足孩子的好奇心，增强孩子的兴趣，而且也可以让孩子学会适当约束自己的行为。对于那些通过破坏来报复、发泄内心不满的孩子，家长可以与孩子共同商讨解决问题的可行途径，使孩子明白破坏他人物品的报复行为并不是解决问题的有效办法，从而学会采用更恰当的方式来解决问题，既不破坏自己与同伴之间的关系，又能够很好地表达自己内心的感受。

有些长期被溺爱的孩子，一旦有要求没被满足，他就会赌气，故意损坏东西，以此来要挟，发泄对父母的不满。对于这种故意破坏物品的行为，家长绝对不能姑息迁就，既要严厉批评，也要让孩子为自己破坏物品的行为负责。比如故意摔坏玩具，就至少在半年内不买新玩具；砸坏了碗碟，告诉孩子两周内不能吃他最爱吃的冷饮，省下的钱用来买新的碗碟。孩子受到惩罚后，就会在脑海里留下深刻的印象，从而不敢再由着性子发脾气了。

孩子为什么故意“考砸”？

一位心理学家曾经说过：“医生的孩子经常生病，老师的孩子不爱学习，是我在咨询过程中经常会遇到的案例。”

小枫是一个初三学生，他学习很努力，在一般的随堂测验中总是表现出色，但是一到了大考试，比如期中、期末考试，他就总会考砸，几乎没有例外。

小枫的父母都是教师，他们想尽了办法，就是无法帮孩子提升大考时的心理素质。无奈之下，妈妈带着儿子来看心理医生。

母子俩见到心理医生后，妈妈先发了一通感慨：“我是优秀教师，在全市都有很好的口碑，我教出了那么多优秀的学生，却就是教不好自己的孩子，我觉得很丢脸。”说完这番话，她用“恨铁不成钢”的眼神看着小枫。小枫把头垂得很低，不肯看妈妈的眼神，也不和心理医生对视。

听完妈妈的话后，心理医生请她离开咨询室，留下小枫做心理咨询。在妈妈离开的一瞬间，小枫把头抬起了一点，而且脸上的那种羞愧马上就消失了，取而代之的是一种倔强的神情。

心理医生一下子就看出了小枫那倔强的表情下面隐藏的是对妈妈的不满。小枫说在家里感到很压抑，爸爸妈妈总是太在乎他的成绩。每次大考结束后，拿到成绩单，发现成绩不怎么样时，他的心里一开始总是闪过一丝快感，然后才会觉得又考砸了，又让爸爸妈妈失望了。

听小枫这么说，心理医生顿时明白了，实际上小枫内心深处其实是不想考取好成绩的，这种一闪而过的快感才是问题的根本所在。

心理医生对小枫的妈妈说，最好别再盯着小枫的学习，放手一段时间。小枫的妈妈犹豫了很久，但还是答应试一试。结果中考结束后，小枫以优异的成绩考入了市重点高中。

案例中小枫在大考中成绩不佳实际上是他对父母教育方式不满的表达，他的潜意识中存在着这样一种心理："你们最在乎这个，那我就偏偏不给你们这个。但是你们不能怪我，因为我努力了，肯定是你们教我的方式有问题。"其实很多青少年也存在和小枫一样的心理，只不过是他们没有意识到而已。他们只是隐隐约约地在拿到糟糕的考试成绩后闪过一丝快感，或故意做错一件事，因为"捣乱"被批评后反而会得到一种满足感。

其实这些都是典型的"被动攻击心理"。这种心理就是用消极的、恶劣的、隐蔽的方式发泄自己的不满情绪，以此来"攻击"令他不满意的人。

这种心理很不健康。当事人不能用恰当的、有益的方式表达自己不满的情感体验。尽管他们知道应该与人沟通，寻找解决办法，但是极不愿意这样做，更不愿意大大方方地表达出来；而是采取只有他自己才清楚的、将事情越弄越糟的“宣泄”方式来使自己的心理获得某种平衡。这种由不健康的心理引起的行为如不及时纠正，必将严重化，当孩子进入社会后，可能最初只针对父母的被动攻击心理将会演变为一种更为恶劣的人格心理。

一般产生“被动攻击心理”的孩子，其父母都会有以下三个共同点：第一，对孩子的期望过高；第二，对孩子的控制欲过于强烈，生怕孩子遇到任何挫折，于是希望尽可能完美地安排孩子的一切；第三，不允许孩子表达对父母的不满，他们认为孩子最大的优点就是“听话”。

这三个特点结合在一起，会让孩子感到窒息，并对父母产生深深的不满。要改善这一点，最好的方式就是“适当放手”，父母可以给孩子确定一个基本的底线——认真生活，不做坏事，然后让孩子去选择自己的人生，只在必要的时候才去帮助孩子。

而且，父母还要注意自己家中的沟通氛围，要保证孩子在家里可以直接对父母表达情绪和不满。因为如果孩子心中产生了不满，却又被禁止表达，那么他们就会采用这种“被动攻击”的方式表达出来。

因此，要消除孩子故意“考砸”和“捣蛋”的行为，最好的办法是做个理解孩子的父母，尊重他们的思想，让他们为自己做主，允许他们有自己的秘密，给予他们充分的空间。

第四章
满足孩子的心理需求

满足孩子对家的归属感

归属感是孩子最早的安全感来源

建筑师要修建一所结实的房屋，就得打下又稳又深的地基。人想健康长久地生存，也需要有稳固的地基。小孩出生后，这生命的地基便开始“建筑”，那便是人的“安全感”。

安全感是一种人在社会生活中感到安心的感觉，当环境中可能出现对身体或者心理有危害的情况时，安全感能够使人预感到出现的环境变动，人身处其中能保有确定感和可控感。

安全感是生命的地基，即心理健康的基础，孩子有了安全感才能带着稳定的心理去探索未知的广阔世界，追求更高的需要，带着自信心去和小伙伴打交道，融入学校生活，在学校里感受到自己的价值。相反，如果孩子有过度的不安全感，将会引发更严重的心理问题和疾病，比如精神障碍，甚至神经症。

从孩子与妈妈的身体分离的那一刻起，就开始独立面对陌生的环境，他可能感到十分恐惧和不安。为了减少恐惧，孩子会在妈妈那里寻找安全感和归属感。而这安全感和归属感会成为孩子身心健康的基础。

2009 年，深圳市妇女儿童工作委员会联合市妇儿心理咨询中心对全市 1500 个 8 ~ 17 岁流动儿童的心理情况进行了抽样调查。调查结果显示，深圳市近六成流动儿童感到自卑、敏感、情绪不稳定，他们与人交往合作能力较差。自卑是最普遍存在于流动儿童中的一个心理状态，此外，近 30% 的流动儿童感受压抑、被歧视，认为城里人看不起他们。这些孩子大多性格内向，行为拘谨，自卑心理较重，自我保护、封闭意识过强，相对孤僻，不敢与人交往或不愿与人交往。一半以上的流动儿童通常只与自己的老乡一起玩耍，因为熟悉和有伙伴，这些小孩更喜欢老家，而不是现在生活的地方。

随着我国经济快速发展，越来越多的农村剩余劳动力流入城市里，由此也造成大量儿童成了流动人口。这些孩子出现的自卑、敏感、情绪不稳定等各种心理问题，在一定程度上都是由于流动问题导致他们缺少归属感。家长可以从这些流动儿童中看到归属感对小孩的人格发展的影响是多么重要。

所谓归属感，是指孩子觉得自己属于家庭中的一员，属于学校班集体里的一员，属于伙伴们中的一员。在这一个个集体中，自己被集体中的其他成员接受、认可，在集体中是有价值的，必须存在的，不是可有可无的。当孩子觉得自己被群体接受时，会感到一种安全感和踏实感。

有关研究发现，归属和爱的满足与生活满意度有很高的相关度。流动儿童因为生活环境的不稳定，有先天的生活条件不足的缺陷而得不到归属和爱的满足。美国著名心理学家马斯洛在1943年提出“需要层次理论”，他认为，“归属和爱的需要”是人的重要心理需要，只有满足了这一需要，人们才有可能“自我实现”。

在一项研究中，研究人员给31名严重抑郁症患者和379个社区学院的学生寄出问卷，问卷内容主要集中在心理上的归属感、个人的社会关系网和社会活动范围、冲突感、寂寞感等问题上。调查发现，归属感是一个人可能经历抑郁症的预测剂。归属感低是判断一个人是否陷入抑郁的重要指标。

早在1998年夏天，有心理学专家就断言：随着中国商业化进程的不断推进，心理疾病对自身生存和健康的威胁，将远远大于一直困扰中国人的生理疾病。上述心理疾病的表现概括起来就是思想上无所寄托，生活上丧失信心，对亲友无牵挂感。说到底就是归属感不强。

在孩子成长过程中，归属感和安全感从来都是相伴左右，有着密切关系的。如果家长们在孩子小的时候，给了孩子充足的归属感，孩子便能够体会到父母的爱和家的温暖。孩子会对世界感觉到安全，认为这个世界是安全的、可靠的、善良的，并在此过程中建立对世界和对自己的基本信任。因此，家长要给孩子充分的归属感，让孩子感受到安全，从而健康成长。

缺少归属感，孩子更叛逆

一名幼儿园老师曾经在报告中提到过班里一些孩子的特别表现：

班上有个叫九斤的幼儿，他刚刚从别的幼儿园转来时，是让老师一个头两个大的“小捣蛋”。做游戏的时候不仅不听老师的指令，还四处欺负班上小朋友。老师一旦教训他，他便和老师对着干，情绪特别激动，易怒。

班上还有一个小女孩叫薇薇，妈妈把她送来幼儿园时，显得很怕生，十分抗拒幼儿园的新环境，不跟其他的小朋友玩，也不听老师的话，将近一个月后才开始和邻桌的小朋友说话，一起玩。

这些孩子的特别表现在幼儿园里其实很常见。孩子不愿意去上幼儿园，家长为了哄孩子上幼儿园被弄得焦头烂额，好不容易软硬兼施、软磨硬泡地把孩子送去了，孩子却在幼儿园里不合群，家长们为此伤透了脑筋。孩子不合群有很多因素，其中最重要的还是因为小孩没有产生对幼儿园的归属感，不愿意离开家待在幼儿园里。于是，孩子为了摆脱幼儿园，轻则像薇薇那样拒绝接受幼儿园和幼儿园里的人，被动防御；重则做出像九斤这样用过激的行为表达安全感的缺失。由于在幼儿园缺少归属感，孩子的行为就变得更叛逆。对于孩子来说，缺乏归属感的表现有不适应集体生活，不喜欢与同伴交往，不愿意在老师和同伴面前表达自己的想法，等等。

归属感的培养是孩子社会性发展的重要方面，归属感对孩子将来积极地进行社会交往和掌握与人交往的能力有着重要影响。孩子归属感的形成有利于在集体生活中形成安全感、信赖感，在安全感的基石上才能流露真情，自然认识自己和他人，从容与人交往，从而促进孩子身心的健康发展。

美国密歇根大学的研究人员的一项最新研究显示，缺乏归属感可能增加一个人患抑郁症的风险。一个在集体中缺乏归属感的儿童往往容易压抑、不安、自卑；而一个具有归属感的儿童，能愉快、自信地与人交往。所以，培养儿童的归属感是很有必要的。

其实，归属感不只是对生活环境的简单认同，而是对环境中的物质环境、心理环境及文化氛围的综合性的确认。也不只是在幼儿园，有的孩子在家里也会因为各种原因而缺乏归属感。

随着芬奇渐渐长大，芬奇妈妈发现孩子越来越叛逆了。芬奇妈妈回忆，自芬奇上小学五年级后，便对家人很不耐烦，总是和妈妈顶嘴。尤其是当芬奇妈妈问他学习方面的事情时，他就表现得特别反感。为了缓解孩子的逆反情绪，芬奇妈妈提议全家一起出去郊游，借此增进感情。爸爸知道芬奇喜欢吃草莓，还专门安排了全家一起去果园采摘草莓的活动。但是芬奇对此一点兴趣都没有，当得知此行只有他们一家三口时，还嘟囔：“我不去，和你们去没意思。”

我们通常把这类现象称为“家庭剥离感的初步形成”或“归属感的初步丧失”。经过了解，我们认为芬奇的这种表现主要是因学前不合理的“分享”培育，也就是说，妈妈总是鼓励芬奇把自己的玩具和小食品带给幼儿园的小朋友们，芬奇不愿意，妈妈有时会不高兴甚至生气。这使孩子和妈妈的日常沟通出现“理解误差”，芬奇也就越来越无法和妈妈沟通。同时，孩子的归属感也就开始逐步丧失，就自然形成了上述这些生活中的逆反现象。

要合理修复这种状况，就要合理搭建母子沟通平台，母子建立沟通并互相理解，能够有效提升孩子的家庭“归属感”，清除孩子已经出现的家庭“剥离感”，也就自然避免了使妈妈头痛的所谓“逆反”了。

让孩子顺利找到归属感

每个人都需要觉得自己归属于某个地方、某个群体，孩子也不例外。也许孩子会对自己的这一潜在需求不自知，不会向家长表达自己的需求，但是家长作为成人可以用自己的切身感受来理解孩子的需求。而这些需求往往正是家长们易忽略的地方。有一位苦恼的家长曾经向儿童心理教育工作者写过这样一封信诉说自己在教育孩子时遇到的困难：

老师，您好！

我的孩子今年9岁，即将升入小学四年级。但是孩子很贪玩，一点都不爱学习，回到家就打开电视机看动画片，不写作业。现在放暑假了，孩子整天都不着家，在外面和伙伴们玩耍。老师布置的暑假作业基本没怎么写。孩子不写作业，不听话，爱撒谎，还跟大人顶嘴不认错！有时候孩子实在调皮得让人生气，我就动手打他了，没想到孩子不仅不怕，还骂人，甚至还手。我实在管教不了这孩子，总觉得这么下去他天不怕地不怕，说不定哪天就惹个什么事儿出来，孩子对世界没有敬畏，做出什么无法弥补的错事怎么办，真是越想越觉得害怕！现在我们都不打他了，只有实在太生气时才打他。也许是以前打孩子打得太厉害了，孩子才出现这么过激的行为吧！您说孩子这样应该怎么办啊？该怎么管教这孩子呢？谢谢了！

一位苦恼的家长

中国有句老话说“黄金棍下出人才”，这句话一直作为父母教育孩子的传统育人法宝。然而父母要做到的是用心去了解孩子的心理，打孩子可能出现的最大弊端便是孩子归属感的缺失或转移。家长对孩子打骂得太频繁，或者打骂得太重，孩子会渐渐排斥家长，心不再和家长贴在一起，认为自己的归属感不在家长这里，只能把归属感转移到其他地方去。成人的心理核心是安全感，而孩子的心理核心是归属感，但很多基本需求孩子是无法自己满足自己的，所以他必须在与他人的相处中建立归属感，孩子的归属感在谁那儿，他就愿意听谁的话。孩子不听话，正是归属感缺失的迹象。

孩子出生后最初的需求只限于父母带给他的爱，然而孩子一天天长大，开始接触到除父母以外的朋友、群体和机构，开始有自我意识。这时候，孩子通过归属于某个群体，学会与他人和睦相处，也同时在群体活动和他人的交往中形成对自我的认识。孩子一旦归属于某个群体，便意味着这个群体也需要他，接受他，这会为孩子判断自己是一个什么样的人以及该如何行动提供指引。如果男孩子在长大成人的过程中，觉得自己既不归属于家庭，也不归属于学校，觉得自己被人嫌弃（比如因为遭到他人不留情面的批评），他就可能到别的什么地方寻求接纳并获得归属感。为了让孩子顺利找到归属感，家长们得采取一些爱的“小技巧”。

培养孩子的归属感，首先要培养他对自己家庭的认同感。家长要试着寻找机会多跟孩子交流，主动了解孩子感兴趣的事情，让孩子对家长产生认同心理。你会发现，在某个瞬间，孩子就会对你敞开心扉。偶尔给孩子讲讲自己家族的故事，让孩子了解自己与家长的渊源，对自己的家庭产生兴趣。凡是举行家族活动时，尽可能让孩子参加，不要因为孩子小不懂事，怕给大人添乱，放弃了让孩子融入家庭的宝贵机会。

其次，学校是孩子成长的重要场所，培养孩子对学校的认同感十分必要。比如，家长可以多支持孩子参加学校组织的一些社团大型活动，例如义卖会、音乐会等，让孩子在学校中找到归属感。另外，平时多留意孩子的言行，当发现孩子有太多的独处时间时，可以建议孩子加入一些社交俱乐部，或者某个兴趣团体，避免孩子出现“孤独”的征兆。

最后，孩子最终要走入社会，培养孩子亲近社会的态度十分重要。比如，父母帮助孩子弄清时尚和服装何以成为人们归属感的标志，可以给孩子以经济上的帮助，让他“融入其中”，而不是一味打压孩子对时髦的追求，因为这恰好是孩子寻求归属感的表现。

小孩子也需要被尊重

许下的诺言要实现

父母对小孩子许下的诺言是否应该认真遵守呢？很多时候，父母都以为小孩子年龄小，不懂事，对小孩子许下的诺言不用重视，无论是否兑现都不在意。但是在小孩的眼里，这些大人不在意的许诺却极为重要。

浙江的小毛今年以优异的成绩考上了初中，全家人都非常开心。但是开心之外，全家人都陷入了一种尴尬的境地中。

原来，小毛的父母为了让小毛能够全力以赴准备考试，曾经信誓旦旦地许下诺言，说只要小毛能考试成绩排在前五名，就带他去海南旅游一趟。这个许诺对于从来没有出过远门，没坐过飞机的小毛来说，无疑是巨大的诱惑。为了能去海南，小毛非常努力地复习，考试也超常发挥了。成绩出来，小毛取得了地区第一名的好成绩，全家人还为此举办了庆功宴，却始终对带小毛去海南旅游的事支支吾吾，岔开话题，仿佛将曾经许下的诺言忘得一干二净。小毛因此十分生气。

小毛认为，既然父母没空陪自己去，当初就不该许诺。小毛父母也有自己的说法，他们认为当初许诺只是想以此刺激小毛努力学习，并没有当真，以为孩子考好了一高兴就把这事给忘了，谁知道小毛把这事记得这么牢。“现在孩子每天吵着要去海南，我们也很烦恼！”小毛父母说道。

小毛和父母之间之所以引起误会发生矛盾，正是因为小毛父母没有尊重小毛，履行承诺。

在现实生活当中，很多父母也都有失信于孩子的行为。他们往往向孩子许下这样或那样的承诺，但很少有兑现的时候。久而久之，孩子对父母的做法习以为常。而且，当父母不能履行诺言时，孩子就会对父母的说话不算数感到生气，且不再相信父母的话。如此累积的怨气不但会严重影响亲子间的和谐关系，更会降低孩子对父母的信任度，从而导致亲子关系趋于恶化。

父母失信于孩子，害处是相当大的。有的时候，孩子并不能真正了解事情的原委，所以会认为父母说话不算数，从而不再信任父母。以后父母再要求孩子做什么，无论以什么作为保证，在孩子心中都会打折扣，使得父母与孩子的交流、沟通出现障碍。而且，家长会失去自己在孩子心目中的威信。

更糟的是，如果父母常把对孩子的承诺不当回事，会让孩子觉得自己也可以说话不负责任，答应的事也可以不办，从而成为一个不遵守诺言、不承担责任的人，总以猜忌、多疑、不信任的态度对待其他人。这对孩子的社会交往、人格魅力的形成都是很不利的，会对孩子的一生造成影响。

长此以往，父母越是用所谓的“权威”强迫孩子就范，孩子就越是怀疑或不相信父母，从而与父母之间出现矛盾、隔阂，影响亲子的感情交流和相互信赖，甚至出现逆反，使很多原本不该出现的问题尖锐化。

履行承诺不仅是与孩子交流的一种合理形式，也是培养孩子健康人格的一种教育手段。当孩子认识到自己答应了的事情就必须做到时，便有了责任感，从而学会履行责任，养成良好的道德习惯。一诺千金不仅仅是简单地兑现某个诺言，更重要的是可以培养孩子遵守诺言的意识，这是一种非常重要的品质，甚至可以说是无价之宝。

少跟“别人家孩子”比

从前，信息技术不像如今这样发达，那些“别人家孩子”也仅限于邻居或者父母同事的孩子。而今有了网络，信息几乎可以一瞬间传遍全球，肯定会有很多家长指着那些世界各地优秀人才的“传奇故事”，苦口婆心地教育自己的孩子。每天面对着这些“完美”的同龄人，怪不得孩子会感慨自己是个“只会吃喝拉撒”的笨蛋呢。

“望子成龙，望女成凤”，许多家长对自己的孩子都抱有极高的期待。为了激励自己的孩子，“别人家孩子”几乎成了父母挂在嘴边的口头禅，可他们并不知道，“别人家孩子”正在深深地伤害着自己的孩子。

一位母亲曾经这样回忆由“别人家孩子”而起的一段不

开心的往事。

女儿那时候刚刚上六年级，有一次我无意中在女儿面前说起同事的女儿在英语竞赛中获得了二等奖。没想到女儿立马很委屈地哭着说：“你为什么总是说别人的女儿的好？你找别人的女儿做你女儿好了！”以前看到女儿这种反应，我都会批评她不谦虚，见不得我表扬别人。可是这次女儿竟然说出“你找别人的女儿做女儿好了”，我才觉得问题有点严重。

见贤思齐是我们国家的传统，家长会认为榜样的力量是无穷的。不过，这样优秀的“别人家孩子”对孩子来说已经不仅仅是榜样，更多的是压力，从而令他们看轻自己、怀疑自己，甚至放弃自己。

教育的核心是培养孩子内在的自信和乐观。我国目前的教育体系没有把尊重孩子的差异性放在一个十分重要的位置，孩子们从小就经历着各种各样的选拔，有些孩子在这样的教育体系中被冷落了。他们回到家里，孩子仍然被“别人家孩子”的尺子比量着，那么孩子怎么放松，自信又从哪里来呢？

慧慧妈和佳佳妈是好朋友，两家人还住得很近，所以，两个孩子从小就形影不离，关系特别好。上小学之后，慧慧的成绩好，尤其是作文，总是全班第一；而佳佳的语文成绩却经常倒数，因此妈妈总是抱怨佳佳：“天天和人家慧慧一起，怎么就一点都不向人家学习呢？和班里成绩最好的同学在一起，你成绩却这么差，不觉得不好意思吗？”

而慧慧妈却是这样抱怨慧慧：“你整天在家什么家务都不做，将来自己独立生活了怎么办？你看看佳佳，一回家就帮着妈妈扫地择菜，你俩这么好，你怎么就不向人家学学呢？”

两个孩子总是这样被妈妈比来比去，最后导致一看到对方就觉得自己很差劲，因此在心理上两个人就慢慢疏远了……

家长如果总是喜欢将自己孩子的不足与其他孩子的优势做比较，会令孩子产生强烈的挫败感，不利于培养孩子的自信心。没有哪一个孩子愿意承认自己差，谁都希望能得到大人的肯定，这种肯定对孩子自信心的建立是很重要的，也将会影响到孩子的自我认知。家长如果总是强调自己孩子的不足之处，就会令孩子在潜意识中形成自我否定。总是自我否定的孩子，在遇到困难时只能是向后退缩，而不会有坚持挑战的勇气。可见，家长总是拿别人家孩子的长处来比较自己家孩子的短处是非常不可取的。由于家庭和成长环境的不同，每个人的发展不可能是同步的。如果学校不能很好地尊重孩子之间的差异和个性的话，那么家长就更要多制造让孩子充分发挥自己特点的机会，而不是让孩子跟别人做比较。比较明智的做法是，多和孩子自己的过去比，这样孩子就能够发现自己的独特之处，以及他每一个小小的进步。这样一来，孩子也更容易提升自信，获得成长的动力。学着去把自己的孩子当成“别人家孩子”来看待，多发现孩子身上的闪光点，多多赞美，你就会发现，孩子本来就已经很优秀了。

尊重孩子的小秘密

小辰今年上五年级了，有一天回家，她发现妈妈竟然正在看自己的日记。她很生气，就对妈妈抱怨说：“我们老师说了，日记是自己的秘密，任何人都不能偷看！爸爸妈妈也不能！”“这怎么是偷看呢？妈妈有权利了解你的思想动向，这样发现问题之后好及时帮助你啊！”“我不需要你的帮助！反正老师说了日记不能让其他人看。”见女儿冲自己大喊大叫，妈妈的火气也上来了：“你怎么说话呢？我是你妈妈，难道我把你养大，还没资格看看你的日记吗？”女儿听完这句话，一把夺过妈妈手里的日记本，躲进了自己的房间。从那以后，小辰就开始和妈妈“打游击”，原本不上锁的抽屉也上了锁，还把日记本用头发丝“封”了起来，每天回家第一件事就是检查头发丝是不是断了。

随着年龄的增长，孩子的生活圈子日益扩大，情感世界逐渐丰富，同时他们的自我意识不断增强，渴望独立并且得到社会和家庭的尊重。所以，孩子们开始有了自己的“小秘密”。从教育学的角度来看，拥有秘密对于孩子的成长具有很重要的作用，因为秘密往往与责任紧密相连。不管孩子保守的是什么秘密，是自己的还是别人的，当他决定对我们保密，他就与自己的灵魂订下了一个契约。

同时，孩子有了秘密，还代表孩子有了独立思考的能力，产生了许多只属于自己的思想，虽然这些思想有时不一定正确，却深深地刻下了“我”的烙印。父母不可能替孩子消化食物，同样父母也不能替孩子思考。孩子自己探索生活的这个过程本身就是可贵的。

但是当孩子有了隐私，很多家长会很担心，总是想方设法地去窥视，比如偷看日记、私拆信件，甚至盗取聊天密码。这样家长们会觉得，孩子的心里能藏着多大的事呢？都是些小事，我看一下也无妨。可对孩子来说，再小的秘密也是大事。家长不尊重他的隐私，就是对他的不信任、不尊重，会极大地伤害孩子的自尊心，破坏他的安全感。

其实家长们想要了解孩子的“小秘密”也并不是一件很难的事情，要了解孩子的秘密，首先要尊重孩子拥有秘密的权利。一位家长是这样做的：

有一天晚上，我去女儿的房间送牛奶。我刚推开门，女儿就迅速地合上了面前的本子。我笑着摸女儿的头发说：“我的女儿长大了，有自己的小秘密了！”女儿调皮地说：“妈妈，你可不要偷看哦！”“妈妈知道，妈妈像你这么大的时候也有自己的小秘密，还把它锁在抽屉里，现在想起来，那些小秘密都是妈妈曾经的快乐。”“妈妈，其实我的日记里也有很多快乐。”“妈妈很希望跟你一起分享这些快乐，当然也希望分担你的忧虑，不过如果你更愿意把它记在日记里，妈妈也尊重你。以后如果你有不愿意被爸爸妈妈看到的东西，就在显眼的位置标上‘个人隐私，谢绝观看’，爸爸妈妈保证不会看，好不好？”“妈妈，你这样说，我反倒是很愿意跟你分享我的小秘密了。”

家长应该通过关怀、尊重等方式赢得孩子的信任，让孩子主动与你分享他的成长故事。不过家长也要注意，如果承诺了不会窥视孩子的秘密，那就一定要守信。

家长应该尊重孩子的隐私，这是对孩子人格的保护，家长也会因此而赢得孩子的敬重和爱戴。孩子作为一个独立的个体，具有自己的隐私和敏感的自尊心。他有被尊重、被承认的心理需求，家长应该满足孩子的这种需求。孩子得到了家长的尊重后自然也会懂得如何去尊重家长、尊重他人。懂得尊重孩子的家长在孩子心中也必定是值得尊重和信任的。

在这个世界上，没有什么关系比亲子关系更亲密，而要建立亲密的亲子关系，就要从尊重孩子、尊重孩子的隐私做起。

孩子也有权参与家庭讨论

有的孩子由于被家人过度宠爱，无论想要什么东西，家长都设法满足。看见别人家的东西好就想要，分不清什么东西是自家的，什么东西是别人的，到了别人家，仍然想要什么就要什么，得不到就哭闹。出现这种情况是由于孩子的家庭观念的缺失。而造成孩子家庭观念缺失，家长有着不可推卸的责任。

很多家长考虑到孩子年龄还小，尚不懂事，想不出什么有用的处理家庭事务的办法，想当然地觉得家庭事务跟孩子没有关系，孩子不需要参与家庭讨论。殊不知，孩子虽然没有独立解决问题的能力，但正是家庭讨论促进了孩子这方面能力的发展。培养孩子参与家庭事务，把孩子当成小主人，久而久之，孩子不但自己的事情会自己做，而且家里的事情也会积极参与，还会自觉地认为家里的事就是自己的事，自己也要为家里的事操心。如此一来，家长也就不用为孩子的学习费心了。

一位育儿经验丰富的爸爸曾经在孩子的家长会上给家长们传授教育经验。

我们十分注重培养孩子的家庭观念。当女儿能听懂我们大人们说的话后，我们就一遍遍耐心地给她讲解什么是家庭，什么东西是自己家里的，什么东西是别人家的，自己家里的东西应该怎样对待，别人家的东西又应该怎样对待。通过这样的讲解，女儿对家庭的观念有了意识。

有一次女儿生病了，我抱着女儿到诊所去打针，当时孩子只有八九个月大，还只能说一个个的单字。打针的时候，女儿因为害怕哭了，但是打完针后，即将离开时，女儿突然指着桌子喊“电”，我很纳闷，便顺着女儿手指的方向看，才发现原来手电筒忘记了拿走。同样还有一次，有一年春节我和妻子带着女儿回我父母那里过年，三更半夜下火车后，妻子忘了穿大衣就下了火车。我们当时已经走了一段路了，女儿突然想起妈妈的大衣还在火车上，就拼命往火车上跑。当时我一愣神，半天才反应过来，这样突然跑过去的话有危险，万一火车开动了怎么办，于是我也扔下东西就去追女儿。当我跑到车门口时，女儿已经从火车上拿着大衣挤下来了，当时女儿才八岁。

这说明女儿八岁时便有了小主人的意识，开始懂得不仅要为自己的事操心，还要为父母的事操心，从小便养成了责任意识和主动精神。下车后，大人们没有管理好自己的物品，而女儿却在想东西拿全了没有，有没有丢掉东西，正是因为这样，女儿才能发现妈妈的大衣忘在了火车上。

把孩子培养成小主人，就是培养孩子的责任感。孩子有了责任感，遇到问题就会自己动脑筋考虑，也会为父母和家庭着想。现在许多家庭为孩子的学习发愁，要陪着孩子学习，陪着孩子写作业。其实之所以出现这种情况，就是父母没把孩子当成小主人，而且把孩子当成什么事都不懂的孩子。既然父母觉得孩子什么都不懂，什么都得父母来管，都得父母来操心，孩子当然不会去想更多了。久而久之，孩子不仅缺少责任感，甚至连脑筋都懒得动，自己的事自己都不会去想。

不少人抱怨孩子长不大，已经二十多岁的成年人了，什么事都不管，什么事都不考虑，什么事都得父母管，都得父母来操心。其实之所以出现这种现象，主要是教育不当的责任。现在许多孩子是独生子女，父母有充足的时间来管孩子，而且管得太多，管得太细，有的孩子不但父母管，爷爷、奶奶、外公、外婆全都管，这么多人管着，孩子当然不愿意自己考虑，也没法自己考虑，因为更多时候自己考虑了也不管用，说了也不算。结果，孩子不仅不当家，对家里的事也不闻不问，成了典型的公子公主，衣来伸手饭来张口，缺什么就向家里要什么，根本不考虑家里的情况，也不知道家里的情况。这样的孩子，不仅没有责任感，也不会知道自己将来要干什么，父母需要他干什么。孩子属于家庭里的一员，让孩子在享受家庭权利的同时，也让他们适当承担一点家庭义务，这既是对孩子的尊重，也是对孩子成长的帮助。

让孩子体验被爱和爱人的感受

微笑是最甜蜜的礼物

微笑不仅是一种简单的面部表情，更是一种通向心灵的心语。人与人的交流离不开微笑，心与心的沟通需要微笑，要教育好孩子，家长更加需要依赖微笑。因为家长的微笑犹如冬日里温煦的阳光，温暖、关爱着孩子，能瞬间拉近亲子的距离，架设亲子间的心灵桥梁。

一个孩子不小心将鱼缸打碎了，父亲飞奔过去，看见孩子正在洒满水的地上聚精会神地抓鱼，父亲很生气，一把推开孩子。孩子被突然的一下吓到了，瞪大眼睛诧异地看着父亲。

这时母亲急忙抱过孩子，然后笑着对孩子说了一句话："孩子别怕。"就是这一句话，孩子诧异的眼神没有了，委屈地告诉妈妈："妈妈，我只是想看看鱼的脚长在哪。"

这个例子告诉家长，请微笑面对孩子，一定要给孩子时间和机会去说话，不要分散孩子的注意力。孩子打碎鱼缸，看似做了错事，但是犯错是出于对生命的好奇，而你的误解可能扼杀孩子追求知识的动力。微笑是家长给孩子最甜蜜的礼物，家长要学会用微笑和孩子说话。这种和谐、愉悦的家庭氛围，不仅能给全家带来快乐，更有利于孩子的健康成长。

家长的微笑、平和的心态是培养孩子阳光性格和美好心灵的重要保障。孩子是家长的镜子，言传身教自然意义重大。0 ~ 3 岁的婴儿，可能由于家长的微笑而形成开朗乐观的性格，并从小养成一种良好的习惯；3 ~ 6 岁的幼儿，可能因为家长的微笑和关爱而懂得珍惜生活、关爱他人；入学后的孩子，更会因获得家长的微笑而快乐、坚强、自信，带着微笑一步步走出精彩、走向成功。

家长的微笑有种神奇的力量，它能够带给孩子信心，它传达着信任与理解，蕴含着真诚与关爱，代表了支持与赞许。父母无言的微笑胜过千万句语言。孩子在父母的微笑中感受到生活的阳光，在耳濡目染中学会了微笑面对生活，将来遇到任何情况，都能平和地直面生活。这样的人生十分富有，因为生活中有微笑这种特殊的礼物陪伴，也相信所有的问题在微笑中都会得到解决。

家长的微笑是教育子女的有力工具。当孩子淘气、不听话、犯错误时，请妈妈试着微笑地教育孩子，相信这一微笑教育的效果肯定胜于严厉的训斥。调皮的孩子从小到大听多了呵斥，他们有些已经习惯了这种电闪雷鸣式的教育方式，对老师循循善诱的话语往往充耳不闻。

上午课间休息的时间到了，小欣飞快地跑到饮水处，也不管谁在排队就挤到了跟前，拿了杯子倒了水就往外走，结果不小心把一杯水全都洒在了自己身上，还摔了个大跟头。老师闻声赶去，看到这一幕，很是生气，真想好好地批评她一下，但看到她从地上爬起来那一瞬的眼神——又害怕、又羞愧、又紧张……那企求原谅的表情使老师又有些不忍心了，刚刚心中升起的一股怒气又压了下去。老师知道此时的她已经意识到自己的错误了，如果老师再批评她的话，或许只会让她更难过，不妨把怒气化成一个微笑。于是，老师真诚地笑了笑，对她说："看你，摔疼了吧？下次注意，好吗？"小欣看到老师笑了，知道一场风波已经平息，紧张的神情一下子舒展了许多，同时也向老师友好地笑了笑，并轻声说："老师，以后我不这样了。"

在接下来的日子里，小欣一改往日叽叽喳喳的作风，在教室里很安静，还不时地对在喝水的小朋友提醒说："小心点，要排队。"

小欣原本是班上有名的"自由王"，平时老师教育了她多少次呀，可她总是屡教屡犯，没想到小小的微笑竟产生了这么大作用！这使老师也感受到这微笑的背后蕴含着无可比拟的力量。

老师的微笑使孩子不好意思了，也就自然无从逆反了，这时自觉理亏的孩子也就很容易听进师长的教诲之言。宽容、理解的微笑不仅能教育孩子，更能赢得孩子的心、赢得孩子的敬重。

其实孩子是纯真的，家长无意间的一举一动都会深深影响着孩子，对孩子的关心和爱护每时每刻都在感染着他们。一个眼神，一个微笑，一个动作，足以使孩子感到爱的温暖。虽然说孩子的智慧、情绪、意志表现在成人看来往往有些幼稚，但他们在活动中发挥出的潜力，会让你收获许多惊喜和意外。

爱孩子，不妨直接告诉他

孩子在成长过程中需要各种营养物质，许多父母为了让孩子健康成长，尽最大努力为孩子补充各种营养素。然而孩子们不光需要物质上的营养品，还需要另外一种特殊的营养物质——爱。

如果婴儿能够得到妈妈更多的拥抱和抚摸，那么孩子长大后就会遇事不惊、沉着冷静，善于调节自己。妈妈的关爱为何能对孩子今后的个性产生如此神奇的影响呢？其中的奥妙便是拥抱和抚摸会使孩子大脑中的激素水平明显变化，使体内的“压力激素”水平降低。这就是触摸与爱抚的神奇作用，专家解释说，触摸能刺激孩子体内分泌更多的激素。此外，触摸还能诱发另外一些激素分泌，这些激素可以促进营养成分的吸收，使孩子保持良好的状态。

有对年轻夫妇单位离家远，每天早出晚归，每天他们回到家中时，孩子已经睡着了。为此他们感到很内疚，双休日买来孩子最爱的食品和玩具，可是孩子又砸又摔。爸爸看到儿子如此“无理取闹”，气急了就狠狠地打他的屁股。可这时孩子却静静地趴在爸爸的腿上任其打，毫无怨言。这种情况以后又反复发生，令家长无法理解。殊不知，这正是孩子长期得不到亲人的爱抚与触摸，感情营养失调而产生的异常现象。这种“无理取闹”，实际上是一种无意识地企求父母“皮肤触摸”的反常行为。

心理学研究认为，人类和其他许多动物一样天生具有一种互相接触和抚摸的需求。这是一种无声的爱的语言，是必不可少的良性刺激，是儿童发育的心理营养素。这是一种情感上的需求，而这种需求是无法从饮食中得到满足的。孩子们这种天然的感情需要，若能从感觉上给予适当的满足，他们与父母的感情就会更加深厚，心理就会产生良性刺激，大脑的兴奋与抑制也会变得协调，因而能更好地促进大脑发育和智力提高。妈妈如果爱孩子，不妨直接用语言和行为告诉他。

如果经常对孩子说“我爱你”“真高兴，你是我的宝贝”等体现对孩子的爱的话语，以及经常拥抱、抚摸和亲吻孩子，会慢慢地给孩子以自信。孩子们长大后注定要在充满压力的环境中生存，而自幼就得到爱的温暖的人在面对社会环境的压力时能更积极，因此较少患上与压力有关的疾病。

因此，为了孩子的健康成长，家长一定不要忽视抚摸的作用。家长应积极为孩子创造条件，让他们通过正常、合理的方式来满足这种心理需求。具体说来，应从以下几个方面入手。

首先，营造温馨、和睦的家庭氛围。在温馨亲切的家庭和亲密无间的氛围中成长起来的孩子，大多数性格开朗活泼，心理素质好。

其次，尽量亲自喂哺母乳。母乳不仅营养丰富，还可以增加母婴之间的皮肤接触，增进母子之间的感情。宝宝在母亲温暖的怀抱中，安静地“享受”母亲甘甜的乳汁，对促进身心健康、解除“皮肤饥饿”大有裨益。

再次，掌握“皮肤饥饿”的周期性。人的某种需求是有周期性的，孩子的“皮肤饥饿”同样也有周期性。对于婴幼儿，每天至少应由父母接抱一次，每次临睡前再做一次背部或颈部的按摩。对于大一点的孩子，则要全身地搂抱，抚摸背部、颈部或按摩手臂。

最后，想方设法弥补不足。工作极其繁忙的父母，如果没有时间与孩子接触，可托付给爷爷、奶奶，或外公、外婆照料，但要嘱咐他们每日搂抱、抚摸孩子。外出散步、游玩时，不要只是推着童车，也要适当给予孩子搂抱或抚摸。

让孩子学会表达爱

父母都爱自己的孩子，恨不得把所有的爱全部倾注在孩子身上，但父母在付出爱的同时，常常忘记了教会孩子如何表达自己的爱，而不是一味地只知道给予。爱是相互的，父母爱孩子就要把自己的爱以适当的方式传递给孩子。让孩子学会表达爱，也是一种爱孩子的方式。

一位妈妈曾这样向教育专家倾诉孩子不懂体谅自己的辛苦：

儿子今年13岁了。从他小时候起，每天我都很辛苦地为他付出，从日常的饮食起居，到学习辅导、兴趣培养，都由我一手打理。可是孩子却很冷漠，对我所做的一切毫不领情，我有时抱怨他不知体谅我的辛苦，他反而不耐烦地说："是你自己愿意做的，又不是我让你做的。"我既生气又寒心，孩子怎么不知道感恩呢？

在现实生活中，有许多父母有类似的困惑：为什么我为孩子做了那么多，孩子却没有心存感激呢？究竟父母应该怎样做，才能让孩子学会感恩呢？父母仅仅爱孩子是不够的，在父母为孩子付出一切的时候，如果没有把爱以适当方式传递给孩子，孩子内心便无法真正感受到父母的爱。孩子不懂感恩，可能有很多原因，妈妈可以试图让孩子学着爱人，给孩子表达爱的机会，让孩子渐渐明白父母是如何爱自己的。

为此，父母一方面要引导孩子表达爱，另一方面要对孩子的爱给予积极的回应，使孩子感到他们的爱是父母生活中的力量源泉。比如，孩子的爸爸过生日，妈妈可以与孩子一起为他精心准备礼物，做一顿丰盛的美食，孩子可以从中学习如何表达爱。爸爸感动于母子两人的爱心，流露出激动与喜悦，会使孩子得到鼓励和信心。英国教育家夏洛特·梅森认为，每个孩子心中都有一口爱的源泉，它唯一的事情就是流淌，而父母则要保持体贴、友好、感恩、孝顺、奉献这些渠道不封闭、不阻塞，而且永远向前流动。让孩子感觉到他们每一次爱的流露所创造的喜悦，培养感恩之心。当孩子学会对父母心存感激之时，才会把这种情感扩大到他人与社会。

爸爸妈妈想让孩子学会表达自己的爱，就要自己以身示范如何爱人。

第五章

爱得多不如爱得对

爱是孩子不可或缺的情感

缺爱的孩子易患“心理性矮小症”

在日常生活中，有些孩子的身体和他们的同龄人相比显得过分矮小，生长发育情况不正常。从前人们认为，这只是生理和遗传上的原因的造成的。不过，心理学家发现，自小缺乏父母关爱的孩子，也会出现这种问题。因缺乏父母的爱抚而令精神上受到压抑，机能发育出现障碍，从而导致这一类孩子身体矮小，医学上将这种病症称为“心理性矮小症”或“精神矮小症”。

心理性矮小症是指孩子缺乏父母的爱抚，精神上受到压抑，致使生长发育产生了障碍而发生的矮小症。美国著名精神病学家霍芬博士指出：孩子长期生活在精神压抑、无人关心或经常挨打受骂的家庭环境中，就会引起体内的神经——体液内分泌功能紊乱，致使生长激素、甲状腺素等有助于长高的激素分泌减少，从而导致孩子生长发育障碍，个子矮小。

家是孩子从出生后很长一段时间里主要生活的地方，家庭的气氛会直接影响孩子的身心健康。在和睦温馨的家庭中无忧无虑、井然有序地生活，可以令孩子倍感温暖和幸福，这自然有益于孩子的身心发育和成长。但是，如果夫妻经常吵嘴打架，总是处于紧张的气氛中，甚至把孩子当“出气筒”，孩子就会倍感痛苦压抑，活泼的天性被扼杀，身心健康受到严重影响。

研究发现，心理性矮小症与特殊的生活环境相关——比如单亲家庭中常被忽略的孩子，以及长年不在父母身边的留守儿童等容易出现这样的情况。

张女士 15 岁的儿子壮壮身高仅仅一米四多一点，比同龄孩子整整矮了一头。她带着儿子去医院检查，医生给他做了详细检查，结果各项指标都正常，但是他的骨骼生长线已闭合，无法再长高了。经过了解，原来张女士和丈夫常年外出打工，把壮壮一个人留在家里，平时忙起来也没有时间和孩子联络。久而久之，孩子就变得不爱说话了，性格越来越内向，不爱与人交往，总是一个人静静地坐在角落里发呆。

不过，与遗传性矮小不同的是，这种因心理问题造成的矮小症是可逆的，一旦解除孩子心结，发育就会继续。这也就是说，如果家长充分关心和爱护孩子，让孩子重新感受到父母的爱护、家庭的温暖，加上适当的运动，那么在孩子的生长发育完成以前，依然还有机会长高。

在第二次世界大战中，西班牙、朝鲜、越南、德国等国失去双亲的孤儿，平均身高要比其他同龄儿童矮10厘米左右。科学家们曾为此做过试验，他们将一批因精神压抑而矮小的孩子安置到和睦欢乐的环境中，让他们得到与正常家庭儿童类似的爱抚和温暖，3个月后，约有95%的孩子发育情况很快发生变化，生长停滞现象得以消除，身高得到明显的增长，接近其他同龄儿童身高增长的水平。

家长的关爱是最好的“增高剂”，爱是孩子成长最好的推动力。以积极的态度表达对孩子的爱，创造条件让孩子多接触同龄儿童，帮助他交朋友，鼓励孩子多参与集体活动，给他营造一个温馨和谐的家庭环境，让孩子每天都能获得安全的感觉和快乐的心情，这是预防孩子出现“心理性矮小症”的最有效的办法。

抚养者的爱是孩子心理的“安全岛”

亲子关系是影响孩子的情绪和情感表达方式的重要因素。有关研究发现，成年人很多种心理疾病和障碍，都与童年时期缺乏爱，特别是缺乏来自抚养者的爱有关。

在1岁以前，孩子如果得不到来自抚养者的足够的爱，就有可能造成性格方面的缺陷，甚至形成人格或行为障碍。心理学家认为，抚养者与孩子的关系是依赖性的，这种依赖性是除了抚养者以外任何人都无法给予和替代的。这是因为，孩子需要抚养者的抚养，不仅是生理上的需要，吃、喝、换尿布，也需要抚养者的爱，而来自抚养者的爱可以让孩子形成充分的安全感。这种安全感，对今后孩子自我认知的发展以及自信、自尊等心理素质的发展，都有着至关重要的作用。

美国心理学家艾恩斯沃斯曾经做过一项“陌生情景实验”。她通过观察婴儿与母亲短暂分离、处在陌生情景中的反应和行为表现，来测定母婴依恋的模式，判断孩子是否具有安全感。实验发现：母亲离开时没有反应，母亲回来时也漠不关心的孩子对母亲是回避的态度，这样的孩子安全感较弱，冷漠的表现是一种防御性适应。而那种母亲在场时很主动地探索周围，母亲离开时哭闹一下，但很快就能自主地玩了，母亲回来后拥抱亲吻以后，能很快平静下来接着玩的孩子，才是拥有健康亲子关系，也很有安全感的孩子。

抚养者的爱是孩子心理的“安全岛”，是孩子培养快乐的基地。刚刚出生的婴儿被妈妈抱在怀里吮吸乳汁时，他的一双小眼睛总是跳动着欢快的火花望着妈妈，显得那么舒服，那么自在。小孩子在妈妈身边可以无忧无虑地跑跳，遇到陌生人时就会紧紧地抱住妈妈，或是悄悄躲在妈妈的身后……这一切都说明，只有母爱，才能使孩子感到安全，才能让孩子毫无顾虑地去探索、发展，才能让孩子健健康康地成长。

琪琪一出生，就得到了爸爸妈妈无尽的关怀和爱护。与多数妈妈不同的是，琪琪的妈妈会毫不吝啬地对女儿表达自己对她的爱意，告诉女儿妈妈爱她。两三岁的时候，琪琪似乎比同龄的孩子好奇心更强，更勇于探索，她可以大胆地摆弄家里的每一件物品，放心地和小朋友捡树叶、蹲在蚂蚁洞旁边观察蚂蚁，胆子比年龄相仿的女孩大很多，而且特别自信，在幼儿园里可以完全自理，不需要老师过多照顾她，有时还能帮老师一起照顾和安慰其他小朋友。琪琪的妈妈觉得，女儿之所以如此“胆大心细”，正是因为在她小小的心里肯定了这样一件事——无论何种情况下，她都不会失去爸爸妈妈的爱，所以她是安全的。

爱孩子是每一个父母家长的本能反应。但是，心中有爱不一定能让孩子感到快乐，孩子也不一定能感受到生活的幸福。父母家长的爱，只有让孩子感受到，才能让孩子感到安全，感到幸福。就像苏联教育家马卡连柯所说的那样：“没有父母的爱培养出来的人，往往是有缺陷的人。因此，社会要使它的每一个成员——不管他是多么幼小——都得到真正的父母之爱。”

作为孩子的父母，应该尽可能多地抽出时间和孩子在一起。每个孩子都需要从父母那里得到足够的重视。在每天工作之余，父母要尽量腾出一些时间参加孩子的游戏，和孩子一起读书，为孩子提供接触外界的机会，学会倾听孩子的心声，和孩子一同成长。

聊天是另一种形式的爱

每个孩子都有交流的需要。每天，孩子可能会接触到不同的人和事，从外界获得许多信息，他们需要把这些信息与周围的人进行分享、交流，从而获得美好的情感体验。作为孩子的父母，常与孩子聊天，不仅可以使孩子养成倾听与倾诉的习惯，还可以令孩子充分感受到父母的爱。遗憾的是，很多父母与孩子之间可以聊天的话题太少了，聊不到几句就会因“话不投机”而草草中断或是不欢而散。问题到底出在哪里呢？

瑶瑶放学回到家里后，她迫不及待地和妈妈分享这天的感受。

瑶瑶：当班长太累了，要自己学习，还要维持纪律。

妈妈：既然不喜欢，就和老师说说不做了。

瑶瑶：可是我也很喜欢做班长，它让我觉得很光荣。

妈妈：既然你喜欢，那就不要再嚷嚷着说累了。

瑶瑶（沮丧）：可是喜欢不代表不累啊？！

妈妈（无奈）：真不知道你到底要说什么。

聊天是表达父母对孩子的爱的形式。但是，很多父母却不知道如何与孩子聊天，如何才能与孩子聊好天。就像故事里的瑶瑶一样，她在与妈妈聊天后一定会觉得自己的情绪无处发泄，妈妈根本就没办法理解她的感受，所以她肯定不愿意再继续交谈下去了。但是，如果妈妈可以换另外一种谈话方式，更注意倾听孩子心声的话，站在孩子的立场去亲身考虑她的感受，那么谈话的效果就会有明显的不同。

瑶瑶：当班长太累了，要自己学习，还要维持纪律。

妈妈：你今天好像很累。

瑶瑶：是啊，当班长让我觉得很光荣，却也让我总觉得有压力。

妈妈：嗯，我明白你的感受，我也曾经有过这样的情况。

瑶瑶：我该怎么做才好呢？真头疼。

妈妈：妈妈相信你一定能处理好的，来，让妈妈抱抱你。

瑶瑶：谢谢你，妈妈，我觉得舒服多了。

父母在与孩子聊天时，话题不应当只局限于学习上。很多家长都会忽视这一点，结果孩子越来越不愿意与家长沟通；反之，如果家长多关心孩子的日常生活及心理、情感状况，真正地走进孩子的心灵，不居高临下，和孩子成为朋友，那么与孩子的关系就会越来越融洽。

当孩子说出其内心的真实想法时，家长不要急于对他们加以评论，或打断，因为这样会削弱他们聊天的兴趣。无论孩子的想法是对还是错，家长都要先学会倾听，然后再站在孩子的立场去理解他，帮助他分析，一起想办法。如果孩子在成长的过程中遇到了一些难以解决的困惑，家长要耐心地给予指导和帮助，为孩子解除心中的疑虑。这样，孩子就会越来越信任家长，把家长当成可以放心倾诉心事的好朋友，无话不谈。

与孩子聊天时，还要注意观察孩子的表情。如果发现孩子比较兴奋，家长就可以微笑着问：“今天这么高兴，是不是发生了什么令人高兴的事啊？说来听听吧！”如果发现孩子露出沮丧的神情，家长就要关切地询问：“你是不是心情不好？遇到了什么困难和问题，需要帮忙吗？”如果孩子与同学朋友之间发生了不愉快，家长千万不要不分青红皂白地去指责孩子，而是要平静地问孩子到底发生了什么事，可以给孩子提供一些解决问题、化解矛盾的方法，但不要强行干涉，让孩子自己去解决问题。

聊天是与孩子交流最简单、最有效的方式，既可以随时了解孩子的想法，还可以让孩子感受到来自家长的关心和爱护。只有本着平等、亲切、真诚、民主、爱护的原则，和孩子进行朋友般的对话，孩子才会敞开心扉。

别让爱被条件绑架

父母爱孩子，按道理说，孩子就应该感到非常幸福，对妈妈也应充满感激之情。然而，多项调查结果显示，目前在我国多数学龄孩子的心目中，父母往往既不是他们最亲爱的人，也不是他们最崇拜的人，反而是最不理解他们、最不讲理的人。很多孩子不但不觉得自己幸福，反而认为自己是最辛苦的人。

诚然，造成这种局面的原因很多，比如传统中国式的家庭教育习惯、现行教育体制的不完善等。但从根本上讲，还是因为这种爱的附加条件太多，令孩子在享受来自父母的爱的同时，也背负上了沉重的心理负担，承受了难以承受的心理压力。如果这种形式的爱得不到改善的话，那么随着孩子的成长，他必然会开始抵触甚至反抗，因而也就自然与父母疏远，严重时还会出现敌对的心理。

也许家长并不觉得自己给孩子爱的同时强加了条件，但仔细反思自己的行为，就不难找到线索。例如，你是否对孩子说过这样的话：

“听话！妈妈只喜欢听话的孩子！不听话我就不要你了！”

“你学习成绩好才是好孩子，妈妈才会爱你！”

“妈妈养大你这么不容易，你一定要好好争气，不然我就不再爱你了。”

“为了你，我天天这么辛苦。”

“你是我们的希望，我们愿意为你做任何事，只要你好好学习。”

……

这些就是有条件的爱。当妈妈说出这句话时，或者心里有这种想法时，就证明妈妈对孩子的爱是有条件的了。这样的条件存在于如下的潜台词中：“你必须服从我，遵照我的指令去做，按照我的设计去成长，否则我就不爱你。”“乖乖地听话、取得好成绩、考上好学校、给妈妈挣得脸面和荣耀……不满足这些条件，妈妈就不爱你，甚至将你逐出家门。”

例如，当妈妈说出“你是我们的希望，我们愿意为你做任何事，只要你好好学习”时，好好学习就成了妈妈爱孩子的条件，也是孩子得到妈妈爱的前提。如果孩子不能取得令妈妈满意的好成绩，就会受到妈妈的责怪，或是在心理上给自己背上沉重的压力。长此以往，孩子就会迁怒于学习，而学习也就成了横在妈妈和孩子之间的一座高山。这座山不搬走，孩子和妈妈的关系就很难融洽。

在心理学上，这种有条件的爱被命名为“非爱行为”，即指以爱的名义，对最亲近的人进行一种非爱掠夺。这非但不会令孩子感受到你的爱，对你产生感恩之情，反而会令孩子感受到莫名的压力，令孩子越来越反感。

爱孩子是不需要任何条件的。所谓无条件的爱就是全盘接纳你的孩子。美国亲子教育专家盖瑞·查普曼和罗斯·甘伯认为：“无条件的爱就是无论孩子的情况如何，都爱他们。亦即不管孩子长相如何，天资、弱点或缺陷如何，也不管我们的期望多高，还有最难的一点是不管孩子的表现如何，都要爱他们。但这并不表示我们喜欢孩子的所有行为，而是意味着我们对孩子永远给予并表示爱，即便他们行为不佳。”

不过，对于有这种习惯的家长来说，要改变这种局面不是一件容易的事，它需要一个漫长的过程。最重要的是，家长不要再把孩子学习成绩好、孩子的表现符合自己的要求作为爱孩子的条件，而是应该在孩子成长的过程中给予他切实需要的帮助和爱，不用自己带有附加条件的爱使其窒息。只要家长在生活中多注意自己的言行，不要再表现出这些“非爱行为”，那么久而久之，这种现象就会渐渐消失。

溺爱会毁掉孩子的一生

溺爱其实是一种害

苏联著名教育学家马卡连柯曾经说：“父母对自己的子女爱得不够，子女就会感到痛苦，但是过分溺爱虽然是一种伟大的感情，却会使子女遭到毁灭。”如果家长无视这个警告，一意孤行地认为只要尽力满足孩子的需要就能保证孩子健康幸福地成长，那么这种教育方式必然会影响孩子各个方面的发展。例如当别人帮助自己的时候，这些孩子不会懂得感恩，反倒觉得是理所当然；当他看到别人比自己优秀，他首先想到的不是向别人学习，而是产生沮丧、嫉妒等消极情绪。

此外，溺爱还会令孩子的人格受损。在溺爱下长大的孩子，在家中依赖父母，日后在外面宁愿依赖同事、依赖上司，也不愿自己创造，不敢表现自己，害怕独立，又或者他喜欢做一个“小霸王”，自私自利，不尊重父母兄弟姐妹，脾气暴躁，性格极端。这些都意味着他的人格还没有趋于成熟和健全。

小帅小时候一直跟爷爷奶奶生活，读小学才回到城里父母的身边。小帅的妈妈总觉得亏欠孩子，出于补偿心理，她对孩子百依百顺、有求必应。渐渐地，小帅就从一个乖孩子变成了一个小霸王，一旦妈妈满足不了他的需求，他就发脾气，扬言不写作业，不上学，甚至要离家出走。

但是，小帅的妈妈总以为孩子长大了就会好的，所以对小帅的这些行为总是忍气吞声。可是，小帅并没有因为长大了就变得懂事，他变得越来越好逸恶劳，才 12 岁就开始抽烟。后来，他干脆领着几个同学逃课出去上网，并且用妈妈给的零花钱请客，大手大脚。直到这时，小帅的妈妈才有些害怕了，可是却不知道怎么才能让孩子变好。

家长们应该明白，溺爱孩子实际上剥夺了孩子生活中许多重要的东西。妈妈首先要学会放开自己的双手，让孩子自己系鞋带，即使速度很慢，迟到了他会因此受到批评，走路摔倒了他会感到疼痛，但是所有这些代价，都是让他学会正确做事的前提。不然，他将在未来错失更多的机会，付出的代价也会更惨痛。

溺爱看起来最富有牺牲精神，但其实是世界上最懒惰的爱。实际上，很多家长都已经意识到了溺爱的坏处，但还是走上了这条路，这是为什么呢?

其实每个人心中都藏着两个“我”。一个是“内在的父母”，即我们现实中的父母角色与理想中的父母角色的内化；另一个是“内在的小孩”，也就是我们对自己童年体验的记忆和自己理想童年的内化。溺爱的心理秘密是家长把这个“内在的小孩”投射到了自己的孩子身上。把现在的孩子当作自己，按照自己曾经幻想的爱来给孩子。比如那些从小生活贫困的家长，通常会在物质上满足孩子的一切要求，因为他们潜意识里极端排斥贫苦的日子，所以他们不断满足孩子的物质要求，其实是在满足自己“内在的小孩”的物欲。家长无节制地给予孩子，其实是无节制地满足自己的欲望。溺爱表面上看是牺牲自己满足孩子，心理真相却是在宠爱自己的同时牺牲了孩子。

每个家长都应该反思一下自己对孩子的爱。你是不是在按照自己的想法爱孩子，你是不是希望自己有一个和孩子一样的童年呢？如果答案是肯定的，请你反省一下自己的行为，也许你正在有意无意地溺爱孩子。

孩子是需要经历挫折才能健康成长的，溺爱只会让孩子养成不良的生活习惯和性格。

被溺爱的孩子很难遵守规矩，也不懂得自我约束，在他看来，规矩都是为别人准备的，与自己无关。

家长的爱并不是越多越好，千万不要让你的爱泛滥成灾，最终将孩子的人生淹没。

注意：这些行为都是溺爱

郑晖是一个在学校里出名的不守规矩的人：上课时，他总是把一只脚放在课桌上，手上摆弄着玩具，全然不顾老师和同学们的存在；体育老师喊立正，他偏要稍息；老师叫蹲下，他偏要站着，最后干脆自己跑到树下去玩……老师和班干部只要规劝他，他就开始“耍赖”，有几次甚至整个人躺在地上不起来。

老师曾经为此事请了家长。可没想到的是，郑晖的妈妈对儿子的行为却非常不以为然：“我的孩子脾气很犟，不喜欢别人管他，他在家里坐着就总是把脚放在桌子上，已经习惯了。躺地上，那是老师惹他不高兴了，在家里他就是这样。”

给予孩子正确的爱，会让他学会更好地爱别人，爱自己，爱生活；而过分溺爱孩子，则容易使孩子养成骄傲、任性、自私、虚荣、孤僻等坏毛病。有的家长在反对溺爱的同时，又在不知不觉中对孩子施以溺爱。家长虽然知道溺爱会对孩子造成伤害，但有时也会分不清“溺爱”是什么，更不了解自己的行为是不是溺爱。那么，什么样的行为，才算是溺爱呢?

以下列出了五种最常见的溺爱行为。家长不妨对照着实际情况看一下，自己是否也曾有过这样的行为。

1. 对孩子给予“特殊待遇”

由于是独生子女，很多孩子在家里的地位高人一等，处处都会受到特殊照顾。这样的孩子必然是“恃宠而骄”，滋生优越感，变得自私，没有同情心，不会关心他人。

2. 对孩子的各种要求“无条件满足”

有的家长对孩子的各种要求总是无原则地满足，孩子要什么就给什么。有的家长觉得“再穷不能穷孩子”，即便是自己省吃俭用，也要满足孩子的要求，哪怕是无理要求。这样长大的孩子必然养成不珍惜、过分追求物质享受、浪费金钱和不体谅他人的坏习惯，而且毫无吃苦耐劳精神。

3. 对孩子过分保护

有的家长为了孩子的“绝对安全”，不让孩子走出家门，也不许他和别的小朋友玩。更有甚者，变成了孩子的“小尾巴”，步步紧跟，含在嘴里怕化了，吐出来怕飞走。这样养大的孩子往往怯懦无能，存在严重的依赖心理，在家里横行霸道，到外面胆小如鼠，造成严重的性格缺陷。

4. 袒护孩子所犯的错误

有的孩子犯了错误，妈妈总是视而不见，还说：“不用管太严，孩子还小呢。”有时候爷爷奶奶还会站出来说话：“不用教得太急，他长大之后自然会好了。”这样环境长大的孩子全无是非观念，很容易造成性格的扭曲。

5. 孩子出现意外时“大惊小怪”

所谓“初生牛犊不怕虎”。孩子在小的时候本来不怕水、不怕黑、不怕摔跤，摔跤以后能不声不响地自己爬起来继续玩，可为什么有的孩子越大越变得胆小爱哭了呢？这往往就是家长的“大惊小怪”造成的。当孩子受了轻伤或是遇到意外情况时，本来孩子还无所察觉，大人就已经表现得惊慌失措，不让孩子碰这碰那。这样娇惯的最终结果，就是孩子一步都不让大人离开，变得越来越懦弱。

溺爱的家庭易养出“心理肥胖儿”

随着生活水平的不断提高、膳食结构的快速改变，儿童肥胖症发病率呈显著提高的趋势。现代医学认为，如果儿童体重超过同性别、同身高正常儿均值20%以上，就可诊断为肥胖症；超过均值20%～29%者为轻度肥胖；超过30%～39%者为中度肥胖；超过40%～59%者为重度肥胖；超过60%以上者为极度肥胖。

豆豆是个名副其实的小胖墩儿，刚刚8岁体重就已经超过了40千克。他从出生的那天起就受到全家人的宠爱，好吃的都给他吃，看他吃得越多，家里人就越高兴。于是，这个孩子就一天比一天胖。现在，他甚至连多走几步路都有点气喘吁吁，更别说在体育课上活动了。妈妈带着豆豆去医院检查，才发现这么小的孩子，竟然已经患上了高血压。这下子，豆豆妈也开始着急了。

肥胖症的致病因素中包括心理因素，许多人肥胖都是由于心理原因导致的特定的行为问题造成的。现在儿童肥胖主要有几个方面的原因。首先，按传统观念来喂养孩子，认为给孩子多吃东西是对孩子的疼爱。其次，现在孩子能接触到的食品非常多，导致除正餐之外，孩子还过量摄入其他食品，再加上很少运动和劳动，致使摄入的能量不能得到足够的消耗，只能积聚在体内，形成脂肪。

很多家长认为，把孩子养得胖是有面子的事情，对于孩子肥胖也持宽容态度，而且在孩子已经开始出现肥胖症迹象的情况下仍然不对孩子吃的东西加以限制，让孩子随心所欲。孩子本身缺乏控制力，对爱吃的食物更是不能自持，也不懂得什么食物是健康的、什么是有害的，如果家长再不纠正孩子的饮食习惯，听之任之的话，那么孩子肥胖的情况就难以得到改善。久而久之，这种放纵的溺爱就会养出一个“心理肥胖儿”。

肥胖不仅影响孩子的身体健康和正常发育，还是孩子成年以后患高血压、糖尿病、冠心病、疸石症、痛风等疾病和猝死的诱因。要让孩子有效地减肥或防止肥胖，就必须从改变家长的观念做起，家长要及早为孩子建立起健康的饮食习惯和良好的行为习惯，不要在吃的问题上娇惯孩子。要记住，爱孩子没有错，但是过度的爱，反而可能会害了孩子。

不要用爱扼住孩子的喉咙

真的“都是为了孩子好”吗？

美国家庭心理咨询师茱迪斯·布朗在《都是为了你好》一书中指出：“家长有着强大的需求，但是这些需求往往被高尚的托词乔装遮掩，暗中扭曲孩子的生活。”“都是为了你好”就是最常用来遮掩家长内心需求的高尚托词之一。

孩子不想吃饭时，家长端着碗在身后追着喂：“再吃一点吧，为了你的营养，为了你的身体好！”家长给孩子报了钢琴班、美术班、舞蹈班、英语班，每天陪着孩子东奔西跑上课练习考证，“为了你的将来着想，为了你的前途好！”无论孩子做什么，家长都会参与其中，干涉孩子的想法：“听我的，这都是为了你好！”茱迪斯·布朗还这样写道：“家长们自欺欺人的通病就是，他们为孩子做的一切，无论如何满足了他们自己，却说成是为了孩子。”

“我都是为了孩子好”，在这个旗号下，家长不仅参与孩子所有的行为，强迫孩子接受家长的选择，甚至还会规定孩子何时何地应该以何种方式表达自己：委屈不许哭、失望不许生气、高兴不许喊、对妈妈的话要抱着感激的心情、对妈妈要时刻感恩戴德……

但是请家长思考一下："呕心沥血所做的一切，真的都是为了孩子好吗？"

"我都是为了你好！"凡是这样说话的家长，内心都有一种自以为是的态度，把自己当成孩子生活的总指挥，是居高临下的"救世主"，这样的家长总是在说"听我的，我知道什么是对你最有益的！"

但是"都是为你好"的隐含意思是："我为你好才这么要求你，所以你不论喜不喜欢，都必须照办。"实际上这里面存在着一个假设，就是出发点好结果就一定好，但是这个假设是不成立的。另外还包含了一个前提：孩子自己不知道什么对自己好，所以一切都要听大人的。对于很小的孩子，这一点或许是事实；但是对于比较大的孩子来说，就不总是如此了。

当孩子置疑家长的行为时，家长用一句"我都是为了你好"蛮横地拒绝了孩子的意见。因为这句话的潜台词就是："我的动机是为你好，所以你无权置疑我的行为，即使事实证明我错了，我也不需要道歉，而且你下次仍然应该无条件地服从我。我整天都在为你好，你应该记住我的恩情，你欠我的。"家长怀揣着如此蛮不讲理的想法，哪个孩子还敢表达自己的意见呢？这时家长扮演的是"债权人"和"施予者"角色，扮演这种角色的目的是要保持对孩子的控制。于是家长就这样轻而易举地实施了对孩子的精神控制。

在这句话的威胁中成长的孩子往往既不会表达愤怒，也不怎么会表达爱。他经常压抑自己的愤怒和感情，习惯于以别人的标准要求自己，而且不敢和家长做直接的交流，因为交流之前他们的脑海中就已经浮现出了家长大怒的样子。

家长们一定要时刻提醒自己，不要用爱限定孩子的人生道路，孩子的生活要孩子自己去创造。哪怕他们在生活中走了弯路，撞了满头包，那也是他们生活的一部分，这些经历会让他们自己的人生更加富有激情，而且家长们不妨放松一下自己的心情这样想："也许孩子选择的人生比我设定的要辉煌得多。"

封闭的爱会封住孩子的路

在一个访谈节目中，中国台湾的著名舞者比莉讲起了培养孩子的过程中，自己总是处于希望孩子快点长大，但又害怕孩子长大的矛盾心态中。比莉回忆说儿子小的时候，有一次送他去上学，正准备出门的时候，儿子堵在门口对她说："妈妈，以后不要再送我上学了，我都上初中了，同学们的爸妈都不送了！"听了儿子的这句话，比莉恍然大悟，她意识到儿子已经长大了，要放手让他自己去面对人生了。说到这里，比莉笑着对主持人说："其实我真舍不得让他长大！"

相信很多家长都有着和比莉一样的感受，一方面盼望着孩子快点长大，但是另一方面想到孩子长大后就离开自己，又开始舍不得他们长大，多么希望孩子永远都这样天真无邪，单纯可爱，永远生活在自己的羽翼下，永远拥有他们。家长的内心深处大多会有这样的恐惧，害怕孩子长大独立，害怕孩子与自己分离。

所以，很多家长即使已经认识到了自己对孩子的这种“爱”是密不透风的，它会让日益成长的孩子受不了，甚至会使他们变得越来越糟糕，还是会不自觉地要给予孩子过多的爱护和管教。

当孩子越来越大、越来越独立、越来越渴望自己为自己做主时，家长就会感到巨大的分离焦虑，产生失落感。有些家长的内心很害怕孩子长大离开自己，于是会有意无意地阻碍孩子成长。

有些家长总是喜欢为孩子做事，了解孩子的想法，希望用这种方法来感觉到孩子仍然依赖着自己，消除自己害怕孩子长大的心理。这样的爱看似是对孩子的宠爱和负责，其实是一种自私心理，为的是满足自己的安全感，如此自私的爱，不能算是真爱。

孩子长大了，必然会渴望独立的空间，希望能伸展拳脚，尝试自己的力量，这是一个生命成长的必然规律。家长不要一厢情愿地认为孩子是一个永远不懂事、永远不知道该怎么做事的小孩。没必要为孩子的所有事情操心，不应总是像对待一个2岁的孩子一样去对待已经长大的孩子，这是对孩子无形的伤害。

一个合格的家长必须舍得孩子长大，不能因为舍不得孩子离开自己就把他牢牢地圈在自己爱的包围圈里，这对孩子是错误的爱，必须允许孩子与自己分离。要知道，不管家长的怀抱多么温暖，如果孩子自己没有一双强健的翅膀，家长不在身边时他就无法飞翔。不管家长的肩膀多么结实，如果孩子自己没有站立的力量，家长老去时他就无法独立行走于世界。所以一个合格的家长应该运用自己的智慧和能力训练孩子，让他成为一个能够独立面对世界的人。

牢记：母爱是为了分离的爱

曾经有人说过：世界上所有的爱都是为了在一起，只有一种爱的目的是为了分离，这种爱就是——母爱。在动物世界里，每一个母亲在孩子该自立的时候都会把孩子推出家门，让孩子独立生活。目的是让孩子真正地长大，开辟自己的生活。

人类亦如此。从怀胎十月，宝宝从妈妈的肚子里出来，到宝宝断奶，和妈妈分床睡，再到 3 岁上幼儿园，7 岁上小学，接着读初中和高中，然后直到有一天，孩子去了另一座城市读大学，或是出国留学。等到完成学业以后，孩子就开始拥有自己的事业，组建自己的家庭。对妈妈来说，这就是孩子一步步离开自己的过程，也是孩子一步步成熟、自立的过程。妈妈是以保护的心态把孩子完全护佑在自己的臂弯里，还是以开放的心态鼓励孩子追求自我，对孩子的成长之路至关重要。

人们无时无刻不处在一个社会环境中，这就构成了人们社会交往中的人际关系。如果一个孩子无法适应他所在的环境，无法构建良好的人际关系，那不但不能正常地发挥自己的潜能，更不会根据环境调节自己，从而出现环境失调，即因无法适应环境出现种种生理或心理异常。出现这种问题的人，多数都能从童年时期妈妈的养育方式里找到根源。

张先生是一家企业的人事经理。一天，他在面试新员工的时候，遇见了这样一件“匪夷所思”的事：一个22岁的大四男孩，竟然带着妈妈一起来面试。这个男孩一米八几的个子，看起来又高又壮，却格外腼腆，始终低着头，不敢直面张先生。

男孩的妈妈把简历给了张先生，然后开始为张先生“推荐”起她的孩子来。张先生几次想问这个男孩问题，都被男孩的妈妈“抢答”了。无奈之下，张先生只能摇了摇头，把男孩和他的妈妈一同请出了房间。

家长总是喜欢在孩子正在努力把事情做好的时候，费尽心思地去帮孩子，这其实是孩子发展时期最大的障碍。最简单的一个例子是，在孩子两三岁开始学习自理的时候，家长们会给孩子梳洗、穿衣服，不让孩子自己动手学习，殊不知这样就等于无情地剥夺了孩子的自主权。到处都设置条条框框、告诉孩子不能打破或者弄脏家里的东西、不能接触这个或那个，这样一来，孩子就没有机会练习控制自己的身体，不能学习使用日常生活中的物品，不能遵循好奇心去探索新鲜的事物，许多学习必要生活经验的机会就这样无情地被剥夺了。

要让孩子健康地发展，就要给孩子一个与孩子年龄相符、释放孩子精力的同时又配合他们心理发展的环境，给孩子充分的自由，让孩子自在成长。这样，孩子将来才会大有作为。

需要注意的是，给孩子充分的自由，并不等同于对孩子不闻不问、听之任之。给孩子自由，但也不能忽略孩子所犯的每一个错误。家长应该尽可能让孩子自然地生活与成长，提供给他成长所需要的，找出避免他犯错误的方法，当他犯错误后及时帮他总结经验教训。要知道，一个优秀的家长，不是要包办孩子大小一切事务，而是要告诉孩子生活的经验，然后让孩子独自去尝试、去感受、去总结，这无论是对孩子的成长，还是对维系家长与孩子间的亲密关系，都大有裨益。

父爱，不可缺席与代替

母爱父爱大不同

一个幼儿园开了这样一次班会，主题是“假如我有一把锁……”，其中一个孩子这样说道：“我想锁住爸爸的车、手机、电脑，这样爸爸就能和我一起玩了。”

一位医生爸爸曾经满怀愧疚地说：“儿子今年5岁了，但是我觉得我欠儿子很多！有一次我好不容易抽出时间跟儿子一起去野营，回家的时候儿子高兴地抱着我说：‘爸爸，我今天特别开心！我也当了探险家，再也不用被隔壁的明明笑话了！’儿子很开心，但是我的心里却很难受。因为我工作忙，在家的时间很少，儿子连小男孩最喜欢的打仗游戏都很少玩，也没有机会去爬上爬下，因为妻子害怕孩子受伤。”

很多中国家庭都是父亲在外赚钱养家，教育孩子的重任落在母亲一个人肩上。实际上，父亲在家庭教育中的作用同样重要。近几年，在家庭教育领域，“父性教育”受到越来越多的关注。

什么是“父性教育”呢？“父性教育”就是对孩子提供充满父亲角色特性的教育，也就是主要是由父亲来实施的体现父亲人格特征的家庭教育。专家们强调，“父性教育”和“母性教育”有机结合才是完整的家庭教育。

如果说母爱像水一样温柔，那么父爱就像山一样刚毅，父亲是勇敢、果断、坚强、豁达的代表。父亲胆子大，能够保护孩子的探索欲和好奇心，而母亲则更倾向于安全不冒险的活动。不过，不冒险也意味着缺少创造性，因此母爱和父爱对幼儿的智力影响是有差异的。孩子从母亲那里接受的大多是语言、物品用途和艺术性等方面的知识，而父亲则通过与孩子一起发明更多的活动方式给予他们更广阔的知识，大大提高孩子的动手能力、创新意识，促进孩子求知欲、好奇心的发展。

家庭教育中，父亲的参与对男孩形成男性气质起到决定性作用。男孩会通过仔细观察父亲的行为来形成自己的价值观。如果父亲不尊重妻子，经常发火，儿子就会对母亲和其他女性采取同样的态度；如果父亲酗酒，儿子以后也会成为一个“酒鬼”。如果父亲在家中能够成为一个很好的榜样让孩子效仿，这会比责骂、惩罚和哄骗等手段有效得多。所以，如果希望自己的儿子成长为一个有用的人，作为父亲不仅要诚实可信、自律、关心他人，同时还要用心经营自己的家庭，起到一个丈夫和父亲应有的作用。

“儿子需要父亲做榜样，那么女儿有妈妈做榜样就可以了，有女儿的爸爸就可以无事一身轻了。”是这样的吗？实际上，父爱对于女儿同样不可或缺。父亲对女儿的影响主要表现在自信心上。这可能是因为父亲对女儿评价往往不多，表达方式也与母亲不同，所以女儿似乎更看重父亲的赞赏。如果父亲经常夸奖自己的女儿漂亮、优秀，女儿就会不知不觉自信起来；如果父亲总是认为女儿很不起眼，或经常夸奖其他的女孩，那么孩子就会变得自卑。

很多父亲还有这样的错误想法:“孩子还小，妈妈先照顾，他长大之后我再教育也不迟。”事实上，出生6周的婴儿就能分辨出父亲与母亲说话时的差别。当他们开始说话时，一般会先喊“爸爸”。开始学步的幼儿往往会去寻找自己的父亲，宝宝在电话里听到爸爸的声音也会感到惊喜。10岁后的孩子则会通过与父亲竞争、挑战父亲表达自己对父亲的需要。当父亲离开时，孩子会发现自己对父爱的需要是那么强烈并持久不变。

因此，每个父亲都应该充分认识到自己在子女成长过程中的重要作用，给予孩子更多的关心、理解，建立良好的亲子关系，为孩子树立好的榜样。作为母亲，也应关心自己的丈夫是否能给予孩子适当、恰当的父爱。毕竟，只有当母爱和父爱两股洪流同时注入孩子的心田中去时，孩子才更有可能长成一个健康的人。

教出好孩子，爸爸责任重

家庭是孩子生活的第一个场所，家长是孩子的第一任教师，也是终身的教师。培养孩子是所有父母义不容辞的责任。美国耶鲁大学科学家的研究成果表明，成长过程中时刻有爸爸陪伴的孩子更容易成功，他们的智商会更高，更重要的是他们在遇到问题时表现出的冷静与智慧。爸爸通常具有独立、自信、勇敢、坚强、乐观、大方等特征，孩子在与爸爸的相处中，既能潜移默化地感受着父爱，又能模仿、学习爸爸的言谈举止，从而形成做事果断干脆、思维反应迅速等特质和勇敢坚强的好品质。另外，爸爸会更多地与孩子玩运动量大而刺激的大游戏，令孩子充分感受到新鲜和刺激的感觉，这有助于培养孩子探索和冒险精神。但是，如果在孩子成长的过程中缺失了父爱，那么很可能就会给孩子带来不可逆转的负面影响。

“我儿子今年8岁。他爸经常出差，一出去就是十天半个月，不出差的时候也有很多应酬，很晚才回家，通常儿子都睡着了。早晨，要么儿子先起来上学了，他爸还睡着呢；要不他爸就已经出门了，真正坐在一起的时间很少。现在，儿子明显和他爸疏远了，觉得爸爸在不在家都无所谓，我们也很无奈。”一个男孩的妈妈说。

美国心理学家通过调查发现，那些没有得到足够父爱的孩子情感障碍十分突出，出现焦虑、孤独、任性、多动、依赖、自尊心低下、自制力弱、攻击性强等行为缺陷的现象较为普遍，甚至与孩子成年后的不良生活习惯都有一定关系。心理学家据此提出了“缺乏父爱综合征”这一概念。

“缺乏父爱综合征”是由于父爱缺失，包括因父母离异、父亲长年不在家或者虽然在家但是极少关注孩子，致使他缺乏父爱而带来的一种分离性焦虑，这种分离性焦虑的表现多种多样，轻度的表现为胆小、焦虑等心理性症状，严重的甚至会导致自主神经功能紊乱，表现出心悸、头晕，甚至昏厥等生理性症状。此外，患有“缺乏父爱综合征”的孩子成年后出现神经质、精神病或人格障碍等心理疾病的比率以及犯罪自杀率均偏高，并且有可能影响孩子成年后正确地处理两性关系，导致不幸的婚姻生活。

可见，爸爸在孩子的教育中所扮演的角色是极为重要且不可替代的。孩子出现行为或心理问题，爸爸有着不可推卸的责任。为了避免孩子在成长过程中出现这些不必要的麻烦，让孩子有一个温馨和美的成长环境，爸爸还是应当多参与到孩子的教育中来，与孩子共同成长，共同发展。

一个向左一个向右——教育的大忌

如果我们只有一只手表，可以知道时间；但是如果我们拥有两只或更多指示不同的表，却无法确定钟点。更多钟表并不能告诉人们更准确的时间，反而会让看表的人失去对准确时间的判断。这就是心理学上有名的“手表定律”，它表明了一个事实——人在做一件事情的时候，只能有一个指导原则和价值取向，否则就会令人无所适从，更加混乱。

为了让孩子更好地成长，家长在养育和教育孩子的过程中就更要注意避免“手表定律”发生。简单来说，就是在对待孩子的问题上，家人的观点和态度要保持一致，不能一个向左一个向右，比如总是给孩子设定两个截然相反的目标，提出两种完全不同的要求等。这样矛盾的教育会使孩子无所适从，无法形成自己的价值体系，甚至行为上陷入混乱。家长不一致的态度，可以说是教育的大忌。

琳琳的爸爸是一家大型公司的部门经理，妈妈是医院的主任医师，家境富裕，条件优越。可是，几乎每天，爸爸妈妈都要因为她的教育而发生争执。因为妈妈总是认为，琳琳只要好好学习就可以了，不应把时间花在其他事情上。但是爸爸却认为，好好学习是应该的，可也该有适当的放松。妈妈还总是向琳琳灌输做人不能吃亏，而爸爸则教育孩子要善良、诚实。

于是，琳琳家中就常常发生下面类似的场景：

六点半左右，琳琳吃过晚饭，问爸爸能不能看一会儿《猫和老鼠》再写作业。爸爸觉得很正常，同意了。可琳琳遥控器刚拿到手，电视机还没开，妈妈一把就抢了过去，说："还不快写作业、看书！"

爸爸和妈妈对于琳琳的教育始终持不同的两种观点，时间长了，琳琳常感到无所适从。

有一次，爸爸和妈妈又因为琳琳的教育问题吵了起来。爸爸说了妈妈几句，刚好妈妈手里拿着一个牙签盒，脾气火暴的她一听爸爸说自己不对，手上的盒子就朝爸爸砸了过去。牙签撒得到处都是，琳琳着实被妈妈的举动吓了一跳。

从那之后，琳琳变得越来越沉默，而且经常把自己关在房间里。她的脸上很少露出笑容，上课时常常注意力不集中，成绩也下滑得很厉害。

琳琳接受父母截然相反的教育方式，最终自己也不知道该听谁的。孩子本身还不具备明确的是非观念，如果父母意见不一，孩子无所适从，很自然地倾向于保护他们的一方，那么持正确观点的一方所做的努力也就完全无济于事了，还会导致孩子亲一方、疏一方。

在家庭里，教育子女是父母的共同责任。但是，在履行责任的过程中，时常会发生种种矛盾，其中最明显、最突出的就是父母教育孩子的口径不统一。孩子有本能的自我保护心理，他们会利用父母对自己行为品质的态度不一这一点，去寻找有利于自己的保护。父母意见不一，就非常容易强化这种心理，使家庭教育效果大打折扣。

因此，家人在孩子面前，一定要保持“统一战线”。即便就某个问题出现了分歧，也不能当着孩子的面起争执，要尊重对方的意见，耐心平静地商量，互相理解和忍让，从而达成一致意见，而不能随意损坏对方的形象，以免给孩子留下不好的印象。毕竟，只有首先让孩子尊重家长，家长才能与孩子成为朋友，从而更好地引导孩子的成长。

给予宽严适当的父爱

父亲是孩子成长道路上的引路人，父亲的示范和启示，能够帮助孩子树立远大的志向，拥有一个完整稳定的精神世界。

孩子将来在社会生活中需要的知识、沟通技巧都受到父亲的影响，而且这种影响是持久的。因此，爸爸在孩子成长过程中所扮演的角色绝不是妈妈的辅助者，而是切切实实的教育者。爸爸要给予孩子切实的关爱，让孩子健康地成长。

可能有些爸爸会为此感到困惑：到底应当给孩子怎样的父爱？有些爸爸认为，妈妈所扮演的是温柔如水的角色，那么爸爸就应当摆出一副“严师”的姿态，我们常挂在嘴边的“严父慈母”更是体现了这一点。但是实际上，总摆出一副威严姿态并非表现父爱最好的方式。如果爸爸总是动不动就对孩子吆三喝四，责令孩子做这做那，对孩子的行为指指点点，就会令孩子对父亲“敬而远之”。然而，这种远离只代表沟通的失败，没有任何教养的魅力，而且还会给孩子带来心理阴影。

周云是个腼腆内向的女孩，尽管已经工作两年多了，可她一直非常害怕见到经理。每次一看到经理，她都特别紧张。经理向她布置日常工作时，她会显得手忙脚乱，语无伦次，眼睛不敢看经理，总担心又要挨批评。久而久之，这种恐惧的心理已经严重影响到了她的日常工作。无助的周云只好向心理医生求助。

周云对医生说，她从小是个害羞胆小的女孩，爸爸是个军人，平时对她十分严厉，不苟言笑，几乎不允许她犯任何错误。每当她不听话，妈妈总是拿“你爸爸回来了”来吓唬她，弄得她整天提心吊胆。从而在心中对爸爸产生了持久的恐惧。

最后，经过心理医生诊断，周云是患上了“权威恐惧症”。

“权威恐惧症”属于恐惧症中“恐人症”的一种最轻的类型，它的对象相当固定，往往是具有管理权和批评权的人。从心理学理论分析，如果家长经常过度地使用权力，就会对孩子产生一种权力压力感，使子女对家长的权力产生恐惧，这种恐惧感被压抑到潜意识领域，就会导致日后产生“权威恐惧症”。

一个能展现母性力量的父亲，不但不会使他的雄性力量逊色，反而会因为其刚柔并济而使他的雄性力量更具有深度。父亲是成人社会的典范，在孩子的眼里也代表着无穷的力量与强大的依靠。父亲角色的过度严厉、苛求甚至打骂，或多或少会使孩子形成自卑、胆怯、逃避等不健康的个性及心理，或导致反抗、残暴、说谎等不良行为；但过于宽松的爱则会令孩子无法感受到父爱特有的力量，也无法发挥出父爱特有的作用。

所以，父亲给孩子的爱要掌握好“度”，太宽会使孩子失去约束，不易管教；太严则会使孩子无所适从、精神紧张，时间长了容易产生逆反心理。只有适当的爱，才是给予孩子的最优质的爱。其实，只要在生活中多关注孩子，多与孩子交流，善于发现孩子的优点和长处，适当肯定孩子的行为，尊重他们的意见和选择，在孩子的看法或行为出现问题时严肃且心平气和地说服教育，孩子就能接收到来自父亲的最有效的教育。

理性教育

如何培养高情商的孩子

李旭影 编著

吉林出版集团股份有限公司
全国百佳图书出版单位

图书在版编目（CIP）数据

理性教育. 如何培养高情商的孩子 / 李旭影编著
. -- 长春 : 吉林出版集团股份有限公司 , 2020.8
ISBN 978-7-5581-9044-5

Ⅰ. ①理… Ⅱ. ①李… Ⅲ. ①儿童教育－家庭教育
Ⅳ. ① G782

中国版本图书馆 CIP 数据核字 (2020) 第 167180 号

前言

决定一个人成功的因素有很多，但是大致分析来看，智商的影响占20%，情商的影响占80%。想培养一个优秀的孩子，让他将来事业有成，就要重视他的情商培养。

情商（EQ）的概念是由美国哈佛大学心理学教授丹尼尔·戈尔曼在1995年出版的《情感智力》一书开始变得广为人知的。所谓情商，其实指的就是情感管理能力，“EQ”是“情感商数”的英文缩写，指有良好的道德情操，有乐观幽默的品性，有面对并克服困难的勇气，同时它也是一种自我激励，是持之以恒的韧性，是同情和关心他人的善良，是善于把握自己和他人情感的一种能力。简而言之，它就是指人的情感控制力和社会交际力。

随着人类步入网络时代，人际交往越发密切，情商越来越被人们所重视。它被人们普遍认为是通往成功的必备素质。因此，对孩子情商的培养在现代教育中显得尤其重要。

一般来说，高情商有五大方面的表现。

1. 了解自己的情绪

认识情绪的本质可以说是情商培养的第一步，对于一个人了解自己来说非常重要。不了解自身真实感受的人必然会沦为感觉的奴隶，只有能控制自己情绪的人才能成为自己生活真正的主宰，在面对人生中的大事时，才会做出明智的抉择。

2. 控制、管理好自己的情绪

情绪的控制和管理是建立在自我认知的基础上的，只有具备自我认知，才能知道如何自我安慰，摆脱焦虑、低落的心情。这方面能力比较弱的人会常常和那些负面情绪做斗争，而对这些掌控自如的人则能很快走出生命的低谷，重新出发。

3. 用自己的情绪激励自己

无论是要集中注意力、自我激励还是发挥创造力，将情绪专注于一项目标是绝对必要的。无论要取得什么样的成就都要靠情感的自制力——克制冲动与延迟满足。保持热忱是坚持不懈的动力，一般来说，能够自我激励的人不管做什么事情都会有较高的效率。

4. 体会别人的情绪

共情力也是一种基本的人际交往能力，同样建立在自我认知的基础上。具有较强共情力的人更能从细微的信息中察觉到他人的需求，特别适合从事医护、教育、销售与管理类的工作。

5. 和周围的人友好相处

建立与维护人际关系也是管理他人情绪的一种艺术。一个人的吸引力、领导能力、人际和谐程度都和这项能力有关，社会中的佼佼者往往这方面的能力都比较强。

当然，不同的人在这些方面的能力也是不同的，有些人可能很善于处理自己的焦虑，却对别人的哀伤不知从何安慰起；而有些人在处理别人的事情时能够非常理性，但是在面对自己的事情时就会乱了方寸。这些能力可能因人而异，没有什么优劣之分，但是人有很强的可塑性，很多方面的不足都可以通过努力改善。

如今，大人们不得不适应快节奏的生活、高负荷的工作和复杂的人际关系，没有较高的情商是难以获得成功的；孩子们也生活在一个马不停蹄的环境里，繁重的学业使他们喘不过气来，同时还要和同学们搞好关系，只有拥有较高的情商，才会使他们在这样的社会状态下生活得游刃有余。情商高的人，人们都喜欢同他交往，他也总是能得到众人的支持。权变理论代表人物之一弗雷德·卢森斯对成功（晋升速度快）的管理者与有效（管理绩效高）的管理者做过调查，发现两者之间显著的不同之处在于维护人际关系网络，支持成功管理者的人最多，占48%，而支持有效管理者的人只占11%。可见，在职场中，要获得较快的成长，建立良好的人际关系是第一要务。

情商在评估一个人的整体素质方面也有着重要的作用。心理学家认为，情商与智商不太一样，它是靠后天培养的。因此，情商也是父母培养孩子能力和素质的一个不可忽视的方面。而且，从社会的发展和对人才的需求来看，仅靠知识是难以在社会上立足的。社会需要的人才不仅要有较高的才智、健康的身体，还要有高尚的人格、优良的品质、坚强的意志和不怕挫折、经得起失败考验的健康心理。就学习而言也是如此，即使一个孩子有再好的智力，如果没有好的学习动机，缺乏意志力，其成绩是很难达到理想水平的。另外，在一定程度上讲，道德是给智力把关的。学习成绩优秀的学生进入社会后走上犯罪道路的事例并不罕见。

所以，培养孩子的情商是父母所必须要做的事情。

独立生活的能力是孩子成材和立足于社会的基本能力。独立生活能力弱的孩子往往伴有胆怯、懒惰、消极等问题，而社会需要的是积极进取、勇于竞争、不畏艰难的人。所以父母们要站在时代的高度，在开发孩子智力的同时，重视对孩子情商的培养，这样才能让自己的孩子在未来的社会中有立足之地。

目录

第一章　培养高情商的孩子

第二章　培养孩子的优秀品质

第三章　让孩子保持心理健康

第四章　培养孩子良好的人际关系

第五章　培养孩子的想象力和思维能力

第六章　培养孩子的注意力和观察力

附录：情商提高的四种表现

第一章
培养高情商的孩子

情商与智商

> 父母箴言
>
> 长期以来，人们习惯于将智商作为衡量人才的标准，而现代研究表明，让孩子成才成功的决定性因素不仅仅是智商，从很多方面看，情商显得更为重要。

一个人的高智商可以使他具有非常丰富的知识，还可能使他顺利地得到一份工作。但是只有他也有稳定的情绪，适应环境的能力，对外界和上司、同事没有什么过分的要求，对自己有正确的评价，不会让外界影响到自己的情绪，在受到挫折时有重新再来一次的激情，并可以使自身的心理素质不断地提高，不会怨天尤人或悲观失望，他的智商和潜能才能得到充分发挥，在工作中才能游刃有余，走向成功。与之相反，如果一个人的智商很高，却常以此自负，情商低下，天天为自己周围并不理想的环境所困扰，那他的结局或是愤世嫉俗、孤芳自赏，与社会、公司、同事融不到一起；或高不成低不就，一辈子碌碌无为；甚至可能走上邪门歪道，毁于高智力犯罪。由此可见，一个人的情商与智商一样重要。

对人来说，智商和情商都是非常重要的品质，都是事业成功的重要基础。正确认识这一点，有利于一个人更好地认识自身，有利于避免走入“智力第一”和“智力唯一”的误区，有利于培养更健康、更优秀的孩子。

情商与智商是两种不同的品质，它们有些什么区别呢?

首先，智商和情商反映着不同的能力。智商主要反映人的认知能力、思维能力、语言能力、观察能力、计算能力、律动能力等。也就是说，它主要表现人的理性能力。它可能是大脑皮层，特别是主管抽象思维和形象思维的左半球大脑的功能。情商主要反映一个人的感受、理解、表达、控制和调节形象情感的能力，以及处理自己与他人之间的情感关系的能力。情感常常发生在理智的前面，它是非理性的，其物质基础主要与脑干系统相联系。

其次，智商和情商的形成基础有所不同。二者虽然都与遗传因素、环境因素有关，但是，它们与遗传、环境因素的关系是有所区别的。智商与遗传因素的关系远大于社会环境因素。据英国《简明不列颠百科全书》“智力商数”词条载：“根据调查结果，约 70% ~ 80% 智力差异源于遗传基因，20% ~ 30% 的智力差异系受到不同的环境影响所致。”情商的形成和发展，先天的因素也是存在的。美国心理学家艾克曼的研究表明，从未与外界接触过的新几内亚人能够正确地判断其他民族的人照片上的表情。但是，不同文化背景的人在情感方面又有很大差异。从历史中也可以发现，人普遍存在从众心理，情感容易受到社会环境的影响。

最后，智商和情商的作用不同。智商的作用主要在于更好地认识事物。智商高的人，思维敏捷，学习能力强，思考程度深，容易在某个专业领域取得杰出成就，成为某个领域的专家。调查表明，许多高智商的人会成为专家、学者、教授、法官、律师、记者等，在自己的领域有较深造诣。情商主要与非理性因素有关，它影响着认识和实践活动的动力。它通过影响人的态度、意志、毅力，加强或弱化认识事物的驱动力。智商不高而情商较高的人，学习效率虽然不如高智商者，但是，有时却能比高智商者学得更好，取得更卓越的成就。因为锲而不舍的精神使勤能补拙。另外，情商是把握和调节情感的一种能力，因此，对人际关系的处理十分重要。其作用与社会生活、家庭氛围、婚姻状况有密切关联。情商低的人，人际关系紧张，处理问题不力，领导水平不高。而情商较高的人，通常有比较健康的情绪，比较和谐的家庭，良好的人际关系，容易成为领导者，具有较强的管理能力。

诸多证据显示，情商较高的人在各个领域都有优势，无论是谈恋爱、交朋友或是处理工作事务，成功的机会都比较大。此外，情商较高的人通常对生活比较满意，有更积极的人生态度。反之，情感控制力较差的人必须花加倍的精力与内心交战，从而削弱了他的理性思考力。

一个智商不高的人可能无忧无虑，而一个智商高的人可能会殚精竭虑。那么一个情商高的人和一个情商低的人谁更容易幸福？答案则一定是情商高的人。情商低的人在受到挫折时，会很容易拿别人的错误来惩罚自己。高情商能让我们明白，外面的世界很现实、很复杂，也很精彩。自己会走什么道路其实在于自己的各种选择。比如说摔倒了，有的人会觉得自己真倒霉，有的人则觉得没关系，正好可以歇一会儿。外面世界无论是美好还是残酷，都要靠每个人去领悟、去接受。

在美国流行一句话："智商决定录用，情商决定提升。"事实上，智商和情商都很重要。只不过，在今天这个竞争日趋激烈、信息爆炸、人际关系复杂的社会中更突显了情商的重要性。

对孩子加强情商培养

父母箴言

只要让孩子多一点勇气，多一点机智，多一点磨炼，多一点感情投入，孩子的情商也会得到提升，营造一个有利于生存的环境，建立属于自己的交际圈，创造能发挥自己优势的空间。

现在的父母对孩子的教育是越来越重视了，在孩子教育方面的投资也越来越高了。家长们聚在一起谈论最多的一个话题就是孩子：孩子的学习怎么样，谁家的孩子学习好，谁经常考第一名，谁家的孩子不知道学习……。其实，父母关注孩子的学习是一件好事，可是，有一些父母的教育方法却把孩子领入了误区：为了让孩子各个方面都得到发展，一到周末，他们就把孩子送往各种补习班，对孩子进行盲目的灌输式教育。其实，这样的父母只注意到了孩子智力的开发，却忽略了让孩子走向成功的另外一个更加重要的因素，也就是情商。那些在父母的精心呵护下长大的孩子，就像生长在温室里的花朵，禁不起一点挫折，不能清楚地认识自己，对自己的能力也不能很好地把握，更别说去控制和调整自己的情绪了。当他遇到困难的时候，也不会自我激励，只有一味地退缩。对于别人的情绪、感觉和需要更是采取事不关己的态度。这样一来，就不能正确认识自己和他人，更谈不上什么同情心，人际关系也会被他处理得一团糟。许多心理学家都认为，情商是影响个人健康、情感、人际关系的一个重要因素，是一个人进步的动力，它可以让智商发挥更大的作用。

我国从古代起就提倡“忍”“三思而后行”“不以物喜，不以己悲”“淡泊明志，宁静致远”，现在风靡全球的“成功教育”“愉快教育”也都无一不包含着情商培养的因素。因此，今天的家长们在全方位开发孩子智力的同时，更应加强对孩子情商的培养。

说了这么多情商的重要性，到底什么样才是高情商的表现呢?

第一，高情商的人不管做什么事情动力都来自内部，他们有很强的自觉性和主动性。在决定做一件事情之后，不完成是绝对不肯罢休的。做任何事情，他们都有合理的动机、强烈的兴趣，表现出积极独立和不甘落后，并且有勇气，自信心强。一个高情商的孩子，懂得自动自发，主动做事、主动读书、主动做功课……所有的一切都是自动的，不用别人来督促。因此，就算他的智商不比别人高，但成绩也可以比别人好。

第二，高情商的人目光是长远的，他们不会沉溺于短暂的利益之中，不管想什么问题、做什么事情，他们都会把眼光放得很远，而不会满足于眼前的一点点获益。比如，在一项研究中，研究者告诉被试的孩子们：“这里有糖，你们可以马上吃，但只可以吃一块。等我出去办完事回来，还没有把糖吃掉的小朋友，还可以再得到一块。”跟踪实验的结果表明：那些有耐心等待的孩子，长大后更能适应环境、讨人欢心、敢冒险、自信、可靠；而那些只满足眼前欲望的孩子，长大后各方面的成就都不是很高。

第三，高情商的人善于控制自己的情绪，他们在任何时候都可以做到头脑冷静、行为理智，能抑制感情的冲动，克制急切的欲望，及时化解和排除不良的情绪，使自己始终保持一种良好的心境，性格开朗，胸怀豁达，心理健康。一个高情商的孩子，会把自己的情绪控制得很好，遇到让他们感到烦恼的事情时，可以自己化解，绝不会做出一些极端的行为来。

第四，差不多每一个人都有某些连自己也看不清楚的个性上的盲点，高情商者常常会自我反省，从不同的角度了解、认识自己，对自己有一些比较客观的评价，有自知之明，能正确地为自己定位。因此，他能够处理好周围的人际关系，成功的机会也总是比较多。一个高情商的孩子，会很清楚地看到自己的优点和缺点，他们既不会因为成绩好、受老师赏识而自傲，也不会因为自己在某方面不如别人而自卑。

第五，高情商的人善于洞察并理解别人的感受，能控制自己的情绪，会设身处地为别人着想，尊重他人的意见。因此，他们善于沟通与合作，与人相处融洽，在复杂的人际环境中也游刃有余。一个高情商的孩子在集体中会有好人缘，容易受老师和同学的喜爱，也会较少感到孤独。

其实情商也可以运用技巧来提高。既然是技巧就会有规律可循，就能被人们所掌握，就可以熟能生巧。只要让孩子多一点勇气、多一点机智、多一点磨炼、多一点感情投入，孩子的情商也会得到提升，营造一个有利于生存的环境，建立属于自己的交际圈，创造能更好发挥自己优势的空间。

提高孩子的情商应先由父母做起

父母箴言

消极的情绪无助于问题的解决，反而会像传染病一样在全家弥漫。所以，父母应当以理智的头脑控制自己的情绪，同时帮助孩子摆脱消极情绪的影响，学会自我调适，变得乐观自信起来。

家庭是孩子培养情商的第一所学校，是孩子情感发展的基石。在家里，他们将学到许多基本知识，比如自我观察，别人的反应，如何判断自己的感觉，如何洞悉别人的情绪，如何表达自己的喜怒哀乐等。研究显示，父母对待子女的方式对子女的情感世界有着长远而深刻的影响。因此，想让孩子拥有高情商，父母必须做到以下五点。

1. 为孩子树立良好的榜样

父母的一言一行、一举一动，对孩子起着潜移默化的作用。

因此，父母要以身作则，凡是要求孩子做到的，首先自己要做到，用榜样的力量去影响孩子。

2. 父母要用好的情绪影响孩子

孩子的情绪往往受家长的影响，平时在生活中，家长要用热情、豁达、乐观、友善等好情绪对待孩子和他人，会调节自己不好的情绪，这样孩子才会具有活泼、大方、快乐、关心他人的好性格。大人还要及时帮孩子排解恐惧、抑郁、悲伤、愤怒等坏情绪。

3. 要注意孩子情感的细微变化

父母要与孩子做足够的心灵沟通，做孩子的知心朋友。对于孩子的要求，只要是合理的、能够满足的，父母应该尽量满足；对孩子不合理的要求，则要向孩子说明为什么不能满足。父母千万不能不关心孩子的痛痒，也不能让孩子放任自流，更不能动辄训斥、打骂，压抑孩子的情感流露。相反，父母应让孩子的情感自然流露，了解它产生的原因，及时解决其中的问题。

4. 要为孩子创造人际交往的机会

如果家里来了客人，父母要让孩子一同接待。父母也要适当带孩子去参加一些聚会和正式场合，让孩子增长见识，学习与各种人打交道。带孩子上街时，要鼓励孩子问路。乘车、逛公园、购物等，都可由孩子进行付费的操作。孩子在幼儿园或学校当了小干部，也要予以积极鼓励和支持。

5. 要多带孩子参加集体活动

在集体活动中，孩子与同龄的小朋友相处，他们会相互学习怎样玩耍、怎样相处、怎样生活。父母要欢迎孩子的朋友来家里玩，也要鼓励自己的孩子到别的小朋友家里去玩。父母要教育自己的孩子在与其他小朋友交往的过程中，严以律己、宽以待人、互相信赖、彼此尊重。

教孩子学会情绪的自我调适，是父母应该特别给予关注的。

“啪、啪！哗啦！哗啦！”小辉又在摔东西了，这次可非同一般，他摔碎了爸爸心爱的瓷茶杯，还砸坏了妈妈梳妆台上的大镜子，接下来是一场“疾风暴雨”。当小辉被三四个大人“押”到心理老师面前时，他手上缠着纱布，脸上、手臂上都有青紫的伤痕。父母回避后，小辉对心理老师道出自己的苦衷：“还不是因为我期中考试没有考好？父母不许我做任何解释，这次题目特别难，班上十几个人没及格，我都及格了，比上学期名次还提高了。可爸妈不相信我，说我贪玩、不努力，我能不跟他们急吗？我一回到家里就感到特别压抑。我学习很努力，可没有父母期望得那么好。爸爸见到我总是板着脸，除了问学习没有别的话说，我出点小错就被他打骂，他手可狠了，摔东西可厉害了，老拿我当作出气筒；妈妈爱唠叨，又动不动就抹眼泪；爷爷有心脏病，不让大声说话；只有奶奶真疼我，可又管不了爸爸。一放了学，家里人都不让我出去，说我脾气大，怕我惹事，不让我下楼踢球，也不让听音乐，我觉得家里简直像牢笼一样！我心里一感到难过，就想学爸爸的样子摔东西，听到那刺激的响声，我才觉得心里痛快些！”

其实，脾气大、情绪易波动的青少年往往是情商较高的孩子，有时“发脾气”，是因为缺乏宣泄和表达的机会，他们只不过是想让父母了解自己的内心。近年来，“情商”这个时髦的心理学名词引起人们的关注，因为情商是人的非智力因素的核心内容，也是一个人事业成功的关键性因素之一。情商包含着三方面的内容：一是正确表达和适度控制自己情感的能力；二是理解和接纳他人情感的能力；三是与他人交流情感，以自己情感影响和感染他人的能力。在家庭教育中，应重视对孩子的情感教育，家长应引导孩子努力提高情商，懂得爱自己和爱别人。

医药学的鼻祖希波克拉底曾经说，躯体本身就是疾病的良医。七情六欲，人所共有之。但是，同样是情绪，可以给人带来健康，也可以给人带来疾病。而人本来其实是有能力控制和调节自己的情感和情绪，使之利于健康和生命的。儿童、青少年处在心理尚不成熟、情绪情感十分丰富脆弱且复杂多变的时期。在家庭中，父母的情绪直接影响孩子，是孩子情绪的主要“影响源”。因此，父母应该学会驾驭自己的情感，提高自己的情商，保持自己情绪的乐观、稳定，给孩子做出榜样，成为孩子情绪的镇静剂、安慰剂和调节剂。

喜怒哀乐，人皆有之。教孩子学会情绪的自我调适，以下建议可供家长们参考。

加强自身的情感训练，提高自身的素质，具备基本的情商。

对孩子细心一些，发现孩子情绪不佳时，要尽量去理解孩子的感受，努力去了解引起孩子情绪不佳的原因，进而协助孩子以适当的方法抚平情绪。

帮助孩子建立自信心，培养同情心，促进其情商的发展。

每天和孩子聊天 10 ～ 20 分钟。为了避免拘束，可以采用游戏的形式或文体活动的形式，或者是在睡前陪伴孩子一会儿，营造轻松温馨的气氛，使孩子愿意说出想说的话，这样可以帮助孩子保持乐观平和的心境，处事不惊，顺其自然，应变能力强，知足常乐。

家长要尽量开朗豁达。凡事想得开，对人大度，虚怀若谷，在家庭中讲究宽容，有话好好说，运用对话、谈心、讨论等方式与孩子进行深入沟通。

保持稳定的状态。遇到事情能够镇定自若，引导孩子以自信和自强之心来战胜挫折和失败，使他们学会主宰自己的情绪。

以幽默机智化解家人之间的矛盾。保证在家里以和平方式解决问题，保持和谐平静的家庭气氛。

如果父母出现言行、情绪失控的情况，向孩子发了脾气，则应当在事后做检讨。反省自己，以得到孩子的理解和原谅，进而进一步沟通。

对于进入青春期的孩子，父母更要注意尽量不与孩子发生正面冲突，而是要心平气和，冷静处理问题。

情感的交流是相互的。父母也应该将自己的喜怒哀乐告诉孩子，使他学会关注别人的内心，学会分享别人的快乐，分担父母的忧愁和烦恼。

鼓励孩子对不同情绪进行表达。当孩子表达出负面情绪时，要表示理解和尊重，教孩子通过正确的方式排解负面情绪，比如，通过向亲人倾诉，达到敞开心扉，缓解紧张焦虑情绪的目的。

培养孩子对艺术的爱好，使他的情绪得到转移和升华。引导孩子学会专注地欣赏艺术作品，让孩子明白，这是一种艺术修养，可提高一个人的品位。使孩子学会用音乐、绘画、朗诵、诗歌等方式来表达自己的内心。

让孩子远离“成长问题”

父母箴言

有些孩子有着非常高的智商，但是他们的情商却低得可怜，致使他们出现一系列问题。所以，父母要经常和孩子做情感上的交流，对孩子细心一些，帮助孩子建立自信心，培养孩子的同情心，以促进孩子情商的发展。

厌学、早恋、孤僻甚至犯罪……这些事情越来越多地发生在孩子身上，不仅如此，还有越来越多的孩子对于亲情表现冷漠，不愿意和父母沟通，在人际关系的交往上也存在着一系列问题。于是，人们把这些孩子划为“问题孩子”。然而根据教育专家研究发现，这些“问题孩子”的智商基本上是正常的，甚至有的还智力超群。但是，他们的“情商”却相对比较低，情感世界可以说是一片荒漠。这些问题从根本上来说并不是孩子的过错，而是他们严重缺乏情商方面的教育。

很多“问题孩子”都是备受全家呵护的独生子女。看见孩子有这么多的问题，家长们心急如焚，遍求良方。

一位家长为了孩子整天寝食难安。他的孩子自从上了初二就不大愿意沟通交流了，这位家长害怕孩子走进“早恋”的误区，所以天天都悄悄地“护送”孩子上学，有时候看见孩子与女生交往过密就现身制止。结果，孩子更不愿与其多说话了。这位家长到学校和老师交流了很多次，却没有找到很好的解决方法，自己也很着急。

在另一个案例中，5 岁的蓉蓉坐在咨询室的沙发上一声不响地玩自己的小手，然而她的小眼睛却一直在关注着妈妈，小耳朵也在认真听着妈妈和咨询师的谈话。因为孩子逆反性太严重，蓉蓉的妈妈只好向心理咨询师请教。

不少家长都反映如今的孩子越来越难管教了，非常希望教育专家能指点迷津，帮助他们解决孩子成长中的一些具体问题。

为什么现在的“问题孩子”越来越多，问题也越来越突出了呢？教育专家林蔚博士认为，孩子出现这些问题的一个重要原因就是对孩子的情商教育的忽视！学校存在这种现象，家庭教育更是这样。

随着生活水平提高，很多家长为了孩子拼命工作。他们认为只要给孩子吃好、穿好就算对孩子好了，却忽视了与孩子进行情感上的沟通，让不少孩子产生了孤独感，逐渐变得沉默，然后演变成叛逆，甚至犯罪。许多“问题孩子”都是独生子女，集家人宠爱于一身，造成孩子的优越感，使其在与朋友、同学的交往中唯我独尊，导致难以拥有真挚的友情，从而陷入孤独。

刘翔平博士认为，一个人性格塑造的重要阶段是0 ~ 12岁，在这个阶段，老师和父母都要注意对孩子情感、情绪及其他心理方面的教育。大多数人的智力水平都差不多，但是现在许多学校教育的模式都是发展智力的“知”觉教育，经常以成绩的高低来衡量孩子的好与坏，缺少了综合素质的“感”觉教育。

情商教育专家吴芳认为，一个人的行为来自他自身的需求或动机，而这种需求或动机又受情绪情感的支配。那么，要解决孩子的叛逆、厌学、早恋等问题，就要重视“情商”教育。在一些大城市的中小学，都开设有心理活动课，孩子们可以在这里抒发情感、陶冶情操。许多学校也拥有心理咨询室，不过咨询老师大多由语文老师兼任，很少有专业的心理老师。吴芳老师认为，过去几乎所有的家长都把教师奉若神明，希望老师能把自己的孩子教育成才。而现在却有不少家长认为，自己给学校交钱就是让老师教孩子，孩子有错就是老师有问题，从不认为孩子自己有问题，而孩子对家长与老师的关系是很敏感的，这样就容易让孩子学会“推卸责任”——自己犯错却责怪老师。

为了弥补孩子在情商方面的教育，让孩子们远离“成长问题”，现在越来越多的教育机构涉足孩子的“情商”教育。但是，如何对孩子实施有效的情商教育仍是业内关注的问题。

培养孩子的情商就要关注孩子的心理、行为、意志力、与人交往的能力、控制情绪的能力，心理脆弱、行为偏激的孩子，一旦走入社会可能很难适应，遇到复杂情况往往会束手无策、不知所措，仅仅有高智商却缺乏情商的孩子，其潜力就很难得到挖掘、开发。

教育专家认为，要让孩子远离“成长问题”，父母必须转变教育观念，重视孩子的情商教育。这样，我们的孩子才能健康成长。

第二章
培养孩子的优秀品质

让孩子拥有一颗善良的心

父母箴言

一个健康的孩子就好比一棵树，必须以善良为根，正直为干，丰富的情感为蓬勃的枝叶，这样才能结出甜美的果实。善良的心地及良好的修养是人道精神的核心，必须在童年时悉心培养，否则就不会有效果。

一个人最珍贵的品质之一就是爱心。一个没有爱心的人，可能比较冷漠，甚至可能与社会脱节。而爱心的产生，是基于个体社会情感的需要，是一种在后天的环境和教育的熏陶下逐渐形成的习惯性心理倾向。

孩子可以被看作一面镜子，给他们爱，他们也会报之以爱；无所给予，他们便无所回报；无条件的爱得到无条件的回报，有条件的爱得到有条件的回报。

因此，不管你怎样把净化或丰富精神世界的活动引入家庭生活，有一点是最重要的：如果你的内心没有爱，就不可能给予别人爱。父母首先要让内心充满爱，这样才有多余的爱给孩子，才能培养孩子内心的爱。

父母应该让孩子理解，无附加条件地服务于他人，就是不求任何回报的给予。学会把孩子看作独立的人去爱他们，家长的职责是把孩子变成人格完善的人，让他们通过自己的努力尽力成为更好的人。

古今中外，爱心被认为是一个人的基本道德和社会的灵魂。孔子说“仁者爱人”，孟子讲“王道”，他们都是以爱为核心的。费尔巴哈说：“新哲学建立在爱的真理上，感觉的真理上。”“爱是存在的标准——真理和现实的标准，客观上如此，主观上也是如此。没有爱，也就没有真理。”由此，以爱为基础的新哲学建立了。

那么，应该怎样来培养孩子的爱心呢?

1. 热爱动物，热爱生命

我们时常会看到这样的情景：孩子在逛街时，迎面跑过来一只小狗，孩子会情不自禁地抚弄小狗，眼里流露出爱怜的神情。在动物园、公园这些场所，孩子们会和小动物嬉戏、玩耍，并且会显现出爱的天性。

相反，我们也会看到一些搞恶作剧的孩子，他们抓住小猫、小狗的尾巴，听到它们悲惨的嚎叫却开心不已，这些都是他们缺少爱心的表现。

其实，借用小动物启迪孩子的爱心是非常直观的方法。趁着如今的“宠物热”，在人情淡薄的后工业时代，家长可以借用宠物来培育孩子的爱心，呼唤美好的人性。

2. 帮助孩子克服自私自利

“我的，给我，我要！”这是小孩子最常说的几个词。可见，小孩子的自我意识已经形成，要宣布自己的“物权”。

诚然，人天生有自私的一面。婴儿学会的语言中，最早还有“爸爸”“妈妈”这些词，说明婴儿最早感受到的他人便是父母。

父母之爱是无私的奉献，历来为人们讴歌，但切不要把它当作对孩子的馈赠，否则便成了溺爱，反而会助长孩子的自私心理。事实上，父母的爱更应让孩子懂得奉献的力量，让孩子在接受爱的同时学会给予爱。

3. 给孩子做榜样

言传身教，榜样的力量是无穷的，也是最有效的。要使孩子富有爱心，父母必须从自己做起。

当代著名的社会生物学家威尔逊有一次意外地发现一个有趣的现象：一只雌性成年斑鸠在看到掠食动物接近它的孩子的时候，便会假装受伤，一瘸一拐地逃出巢穴，好像翅膀折断了似的。这时，掠食动物就会放弃攻击小斑鸠转而攻击它，希望能够捕食这只“受伤”的猎物。一旦这只成年斑鸠把这只食肉动物引到一个远离巢穴的地方时，它就会振翅飞走。这种方法经常能够取得成功，当然，有时也会遭到不测。

大斑鸠就是用这种富有爱心的举动来保护幼小的斑鸠，使它们能够活到成年，繁殖后代。而小斑鸠在目睹成年斑鸠的做法后，也会仿效。由此可见，爱心是一种后天强化的行为，只要父母提供榜样，孩子就会模仿。因此，父母在有意识地对孩子进行爱心教育的同时，更要以身作则，通过自己的言行来对孩子起示范作用，在家庭中营造爱的氛围，感染孩子的心灵。

4. 移情训练

爱心培养还需要移情训练，可以经常让孩子把自己痛苦状态时的感受与别人在同样情境下的体验相对比，体会别人的心情，这样可以让孩子学会理解别人，学会移情。

例如，看到小朋友摔倒了，可以这样启发孩子："想想你摔倒时，是不是很疼？小弟弟一定很难受，我们快去扶起他，帮他擦擦脸。"这样，孩子的同情心不知不觉就培养起来了。

5. 培养孩子的同情心

同情他人是爱心的一种体现。有同情心的孩子会关心和帮助他人，而缺乏同情心的孩子只关心自己，只顾自己的快乐，而无视别人的痛苦，甚至会把自己的欢乐建立在别人的痛苦之上。因此，父母要在生活中培养孩子的同情心。

父母可以为孩子创造一些和他人交流的机会。在交往的过程中，孩子能亲身体验到别人的感受和想法，这样有利于同情心的培养。比如，许多学校组织"手拉手"活动，在城市孩子和贫困地区的孩子之间建立互助合作，让城市孩子真切体会到贫困地区孩子的生活学习条件十分有限，鼓励孩子主动力所能及地帮助他人，同时学会珍惜自己的学习生活条件。

6. 让孩子了解生活的真实情况

父母总是担心孩子吃苦，担心孩子受挫折。尽管他们自己经历了生活的曲折和坎坷，也偶尔会不快乐和情绪不稳定的状况，但他们总是竭力在孩子面前表现平和的态度。父母总是希望孩子不要过早地承受生活重担，其实这是错误的。事实上，父母要学会与孩子成为朋友，要学会让孩子了解生活的真实情况。有些父母自己累死累活，对孩子的各种要求却无条件地满足，这样孩子就难以学会感恩、懂得珍惜。

父母应该把自己的辛劳告诉孩子，让孩子明白父母之爱的伟大，懂得父母为了自己的成长做出多么大的牺牲。这样，孩子才能体谅父母，而不只是心安理得地接受父母的伺候。创造机会让孩子学习照顾长辈，明白爱心是相互的，不是单方面的索取。创造富有爱心的家庭气氛，能帮孩子克服自私，让孩子学会关心别人。

培养出有责任心的孩子

父母箴言

孩子并不是天生具有责任心的，责任心是在适宜的条件和精心的培养下，随着孩子年龄的增长和心理的发展而形成的。家庭是培养孩子责任心的土壤，父母对待孩子的态度、教育孩子的方法是他能否健康成长的决定性因素。

责任心是健全人格的基础。父母都希望自己的孩子有责任心，因为责任心是一个人立足于复杂的社会、能担当重任的重要条件。

责任心是指一个人对自己和他人、对家庭和集体、对国家和社会所负责任的认识、情感和信念，以及遵守规范、承担责任和履行义务的自觉态度。责任心是孩子能力发展的催化剂。每个人都有积极向上的内在趋势。孩子在幼儿阶段所表现出各种主动尝试的愿望，正是责任心的萌芽。独立吃饭、试穿衣服、手脏了自己洗等行为都是孩子责任心的表现。父母应密切地关注他、帮助他、鼓励他，在他尝试的过程中，培养其意识，增强其自信，逐步成为独立自主，对自己、对社会负责的人。

责任心的培养应遵循这样的规律：从自己到他人，从家庭到学校，从小事到大事，从具体到抽象。对自己不能负责的人，谈何对他人负责？对家庭没有责任心，谈何对社会的责任心？因此，家长对孩子责任心的培养应从家庭做起，从日常生活的小事抓起，循序渐进，由近及远，从具体到抽象。

有责任心的孩子能运用自己的智慧、信心和判断力去做出决定，独立行事，考虑自己行为的后果，并且在不侵犯他人权利的情况下满足自己的需要。他们清楚自己的义务，主动履行义务，并愿意承担自己行为的后果。

家庭责任心主要是指能尊重其他家庭成员的权利，自愿承担家庭义务，为自己的行为承担责任。一个具有家庭责任心的孩子，不仅能在现在的家庭生活中扮演好自己的角色，在未来的生活中也有能力组织好属于自己的家庭。他的一生不仅能享受到家庭生活的充实、快乐，同时，也能创造出温馨、和睦的家庭气氛。

孩子作为家庭的一名成员，既应该享受其权利，当然也应承担一定的家庭责任，包括承担一定数量的家务劳动。父母可以通过鼓励、期望、奖励等方式，督促孩子履行职责，培养其责任心。如果一个孩子在家庭中的责任心难以确立，将来一旦走上社会，就很难有社会责任心。

培养孩子的家庭责任感不仅在于家长是否具有家庭责任感，还在于家长是否给孩子锻炼的机会。如果你不是一个尽职尽责的家长，怎能对孩子进行责任心的教育呢？父亲与朋友玩麻将通宵达旦，不顾及对家人的干扰；母亲忙于在外应酬，忽略了家庭生活，这样的父母又有什么资格去埋怨长大成人的孩子不愿回家呢？

在一个专制的大人王国里，也难以培养出有家庭责任感的孩子。因为家长对孩子控制得太死，管制得太多，使孩子没有机会就某件事做出负责的行为，孩子做事只是服从，听命于大人的意见，而我们强调的责任感并不是指你的孩子按照你告诉他的方式去行事，而是他能主动发现并自主地做出反应。

只有民主的家庭，才是家庭责任感生长的最佳环境。在这样的家庭里，家长和孩子相互独立，但并非各行其是，互不关心，而是彼此尊重又相互关照。孩子受到重视，家长具有威信。在讨论家庭中的责任与分工之前，家长应该反思一下自己是不是一个有家庭责任感的人？自己惯用的教养态度和方式是否有利于孩子责任心的培养。在抱怨自己的孩子缺乏责任感之前，家长应该先检查一下自己是不是孩子的好榜样。要改变孩子，应当从改变自己开始。

在家庭生活中如何创造或抓住机会培养孩子的责任心呢？关键是父母必须让孩子清楚自己的责任，以便有针对性地进行教育。空洞的说教是不能培养孩子的责任心的。通过赋予孩子责任，或感受他们自己某些行为的不良后果，才能培养孩子的责任心。

那么如何培养孩子的责任心呢？

1. 自己的事自己做好

在家中应该明确哪些事情是由爸爸妈妈来做的，哪些事情可以由爸爸妈妈帮孩子做，又有哪些事情是必须由孩子自己做的。对第三类事情，家长必须给孩子一个明确的概念和范围，在不同的年龄给他制定不同难度的自理工作范围，在范围内的事父母绝不要包办代替。

2. 家里的事、集体的事帮着做

要让孩子明白，仅把自己的事做好是不够的，因为他还是家庭、集体中的一员，他还有责任协助做一些家里的事、集体的事，以此来为家庭、集体尽责，只有这样将来才能为社会尽责。要对自己的行为后果负责，就要善于抓住生活中的点滴小事，无论事情的结果好坏，只要是孩子的独立行为结果，就要鼓励他敢做敢当，不要逃避，要勇于承担后果。家长不应替他承担一切，以免淡漠孩子的责任感。

3. 要履行自己的诺言

教育孩子，如果答应了别人、许下了诺言，就要尽全力履行诺言，即使自己不情愿也要这样做，因为这样做既是对别人负责，也是对自己负责。

4. 要积极参加社会公益活动

要教育孩子自己是社会集体中的一员，权利与义务是并存的，他有义务为社会做自己力所能及的事，这是培养孩子对社会负责的重要方面。

孩子并不是天生具有责任心的，责任心是在适宜的条件和精心的培养下，随着孩子年龄的增长和心理的发展而形成的。家庭是培养孩子责任心的土壤，父母对待孩子的态度、教育孩子的方法是他能否健康成长的决定性因素。

在家庭环境中有责任心的孩子，才能在更复杂的社会环境中经得起考验，得到修正和磨炼，最终成为一个自强、自立的人。

培养孩子诚实守信的好品格

父母箴言

从小培养孩子诚实守信的好品格，对于孩子来说终身受益。要从小事中培养，在大事中受用。久而久之，孩子就会变得格外信守诺言。

诚实守信是一个人最基本、也是最重要的品格。诚实守信的人言出必行、不欺骗他人。培养孩子诚实守信的好品格，对孩子的成长是极为必要的。要让孩子明白：一个人要诚实、不说谎、信守诺言，才能够建立起良好的信誉；如果经常说谎，会令人觉得不可靠，就算说了真话别人也可能仍然不相信。

生活在社会大家庭中，每个人的行为都要受到社会规范的约束。社会规范是人在社会中的行为法则，是植根于我们头脑中趋于本能的对事物的理解与尊重。不论处于哪个时代、社会发展到什么程度，人们都有自身对社会规范的理解，有独特的价值系统。不论是在哪个国家，都有一些公认的对基本价值的尊重法则。这些基本的价值包括诚实、勇敢、自律、忠诚、守信、无私和公正等。无论在家庭还是学校，孩子都在有意无意地接受这些价值观的熏陶，学校中更偏重于直接灌输、纪律约束和正向鼓励，那么在家庭中，如何最有效地培养孩子的道德价值观念呢?

1. 父母要敢于承认错误

孩子诚实守信的品格，首先是从模仿开始的。父母答应了孩子的事情就一定要做，努力为孩子树立诚实守信的榜样。一旦父母没有信守诺言，就意味着为孩子种下了一粒不守约的“种子”。如果父母真的出于可理解的原因无法遵守诺言，一定要先道歉，然后耐心地向孩子解释，并且一定要告诉孩子遵守诺言是一种好品格。

“小安，我和你讲了许多次要遵时守约，否则会浪费别人的时间，也给别人留下不好的印象，你不这样认为吗？”

“我知道这样不好，不过，也没有什么大不了的吧？”

父亲有些生气了:“千万别不把它当回事，你养成这样的毛病，长大还有谁会信任你呢？”

看见父亲生气，小安也有些沉不住气了:“你是大人了，不是也经常如此吗？没见你有什么麻烦呀？”

“你这是什么意思？”父亲不懂为什么话题扯到了自己身上。

“你大概忘记了，好几次你答应我来参加我们学校的活动，我都告诉老师你会来，可是到最后也没看到你的影子。”

父亲想了想，很快回答:“小安，我没有意识到自己的行为对你造成的影响。我当时的确有急事不能来，但我应当事先或事后同你解释一下，也应该去同你的老师解释，我真的很抱歉，你能原谅我吗？”

小安很有些感动:“没关系，我知道你很忙。下次打声招呼就可以了。”

“你们下一次家长座谈是什么时间？我一定安排好时间，当然如有意外我会提前向你解释，好吗？”

在现实生活中，许多父母都有可能不自觉地对孩子讲了一些不诚实的话，或者答应过的事没有兑现。这时候，父母一定要放下架子，以平等的身份向孩子承认错误，仍然争取赢得孩子的信任。要知道，只有家长做出了优秀的榜样，孩子才能受到良好的影响。孩子的道德观、价值观的构筑也是从生活中一点一滴的小事开始的。

2. 给孩子树立诚信的榜样

要让孩子守信用，父母首先要做到言行一致。孩子的模仿能力很强，很容易受到某种行为的暗示。如果父母言行不一，不履行承诺，孩子就会跟着模仿。例如，父母如果答应了孩子星期天带他到公园去玩，就一定要去。如果临时有事，也要先考虑事情重不重要，若不重要，就要坚守诺言；如果事情确实比较重要，一定要向孩子说明情况，并争取以后补上去公园的活动。而且，家长应该尽量避免这种推迟或失约的情况发生，这样才能取信于孩子。

曾子是我国著名的思想家。有一次，他的妻子要出门，儿子要跟着一起去。她觉得孩子跟着很不方便，想让孩子留在家里，于是对儿子说:“好儿子，你别哭，你在家里等着，妈妈回来杀猪给你炖肉吃。”

儿子听说有肉吃，就答应留在家里。曾子把这一切看在眼里，记在心里。

当曾子的妻子回到家时，看到曾子正在磨刀，就问曾子磨刀做什么。曾子说:“杀猪给儿子炖肉吃。”

妻子说:“那只是说说哄孩子高兴的，怎么能当真呢？”

曾子语重心长地对妻子说:“你要知道，孩子是欺骗不得的。如果父母说话不算数，孩子长大后就不会讲信用。”

于是，曾子与妻子一起把猪杀了，给儿子做了香喷喷的炖肉。

父母的这种诚信行为直接感染了儿子。一天晚上，儿子刚睡下又突然起来，从枕头下拿起一把竹简向外跑。曾子问他去做什么，儿子回答:“我从朋友那里借书简时说好要今天还的，虽然现在很晚了，但再晚也要还给他，我不能言而无信呀！”曾子看着儿子跑出门，欣慰地笑了。

“人无信不立”，为了培养孩子的诚信品格，在日常生活中，父母对待孩子一定要诚信，不能说话不算话。有位母亲经常警告孩子，如果撒谎，他的鼻子就会变长。有人问这位母亲：“如果孩子真的撒谎了，你有办法让他真的长出一个长鼻子吗？”显然，这位妈妈对孩子说的话本身就是不现实的，用这种方式来教导孩子不要撒谎是非常不可取的。

3. 适当奖惩

父母的言行一致、赏罚分明，会对孩子产生积极的效果。如果事先与孩子定好了制度，父母就要认真对待。可以对孩子的行为设有一定的奖惩原则，但注意奖要奖得头头是道，恰到好处；惩要惩得心服口服，适可而止。奖励之前，要让他明白原因，以鼓励孩子保持好习惯；惩罚之前，要警告孩子，犯错之后一定要按照奖惩原则言出必行，并且对他讲清原因，告诉孩子其惩罚原因。

比如为了让孩子养成按时起床的好习惯，父亲和孩子订立这样一个小协议：每天早上必须6点起床，否则要放弃吃零食的权利，并且要为自己失信的行为负责。如果孩子哪天起床晚了，父亲要言出必行，一定要把零食收起来，让孩子明白诺言是不可随意破坏的。

诚信是人性一切优点的基础，诚信这种品质比其他任何品质更能令人赢得尊重，令人获得信任。诚信是立身之本，是一个人最宝贵的财产，它不但能让孩子保持正直，挺直脊梁，光明磊落地做人，还能给孩子以力量和自尊。

培养孩子勤奋的精神

父母箴言

培养孩子对学习的热爱，让孩子接受一流的教育，是很重要的。但是孩子勤奋的精神有时比所学知识的多少更重要。事实上，一个孩子掌握知识的多少，一定程度上取决于他的勤奋程度。

“宝剑锋从磨砺出，梅花香自苦寒来。”意思是一切成功的背后都少不了辛苦的磨炼。只有具有坚忍不拔、吃苦耐劳的精神才能成才。

“书山有路勤为径，学海无涯苦作舟。”回顾历史我们会发现，不论是善于治国的政治家，还是胸怀韬略的军事家，不论是学识渊博的思想家，还是智慧超群的科学家，他们之所以在事业上取得不同反响的成就，都与他们的勤奋好学分不开。

在浩瀚的宇宙中，所有事物都在根据自身的规律运行着。有人说：“工作使有机的事物缓慢而有条不紊地朝着自己的目标前进。”任何系统一旦停止了活动，就一定会退化。我们一旦不再使用自己某个器官，这个器官就会衰退。只有那些我们正在使用的东西，大自然才会赋予我们力量，帮助我们进步。

如今的家长望子成龙的心情太过急切，常常只重视孩子的智力开发而忘记培养孩子一些决定他们命运的好习惯。要把孩子打造成一个家长自己心目中的“人才”，家长必须用正确、合理的方法去激发孩子的斗志，通过努力形成勤奋刻苦的精神。

1. 通过劳动促使孩子勤奋

勤奋不仅表现在学习上，更表现在工作和劳动上。当孩子走入社会后，他的勤奋就直接表现在工作中。因此，家长要早早通过劳动来培养孩子勤奋的精神。

首先，家长要树立勤奋工作的榜样。有时候，家长会做一些艰辛的工作，例如在非常恶劣的环境中，长时间地从事体力劳动，做一些又脏又累的活等。如果家长能咬紧牙关，认真地去做这些事，孩子也会从家长身上学到这种勤奋。

其次，家长要告诉孩子零花钱需要通过自己的劳动去换取。如果孩子想获得更多的零花钱，他就得通过自己勤劳的双手去干更多的活。这样做的目的就是为了让孩子懂得，只有努力干活才可以有收获，懒惰的人是什么也得不到的。这样，等孩子长大后，他就能够勤奋地工作了。

2. 让孩子学会替父母分忧

经受过一番勤奋刻苦磨砺的人，一定是一个具备责任心的人。有责任心的人，不但对自己负责，也对关心自己的人负责。当一个孩子懂得了父母挣钱不易的时候，他就会想：“我一定要争口气，让我的父母过上更好的生活。”为了这个目标，他会更加勤奋刻苦地学习，不辜负父母的一片苦心。

因此，替父母分忧的孝心与责任感往往能形成激励孩子努力奋斗的一种动力。

3. 劳逸结合，不烦不腻

劳逸结合的办事效率远远高于死缠烂磨的办事效率，因为这样能使孩子保持对事物的兴趣和积极的态度。在做功课时要充分注意休息时间，让孩子舒展一下筋骨、放松一下精神。不要长久地磨时间去学习，那样既达不到学习的目的，也容易使孩子产生腻烦心理。所以，在学习过程中，父母要让孩子适当地休息或调整。

4. 对孩子循循善诱

无论是意志还是毅力，孩子总是不如成人，为了让孩子养成勤奋的好习惯，父母不妨采用循循善诱的办法——就是有步骤地引导孩子去学习。循循善诱要注意几个问题：一是要注意培养孩子在学习方面的基本功，比如孩子要有一定的知识面；二是要注意适时教育，引导孩子勤奋学习要抓住孩子有学习欲望的时机；三是要注意适量，孩子毕竟是孩子，不要以成人的标准去要求一个孩子，学习的内容不能越过孩子所能承受的范围；四是父母态度要平和，引导孩子勤奋学习应该怀有一种平常心，不要急于求成，否则只会得到适得其反的效果。

5. 父母要让孩子多听、多接触勤奋的事例

“天道酬勤”也好，“几分耕耘，几分收获”也好，这些话语都说明了养成勤奋刻苦好习惯的重要性。

父母要经常给孩子讲一些勤奋者的故事，比如：将古时“头悬梁，锥刺股”的学习精神与现代的学习环境作比较；在电视上看到的重大体育赛事中的金牌得主，他们训练的刻苦、拼搏的顽强，以及不夺金牌誓不罢休的毅力，无一不是勤奋刻苦的真实写照。让孩子明白，一个知难而退、怕苦怕累的人，将一事无成。因为世界上没有一件东西是可以不劳而获的。“付出才会有收获”的道理，需要父母以身作则的榜样示范、孩子亲力亲为的亲身体验。

父母还可以通过讲一些名人勤奋好学的故事，让孩子知道能够克服艰苦条件而勤奋读书是很不容易的一件事，在崎岖的奋斗中能坚持下来，更需要一种毅力。只有坚持下来，才能拥抱成功。

一个人若想成功，只有孜孜不倦地努力，勤奋地学习和积累才行。而一个人勤奋的品质，就是他人生的资本。越勤奋的人财富就越多；越懒惰的人，失去的人生机会也就越多，只能对成功者望而兴叹。

让孩子懂得谦虚使人进步

父母箴言

巴甫洛夫说：“绝不要陷于骄傲。因为一骄傲，你们就会在应该同意的场合固执起来；因为一骄傲，你们就会拒绝别人的忠告和友谊的帮助；因为一骄傲，你们就会丧失客观方面的准绳。”所以，父母如果发现孩子流露出骄傲的态度，一定要尽快地加以纠正。

“枝横云梦，叶拍苍天，及凌云处尚虚心。”我国古代诗人曾以竹子来歌颂谦逊的品格。谦虚是一种美德，也是一种求实的态度。它能使人比较清醒地认识自己所取得的成绩和存在的问题，认识主观与客观、个人与集体的关系。孩子也应该明白，骄傲是谦虚的对立面，是前进的大敌，是失败的阴影。一个人的成绩都是在他谦虚好学、俯下身子实干的时候取得的，当他什么时候骄傲了，自满了，就必然会停止前进的脚步。而骄傲自满、故步自封不但是个人成长进步的障碍，而且还会造成伙伴关系的紧张。

骄傲的人大都会认为自己有学识、有能力、或有功劳，而谦逊的人却总是习惯于认为自己还差得很远。

实际上，使一个人骄傲的真正原因并非饱学，而是无知。同样，一个人会谦虚也不是因为他差得很远，恰恰相反，他甚至会超越那些自以为是的人。谦虚与骄傲取决于一个人的总体修养，而不在于多读了几本书或是多做了几件事。

苏格拉底是古希腊哲学家中最受人尊敬的一位。他不仅学识渊博，而且非常善于辨析，不管是谁提出的任何问题，只要到了他的手里，全能得到令人满意的答案。尽管这样，他还是非常谦虚，从来不以权威自居。

由于博学而谦逊，苏格拉底被公认为最聪明的人，好像没有什么事情是他不知道的。但是苏格拉底却不这样认为。他说：“我唯一知道的事情是我一无所知。”

但众人仍异口同声地称赞他是天下最聪明的人，并建议他到山上的神庙去占卜，看看天神的意见如何。于是苏格拉底来到神庙去占卜，占卜的结果明白无误：他确实是天下最聪明的人。面对神谕，苏格拉底无话可说了，但是口里仍然喃喃自语："我唯一知道的事情是，我一无所知。"

像苏格拉底这样博学多才的大哲学家却认为自己什么都不知道，可见他是多么谦虚，正是谦虚让他不断地进步。

如今的一些孩子不能正确对待荣誉与成绩，他们之中有的会因为骄傲自大而看不起同学，有的会因为自己成绩拔尖而恃才傲物，有的会产生盲目自满的情绪，有的会因为一点进步就沾沾自喜，甚至有的会把集体的成绩看成个人的，这些表现将使他们不再进步，甚至脱离同学、脱离集体，进而失去目标。不过父母也不用太过紧张，可以通过各种途径来帮助孩子找到令其骄傲的原因。

首先，家长要向孩子讲明谦虚使人进步，骄傲使人落后的道理。一个人如果谦虚就会不断学习新的知识、认识新的事物，他们会学习别人的长处，汲取先进的经验，从而使自己不断进步。而一个骄傲的人就会故步自封，他会认为自己什么都掌握了，也就不会学习别人的优点长处，也不愿了解新知识、新事物。这样他就会原地踏步，最后掉队。此外，谦逊的人虚心好学，尊重他人，团结他人。团结谦逊的结果往往能凝聚起更大的力量，取得更大的进步。骄傲自满瞧不起别人，往往会自以为是、盛气凌人、伤害别人、影响团结、导致失败。所以谦逊会带来成功，而骄傲则会导致失败。

其次，在培养孩子的谦逊品格时，还应当结合多举实例的方法。“勤于学，严于分，善于比”的教育方法，很值得借鉴和参考。勤于学，就是让孩子不断学，让他知道，不能取得了一点成绩就止步不前，继续学习，就会发现自己原来这个也不了解，那个也不明白，这样，孩子就会知道自己还有很多不足的地方。当孩子在某方面取得好成绩时，不要让他产生骄傲的情绪，一定要让他继续学习。为他树立新的目标，只有这样他才会知道自己原来还有那么多东西不会，正所谓“学问茫茫无尽期，为人第一谦逊好”。

严于分，就是要严于解剖自己。每当孩子取得成绩，父母首先要和孩子一起冷静分析，用“两点论”来看待自己的成绩，要告诉孩子寸有所长、尺有所短的道理，每个人总是有长处也有短处。所以既要看到自己的优点，也要看到自己的不足。这种方法可以有效防止骄傲情绪的滋生。

善于比，就是要教育孩子以己之短比人之长，和比自己强的人比，找差距，确定自己应该向别人学什么。有首民歌写得好：“山外青山楼外楼，英雄好汉争上游，争得上游莫骄傲，还有英雄在前头。”

此外，在家庭生活中，父母不要代替孩子做他该自己做的事，让孩子学会自己思考问题，以免孩子以为世界上的一切事情都很容易。如果有可能的话，家长甚至可以有意识地制造一些困难让孩子去克服，使孩子认识到在人生的道路上还有很多困难等着他去解决，从而促使孩子虚心学习，取人之长，补己之短，不断进步。

教孩子学会宽容

> 父母箴言
>
> 宽容体现了一个人的素养与气度，反映了一个人的思想水平。教孩子学会包容他人的短处，这样孩子才可以与他人和睦相处；教孩子学会欣赏他人的长处，可以使孩子不妒忌，从而不断取得进步。

宽容是一种美德，它像催化剂一样，能够化解矛盾，使人与人和睦相处。“退一步天高海阔，让三分心平气和”“大肚能容，容天容地，容天下难容之事；开口便笑，笑古笑今，笑古今可笑之人”，这种不注重表面形式的输赢，而注重思想境界和做人水准的行为是高尚的。正如一位哲人所说：“宽容是需要智慧的。”

北京师范大学教育系与中国青少年研究中心曾经对中小学生做了一次抽样问卷调查。其中有一个问题是这样的：“当你讨厌的同学需要你的帮助，而且你能帮助他时，你会帮他吗？”对于这个问题，回答愿意的小学生、初中生和高中生分别占所属人群的 59.8%、41.7% 和 37%。由此可见，虽然不少孩子对于他人的主动求助表示愿意帮助，但是，从小学阶段到高中阶段，表示愿意帮助他人的人数是递减的。

父母应该充分认识到宽容对于孩子来说不仅是一种待人准则，而且能够保护心理健康。现代科学揭示，宽容有利于一个人的健康长寿。美国密歇根州立大学的研究人员进行的一项研究就发现：当人们想要报复他人时，血压会明显上升；而在宽容他人时，血压则显著下降。

那么，怎样让孩子学会宽容呢？

1. 不要把世俗的毛病传染给孩子

父母最好不要在孩子面前以自己的眼光议论其他小朋友的缺点。相反，父母要尽可能表扬其他小朋友的优点，让孩子明白每个人都是有优点的，不要使孩子产生一种以自己为中心的思想，这非常不利于孩子的品格培养。

父母不要对某些人持有偏见，更不要把偏见在孩子面前表露出来，从而让孩子在潜意识里也受到这种偏见的影响，从而对这些人产生偏激的看法。

当孩子的小伙伴来自己家里时，父母对小朋友的态度不要过分冷落，也不要过分热情，尤其要教育孩子尊重小伙伴，让孩子平等地与人交往。

2. 教孩子换个角度看问题

不管什么时候，父母都可以教孩子学会替别人考虑，让孩子置身于别人的位置，设身处地地站在别人的角度来理解。

在日常生活中，父母要鼓励孩子参与多元化的活动。让孩子从小接触不同种族、文化、性别、能力和信仰的人，这有利于孩子与不同的人坦诚相待，遵从规则，平等竞争。

3. 教孩子善待他人

宽容是一种美德，在生活中，即使别人错了、无礼了，你若能容忍他人、宽容他人，同样能获得信任和支持，得到别人的友善相待。

在教孩子善待他人的时候，父母可以通过角色互换的方法让孩子摆脱以自我为中心的不良想法，学会心中有他人，宽容他人。父母应该教孩子对其他小朋友多一点理解，多一份关心，这样别人遇事也会宽容自己，体谅自己。事实上，只要孩子学会了宽容，他就会赢得朋友，真正体会到与人相处的快乐。

4. 父母要起表率作用

父母本身具备的素养，一般在孩子身上都可能得到反映。因此，父母首先要为孩子创造一个良好的家庭环境。一个整天吵闹不休的家庭，是很难造就一个具有平和心态的孩子的。父母对他人的热情、平等、谦虚等处世原则和行为，是孩子最好的直观而生动的教材，在潜移默化中培养出孩子尊重别人、爱护别人、和谐相处的良好品行。

5. 创造一个和谐的家庭环境

让孩子生活在一个宽容友爱、温馨和谐的家庭环境中，用父母的言行影响孩子，这样，孩子就会逐步形成一种持久的宽容忍让的善良品质。

孩子的宽容心对于孩子个性的健康发展，尤其是感情的健康发展和良好关系的建立有着非常重要的意义。宽容的人更容易处理好各种人际关系，能够更快地适应各种不同的环境，融洽地与人合作，充分挖掘自己的潜能。富有宽容心的孩子往往心地善良，性情温和，惹人喜爱。

然而，在现实生活中，总有一些心胸狭隘的人，处事总是持“宁可我负人，不可人负我”的态度，对别人的一点错误斤斤计较，使原本很小的矛盾进一步激化，最终酿成祸患，轻则使人受伤，重者致人命亡。作为父母，这些道理要对孩子讲清楚。

茫茫人海中，面对一个小小的过失，一个淡淡的微笑或一句轻轻的歉语就会带来包涵谅解，这就是宽容的力量。不要苛求任何人，要以律人之心律己，以恕己之心恕人，这也是宽容的力量。宽容地待人，待事，待己，善待一切。我们应让孩子知道，因为宽容，我们知道了幸福的真正意义，只有有了宽容，世界才会越来越多姿多彩。

第三章
让孩子保持心理健康

让孩子生活在自信当中

父母箴言

自信是人生发展和成功的心理基础，又是能力和意志力的重要组成部分。当孩子在某方面有了进步，父母应该对于他的进步进行夸奖，即使孩子没有什么进步，父母也应该寻找机会进行鼓励，这样就会让孩子有想要进步的欲望和动力，会让孩子更加渴望进步。

自信心是一个人最重要的个性品质，它建立在自我意识成熟的基础上，是自主精神的重要内容。自信心强的人会相信自己的力量，不指望依靠别人的帮助，确信自己经过努力一定能够有所作为。自信心是一个人在事业上取得成就的必要条件。

每个家长都希望孩子可以受到良好教育，能早日成才、高人一等。于是，各种各样的教育方法被家长盲目采用，比如给很小的孩子买锻炼智力的玩具，恨不得孩子一开口就能说一口流利的英语，期望孩子会有绘画、演奏等方面的才能……为了这些，父母让孩子接受各式各样的训练，参加花样繁多的补习班。但是，事实证明，通过这样的教育获得成功的例子寥寥无几。因为这种狂热、高压式的教育方法，充其量只能使孩子习得优秀的外在技巧，而孩子真正需要的是内在力量和精神品格的培养，尤其是自尊心和自信心，那才是指导行动的内在品质。因此，教育要从培养孩子的自信开始，要知道，自信心也要靠后天培养。作为家长帮助孩子树立信心，是责无旁贷的。

那么，怎样才能培养孩子自信的好习惯呢？

1. 强化对自我的积极认识

自信是对自己能力的一种正确认识，如果一个人认识不到或是低估了自己的能力，那他很可能会表现得不自信。孩子正处于一个需要别人引导、帮助和认可的时期，对于自己的潜能、长处和不足往往没有什么把握，大多数时候，孩子是通过别人的态度来确定自我的价值的。如果父母对孩子的思想和行为加以肯定，让他从中感受到成功的喜悦，那么，他的自信就会在父母鼓励的话语中不断地得到提高。如果孩子在某方面做得不好，或是失败了，父母就要帮助他寻找并分析原因，鼓励他不断地尝试，去争取成功。父母应该强化孩子对自我的积极认识，帮助孩子认识到自己拥有巨大潜能和广阔的发展可能性，使其深信只要自己在某些领域的努力持之以恒，坚持不懈，就一定能有所收获。

2. 培养孩子的特殊才能

如果孩子拥有一项特殊的才能，可以大大加强他的自信。所以，父母可以根据孩子的兴趣和爱好来培养孩子特长，让孩子通过发挥特长而树立起信心。只要孩子有兴趣去学，取得哪怕一点进展，父母都可以抓住机会夸奖孩子，让孩子明白自己也是有能力的，从而培养孩子的自信心。当然，父母也可以通过展示孩子的特长，让其他人来认可孩子的能力，这样更能提高孩子的信心。

父母应该让孩子知道，每个人都可以有自己的特长，自己在一些方面可能不如别人，但是也完全可以在其他方面超过别人。父母还可以教会孩子运用一些自我暗示，这样可以让孩子将对某件事的良好感觉扩大为更好的自我感觉。

父母还可以多鼓励孩子参加课外活动，让他们在学业之外，培养其他的兴趣与爱好；鼓励孩子参加社区义工活动，让他们多接触那些需要别人关爱帮助的人群，这些都会增进孩子的自信心与自尊心。

3. 让一些榜样来引导孩子

我们在新闻媒体和日常生活中都能找到很多榜样，他们中有些人也都平平凡凡，没有什么过人的才华，有时候甚至身处逆境，但他们不屈服于命运安排，顽强拼搏。父母可以把这些人的故事讲给孩子听，然后引导孩子向他们学习，为培养孩子的自信提供一些鲜活的榜样。

4. 尊重孩子的意见

父母一定要注意倾听孩子的想法，了解孩子的看法，一些关于孩子的重大事情要和他们一起商量，并且要尊重他们的意见。构建家庭民主格局，这是培养孩子自尊、自信的无声语言，也是最有效的做法。

5. 父母对孩子要有合理的期望

如果父母对孩子的要求太高，孩子就很难实现目标，一旦他们不能实现父母订立的目标，就很难建立信心，甚至会打击到他们的自信心。如果父母能够根据孩子的实际水平适当地降低标准，孩子就会很容易取得成功。对于孩子来说，成功会带给他们意想不到的效果，孩子可以从他们的成功中体验到快乐，并且能够获得充分的自信，这样，他们就会取得大幅的进步。

6. 对孩子进行适当的夸奖

当孩子在某方面有了进步，父母应该对他们的进步进行夸奖，这样可以调动孩子心中的积极因素，促使孩子期望自己取得更大的进步。即使孩子没有什么进步，父母也应该寻找机会进行鼓励，这样就会让孩子有想要进步的欲望和动力，让孩子更加渴望进步。

7. “笨鸟先飞” “勤能补拙”

对于一些必要的知识和技能，父母可以让孩子提前掌握，等到他正式学这个东西，或是和同伴们一起学习的时候，他就会有“这很容易”的感觉，再加上别的孩子可能没有学过，就会让他产生自信。

自信是一个人成功的起点，也是他前进的力量，而自卑则是其成才之路上最大的阻力。作为父母不应该只看到孩子成绩单上的成绩，还要看到孩子其他方面的长处。父母对孩子的信任和评价，对孩子树立自信心有着不可估量的影响，因为孩子的经验是很有限的，他的自信心最初是建立在别人对他的反应上的。如果孩子认为自己讨人喜欢并具有一定的能力，那他就会勇往直前，对自己充满信心。因此父母要用微笑和赞许的话来鼓励孩子。如果父母成天都在孩子的耳边说“没出息，比某某差多了”，孩子就可能真的会认为自己没有出息。如果父母经常告诉孩子“你并不比别人笨”“别人能办到的，你也一定能办到”等话语，就会对孩子产生不一样的效果，会让孩子拥有自信，而一旦有了自信，孩子就能通过自己的努力取得成绩。

让孩子的笑脸更灿烂

父母箴言

乐观的品格，对一个人的一生很重要。一个孩子如果拥有乐观的品格，便会生活得快乐。让灿烂的笑容永远洋溢在孩子的脸上吧！这样的孩子才会觉得自己能够驾驭生活，能够克服学习中的困难，能够摆脱挫折。

乐观是对未来充满信心和希望而又不断进取的个性特征。孩子对那些能够满足自己需要的事物或对象，会产生一种积极的情绪，而对无法满足自己需要的事物或对象则会产生消极的情绪。乐观的性格是孩子应对人生中悲伤、不幸、失败、痛苦等不良事件的有力武器。如果孩子无法乐观地面对人生，就会意志消沉，对前途丧失信心，长此以往，还会损害身体健康。心理学家马丁·塞利格曼认为，乐观不但是迷人的性格特征，还有更神奇的功能，它能使人对生活中的许多困难产生心理免疫力。乐观的孩子不易患忧郁症，他们也更容易成功，身体也比悲观的孩子更健康。

从心理学角度讲，乐观的情绪，能够提高人的大脑及整个神经系统的活力，使体内各器官的活动协调一致，从而有助于充分发挥整个机体的潜能，有益于健康和工作效率的提高。相反，悲观的情绪可能使人的心理失去平衡，对人的身心健康都可能造成严重的不良影响。

值得庆幸的是，孩子乐观的性格是可以培养的。“早期诱发”理论认为，人的性格是在后天的环境中逐步形成的，乐观的性格可以通过实践逐步培养，悲观的性格也可以在实践中逐步改塑。

想让孩子成为快乐小精灵的父母不妨尝试下面的方法：

1. 不要对孩子“控制”过严，不妨让孩子拥有自己的选择权

很多孩子不快乐的主要原因是他们没有自由。有些父母由于对孩子太过溺爱，往往会抑制孩子的一些行为和举动，甚至会替孩子包办很多事情。这样一来，孩子就无法在做事中得到乐趣了。并且，孩子也不见得就喜欢这样。所以，父母要把选择权交给孩子，让他们自己决定自己要什么东西或是做什么事情。比如，年纪小的孩子可以选择要吃什么样的午餐，大一点的孩子可以选择穿什么样的衣服上街，再大一点的孩子可以选择在节假日的时候去什么地方玩、可以选择买什么玩具，或是可以选择看什么电视，这样有充分选择权的孩子才会感到快乐自立。

2. 鼓励孩子多交朋友

不善交际的孩子大多性格抑郁，因为享受不到友情的温暖而感到孤独痛苦。性格内向、抑郁的孩子更应多交一些性格开朗、乐观的同龄朋友。这样孩子就能接纳各种性格的人，有助于养成豁达的心胸、快乐的性格。此外，家长自己也应与他人相处融洽，热情、真诚待人，给孩子树立起好榜样。

3. 允许孩子自由地表现悲伤

孩子在遇到困难的时候，往往会自然地流露出悲伤的情绪。这个时候，父母应该允许孩子自由地表现悲伤。假如孩子在哭泣的时候，父母要求孩子停止哭泣，不能表现出软弱，孩子就会把心中的悲伤积聚起来，久而久之，反而会造成孩子消极的心理。

对于孩子所表现出的悲伤或软弱，父母不要呵斥，应该让孩子尽情地发泄心中的郁闷，孩子只要发泄够了自然会平复心情。当然，如果孩子需要父母的帮助，父母应该及时安慰孩子，用同理心去感受孩子的情绪，努力引起孩子的情感共鸣，从而缓解孩子的不良情绪。

4. 让孩子拥有广泛的爱好

开朗乐观的孩子心中的快乐源自各个方面，一个孩子如果仅有一种爱好，他就很难保持长久的快乐。试想，只爱看电视的孩子如果当晚没有合适的电视节目看，他就会郁郁寡欢。假如孩子是个书迷，但如果他还能热衷体育活动，或饲养小动物，或参加演出，那么他的生活将变得更为丰富多彩，由此他也必然更为快乐。

5. 引导孩子摆脱困境

生活中不如意事十之八九，没有谁能够没有一丝烦恼地走过整个人生，谁都会遇上一些让自己烦恼的事情，即使他是一个乐观的人。但是乐观的孩子和悲观的孩子在遇到同样的事情时，他们的处理方式却是截然不同的。他们的反应虽然和先天的遗传有关，但大多方面还是父母教育的问题。所以，当孩子遇到困境时，父母要多留心孩子的情绪变化。如果孩子闷闷不乐，父母无论自己多忙，也要挤出时间和孩子交谈，教育孩子学会忍耐和坚强面对，鼓励孩子凡事多往好的方面想。

父母对于孩子情绪的变化也一定要注意观察，只要孩子愿意与父母沟通，父母就要引导孩子把心中的烦恼说出来。这样，孩子的烦恼很快就会消失，孩子也就很快会恢复快乐。当然，父母也可以帮助孩子克服一些困难，教孩子以正确的态度和措施来保持乐观的情绪。

6. 拥有自信十分重要

一个自卑的孩子通常比较内向悲观——这就从反面证实拥有自信与快乐性格的形成息息相关。对一个智力或能力都有限，因而内心充满自卑的孩子，家长应该仔细观察他的言谈举止，适时适当地多做表扬和鼓励。来自家长和亲友的肯定有助于孩子克服自卑、树立自信。

7. 父母要做乐观的人

父母在教育孩子时，要以身作则，每个家长不管是在工作上还是在生活中也都会遇到各种各样的不如意，而父母对待这些事情的方式会直接影响到孩子的做法。如果父母在面对困境、挫折时能够保持自信、乐观的精神，那么孩子也就会受到父母的影响。当他们遇到这种情况时，也就会自然而然地乐观面对。

让孩子学会坚强地面对困难

父母箴言

父母要从小教育孩子，不管面对多么糟的情况都一定要学会坚强，要具有跌倒了再爬起来的精神。这样孩子在以后的人生道路上，才能够走得更远。

在生活中，人们对于那些冲破困难和阻力、经受重大挫折和打击而坚持到底的人，其敬佩程度是远在生活中的幸运儿之上的。征服的困难愈大，取得的成就愈不容易，就愈能说明你是真正的英雄。当接连不断的失败使爱迪生的助手们几乎失去发明电灯泡的热情时，爱迪生却靠着坚韧不拔的意志，排除了来自各个方面的压力，经过无数次实验，终于为人类带来了光明。爱迪生的超人之处，正在于他对挫折和失败表现出了超人的顽强的刚毅精神。

巴尔扎克说：“苦难对于一个天才是一块垫脚石，对于能干的人是一笔财富，而对于庸人却是万丈深渊。”有的人在噩运和不幸面前，他会不屈服、不后退、不动摇，顽强地同命运抗争，因而在重重困难中冲开一条通向胜利的路，成了征服困难的英雄、掌握自己命运的主人。而有的人在生活的挫折和打击面前，变得垂头丧气、自暴自弃，进而丧失了继续前进的勇气和信心，于是成了庸人和懦夫。培根说："好的运气令人羡慕，而战胜噩运则更令人惊叹。"

一个人在顺境之中当然会做出一些成绩，但是更容易出人才的却是在逆境当中，因为逆境会磨砺出一个人的意志。在逆境中经过千锤百炼成长起来的人，会比在顺境中生活的人更具有生存力和竞争力。因为，在顺境中成功的人只熟悉成功的感觉，却不知道怎样面对挫折，而在逆境中奋斗的人既有失败的教训又有成功的经验，他们会显得更趋成熟。他们能把挫折看成一种财富，深谙只有经历了失败才可能会得到成功，成功是建立在失败的基础上的，因此具有笑对挫折、迎难而上的风范。

对于孩子来说，只有经历了失败，才会知道如何面对失败，才会在失败中变得更加坚强。每个孩子都会遇到这样或是那样的麻烦，在面对困难和挫折的时候，胆小懦弱的孩子往往没有坚强的意志去克服困难和挫折；坚强勇敢的孩子则能够做到持之以恒，凭借自己坚强的意志，战胜困难和挫折，越过障碍和绊脚石，从而取得成功。所以，父母要从小教育孩子，不管面对多么糟的情况都一定要学会坚强，要具有跌倒了再爬起来的精神。这样孩子才能在以后的人生道路上，走得顺顺利利。

1. 让孩子学会自己生活

一些父母对孩子百依百顺，什么事情都不让孩子去做，只让他们在舒适、平静、安稳的情况下生活，从而剥夺了孩子自我表现的机会，衣来伸手、饭来张口的生活方式，导致了孩子独立生活能力的萎缩。所以，父母的包办代替是孩子形成软弱性格的重要原因之一。

生活善于自理的孩子在生活中会表现出坚强的一面，在面对挫折和困难时，他们会用自己的能力去处理这些问题，不会无所适从。因此，父母要让孩子学会自己生活，让他们自己去面对生活。要让孩子自己去做一些事情从而让他们受到锻炼，当父母以后暂时离开时，稍大一些的孩子能够自己待着而不害怕，当发生意外情况时，也能够不惊慌、不哭泣等。这看起来是小事，但是对培养孩子坚强、勇敢的品质是很有益处的。

2. 支持孩子大胆地去做事、说话

父母教育孩子要用正确的方法，父母可以在孩子未成熟期加以保护，但这种保护应当随着孩子的成长发育越来越少。父母要训练孩子单独生活、适应社会的能力，这种训练应随着孩子的成长越来越多。千万不要凡事包办，养成孩子胆小怕事的依赖心理。

还有一些内向软弱的孩子不喜欢过多地说话，对于这种孩子，父母应尽量避免对他们说“你必须……”之类的话，而是应该多对他们说“你看怎样办”“你有什么想法吗”之类的话，给孩子一个独立思考并发表自己意见的机会。

3. 不要把孩子当成弱者

想让你的孩子坚强，千万不要把孩子当成弱者来看待。只有让孩子自己去站立，他的双腿才会坚强，他的意志才会坚强。

在公共汽车上，有人给一个5岁的小女孩让座。孩子的妈妈却对让座的人说：“谢谢！不用了，让她站着吧，她已经到了该自己站立的年龄了！”

4. 教孩子凡事再坚持一下

有这样一句话“胜利往往来自于再坚持一下的努力之中”，其实正是这样，当一个人在遇到困难的时候，能够有足够的意志再“坚持一下”，这种坚强的意志足以让他取得成功。

当孩子在不断的训练下，做出一些比较勇敢的事情，父母应该不断鼓励、称赞孩子，让孩子感受到勇敢的乐趣，觉得以前的胆小非常幼稚，让孩子从内心勇敢起来。这样，孩子就会越来越胆大，越来越活泼。

5. 鼓励孩子与社会打交道

有些内向的孩子在年龄小的时候，只习惯于同自己熟识的人待在一起，与社会上的人打交道时会产生一种潜意识的惧怕。因此，父母在孩子小时候就要培养他们处世的能力，鼓励孩子与社会打交道，接触了解各种人。

6. 帮助孩子增强应付他所害怕的对象或环境的信心

有一些孩子在成长过程中时常出现害怕的情绪。那么如何帮助孩子克服害怕情绪呢?

孩子有害怕情绪时，父母不该嘲笑或处罚他们。如果孩子害怕一个人在房间里关灯睡觉，可在他床头装一个灯的开关，让他掌握或明或暗的主动权，帮助他消除害怕心理。

经常给孩子讲一些有趣的知识,有助于消除他们的害怕心理。如有孩子害怕蜜蜂，可耐心地向他解释蜜蜂是如何辛勤劳动、采花粉酿蜜的，只要你不惹它，它就不会蜇你。

让孩子学会对自己的事情负责

父母箴言

生活自理能力是一个人生存于社会的基本条件，是孩子独立性的一种表现。父母应当珍视孩子不同年龄段的生活自理愿望，而不要过多约束，剥夺孩子“独立成长”的机会。这样不仅可以培养孩子的生活自理能力，而且还可以培养他们的责任心。

现在多数家庭中的孩子都是独生子女，因此在素质教育的探讨中，关于孩子的人格发展特点受到了更多的关注。尽管到目前为止，对于现在的孩子是否有独特的人格发展进程尚有争议，但大量关于独生与非独生子女之间的发展比较研究，至少给我们提供了许多极其有意义的启迪。

很多专家认为，总的来说，独生子女和非独生子女相比较起来，独生子女相对比较自私、任性、不知道尊重长辈。但是在大部分性格特征上，并不是说独生子女比非独生子女差，甚至他们有机会比非独生子女发展得要好，但也更有可能在这方面出现问题。这种向两端分布的情况说明，这种发展特点并不是独生子女生来就有的，而是源于对他们的教育不恰当、不完善，特别是家庭教育。因此培养独生子女的健康人格，关键还在于恰当的教育方式。

对大多数父母来说，感情的分寸往往难以把握，表达感情的方式也不恰当，常常是盲目的溺爱代替了理智的教育。因为就这么一个孩子，父母就把全部的爱都倾注于这唯一的孩子身上了。当孩子进入学校以后，如果学校只是片面地看重文化知识方面的学习，忽视了学生性格方面发展的问题，那么，孩子就又错过了矫正不良性格特征的另一个重要时期。

那么，作为独生子女的父母，应该如何选择恰当的教育方式呢？那就是对孩子要“严格要求、不娇不纵”，掌握爱的分寸，不必对其行为过分担心和限制，并为其创造“集体环境”，这些是克服独生子女性格发展中出现的种种问题的关键。具体地说，家长应该充分认识到孩子在各方面的发展需要，并采取相应的教养行为模式。

俗话说习惯成自然。习惯不是某种行为的偶然表现，而是一个人习惯化了的行为方式。让孩子从小学会独立自主，父母可以通过以下六点来教育孩子：

1. 让孩子认识真正的自己

想让孩子全面正确地认识自己，就要了解孩子在各个年龄阶段所具备的一些能力。要知道什么年龄的孩子应该可以做一些什么事情，这样，父母就可以放心让孩子自己去做自己的事情，去慢慢地发现真正的自己，而不是依赖父母的反馈间接地认识孩子。除此之外，父母还要在日常生活中让孩子去发掘自己的个性、特点、兴趣和爱好等等。因为选择的过程也就是一个认识自己的过程，只有了解自己的方方面面，才能更好决定取舍。常会听到有些孩子说自己没有什么特别的兴趣和爱好，或者今天的兴趣是这个，明天又变成另外的了。这都是父母平时很少注意培养孩子的兴趣造成的。

2. 让孩子自己安排和自己负责

很多父母不给孩子自主选择的权利，是因为他们对孩子没有信心，怕孩子会做出一些错事，这样，也会让孩子对自己失去信心。很多父母对自己孩子的照顾十分周到，从生活到学习，各个方面都替孩子想到并且帮他们做好，可以说，一切可以包办的父母都包办了，孩子只需要吃饭、睡觉和学习。从表面上看，父母对孩子真的是无微不至，但是，正是父母的这些无微不至的行为“培养”了孩子的依赖性。其实，对于孩子来说，他们希望能够得到父母的信任，希望父母把自由选择的权利还给他们。如果父母可以经常对孩子说“你可以做好这件事”“这是你自己的事情，你可以自己选择”类似这样的话语，孩子就会勇敢地去做尝试，而不是一味地依靠父母。

如果父母对孩子管束太多，或者经常强迫孩子服从自己的意志去做事，就会使孩子的精神负担过重，心情受到压抑，个性发展受到阻碍，从而缺乏独立自主性。所以，有些时候，父母可以让孩子试着对自己的事情做一些安排，并且告诉他，一切事情的后果他要负责。比如，让孩子对他某一天的行动自己做安排，父母不要插手，如果在这天，孩子因为出现了什么错误而发脾气的话，父母千万不能自揽责任，而是要让孩子意识到自己想做的事情应该自己安排好，并且学着负责到底。这样，久而久之，孩子就会养成自立的好习惯。

3. 给孩子充分的空间，让孩子自由地发展

想要让孩子成为一个独立自主的孩子，就要为他提供一些独立思考和独立解决问题的机会，让孩子在独立的活动中发展他的独立自主性。可能他还没有足够的生活经验，也许他会对一些事情做出错误的判断，但是，这种错误是绝对有必要的，也是可以被理解的，因为他需要从中吸取教训。如果父母不给孩子自由发展的空间和机会，他们也就不会有足够的实践来面对将来需要做出自主选择的事情，到时候，他们很可能会束手无策，毕竟自主选择的能力不是一朝一夕能练就的。

当然，这不是说父母对孩子就可以撒手不管了。父母可以对孩子做出选择的依据和动机做一些了解，还可以把自己的经验和想法告诉他们，以供孩子参考。如果孩子的选择确实存在着某些问题，也可以和他们一起来商讨解决。

和每个成年人一样，孩子也想拥有自己的时间。如果时间的安排完全由成人包办，孩子只是去执行，那么孩子的自主性就永远也培养不起来了。

4. 与孩子建立亲密的关系，让孩子充分感受到爱

独立自主性的培养，需要以孩子的信任感和安全感为基础。只有当孩子相信，在他遇到困难时一定会得到帮助，他才有可能放心大胆地去探索和尝试。因此，在孩子活动时，父母应该陪伴在身边，给予鼓励。

5. 相信孩子能处理好自己的事

自主选择并不是让孩子进行盲目的选择，当孩子要做某些重大决定的时候，父母可以帮助孩子收集资料，了解和熟悉各选项，这样有助于孩子进行科学、理性的选择。如果孩子没有很强的自主选择能力，父母也可以和他一起分析资料，找出各选项的利弊，最后了解孩子做出选择的动机。如果孩子有较强的自主能力，父母则可以让他自主完成选择。父母只要在重大的事情上帮助孩子把好关，防止出现重大的错误即可。当然，不同年龄阶段的孩子具有不同的自主能力，父母这种把关的尺度也应该不一样。

培养孩子用揠苗助长这种违反客观规律的做法，肯定是要失败的，但是消极地完全“顺其自然”，也不利于孩子的成长。遵照客观规律，积极创造条件，让孩子去锻炼，这才是我们应该采取的正确做法。

6. 尊重孩子的选择

孩子的选择往往可以表现出他的自主性，但由于父母害怕孩子自己所做出的选择是错误的，总是不敢把选择的权利交给孩子。可是，如果从来不让孩子有机会使用选择的权利，那么，他也就永远都学不会自己选择，永远没有自主性。

有的父母在把某些选择权交给孩子的同时，会事先协助他了解有关情况，帮他分析各种可能，并且告诉孩子，一旦选错了，自己必须要负起责任。他们认为，在这种情况下，即使孩子的选择是错的，也是对于孩子的一次教训，是很值得的。比如，有一位妈妈带孩子去少年宫报名，就先让孩子看看小组活动，本来，妈妈的意愿是让孩子学钢琴，可是发现孩子在舞蹈组门前看得出神。于是，妈妈尊重孩子的选择让她报舞蹈班，但要求孩子对自己的选择负责，一定要坚持把舞蹈学好。

父母和孩子做出的选择当然不可能是完全一致的，在这个时候，父母要尊重孩子的意见而不是简单粗暴地否决它。如果经常否定孩子的选择，就会让孩子觉得父母不尊重他的选择，这样就会打击孩子的积极性，更不利于培养孩子的自主能力。

培养孩子的幽默感

父母箴言

幽默风趣既是一种喜剧性的艺术形式，也是一种适应环境的人生态度，在人与人的交往中，更是一种沟通的技巧。因此，培养孩子的幽默感，是赋予孩子独特个性的神奇魔力。

幽默风趣这种能力也是因人而异的，有的孩子可能会比其他的孩子更幽默些。然而每一个孩子享受幽默的能力却是相等的。父母可以鼓励孩子在家里制造一些幽默的气氛，这样不但可以让家庭有一种和谐愉悦的气氛，而且可以让孩子紧张的神经得到放松和休息。

在我们国家，因为受到传统道德文化的影响，一般父母与子女的关系是很严肃的，如果一个儿子和他的父亲开玩笑，就会被认为是“没大没小”了。同样的，如果父母给子女来点“幽默”，就会显得父母轻浮了。因此，直到现在仍旧会有一些父母以长者自居，不能和孩子平视。这样一来，孩子的性格里就会少了些许“幽默感”。

如果父母在教育孩子时，能来点“幽默”，可能就会有意想不到的效果，而且孩子的性格中也就自然而然地具有了幽默的因子。幽默是一种非常重要的社交技能，不管是成人还是孩子对比都非常推崇。尽管孩子们讲笑话和使别人发笑的能力各有不同，但每个孩子都有欣赏幽默的能力。幽默的孩子会成为伙伴中的焦点，这样有利于培养他的领导和组织才能；幽默的孩子在走向社会的时候，也会在这个复杂的社会里生存得游刃有余。

那么，如何把孩子培养成一个人见人爱、幽默风趣的人呢？

1. 营造一些幽默环境

父母可以在家里搞一些活动，比如，可以拿出一些时间，让全家人聚在一起讲笑话。在讲笑话的时候，父母可以搞一些怪相把孩子逗笑；当父母讲完之后，也鼓励孩子讲一些他所知道的故事；当孩子讲的时候，父母要积极配合，让孩子有兴致继续讲下去。还可以多让孩子看一些幽默的图画，以增强孩子的幽默感。

2. 用幽默的方法培养孩子

在日常生活中，父母要有意识地运用幽默的方法去培养孩子的幽默感。幽默的方法不仅可以培养孩子的幽默感，而且往往可以保护孩子的自尊心，会产生较好的教育效果。

使用幽默的语言会让孩子感到快乐，而且会使孩子更愿意听从父母的教导。比如，许多孩子在玩玩具时，往往比较兴奋，能够一口气玩上半天甚至一天。但是，在玩完后，孩子们却很少会主动去收拾整理玩具。这时候，父母最好不要说："快把玩具收拾起来！要不以后就不让你玩了！"可以使用幽默一些的语言："玩了这么长时间，你肯定累了吧？问问这些玩具是不是也累了？要不，你把它们送回家吧，让它们好好休息一下，明天再跟你一起玩好不好？"相信孩子会用一种同理心去感受，并会主动地收拾好玩具的。

3. 经常给孩子讲一些幽默故事

在家庭生活中，父母可以经常给孩子讲一些幽默故事，让孩子在不断的熏陶中逐渐培养起幽默感。孩子听多了幽默故事，自然能够吸收幽默故事中的幽默因子，也会逐渐变得幽默起来。

值得注意的是，跟孩子说笑话或表演滑稽的动作时，要考虑孩子的年龄。因为大人认为好笑的语言或动作，孩子不见得有同感。但孩子认为好笑的语言或动作，大人要陪孩子一起笑，虽然从大人的角度来看也许并不见得好笑。

4. 丰富孩子的幽默词汇

六七岁的孩子正是语言能力加强的年纪，他们会渐渐明白许多词语有多种不同的含义。他们喜欢讲一些有双重含义的词语。

十几岁的孩子则更迷恋于双关语和笑话，他们喜欢用这种双关的语言和笑话来表达对他人的正面或者负面的情感，保持与同伴之间的亲密关系。有时候，这种笑话会为孩子们友谊的象征，如果一个孩子被其他同学告知了一个笑话的内容，这就表明他已经被这位同学接受了，对方愿意把他当成好朋友。

因此，孩子们需要有丰富的词汇来帮助自己表达幽默的想法。如果词汇贫乏，语言的表达能力太差，那也无法达到幽默的效果。父母平时可以多给孩子讲些幽默故事、机智故事、脑筋急转弯等，训练孩子思维的敏捷性，丰富他们的词汇。

5. 注重幽默的高雅性

父母应该让孩子明白，幽默可以让人感到快乐，同时幽默也可能成为伤害别人的工具。比如，别人的种族、宗教信仰、生理残疾等是不能用来当作幽默材料的，这样会伤害别人的情感。如果孩子在无意中开了这样的玩笑，父母千万不能鼓励，而是应该郑重地与孩子讨论一下这个问题，引导孩子尊重他人。

父母在培养孩子具有幽默感的同时，也要记得自己孩子的个性特点。有的孩子比较活泼，有的孩子比较内向，他们所表现出的幽默感的形式也会有不同，有的比较外露，有的比较含蓄。幽默来自人丰富的内涵，随着知识面的拓宽、阅历的增加，举止谈吐自然会有所改变。父母不要操之过急，要耐心丰富儿童的内心世界。真正的幽默是自然而然表现出来的，千万不要为了幽默而幽默，最终变成冷嘲热讽，或者变得油嘴滑舌。这些都不是父母培养孩子幽默感的初衷。

6. 和孩子共同创造幽默

很多父母在处理事情和教育孩子时，很少会利用“幽默”这种方法。据南开大学社会学系对北京、天津两市的300多户家庭的调查显示，妻子认为丈夫情感呆板，缺少幽默、浪漫情调的占61.7%，丈夫认为妻子多柔情、少幽默的占 80.4%，而子女认为父母毫无幽默感的高达 88.8%。只有 11.2% 的父母知道用幽默方法，实在少得可怜！

父母亲力亲为，与孩子共同创造幽默，对培养孩子的幽默个性有着重要的作用。

其实幽默是情感宣泄的一种方式。弗洛伊德说：“诙谐与幽默是把心理的能量以游戏的方式释放出来。”幽默也是一种乐观向上的生活态度，它基于一个人对自己的尊重。幽默与搞笑是截然不同的，在大多数情况下，有幽默感的人总是不动声色就能使别人充分享受到幽默的愉悦。

幽默是人与人之间的润滑剂，通过幽默的表达，可以舒缓紧张情绪，更能营造出快乐的气氛。父母应给孩子足够的空间，让他们寻找自己的生活乐趣。

第四章
培养孩子良好的人际关系

从小培养孩子善于交际的能力

父母箴言

善于与他人交往的孩子不仅能够从容地与同龄人交往，而且能够从容地与老师等成人交往。良好的人际交往是适应社会的表现，孩子是否善于同别人打交道，在人群中人缘如何，对他以后的学习和人生发展有很大的影响。

卡耐基曾经说过，一个人的成功，他的专业知识所起的作用是15%，而他的交际能力却占85%。所以，和谐的人际关系以及高强的交往本领，是未来社会判断成功者的重要标准。因为，只要一个人生活在社会中，他就不得不和他人打交道。

人际交往是人与人之间相互联系的一种最基本的方式，是父母在教育孩子的过程中不可忽视的一项内容。如果你的孩子没有同龄的伙伴，那么当他步入社会以后很可能会无所适从，或是不尊重他人，自傲、任性，或是封闭自己，自私、孤僻，种种不良的性格就会出现在他的身上。许多工作都是需要人们通过协作一起去完成的，所以，父母必须从小就培养孩子善于交际的好习惯。

其实不用父母强迫，孩子也总是希望能够和跟自己差不多大的孩子一起玩，也希望会有几个在思想上、学习上或者生活中志同道合的朋友，希望可以从朋友那里获得鼓励、信任和支持。在与周围的人相处时，朋友的肯定态度总是多于否定的态度，孩子们就会感到与他人有一种休戚相关、安危与共的情感，并愿意牺牲自己的利益去为他人谋利益。

因此，父母要经常与孩子谈论关于朋友的话题，或是倾听孩子和他的朋友之间所发生的一些事情，千万不要阻拦或过多参与孩子之间的交往，孩子们之间自有一套评价朋友好坏的标准。即使孩子们在交往中吃了亏，他自己也会从中吸取教训。

既然一个人的交际能力那么重要，父母应该怎样培养孩子善于交际的能力呢?

1. 多与孩子沟通

父母和孩子之间的沟通是培养孩子理解、关怀、接纳、自信和尊重心理的重要前提。有些父母不愿意与孩子共同探讨，他们认为那是浪费时间，只是一味地让孩子接纳自己的观点、尊重自己的权利，从不做换位思考。他们不会知道他们那样的教育方式，对孩子的内心平衡会产生多么不良的后果。所以，父母平时要多和孩子沟通，多了解孩子的想法，这样，才会有利于父母对孩子的教育。

2. 帮助孩子结交朋友

一个人不能离开朋友的陪伴，孩子尤其需要伙伴。友情能使孩子有一种归属感，孩子和他的小伙伴之间会有共同的乐趣、共同的感情、共同的语言，所以孩子们都喜欢在一起。即使彼此之间从不相识，甚至语言不通，孩子们也会一见如故，亲热地玩起来。所以，父母应该为孩子创造交友氛围，在孩子们相处的过程中，给予他们正确的引导和支持，让孩子们之间建立起温馨美好的感情。在这种气氛熏陶下，孩子们就会相处得快乐融洽。父母可以通过接纳孩子的朋友、招待孩子的朋友等方式帮助并鼓励孩子与人交往。

3. 多参加集体活动

父母应该鼓励孩子多参加集体活动，让孩子融入到集体生活中。在集体活动中做一些自己能做的事情，加强与同学的交往，增加同学对自己的好感和信任。在一个集体中，每个孩子都会有属于自己的智慧和个性，他们会发现自己和别人的不同，也会从中找到适合自己的角色。集体活动会让孩子无形中产生对集体的认同感，形成一种共同协作而忘小我的团体意识。这种意识的形成，有利于孩子在以后的人际交往中，改变以自我为中心的傲慢、优越感，与大家形成一种融洽、和谐的相处关系。

4. 培养孩子的专长

有位专家说："友谊是以共同爱好为基础的。如果你的孩子朋友不多，你可以帮助他培养某些爱好，从而认识更多的朋友。"马克思与恩格斯的友谊，就是建立在共同志向、共同语言基础之上的。所以，父母要挖掘培养孩子的专长，让孩子结交志趣相投的朋友，拓宽、延长孩子的交际之路。

5. 教给孩子一些交往技巧

随着时代的发展，现在的孩子非常讲究个性，要想与之保持良好的关系也需要一定的技巧。父母可以教给孩子一些交往的技巧，帮助孩子得到同学的友谊。以下这些交往技巧能够帮助孩子在与人交往中获得他人的好感。

（1）使用礼貌用语，如“谢谢”“再见”“对不起”“没关系”等，不要对别人说粗话、做不礼貌的动作。

（2）主动和同学打招呼问好，主动帮助他人。

（3）在和同学的交往中，宽容同学的缺点和过错，不要为一些小事而斤斤计较。

（4）与人交往要注重的是给予，而不是什么事情都希望得到回报。

（5）不要无故打断他人的讲话，当别人在说话的时候要认真倾听，不可以心不在焉或是只顾做自己的事情。

（6）不要在背后议论别人，也不要打听别人的秘密和隐私，更不可以把别人告诉你的秘密大肆宣扬。

（7）对待别人要真心诚意，讲信用，不欺骗说谎。

（8）不要用捉弄、嘲笑的方式吸引别人注意，这样反而会引起别人的反感。

（9）在和同学的交往中，善于发现别人的优点和长处，多赞美别人，不要因为自己的某些特长而处处炫耀自己。

（10）与他人说话，尽量讲一些两人都感兴趣的话题，不要独自说个不停而不考虑他人的感受。

（11）同学之间交往尽量不要有过多的物质往来。

（12）不对自己的成绩得意忘形，要照顾他人的感受。

（13）学会带领其他同学参与到集体交往中来，组织大家围绕一定的主题交流。

培养孩子与人合作的能力

父母箴言

与人合作的能力已成为当今世界人才的重要素质之一。目前由于孩子中独生子女的数量转多，任性、脾气大、与人合作能力差成为孩子中大多数人的弱点。所以，培养孩子与人合作的能力是父母刻不容缓的工作。

合作是现代人的一项基本素质与品格。如果一个人不能与人真诚合作，他就不可能成功。

合作不是一般意义上的人际交往，而是为了一个共同的目标结成的互助互利的双赢关系。一般来说，有交往与合作习惯的人，在心理学上被认为是外向的人。外向的人往往能够自觉地与人交流，做事的时候也喜欢询问他人，获得他人的帮助。但是，外向的性格并不是天生的，这种性格是可以后天培养的。

那么，怎样来培养孩子与人合作的能力呢?

1. 让孩子懂得与人合作的重要性

在日常生活中，有许多事情必须要两个或两个以上的人一起合作才能完成，只靠一个人的力量是无法做到的。父母可以利用这种机会让孩子体验一下个人无法完成的挫折感，从而懂得与人合作的重要性。

2. 让孩子体验合作的乐趣

成功的合作可以让孩子产生良好的体验，这种体验能够带给孩子无穷的乐趣，进而促进孩子的合作意识和合作行为。

3. 让孩子与同伴交往

让孩子有足够的时间与同伴在一起，他们可以一起交谈，一起分享玩具，一起做游戏，一起出去玩耍，一起做作业。父母要知道，孩子应当有自己的生活，如果孩子不喜欢与别的孩子交往，父母就更要有意识地鼓励他与同伴接触、交往。如果父母和老师因为怕孩子学坏而过多地干涉，甚至禁止他们的交往，那就无异于因噎废食，因为这种交往是孩子获得合作的能力与情感体验的最基本的条件，它有利于养成合群性，消除孩子执拗或孤僻的倾向。

4. 让孩子与同伴共同承担一定的任务

想要提高孩子的交往水平，可以让孩子与同伴分担一些任务，并通过力所能及的活动努力去完成。有时，对于一些复杂的任务，可以进行必要的分工，但必须保证他们活动的相互关联性，以便他们通过必要的主动交往与协调达到总体任务的要求。否则，合作就会变成单干，不利于培养合作精神。另一个需要注意的是，一旦交给了他们任务，就要鼓励他们独立完成，遇到困难或者发生争执，父母只能提供咨询，而不要越俎代庖，替他们完成任务。

5. 鼓励孩子独立解决与同伴交往中的矛盾和问题

这样做是进一步提高孩子的合作能力所必需的。孩子在交往中遇到矛盾是不可避免的，如果学不会妥善解决这些矛盾，就永远学不会合作。而善于解决矛盾，是高水平的合作与交往的标志。因此，孩子交往时遇到矛盾与问题时，不要回避，也不要代为解决，而要鼓励孩子独立解决，最多只能提些建议。培养孩子独立解决矛盾能力的主要途径，是让孩子迎着矛盾去主动交涉，而不是闭门思过，也不是回避或拖延。有的孩子只喜欢和一种同伴交往，而不肯和其他同伴交往，这种过于挑剔的交往倾向实际上就是回避交往的困难与矛盾。对于这种孩子，更应有意识地引导、鼓励，设法使其体验到交往中解决矛盾的成就感与满足感，从而乐于和各种人交往。

6. 让孩子知道竞争和合作是可以同时存在的

现在的孩子多是独生子女，一般在家里不会有人跟他争什么东西，父母也通常不会对他的言论提出什么不同的意见。但是在家以外的地方，比如学校，就出现了竞争者和反对者。这样，孩子就认为反对他以及和他竞争的同学是不会成为合作对象的。所以，父母要及时教育孩子端正他的竞争意识。竞争的目的主要在于实现目标，而不在于反对其他竞争的同学。父母要教孩子把其他同学作为学习上的竞争对手、生活上的合作伙伴，千万不可一味地把他人当成竞争对手和敌人，不顾一切地针对他人。同时，父母要教给孩子与人合作的技能，教育孩子考虑集体的利益，学会约束个人的行为。如果孩子缺乏这种意识或者精神，与人合作是不可能成功的。

让孩子学会赞美别人

父母箴言

人类本性上最深的企图之一是期望被赞美、钦佩、尊重，可见被赞美是人内心的一种基本愿望。父母如果想让孩子长大后能很好地与人沟通，会得体地表达自己的心声，就从小培养孩子赞美的能力吧！

赞美是语言的钻石，赞美有着巨大的威力，赞美是我们乐观面对生活所不可缺少的，是我们自强、自信的力量源泉；赞美是人际关系的润滑剂，还可以约束人的行动，能使人自觉克服缺点，积极向上；赞美的效果常常出乎人的预料，即使是简单的几句赞美都会让人感到心理上的满足。向别人传递一个真诚的赞美，能给对方的心灵带来光明。所以，在日常生活中，应该引导孩子去发现别人值得称赞的地方，并设法真诚地告诉别人，这样既能给别人的生活带来阳光与欢乐，也会让赞美别人的孩子有一个良好的人际关系。

在人际交往中，赞美要运用得体，它是一种密切人与人关系，消除隔阂，增加双方亲近感的奇妙的“润滑剂”。由于它能使别人获得自尊心和荣誉感的满足，从而有效地消解了抵触与对立的情绪，这就同时增强了双方的理解、信任和亲近感。赞美可以使人受到鼓舞、不断进取，也能使人盲目自满、故步自封。所以，对别人进行赞美的时候一定要讲究技巧。

赞美别人应是一种习惯，这种习惯应该从小就开始培养。那么，怎样让孩子学会赞美别人呢?

1. 赞美别人一定要真诚

赞美绝不是虚伪的胡乱夸赞，也不可以用漫不经心的态度，一定要用认真诚恳的态度来赞美他人。如果别的同学把事情搞砸了，你却“不失时机”地赞美道：你做得真好，我想做还做不到那个样子呢。这个时候，赞美就变成一种讽刺了。不真诚的赞美往往会起反作用，不但不会使别人舒畅，反倒会伤害别人。

实际上，真诚的赞美与虚伪的谄媚有着本质区别：前者看到和想到的是别人的美德，而后者则是想从别人那里得到非分的好处。只有真诚赞美别人的人才能真正得到别人的尊重。

赞美有时候没有必要去刻意地修饰，只要是源于生活，发自内心，真情流露，就会收到赞美的效果。

2. 对事不对人

赞美也绝不是阿谀奉承。教孩子赞美别人不能毫无根据，没有依据的泛泛的赞美毫无意义。所以，一定要赞美事情的本身，这样对别人的赞美才可以避免尴尬、混淆或者偏袒的情况发生。比如，当父母带孩子到朋友家做客，朋友准备了美味的饭菜，这时候，父母可以让孩子这么说：“阿姨你做的饭菜真好吃。”而不要只是说：“阿姨，你真好。”

3. 可以直接赞扬

以具体明确的语言、表情称赞对方的行为。如赞扬同学的作文写得非常好，就可以说："你的作文写得真好，我要是也有你那么好的文笔就好了。"这样的话语既平等，又真实，充满羡慕，让别人觉得很舒服。即使被赞美者知道自己的作文写得没那么好，也会对称赞者平添一份友好的感情。而赞美长辈则应怀着敬佩之情，体现出学习的态度。

4. 也可以间接赞美

教孩子以眼神、动作、姿势来赞美和鼓励别人。一般的人对表情和动作的感受远远超过对语言的感觉，有一些场合，人的表情在多数情况下是下意识的，装也装不像，其中所含的虚伪成分是很少的。比如，可以用微笑、惊叹或是夸张地瞪大眼睛表示对别人能力的倾慕和敬畏，这种方式是容易被对方接纳的。另外，如果想让孩子有赞美别人的习惯，父母首先要学会赞美孩子。

恰当地赞美别人是很重要的，它能拉近彼此的距离，让别人对你充满好感，充满信任。生活中，只要孩子注意到了这一点，经常恰当地赞美别人，将会改变孩子的生活，让孩子生活在爱的世界里，体会到爱的快乐。

教孩子学会与人分享

父母箴言

许多父母习惯于溺爱孩子，把孩子放在家庭的中心位置，在这种情况下，父母看到的却是心中没有他人的孩子。他们不会关心父母，不会关心他人，更不会关心社会，这样的孩子是令人担忧的。教孩子学会分享，是这一问题的解决之道。

分享是一种美德，更是一种快乐。萧伯纳曾经说过：“你有一个苹果，我有一个苹果，彼此交换，每个人只有一个苹果。你有一种思想，我有一种思想，彼此交换，每个人就有了两种思想。”分享能够让人减少痛苦，获得快乐。一个人在生活中需要与人分享自己的痛苦和快乐，没有分享，他的人生就是一种惩罚。

现在孩子以自我为中心的问题，已经成为困扰广大老师和家长的一个严重问题，而孩子的这种自我中心的心理根源于父母的私爱和溺爱。为了不让孩子的爱心枯竭、泯灭，父母不仅要爱孩子，更重要的是要让孩子学会爱。如果父母只是一味地给予孩子爱，对孩子是没有好处的。“溺爱是父母与孩子关系上最可悲的事，用这种爱培养出来的孩子是不会把心灵献一点给别人的。”这是一位教育家的经验之谈。所以，父母在爱孩子的时候，应该教孩子学会与人分享。

与别人分享好吃好玩的东西，对别人说一些关心体贴的话，同情并帮助有困难的人，不计较别人的过错，对别人能够宽容和谦让，孩子的爱心就是通过这样一次次的行为模仿和强化而逐渐形成的。

那么，怎样才能让孩子养成与别人分享的好习惯呢？

1. 让孩子尝到分享带来的乐趣

一般来说，以自我为中心的孩子会有以下三个特点：

（1）自私、故步自封。只看到自己而看不到别人的孩子，是不会有什么进步可言的。

（2）缺乏自信。虽然有的孩子表现出娇纵的性格特征，但是就其本质而言，仍然是一种缺乏自信心的表现。

（3）社会性差，不合群。

自我中心作为一种人格特征，它所产生的消极作用和负面影响的第一要素就是自私。这就直接导致了那些以自我为中心的孩子在和外界的交往中会排斥“异己”、拒绝开放、忽视理性力量、回避真诚、吝啬付出、难以与他人合作、缺乏公心（为他人、为集体考虑）。所以，这就需要父母们用一些巧妙的计策把孩子自私的外壳击碎，让孩子能够拥有懂得分享的智慧。父母可以从家庭中的活动做起，父母要与孩子一同参与、共同分享，让孩子尝到分享带来的乐趣。

2. 通过移情引导孩子与他人分享

当孩子还只有几个月大的时候，父母就要让孩子学着与别人分享东西。孩子渐渐长大了，要让孩子学着给长辈夹菜，鼓励孩子给爸爸妈妈拿东西，教孩子给客人让座……让孩子做些力所能及的事，这会让他们从中品尝到做了有益于他人的事而给他们带来的喜悦。

3. 父母要学会分享孩子的东西

实际上，在这里所说的“分享”有两层意思：既要教孩子学会分享，父母也要学会去分享——而这一点却往往会被父母们所忽视。

很多父母宁可自己受苦也不愿让孩子吃苦，把那些好吃的、好玩的、好用的全都放在孩子的面前。虽然他们在思想上也担心孩子会成为不知道关心别人的冷血儿，但在行为上却不会与孩子分享。在一个家庭中，经常会发生这样的一幕：一个孩子诚心诚意请父母一块吃东西，父母却坚决推辞说：“你吃，妈妈不吃”“爸爸不喜欢吃油炸的东西，也不喜欢吃甜的东西”。就这样，孩子与人分享的好意被父母给扼杀了。慢慢地，孩子也就养成了吃独食的习惯。

4. 用交换的方法让孩子学会分享

许多孩子在娱乐场馆玩耍的时候，总是希望自己能够占有所有的东西。事实上，孩子的这种行为和想法都是不好的。但是，如果父母一味地批评孩子，则反而会产生负作用。遇到这种情况，父母应该鼓励孩子与其他的孩子交换自己的一些玩具。让孩子学会把东西借给别人，再向别人借东西，通过交换东西而逐渐让孩子学会和人分享。

5. 允许孩子有自己的宝贝

其实每个人都会有不愿意与别人分享的宝贝，孩子也一样。有些东西可能是孩子特别喜欢的，也可能是孩子认为某些重要的人送给他的礼物，这些对孩子来说有着特殊的意义。总之，父母在提倡孩子与人分享的同时也要允许孩子有不和人分享的宝贝，而且要让孩子懂得珍惜自己的宝贝。

当其他的孩子来家里玩的时候，父母可以允许孩子把他认为重要的宝贝“藏”起来，不和其他人分享。

只有孩子藏好了自己的宝贝，他才会大方地把其他东西借给别人，才会更好地和别人分享。如果父母强迫孩子把所有的东西都与人分享，这不但不合理，反而会激发孩子的逆反心理，让孩子做出相反的行为。

教孩子学会分享，可以提高其社会认知能力，从而增强其社会适应性；学会分享，可以让孩子懂得在“资源共享”中获得“可持续性发展”；学会分享，可以让孩子重获脚踏实地的自信、勇于自主的独立性。所以，让你的孩子从自私的堡垒中冲出来吧，分享的天空可以让他自由地飞翔。

让孩子学会尊重别人

父母箴言

在人际关系中，要得到别人尊重最好的办法就是尊重别人。让孩子学会怎么去尊重别人，也就教会了孩子怎么得到别人的尊重。这样，孩子以后踏入社会就会自然而然地对别人表示出尊重，这对他的人缘也会有很大的帮助。

俗话说：不怕没有钱，就怕没尊严。尊严可以改变一个人的命运。所以，父母要培养孩子从小就要有骨气、有尊严。不仅如此，还要让孩子学会尊重别人。只有学会尊重别人，才是真正地尊重自己。

让孩子知道，也许只是一个微笑，一声问候，一句夸赞，一个祝福，都可以为人们彼此的沟通与交往编织一条情感的纽带，架设一座心灵的桥梁，在相互尊重中传递出温暖与关爱，接受着祝福与帮助。

现在的人们在考虑怎样处理和别人相关的一些问题时，通常95%的时间是在考虑自己。如果我们多分出一些时间好好地想一想对方的优点，不讲任何无价值的奉承话，真诚地评价对方，由衷地称赞对方，表现出你对对方的尊重，那么，你所说的话，他将牢记，并会不断地在他生命的长河中得到重视，一直到永远，你也会成为他所尊重的人：

可是，怎么样才能培养孩子尊重他人的习惯呢？父母可以考虑下面的五点做法。

1. 真诚地欣赏别人

美国哈佛大学的心理学家威廉·詹姆斯指出，人类本性最深的需要是渴望得到别人的欣赏。想要让孩子学会尊重别人，就必须让他学会诚实地、真心地欣赏不同的人，只有这样，他才会找出别人身上的特点，从而让他觉得尊重和敬佩。所以，应该让孩子学会找出每个人身上独特的地方，并欣赏他人的特点。

现在的孩子喜欢把人分类，诸如老师、家长、同学、朋友等等，并认为只有少数人和自己是同一类的。这样一来就限制了他们自己。假如他们认为自己喜欢某种人的话，他们就会和他们所喜欢的那类人走得很近。而当他们和其他类型的人相处的时候，就会觉得非常紧张。而且和他们不欣赏的人相处的时候就不会找出别人身上的特点，也就不会对别人表现出他们的尊重。所以，父母要教会孩子和不同的人相处，不要把自己锁在一个小圈里，要学会欣赏不同人的特点，学会尊重所有的人。

2. 真诚地关心他人

你若不尊重别人，别人也很难尊重你。而尊重一个人最基本的做法就是去关心他。心理学家亚德洛说：“对别人不感兴趣的人，生活中困难最大，损害也最大。”所有人类中的失败，都在这些人当中发生。美国前总统罗斯福非常受欢迎和尊重，一个重要的原因就是关心别人。想要与别人很好地相处，就应学会关心他人、尊重他人。当然，热心助人是要花时间和精力的。比如，孩子要交朋友，他们就有必要记住朋友的生日，并按时致贺，与朋友打招呼打电话时，都要表现出热忱。

3. 培养感受别人经历的能力

要学会“体会”别人的感受，这将使孩子的生活更丰富。如果孩子经历过某种感受，就可以体会到别人在某个特殊情况下的感受。譬如，当他还记得心爱的东西被弄坏时的那种感觉，现在他朋友的书包上被人划了一条口子，他就可以体会朋友的那种感觉。他们或许还可以谈一下自己心里的感觉。父母要告诉孩子，要尽量记住别人的话，并且尝试体会别人的经历和感受。

4. 记住别人的名字

美国总统约翰逊，把与人相处的九条原则写在纸上，放在自己的办公桌里。其中第一条就是记住别人的名字，如果做不到，就意味着你对那个人不太关心。人们往往对和自己相关的事物更有兴趣，对自己的名字尤其感兴趣。如果能记住一个人的名字，并能容易叫出，这样会是对一个人最大的尊重。

5. 避免讥讽别人

讥讽别人不仅不讨人喜欢，而且是危险的。因为它伤害了他人的自尊心，并会激起他人的反抗。所以，父母应该让孩子知道，如果你不喜欢一个人，你可以减少和他的交往或是接触，但是，绝对不能对他有不尊重的话语或行为。

在人际关系中要得到他人的尊重，最好的办法就是尊重他人。

任何人在心底都有获得尊重的渴望，受到尊重的人会变得宽容、友好、容易沟通。所以，让孩子学会怎么去尊重别人，也就教会了孩子怎么得到别人的尊重。这样，孩子以后踏入社会就会自然而然地对别人表示出尊重。

让孩子学会说“不”

父母箴言

要培养孩子成为栋梁之材，独立性和自信心的培养是关键。而教孩子学会拒绝，则是对孩子独立性和自主精神培养的一个方面。当孩子遇到不合理的要求时，要能分辨是非，敢于说“不”。

喜剧大师卓别林曾说：“学会说‘不’吧！那你的生活将会美好很多。”在拒绝别人时要讲究技巧，表达自己的意愿时语气要委婉，同时一定要记住，拒绝是对事不对人的。另外，一定要先听一下别人所提出的要求，不要对方还没有说要让你帮什么忙或是做什么事，你就已经在找借口拒绝了，这会让对方以为你在敷衍他；拒绝时要面带笑容、语气缓和、讲明理由；在拒绝之后，可根据对方的情况再提出建议。

英国心理学家朱莉娅、贝里曼等人提出的“破唱片法”，对不会说“不”的孩子来说，具有很好的借鉴意义：如果你需要拒绝某人的不合理要求，或者想对他说“不”，或者想尽快结束某个你认为没有任何意义的讨论，你可以“像播放破损的唱片时总在一个地方一遍遍地重复那样，你要做的事就是以坚定的态度一遍又一遍地重复你的意见”。

亚杰带着复杂的心情来到了咨询室，他说在自己的心中藏着一个解不开的结，这个结常常让他觉得心情非常压抑，但是却又不知道要怎么样去打开那个结。

“我不知道怎么拒绝别人，不知道怎样对别人提出的要求说‘不’。当别的同学提出一些要求的时候，我从来没有拒绝过，即使那个时候我很忙，很不愿意去满足他的要求，可我却从来不敢拒绝别人。就因为这样，我常常会打乱自己所制定的学习计划。”亚杰说这些话的时候显得非常无可奈何。他还说，虽然自己的内心非常苦闷，但是在表面上他还是没有表现出一丝的不高兴。他常常责怪自己，为什么这个“不”字会那么难以说出口。

亚杰的这种情况属于 NSN 综合征。NSN，就是 NEVER SAY NO（从不说“不”）的缩写。NSN 综合征是指人们由于不会拒绝而产生的紧张、焦虑、恐惧、自信心下降等一系列情绪障碍。

患有 NSN 综合征的孩子，都是太过看重自己在别人眼中的形象，他们会认为自我的价值取决于别人的看法和观点。如果拒绝了别人，可能会招致反感，从而影响到人际交往。所以，即使别人向他们提出一些不合理或是超出他们能力范围的要求，他也不会拒绝别人，因为他们害怕引起别人的不满；如果是偶尔拒绝了别人，也总会感觉到很抱歉而后悔万分；有时候，即使是别人伤害到了自己，也不会表达出自己的愤怒和不满。对于这些孩子来说，拒绝别人的要求自己的心里会很难受，但是，如果不拒绝他们则会更难受。由于他们的委曲求全，别人可能会提出更多或是更进一步的要求，这些要求有时会非常不合情理，有时甚至是挑剔、敌视的。这样会导致更严重的后果。也就是说，有的孩子会将自己的这种焦虑情绪压抑到极限，一直到他们不能或是不想再压抑的时候，最终会以攻击性的方式表现出来，这样只会对人际交往造成不可弥补的损失。那些患有 NSN 综合征的孩子曲解了人际关系的平等原则，他们是把别人的“满意”建立在了自己的“痛苦”之上。

NSN综合征的形成有很多原因，其中不正确的家庭教育方式、对人际关系的错误认知等都有可能成为诱因，而自卑则是一个很重要的方面。出现 NSN 综合征的人，往往会感觉自己没有足够的吸引力，总是害怕惹别人生气，进而压抑自己情感的表达，总是把自己和别人放在不平等的位置。

想要让孩子学会拒绝，以下建议可供父母参考：

1. 营造民主的家庭氛围

这是教孩子学会拒绝的前提。家长要明白不管孩子有多大，他都是家庭中的一个成员，是一个独立的人，绝对不能对孩子持独断专行的态度，而是要用商量的口吻向孩子表明自己的态度和想法，也要允许孩子把他的意见、想法充分地表达出来，允许孩子对父母的想法和做法持否定意见。如果孩子提得对，或在某些方面有一定道理，父母应该尽量接受。这样既可以开发孩子的智慧，又可以培养其独立能力和锻炼其意志。

2. 让孩子独立

在日常生活中，只要是孩子自己可以做到的事情，就要鼓励孩子自己去做。父母没有必要包办代替。只有这样做，孩子才能从日积月累的亲身体验中积累经验、增长才干，才会有能力对父母或他人的行为做出接受与拒绝的判断。

3. 把握自己的情绪

父母要帮助孩子正确地把握情绪，明辨是非。父母所要教孩子学会的拒绝是一种经大脑分析思考后的有意识行为，是对人、对事做出的理智判断，它与孩子感情用事、要脾气，或无端拒绝父母合理的要求是两回事。

4. 体验别人的感觉

孩子是最单纯、善良的，当他了解到自己的一句话、一个举动可能会给小朋友带来不愉快，心里就会感到不是滋味。父母所要做的，就是要给孩子解释清楚，他的言行在对方内心产生了什么样的感受。当体验到了他人的感受时，孩子也能设身处地地想一想，怎样让对方高高兴兴地接受自己的决定，轻而易举地达到目的。

5. 商量是一种交往技巧

拒绝别人有时候要和对方反复地“磨嘴皮子”，直到对方认可为止。比如孩子不想把遥控飞机给伙伴玩，于是就抱着飞机跑，而这种行为的结果就是两个人都玩不了。与其这样，还不如找一个理由，对想玩的孩子晓之以理，让他心平气和地接受。孩子的注意力一般会转移得很快，只要这个“岔”打过去，哪还记得明天和以后？以商量的口吻和小朋友对话，既可以巧妙地守住自己心爱的东西，又可以避免一场暴风雨。

6. 泰然接受他人说“不”

父母在孩子很小的时候就应该在孩子的头脑中强化一个概念，那就是——别人的东西不属于我，只有在人家同意的情况下，才能享用一会儿。如果能和小朋友换着玩，一件玩具就能换来很多种，孩子们都能玩到自己没有的玩具。

其实社会就是一个巨大的关系网络，在很多情况下，孩子在其中都必须与他人共享许多权利，不能一个人独占。父母所要做的，就是教会孩子如何平和、友好、委婉、商量地拒绝小朋友的要求，同时泰然自若地接受他人的拒绝。这将会使他们受益终身。

第五章
培养孩子的想象力和思维能力

打破孩子的定式思维

父母箴言

孩子正处于心智发展期，如果养成定式思维的不良习惯，就会对孩子思考能力的发展、智力水平的提高产生巨大的阻力，还会限制孩子想象的空间。这些对孩子的学业进步以及身心健康是有百害而无一利的。

人们常常会按照某种常规性的思维模式来思考问题，久而久之就形成了难以阻遏的惯性，它对人们的思维活动产生着严重的影响。孩子正处于心智发展期，如果养成定式思维的不良习惯，就会对孩子思考能力的发展、智力水平的提高产生巨大的阻力，还会限制孩子想象的空间。这些对孩子的学业进步以及身心健康是有百害而无一利的。

有这样一个故事。有两个小孩子长得一模一样，他们的出生年月日、家庭住址、电话号码、家长的姓名也是完全一样，第一次看到他们的人都认为这两个孩子是双胞胎，可是这两个孩子却说不是。大家都感到挺疑惑的，就问他们是什么关系。原来，他们不是双胞胎，而是三胞胎中的两个。在这里，大多数人就是犯了定式思维的错误，因为在许多人的心中两个长得像的孩子就是双胞胎，可是他们忘了还有三胞胎的存在。所以，当我们在思考问题的时候，如果可以转换一个方向，就会有很多可能性，也会得到很多不一样的答案。但是，怎么样才能打破孩子的定式思维呢？

1. 培养孩子思维的兴趣

好奇心是孩子语言和思维的突破口。孩子的好奇心可以凝聚成为一个又一个“为什么”，也可以说，好奇心是孩子思维最直接的反映。他们对事物越是好奇，他们的思维运动就越强烈。从这个意义上来说，激活孩子的好奇心，有利于培养孩子独立思维的好习惯。

好奇心是孩子的专利，父母要通过正确的引导来保护孩子的好奇心，培养孩子打破砂锅问到底的习惯。对于孩子所提出的问题一定要表现出兴趣，和孩子一起寻找答案，这样可以开发孩子独立思维的能力。

2. 开发孩子思维的丰富性

讲故事、猜谜语是激发孩子想象力的重要途径。孩子酷爱听故事，尤其是童话和神话故事，最能激发孩子的想象力。

童话是通过幻想创造的情境和形象来曲折地反映生活的，家长可以借此对孩子进行启发和教育。比如：常常给孩子讲一些童话故事，常用一些童话式的语言，如“月亮婆婆”“太阳公公”等，或者用童话情节将触景生情的一幕给孩子讲述出来，或者在孩子的小房间里摆放一些玩具，在墙壁上张贴一些童话故事，给孩子营造一个具有童话特色的小空间，让孩子在“童话世界”中遨游。也就是说让孩子的想象力在听童话、看童话、讲童话中得到启发。

实践证明,长期感受“童话氛围”的孩子,思维能力、想象能力、创造能力等各方面都会超过很少接触“童话氛围”的同龄孩子。

3. 培养孩子思维的细腻性

不论是培养孩子的观察力，还是培养他的想象力，在这些过程中，都无法忽略孩子在其中的存在和作用。观察是一种有目的、有计划、有组织的知觉，是一个主动的知觉过程。观察力就是指一个人对事物的观察能力,所以有人将观察称为“思维着的知觉”。

父母应该从培养孩子的观察兴趣开始，向他们提供大量的观察题材，在此基础上来发展他们的思维能力。比如带着孩子走进大自然，一起和他们观察花草树木的变化、虫鱼鸟兽的习性。他们会提出“为什么天一下雨蚂蚁就搬家”“天为什么是蓝的？云为什么是白的？”“鸟为什么会飞？虫为什么会爬？”等问题。

大自然里会有无数的“为什么”从孩子的思想中迸射出来，荒诞的、奇怪的、值得成人深思的，甚至是现代科学仍无法解答的问题。无论其对与错，这些都是孩子思维运动的结果，他们的思维一旦飞起来就是神奇的，有时也是相当深奥的。如果与此同时，家长有意识地引导孩子去想象、比拟，这些事物就会在孩子头脑中变成无数美好而奇异的童话。在孩子想象的同时，家长可进一步引导孩子把自己的想象用语言描述出来，或用图画将其表达出来。

4. 培养孩子思维的灵活性

引导孩子对已经熟悉的事物变换一个角度或多个角度去认识，从而培养孩子灵活的思维能力，这样就会使孩子遇到问题时总是从多方面思考，从而发现事物的多面性、多样性、多变性，形成考虑事情全面的好习惯。

比如，当孩子在解答出一道数学题后，家长可以对孩子进行表扬，可以鼓励孩子："如果你能用另一种方法再将其解答出来，那样会比别人掌握得更好。"凭借孩子好胜的心理，他就会努力去找出另一种解题方法。然后家长可以用赞赏的表情或语言让孩子明白他很棒。当孩子的兴趣被激活后，家长还可以再次鼓励孩子分析这道题是否还有更简洁的解题方法。如此这样，一方面让孩子对数学产生一种"剖析"兴趣，另一方面使他明白事物具有的变通性。

5. 让孩子接触社会，增长见识

现在的孩子生活面并不很宽，见识也比较少，再加上受传统的定式思维习惯的影响，思维水平自然就受到了许多限制。家长要利用一切有利时机让孩子走出家门，走入社会，到公园、博物馆、动物园、科技中心等地，了解社会生活，接触更多的人，开阔眼界，增加知识积累，扩大思维范围。孩子一旦具备了一定的见识，他思考问题的方向就会灵活得多，就不会被旧思维老办法限制。写河流，就到河岸上走一走，看看鱼虾飞鸟、山花野草，收集关于河流的传说、神话、历史等，激发写作灵感，增加知识，扩大思维的范围。

6. 营造宽松、自由的创新氛围

克服定式思维，其实就是打破传统，创造求新。创新思维只有在自由、宽松的环境中才能孕育、诞生。家长不要给孩子过多的限制和压力，应留给他们足够的自由思考的空间和放松的心情，以便他们能深刻、全面地掌握知识。

7. 从不同角度看待问题，同中求异

我们可能经常发现，对于同一个问题，不同的孩子的回答却是千篇一律，缺乏新意。父母在这一点上应该给孩子适当的帮助，引导他们从不同的角度、不同的方向去思考问题，鼓励孩子发表个人意见，提倡一题多解，并且能够同中求异。

让孩子学会思考

父母箴言

聪明的父母在面对孩子的问题时，会启发孩子去想、去分析、去运用自己学过的知识、查参考资料等，让孩子自己去寻找答案。孩子在寻找答案的过程中，思考能力就会得到提高。

使孩子的头脑变聪明的最重要的一点是培养孩子善于思考的好习惯。善于思考是认识活动的核心，它参与到其他的智力因素之中，使其他智力因素更加具有概括性和深刻性。心理学家早就认为人的智能结构一般是由观察力、记忆力、注意力、想象力、思维能力、语言表达力以及动手操作能力构成，而其中思维能力则是智能活动的核心。

思维活动是人们思考问题的过程，是人脑对客观事物的认识过程。思维能力就是解决问题的能力。日常生活中所说的“让我想一想”“我再考虑考虑”中的“想”“考虑”指的就是思维。思维能力主要包括分析、综合、比较、抽象和概括。

孩子的思维发展规律是从形象思维到抽象思维。三岁前的孩子，他们的思维方式主要是动作思维，是依靠感知和动作来完成的。他们在听、看、玩的过程中，才能进行思维。比如，婴幼儿常常边玩边想,但一旦动作停止,思维活动也就随之停止。三岁后，孩子的思维就从动作思维向形象思维过渡，他们可以运用已经知道的、见过的、听过的知识来思考问题。但他们的思维活动必须依托一个具体形象来展开。五岁后，孩子的形象思维开始占主导地位，并已经初步出现抽象思维。孩子能够从理解事物个体发展到对事物关系的理解；能够从依靠具体形象的理解过渡到主要依靠语言来理解；能够对事物进行比较复杂、深刻的评价。比如，五六岁的孩子在看电视时，可以说出谁是好人，谁是坏人，还会用各种理由来证明他的看法。

一个人智力水平的高低，主要通过思维能力反映出来。有一句话是这样的:“教育就是叫人去思维。”孩子学习有双重的目的:一是掌握知识，二是发展思维技能。大多数父母和教师往往只注意前者而忽略了后者，因此出现了许多学习成绩较好，但思维能力较差的“高分低能”的孩子。可见，培养孩子敏捷的思维能力，对提升孩子的智力水平极为重要。

那么，怎样来培养孩子爱思考的好习惯呢？

1. 引导孩子独立思考

许多孩子在遇到疑难问题时，总希望家长给他答案。如果父母对孩子有问必答，虽然解决了孩子当时的问题，但从长远来看，孩子会养成依赖父母的习惯，遇到问题时不会独立思考，不会自己去寻找答案，这对发展孩子智力没有好处。

2. 善于对孩子发问

问题是思维的起点，如果孩子经常面对各种问题，大脑的思维就会比较活跃。因此，父母要想提高孩子的思维能力，就要多向孩子发问。

向孩子发问，不要只问对或错的封闭式问题，最好依据孩子的能力，问一些没有唯一答案的开放性问题，如：回形针有些什么用途？如果让你去郊游，你会选择哪里？为什么要选择这个地方？可见，向孩子发问要有一定的技巧。

3. 营造平等的家庭氛围

调查显示，在民主、平等的家庭氛围中成长的孩子，敢于发表自己的意见，思维比较活跃，分析问题也比较透彻。而在专制的家庭气氛中成长的孩子，则不敢畅所欲言，容易受家长的暗示而改变主意，或者动摇于各种想法之间，或者盲目地随大流，这就影响了其独立思维的发展。

因此，父母要鼓励孩子敢于发表自己的看法，在孩子发表自己的意见时，哪怕是错误的，父母也应让他说完，然后再给予恰当的指导。对于孩子的正确意见，父母应该肯定、表扬，让孩子增强信心。

4. 培养孩子的探索精神

许多孩子都有较强的好奇心，喜欢“打破砂锅问到底”，每当见到一个新事物，总想更深入地去了解，往往会不自觉地摸一摸、问一问、拆一拆、装一装。许多父母对孩子的这些行为很是烦恼，经常批评孩子甚至恐吓孩子，其实，这些都是孩子喜欢探究和求知欲旺盛的表现，父母的呵斥只会挫伤孩子的积极性。

正确的做法应当是因势利导，鼓励孩子的探索精神，并启发孩子“异想天开”。例如，让孩子突破常规的思维模式，从另一个角度去思考问题，孩子就会发现平时盛饭的碗可以用来当乐器，平时装热水的暖瓶还可以用来装粥，这就是“发散思维”或“求异思维”。这种发散性的思维模式可以让孩子在学习时不盲从，解决问题时善于从多方面考虑，从而提高孩子的学习兴趣和思维能力。

5. 让孩子自己来处理问题

孩子在学习、生活中经常会出现各种各样的问题，对于孩子的问题，父母不要一味地帮助解决，应当与孩子一起讨论，共同想出解决方案。在这个过程中，孩子需要分析、归纳，需要设想解决的方法与程序，这对于提高孩子的思维能力和解决实际问题的能力大有好处。

6. 丰富孩子的知识与经验

许多孩子之所以不能很好地思考，不是因为不知道思考的方法，而是因为知识和经验有限，无法得出准确的结论。因此，父母要注意丰富孩子的知识与经验，让孩子拓展思维的领域。

孩子的知识越丰富，思维也就越活跃，因为丰富的知识和经验可以使孩子的思维灵活而又敏捷。

7. 培养孩子的推理能力

推理能力是思考能力中比较重要的一个方面。推理需要对概念等有深刻的理解才能进行。父母平常要对孩子解释一些概念性的事物。

培养孩子的抽象思维能力

> 父母箴言
>
> 孩子智力水平的高低，可以通过孩子的抽象思维能力反映出来。父母应该对抽象思维有正确的认识，并且在教育培养孩子的过程中自觉地采取措施，这样才能让孩子变得更聪明。

抽象思维又称逻辑思维，是思维的一种高级形式。它的特点是以抽象的概念、判断和推理作为思维的基本形式，以分析、综合、比较、抽象、概括作为思维的基本过程，从而揭露事物的本质特征和规律性联系。

抽象思维有两个最基本的特征：抽象性和确定性。由这两个特征还派生出其他一些特征，如形式性、精密性、简单性、理论性和分析性等。在此主要介绍抽象思维的抽象性特征和确定性特征。

1. 抽象性

人们透过事物的现象，认识事物的本质和变化规律，把握事物间的联系，达到理性的认识。也就是说，人们从现象到本质的认识在思维中是通过抽象来完成的。

以数学的发展为例：古埃及人和古巴比伦人尽管掌握了关于空间和数量关系的大量知识，但这些知识主要是凭经验积累起来的。在所有古埃及人的著作中，法则仅能应用于为数有限的具体情况。在他们的几何学中，没有用一个三角形来代表一切三角形这种在建立演绎体系时所必需的一般化的抽象概念。抽象的数的概念还有待形成。古希腊人则不同。数学之所以会在古希腊发展起来，就是因为古希腊人依靠古埃及人和古巴比伦人的数学知识，进行了“智力革命”，从事物的多样性中辨别出共同性，并把它抽象出来，加以一般化，从而导出符合更广泛的经验的新关系。就是由于这个缘故，古希腊人被称为是科学方法的倡导者。亚里士多德把抽象称为自然研究的路线或途径。

抽象性的实质，我们可以从三个方面去理解。

首先，抽象就是抽取事物的共同点。抽象最主要的是对同类事物去除现象的次要的方面，抽取它们的共同点，从而在个别中把握一般，在现象中把握本质。

其次，抽象就是选取事物的重要特点。一个事物往往有几个特点。抽象的实质是从这些特点中选取一个在某个方面特别重要的特点，而忽视所有其他特点。这样，抽象能够限定探究范围，突出某一重点，限制其他思路，并把某一种思路引向深入，从而深入地研究认识对象。

抽象既是抽象思维的重要手段，也是抽象思维的重要特征。我们把这种思维叫作抽象思维。

2. 确定性

确定性是抽象思维的又一基本特征。从信息论的观点看，所谓知识积累，就是不确定性的减少。所以，认识真理的意义就在于不断减少和消除对自然界和社会的认识的不确定性。一般说来，认识中的不确定性来源于认识主体的感性活动和思辨猜测。经验积累是人的感官对于自然现象的直觉认识。作为“前知识”，这种认识的最主要特征是不确定性。抽象思维要获得本质，就必须以确定性去减少和消除这种根源于事物偶然现象的不确定性。只有确定性思维所获取的认识才称为知识。因此，可以说理论知识和日常知识之间的最重要的区别就在于理论知识的命题具有严格的确定性，而日常知识不需要严格的规范。

爱因斯坦曾说过，科学的概念最初总是日常生活中所用的普通概念，但它们经过发展就完全不同了。它们已经变换过了，并失去了普通语言中所带有的含糊性质，从而获得了严格的定义，这样它们就能应用于科学的抽象思维中。例如，信息和系统原是日常生活中的普通概念，信息论和系统论对它们做了严格的定义，使之成为科学概念，而信息论和系统论也正是由于引入了这两个具有确定性的概念，才奠定了这两门学科的基础。

孩子思维的成熟过程，其实就是人类由蒙昧走向文明的缩影。牙牙学语的婴儿，最初不会有什么抽象思维能力，他们也许连苹果与梨的差异都搞不清。然而生活能使孩子们学会抽象，比如小宝宝淘气，用手触摸火炉，结果烫起几个泡。有过几次教训后，他就不会再触摸任何火炉，包括那些不曾烫过他的火炉了。他显然自发地形成了这样一种朦胧意识：那些东西也是火炉，也会烫人的。这种朦胧意识十分可贵，因为孩子已经自发地从同类事物中抽象出了该类事物的共性。

不过，如果仅靠自然形成，没有足够的刺激，孩子的智力发育就会缓慢很多。三岁之前的孩子，对他们进行训练，会显得过早；而对学前的孩子，父母则完全可以运用各种手段，在潜移默化中对孩子进行这方面的启蒙了。

1. 教孩子归类

父母可以把日常生活中的一些东西根据某些相同点进行分类，如根据颜色、形状、用途等。父母应注意引导孩子找到归类的根据，也就是事物的相同点，从而使孩子注意事物的细节，增强其观察能力。

2. 教孩子认识大群体与小群体

首先，应教给孩子一些有关群体的名称，如家具、运动、食品等，使孩子明白，每一个群体都有一定的组成部分。然而，还应让孩子了解，大群体中包含了许多小群体，小群体组成了大群体，如动物——鸟——麻雀。

3. 让孩子了解顺序

了解顺序的概念有助于孩子今后的阅读，这是训练孩子逻辑思维的重要途径。顺序可以是从最大到最小、从最硬到最软、从甜到淡等，也可以反过来排列。

4. 让孩子建立时间概念

孩子的时间观念很模糊，掌握一些表示时间的词语，理解其含义，对孩子来说无疑是必要的。当孩子真正清楚了“在……之前”“立即”或“马上”等词语的含义后，孩子也许会更规矩些。

5. 理解基本的数字

有些孩子两三岁就能从 1 数到 10，甚至更多。但与其说是在数数，不如说在背数。应该把数字具体化，如“1 个苹果”“3 个人”等。父母在孩子数数时，应多点儿耐心，让孩子一边发声，一边用手摸摸物品，逐渐过渡到用眼睛“默数”。在日常生活中，能够用数字准确表达的概念，父母们尽量讲得清楚明白。同时，还应注意使用“第一”“第二”“第三”等序数词。

6. 掌握一些空间概念

大人们往往以为孩子天生就知道“上下左右，里外前后”等空间概念，实际并非如此。父母要利用日常生活中的各种机会引导孩子，比如：“请把勺子放在碗里。”对于孩子来说，掌握“左”和“右”的概念要难些。

7. 在游戏中发展孩子的思维

游戏是培养孩子抽象思维能力最有效的途径之一。通过游戏，孩子的思维发展水平更高。如通过搭积木、玩魔方、走迷宫、下棋、拼拼图等游戏，可以增强孩子对空间、规则等方面的认知能力，从而提高其抽象思维能力。

怎样提高孩子的想象力

父母箴言

每个人都有一双想象的翅膀，它会把人们带到各种神奇的地方。而孩子的想象更是天马行空，完全不会照着规矩来，而父母要做的就是拓展孩子的想象空间，让想象力飞得更高更远。

想象是人的一种思维活动，它是人的大脑对已有的表象进行再创造，进而创造出新形象的过程。想象不是凭空产生的，想象所需要的材料都来自于生活，来自于人的经验。无论多么新奇、多么古怪的想象，都建立在已有信息的基础之上。想象在发明创造中起着至关重要的作用，直接推动了人类的进步。

一般来说，想象包括无意想象和有意想象。无意想象是没有自觉目的，不需要付出努力的一种想象，对孩子的智力发展意义不大。有意想象是有自觉目的，需要孩子做出一定努力的想象，它是孩子智力的一部分，能直接促进孩子智力的发展。

鲁迅是这样评价孩子的想象力的："孩子是令人敬服的，他们常常想到星月以上的境界，想到地面以下的情形，想到花卉的用处，想到昆虫的言语，他们想飞上太空，他们想潜入蚁穴……"事实上，孩子的想象力有时候是足以让我们这些自以为是的成人感到惊叹的。曾经有一位六岁的小姑娘，因为绘出一幅畅想未来到月亮上荡秋千的美术作品，而荣获了联合国举办的世界儿童绘画比赛一等奖。因此，父母一定要重视培养孩子的想象力。

那么，培养孩子的想象力有什么好方法吗？以下是一些有用的建议。

1. 丰富孩子头脑中的表象

人的想象总是以自己头脑当中的表象为基础。表象是外界事物在孩子头脑中留下的影像，它们是很具体的、很形象的，是想象的基础性材料。想象就是大脑在外界条件的刺激影响下，对头脑中所存储的表象进行加工改造，从而形成和创造新形象的心理过程。比如，当老师朗读一篇优美的风景散文时，每个孩子的脑子里都会出现一幅非常美丽的画面，但是，每个孩子脑子里的画面都是不相同的。这是因为每个孩子在想象的时候，都需要借助存储在脑子里的表象进行加工和创造。头脑中的表象积累越多，孩子用来进行想象的资源就越多。

因此，父母在日常生活中要引导孩子多观察、多记忆形象具体的东西。父母要根据孩子的年龄大小和生活环境，经常利用节假日，带着孩子去接触新鲜的事物。例如，带领孩子去博物馆参观，带领孩子去郊外游玩，指导孩子观赏各种事物，都可以让孩子记住许许多多的表象。尤其值得注意的是，农村的父母要多带孩子到城市去，让孩子认识城市的建筑、交通设施等；城市的父母要多带孩子到农村去，让孩子认识农作物，欣赏美丽的田园风景，了解花鸟虫草的生活习性等。

事实上，孩子认识的事物越多，想象空间就越广阔。如果父母只指望孩子通过课本来学习，是无法养成良好的想象习惯的。为了让孩子记得又多又准确，父母可以引导孩子用语言描述出来，或者以日记的形式记下来，这些都是孩子进行想象的重要资源。

2. 让孩子积累词汇

孩子需要用语言将想象的内容表述出来，词汇在这时起到了重要作用，词汇量大的孩子能很顺利地表述一件事情，词汇量贫乏的孩子则常常由于找不到合适的词汇而中断想象。

因此，父母应该引导孩子有意识地积累词汇。比如，多给孩子提供一些富有幻想色彩的书籍，如童话、科幻作品、神话、寓言等。父母可以让孩子准备一个专门用来记录文学名句、名段的摘记本，随时把阅读中遇到的名句、名段摘抄下来，在空闲时间多翻阅摘记本，巩固记忆。这样，孩子的词汇量就不知不觉扩大了，在想象时就可以顺利表述心中的想法，从而促进想象力的发展。

3. 鼓励孩子讲故事、读故事、记日记、画画

讲故事能促进孩子的想象能力发展。父母要从小就鼓励孩子自己编故事、讲故事。孩子可以讲给同学听，也可以讲给爸爸妈妈听，这样不仅锻炼了语言表达能力，而且也促进了孩子想象力的发展。父母也可以引导孩子按照某个主题想象，并适时地给孩子以赞扬，并提供一些建议。

如果孩子已经识字，父母要让孩子自己去阅读，这对孩子想象力的发展是大有好处的。依靠父母讲解，想象的空间总归有限，自己阅读则可以主动地进行想象力的训练。因此，只要孩子的识字量达到一定程度，能够自己阅读了，父母就应该指导孩子阅读，并给孩子购买一些童话、神话、民间故事等能够启发孩子想象力的图书。

图片很能激发孩子的想象能力，父母可以有意识地让孩子多接触各种图画。例如，父母可以购买一些景色优美的风景图片和知识性、趣味性较强的图片，让孩子认真观看，并在此基础上画出来。当然，孩子画什么，父母不应该限定，应该让孩子想画什么就画什么，这样，孩子才能充分发挥他的想象能力。通过不断的锻炼，孩子的想象能力必定会有所提高。

4. 用游戏启发孩子的想象力

爱做游戏是儿童的本能，对于孩子的自发游戏，父母应该给予关注，善于引导孩子通过做游戏来发展想象力及其他能力。创新性思维是想象力的基础。父母要积极培养孩子的创造性思维能力。

首先，父母要培养孩子独立思考能力，让孩子敢于打破陈规，敢于标新立异地提出自己的见解。

其次，父母要鼓励孩子提问，碰到自己无法解答的问题，要努力弄懂，或者向其他人请教，然后给孩子解答。

再次，父母要鼓励孩子求异思考。比如，当孩子做数学题时，父母可以问孩子：“除了这种做法以外，还有没有其他的解法？”当孩子阅读文学作品时，父母可以不断问“为什么是这样”“为什么不可以是那样”，这些都有利于培养孩子的想象力。

5. 鼓励孩子幻想

幻想是创造想象的特殊形式，它往往脱离现实，能跨越时空，创造出未来事物的新形象。幻想越大胆，可能出现的错误也越多，但是其创新价值是不可估量的。

其实，幻想是十分可贵的。正如郭沫若在《科学的春天》一文中指出的：“科学需要创造，需要幻想，有幻想才能打破传统的束缚，才能发展科学。”

因此，父母要鼓励孩子进行幻想，哪怕有时候孩子的幻想具有常识性的错误，例如，孩子想让鱼在天空飞翔，让人在海底生活等，父母没有必要非要去纠正孩子，因为孩子正是因为缺乏常识，才可以产生一些成人所没有的想法来。

让孩子在想象中成长

父母箴言

虽然孩子的梦想可能永远都不能实现，但是，每一个孩子都在憧憬着未来，并会为或远或近的“未来”付出全部的努力。父母一定要支持孩子的梦想，让他们在想象中成长。

很多人都听说过想象这个概念，但是它究竟有什么含义？在人的智力活动中有什么作用？能不能想办法提高想象力？人们对这些问题不一定有太多的了解。

想象是在外界刺激的影响下，在头脑中对记忆的表象进行加工，从而形成和创造新形象的心理过程。比如说，我们读古诗《敕勒歌》：“敕勒川，阴山下。天似穹庐，笼盖四野。天苍苍，野茫茫，风吹草低见牛羊。”在我们脑子里就会出现一幅非常壮美的图画，而且每个人脑子里的图画都不相同。这就是想象的结果。人们在想象的时候，都会借助原来脑子里的表象进行加工和创造。

在人的智力活动中，想象占有十分重要的地位。俄国教育家乌申斯基说：“强烈的活跃的想象是伟大智慧不可缺少的属性。”著名物理学家爱因斯坦创立“相对论”，就是采取了所谓“思想实验法”，在充分发挥想象力的基础上，经过了严格的逻辑思维和严密的数学推导。

因此，有一位物理学家赞叹爱因斯坦的成就时说：“作为一个发明家，他的力量和名声，在很大程度上应归功于想象力给他的鼓励。”

孩子在学习各门课程时都要借助想象力。没有想象力，很难理解教材中的图形、图画，写作文干巴巴，不会有形象生动的描写。

孩子的心灵成长需要想象，其实很多孩子天生都有属于他们的梦想。孩子的童年就是一个梦想生根的阶段，孩子的梦想就像是鸟儿飞翔的翅膀。如果缚住了孩子的翅膀，孩子永远都不会知道自己到底可以飞多远、飞多高。如果一个孩子拥有了梦想，他就会做出许多让父母惊奇的事情，孩子这些多姿多彩的梦就是他最宝贵的财富。

孩子本来是充满童真、充满童趣和富于幻想的，他们想做的事情应该有很多。但是，现在的孩子离他们的梦想却是那么的遥远。

在一次研究调查中，有一个这样的问题：“长大之后想要做什么。”有 92.71% 的孩子回答：“上一个好大学，找一个好工作。”这样一个成人式的回答怎么会出现在孩子的口中？大部分的孩子好像是忘记了他们的年龄，所有本该属于他们的激情与幻想在他们身上毫无踪影，好像他们是马上要考虑工作和生存的“小大人”。看到这种情况，人们不禁会问：是谁让孩子变成了这个样子？是谁把孩子的幻想给磨去了？不可否认，这和父母的教育有关，父母把生存的压力过早地传播给了孩子，孩子也就自然开始压制自己内心的激情与渴望，甚至对生活冷淡，他们过早感受到了生存的压力。

在生活中可以常常听到父母这么训斥孩子“不要瞎胡想”“你不要异想天开了”，就是这样的训斥把孩子的想象力扼杀了。

著名诗人纪伯伦说：“我宁可做人类中有梦想和有完成梦想的愿望的、最渺小的人，而不愿做一个最伟大的无梦想、无愿望的人。”而人类发展的历程也表明：没有“异想天开”，便没有人类社会的进步。许多古人“异想天开”的事，经过科学家们不断的探索与研究，在今天都变成了现实。所以，当你的孩子有奇特的想法时，请不要责备他们“胡思乱想”，而应当给他们以适当的鼓励和引导。

1. 父母应尊重孩子的想法

例如，你打算教孩子学习阿拉伯数字，当你在本子上端端正正地写下一个“0”时，孩子便会马上展开丰富的想象，说这是张大的嘴巴、煮熟的鸡蛋、妈妈的耳环或者是其他一些你根本想不到的东西。这时候，你千万别为孩子没有按照你的思维去学习而火冒三丈，责备他：“胡说！这是阿拉伯数字零。”殊不知，这样做很容易挫伤孩子想象的积极性，把孩子的思维过早地限定在成人所划定的框框里，而失去了儿童应有的天真与童趣。

2. 不要认为现在不可能发生的事情永远都不可能发生

例如，当孩子对你说：“妈妈，我长大了要到太阳上去探险。”你千万不要对他说：“傻瓜，太阳那么热，上去还不把你烤成灰？”而是应当鼓励、引导孩子：“你的想法很好，但那需要有丰富的知识，从现在起你就要好好学习，将来发明一种不怕太阳高温的飞船和宇航服，这样才能在太阳上探险。”父母一定要用心地倾听孩子每一个“可笑”的想法，而不要嘲笑他们，因为每一个奇妙的想法在若干年后都有可能变成现实。如果父母仅凭自己的经验来强迫孩子接受自己的判断，那么孩子独特的个性和创造能力就会被无情地扼杀。

3. 父母要鼓励孩子想象

一对年轻夫妇为了培养孩子的记忆力和复述力，每次给孩子讲完一个故事后，便要求孩子重述一遍。有一次，听完《狼和小羊》的故事后，孩子认为可爱的小羊不应该被凶恶的狼吃掉，便加了一个情节：小羊拼命奔跑，并且大声呼救，正好被猎狗听到了，猎狗跑过来勇敢地与狼搏斗，终于战胜了可恶的大灰狼。孩子的父母听非常生气。“我是这样讲的吗？下次好好听着，别讲错了！”孩子感到很委屈，连听故事的兴趣也没有了。对于这对年轻夫妇的做法，我们不能不感到惋惜，因为他们扼杀的不仅是孩子听故事的积极性，还有孩子的想象力、同情心和成为小作家的可能性。

孩子的“异想天开”体现了孩子独特而丰富的想象力，父母正确的引导和鼓励，将成为每一位“异想天开”的孩子攀登科学高峰的阶梯。所以，当孩子“异想天开”时，不要再向他们泼冷水了，让孩子自由地想象吧。

第六章

培养孩子的注意力和观察力

培养孩子专注的能力

父母箴言

注意力分散是孩子的一个普遍问题。一般来说，孩子的注意力是不太稳定的，往往对什么事都感兴趣，注意力容易随兴趣转移；同时，孩子的注意范围较小，注意力常会受情绪影响。所以，父母要对孩子的注意力加以引导。

激发孩子学习潜能的一个必要条件就是专注。一旦孩子养成了专注的习惯和个性，那么他的智力活动便进入了一个质的提高期。所以，一个人在做某件事情的时候一定要专注。那些今天想当歌唱家，明天想当影视红星，后天又想当科学家的孩子，注定要一生一事无成了。

培养孩子做事专注的习惯，将会在他的人生中产生重大的影响。要知道，只有让孩子先形成一种专注的习惯，他才有可能在日后对自己的事业全身心投入，不会被其他事情所干扰。所以，父母要在孩子小的时候就把孩子的专注能力给培养出来。当孩子在做某件事的时候，父母可以要求他在规定的时间内完成并帮助他排除外界的干扰；让孩子对他所感兴趣的问题不断寻根问底，深入思考；让孩子在兴趣广泛的基础上，选择最着迷的活动坚持下去，有意识地强化孩子在这方面的兴趣。

1. 让孩子在一个安静的环境中学习

想要让孩子在学习的时候集中精力，父母就应该让孩子在一个安静的、没有任何干扰的环境中学习，因为周围的环境往往会导致孩子注意力的不集中。所以，在孩子的活动空间中一定要物品摆放整齐有序，不要有太多不必要的东西，更不要布置一些照片或是图画等和学习没有关系的装饰品，书桌上面也不要放和学习没有关系的东西，这样就不会让孩子的注意力集中到别的地方而忘了学习。当孩子在做作业的时候，父母要尽量不要讲话，保持安静，更不要打开电视机，从而达不到让孩子专心学习的效果。

很多父母会犯一个错误，当孩子学习的时候，他们在孩子的周围制造出一些让孩子不能专心学习的声音。比如，有的父母会在客厅看电视，有的父母会用很大的声音聊一些事情，甚至有的父母会不断地问孩子一些问题。一定要记住，当孩子开始学习的时候，父母要尽量避免和他说话，也不要制造出声音，更不要询问孩子一些问题，因为这些都可能会成为孩子不能集中注意力的原因。

2. 让孩子按时完成作业

一般父母都会遇到这样的情况，如果要求孩子在一定的时间内完成作业的话，孩子就会按时完成甚至是提前完成，而且正确率非常高。说明孩子在学习时的注意力是非常集中的，可是如果孩子没有被这样要求，那么，他用的时间就会很长，并且正确率明显比前一种情况低得多。虽然他用了很长时间来做，但是他的注意力却没有集中。所以，父母应该根据孩子的作业量确定时间，要求孩子在规定的时间内集中注意力，认真完成作业，如果孩子可以按时完成或者是提前完成的话，父母就可以让孩子进行适度的放松。

如果孩子的作业实在是太多的话，父母可以把孩子的作业分开，让孩子一部分一部分地来完成，这样不但对集中孩子的注意力有所帮助，而且还能够让孩子的学习有松有紧，提高孩子的学习效率。可是，如果父母要让孩子一次性把大量的作业做完，不许孩子在中途休息，并且还在孩子的身边不停地唠叨的话，就会让孩子产生抵触的心理，从而对学习失去兴趣，注意力当然也就不会集中了。

3. 给孩子留出玩的时间

父母总是希望孩子把大把大把的时间都花在学习上，成天趴在书桌上认真地学习，最好从来不会有想要玩的念头。可是，孩子的天性就是玩，如果父母把孩子的天性都剥夺了，那他怎么可能会专注于其他事情呢？如果父母硬要孩子一直学习，一点儿玩的时间都不留给孩子的话，那么孩子就会在学习的时候有意地拖延时间，有时候明明可以一个小时就做完的功课，他可能会花上两到三个小时，那么，多出来的那些时间他就会用到走神、发呆或者是玩铅笔上。因为他知道，父母只有在看到他学习的时候才会高兴，为了取悦父母，他只能这样做。

可能有的父母对于专注的内涵不是太了解，专注的意思是指在一定的时间里高度地集中注意力，而不是说必须长时间地集中注意力。更何况，长时间地集中注意力对于孩子来说并不是什么好事，反而会让孩子不能更好地专注于一件事情。

4. 让孩子有意注意一件事或一个东西

有意地注意一件事情或是一个东西对于孩子来说很重要，有一些孩子的学习成绩差并不是因为他的智力差，而是因为他的注意力太过涣散，精神也集中不起来，所以，才导致了他们学习成绩不好。大家都知道，对于学生来说，最重要的就是听老师讲课。如果孩子不能养成良好的听讲习惯的话，他的学习生活将会遇到一些困难。所以，父母要在孩子上学之前让孩子多做一些需要集中注意力才能进行的活动，这样对培养孩子的注意力是很有好处的。

很多孩子会对老师所讲的内容没有什么兴趣，所以他们的注意力才会涣散，才不能专心听讲，但是孩子又必须要注意听老师所讲的内容，因为，只有这样，他们才会学到知识。针对孩子的这种情况，父母要让孩子首先知道听老师讲课的重要性，然后再找出对老师讲的有意思的地方，提高自己的注意力。如果孩子对于老师讲的实在是提不起什么兴趣，父母还可以让孩子告诉自己，一定要认真听课，如果能把这堂课听懂，下次考试的时候就会容易多了，就会轻而易举地取得好成绩。另外还可以让孩子告诫自己，如果自己今天能够把这堂枯燥乏味的课听下来，就说明自己有很好的控制能力，这样不仅可以锻炼自己的控制力还可以让自已多学一些知识，何乐而不为呢。

5. 不要对孩子重复叮嘱

总是有一些父母在叮嘱孩子的时候重复好多遍，生怕孩子记不住，孩子听多了也会感到厌烦，所以当父母说话的时候，他们总会显得漫不经心。而在和别人交谈的时候，他们也就没有办法准确地抓住别人所讲的主题，因为他们已经习惯了听别人不断重复。所以，当父母在对孩子说某件事情的时候，只要说一遍就可以了。这样可以让孩子在听父母讲话的时候集中注意力，抓住事情的主要内容，集中注意力。

6. 通过玩游戏训练孩子的注意力

游戏是孩子最感兴趣的一件事情，也是能够让孩子的注意力在一定时间内保持高度集中的一件事情。父母不要认为孩子做游戏是在浪费时间，其实游戏是培养孩子注意力的最好方法之一。因为，如果孩子想要在游戏中取得胜利的话，他就不能分散注意力。所以，让孩子多做一些游戏，这也是一项提高孩子注意力的法宝。

关注孩子的注意力障碍

父母箴言

有些父母常常会抱怨，自己的孩子越来越马虎了，做什么事情都是丢三落四的，注意力一点也不集中。但是，很多父母都没有想过，孩子有这些表现，很可能是因为存在注意力障碍。父母要对孩子的马虎找到原因，对症下药。

注意力障碍对孩子的学习与成长都会产生很大的危害，那么这种病会有哪些表现呢？

1. 注意力缺损

这类孩子主要表现为主动的注意功能异常，他们很难根据一定的任务和要求自觉地把注意力集中到某一项活动或是任务上面去；另外，这类孩子还会表现出被动的注意功能相对亢进，非常容易被外界的一点细小的变化吸引住，进而把注意力转向和他们没有关系的事情上去。

2. 多动

这类孩子不管在什么地方都会特别好动。比如，在课堂上，他们会不断地扭动身体，还会无故地离开自己的座位；在家里的时候，也会时常地翻箱倒柜，把房间弄得乱七八糟，就连睡觉的时候也会来回滚动，睡不安稳。有的孩子还有一些不良的习惯性动作，像是眨眼睛、咬手指甲等。另外，他们虽然有很多动作，但是动作都非常不协调，运动水平通常比较差。在走路或是奔跑的时候会经常摔跤，做操的姿势也不正确、不协调。

3. 冲动

这类孩子在行动之前往往缺乏思考，不会在做出某一行动或是某一件事之前去思考这种行为的后果。当然，他们也不会对自己过去的行为进行反思。具有这种冲动行为的孩子常常会不等老师说完问题，就会把答案抢先说出来，或是硬生生地打断别人的回答；在集体活动中，他们不能耐心地等待；在需要排队的场合，他们总爱插到队伍的前面。

4. 精力不足

这类孩子可以花很长时间去投入一个游戏当中，并且会相当兴奋，但是，当他们面对学习的时候，却会时常表现得倦怠、懒散。他们经常会对一些目标明确的活动表现出冷漠的态度。

5. 角色管理失控

这类孩子往往会在学校中表现得非常幼稚和任性，如果他们想要得到什么就必须要满足他们，稍有一点不顺心就会大发脾气，并且还会摔东西。他们一般对挫折的忍受能力比较差，会经常哭闹。他们经常违反纪律，对于老师的要求不服从，还会与老师争辩。

一些父母经常问这样的问题：有注意力障碍的孩子，在玩的时候应当也会表现出注意力的不集中，可是我的孩子看电视或玩游戏机的时候，注意力特别集中，只是一开始学习就注意力不集中了，这是注意力障碍吗？如果是注意力问题，为什么在玩的时候，孩子却能专心致志呢？

过去人们认为，注意力有问题的孩子在游戏中注意力也不能集中。现在，专家却认识到，注意力障碍主要表现在学习方面。在游戏中，我们观察两个孩子，其中一个是有注意力障碍的，另一个是正常的，就会发现两个人在玩游戏时都会很兴奋和投入，但面对枯燥的学习任务，两者就表现出明显的不同：正常的孩子能够按照要求完成作业，而注意力障碍的儿童则磨蹭、效率低下。

给许多孩子一些玩具，告诉他们老师出去时不许碰这些玩具，然后老师出去3分钟。结果发现，有注意力障碍的孩子触碰玩具的次数为正常孩子的两倍。正常的孩子能够使用一些延迟满足的策略来控制自己，比如对玩具说话，数一数有多少玩具等，而有注意力障碍的孩子却不会使用这样的策略。

让孩子对颜色进行快速联想：首先用彩色墨水涂染一些小方块，然后让孩子说出某种颜色能联想到什么事物，如“绿色”能联想到树叶、草坪等。还有，在红颜色墨水涂染的方块背面写上“绿”这个字，然后先给孩子看字，再问他们方块正确的颜色是什么。在这种实验中，注意力障碍孩子的准确性通常都比正常的孩子差，他们需要更长的时间才能做出反应，并且会出现更多的错误。

一系列的实验表明，这种症状的关键不在于注意力的缺损，而在于人的自我控制和自我管理能力低下。

正如美国研究注意力障碍的著名学者巴克利所言：注意力障碍的背后是孩子不能控制自己的行为。游戏与学习的一个最大不同就是前者能够带来即时的满足，而学习带来的满足是将来的；游戏只需要人们按照现有需求去争取更多的快乐，而学习则需要计划，要不断地向自己提出问题并解决问题。总之，游戏不需要自我控制，而学习则需要自我控制。

现在，这种病症已经成为影响孩子学习和身心健康的一大问题。那么，应该怎样正确地治疗呢？一般来说可以用药物校正和教育矫正。

1. 药物矫正

治疗注意力障碍的药又称心理刺激类药物，因为它们的功能主要是增进或提高中枢神经系统的唤醒或警觉能力。但服药有一定的不良反应，个别孩子会出现食欲减退、恶心或头痛等症状，甚至可能会影响身体发育。所以，用药物校正时必须经过医生的同意，父母千万不能私自给孩子吃药。而且，如果可以不用药物就尽量不要用。

2. 教育矫正

相对于药物矫正，教育矫正是一种比较安全的方法。父母可以设计一个个性化的教育方案，对孩子进行听觉、视觉、阅读能力、自我控制及动作协调性的训练，这样做虽然不如药物治疗效果那样明显，但有利于孩子学习能力的发展，使学习成为一件轻松的事情。长期的训练确实可以提高孩子学习的自觉性、准确性和速度。

怎样才能让孩子克服注意力涣散的毛病

父母箴言

有很多成绩不理想的孩子都存在着一个共同的缺点，就是注意力涣散，他们做什么事情都是漫不经心、粗心大意。为此，父母们非常着急。其实，这和孩子的自信心、心情等密切相关。

许多孩子上课时思想容易开小差，阅读课文时不专心，做习题时精力不集中，做什么都漫不经心、懒懒散散、粗心大意，这样的孩子怎样能把成绩搞好呢？这些孩子只有克服掉注意力涣散的毛病，才能把学习搞好。那么，怎样才能克服这种缺点呢？

1. 培养关注重要问题的习惯

不管是听课、读书、做作业还是做别的事情，都要让孩子学会动脑子，进行综合分析和比较，区别出所学内容的重点和非重点、本质和现象。动脑子思考的过程不仅能使孩子集中注意力，而且孩子一旦区别出重要的与一般的内容，使认识得到加深，就会产生愉快的体验，使注意力集中得更久。

训练孩子的注意力，一方面要让孩子将注意力集中于注意对象不断发展变化的各个过程，另一方面要让孩子关注各种不同过程的相互联系，同时还要让孩子区别出主次、轻重、缓急。

有的专家认为，集中注意力就是使精力指向特定对象，对所关注的事物进行综合分析、比较归纳、抽象概括的思维过程，或者利用发散性思维进行创造性思考。可以说，所有伟大的科学家、艺术家和学者都具有高度集中注意力的非凡能力。想要让孩子们成材，就必须训练他们的注意力，特别是要训练他们专注于思考的能力。

2. 进行专心学习或做事的训练

培养孩子注意力的可靠途径之一就是训练孩子在各式各样的环境条件下都专心学习或做事。一旦孩子确定了要干的事，就要有计划有目的地集中注意力，不受各种刺激的影响和干扰。无论读书学习，还是干其他事情，都把这些当作提升注意力的机会，经常训练就会逐步形成良好的专注习惯。

苏联心理学家普拉托诺夫说：“要想使自己成为一个注意力很强的人，最好的方法是，无论干什么事，都不能漫不经心！”

3. 学会不想自己

人们都有这样一个毛病，常常以为自己是被关注的中心，因此不自觉地把注意力转向自己。例如，当我们穿一件款式新颖衣服或者戴一顶样式新奇的帽子，就总会以为众人都在注视自己。当一个学生考试成绩不好或做了件错事时，他就会觉得众人在议论自己，看不起自己，甚至会觉得没脸见人。一个同学从座位上站起来回答问题，虽然紧张但是还能说出话来，但如果让他站到讲台上对着全班同学回答问题，他就会紧张得说不出话来。因为他害怕答错了惹人嘲笑，怕老师批评，怕同学议论等，其结果是越想越紧张，以至于紧张得连话都说不出来。其实这种总以为众人在注视自己的想法多半或完全是自己的臆想。每个同学都有自己的学习任务，自己的事情，每个人的思维重心或关注指向都不相同，都不可能有那么多时间关注别人，正像你常常把注意力转向自己一样，可能众人还没有顾得上注意你呢。

有的学者说："自我的感觉是臆想的一种形式。别人并不会如你所想象的那样关心你。他们都有自己的事要忙。记住这一点，你在他们面前便不会感觉不舒服了。"

要想让孩子克服上述恐惧感，首先是让他不想自己，不把注意力放到自己身上，然后是让他把注意力集中在眼前要解决的任务上，专心致志地做事，这样就不会因为关注其他事情而不安。

4. 关键是要有信心

孩子能不能注意力集中，自信心是一个决定性因素。孩子只有相信自己能够集中注意力，全神贯注地听课，才能取得好的效果。所以父母要教会孩子对自己说："我能够集中注意力，能够认真地听课！"如果孩子没有信心，认为自己的注意力集中不起来，那就会真的出现注意力不集中的情况。

5. 疲劳是集中注意力的大敌

孩子长时间地连续学习，废寝忘食地看书会使他感到疲劳，因而大脑神经的兴奋水平降低，注意力难以集中。比如长时间开车的司机，会因"疲劳驾驶"出现事故，这是非常危险的，有些人还会为此付出惨痛的代价。父母一定要让孩子们在学习过程中注意劳逸结合，保持精力充沛的生理状态，这样才能增强注意力的集中水平。

6. 心情愉快有利于注意力集中

心情舒畅或联想愉快的事情有助于集中注意力。有些研究生一想到将来能获得硕士、博士学位，心情就非常愉快，注意力就能集中起来。在出外旅游时，旅途劳累辛苦，但一想到这是一次有意义的活动，也就不觉得累了。常常跟孩子说一些令人愉快的事情或是孩子感兴趣的事情，这样增强注意力的速度就会很快。

7. 心情平静有益于集中注意力

心情平静，情绪稳定，有助于个人调整心理状态，使自己集中精力，专注于学习目标。所以在需要集中注意力之前，要先让心神安定下来。有人说：“只要能静下心来，就等于集中了一半的精力。”反之，当孩子心情焦躁、烦乱的时候，要想让他集中注意力是一件很困难的事。那么如何才能使孩子的心情平静下来呢？下面推荐几个放松心情的技巧，父母也可以和孩子一些来尝试。

（1）深呼吸法

坐好，轻轻地闭上眼睛，慢慢地呼气、吐气，速度越慢越好，然后慢慢地吸气。如此重复数次，心情就会平静下来，就能把与学习无关的杂念赶出脑海。杂念一旦被排除，就能全神贯注地去学习了。

（2）静坐法

静静地坐着，脑子里不要想任何事情，眼观鼻、鼻观口，约半分钟左右，这样就会渐渐地达到一种无私、无欲、无我的精神境界，这时脑子就会清空，学习的效果会格外好，思考问题也会格外深刻，有人说这也是发挥个人潜力的一种有效措施。

（3）目标转移法

让孩子先仔细观察周围的某一件物品，认识它的形状、颜色、材料和其他特点，然后闭上双眼，回忆所观察的物品，再睁眼重新观察该物品，检查回忆是否正确。孩子这时就会发现，脑子里原有的想法或杂念都被“消除”出去了。

（4）回忆法

上课前，让孩子提前两分钟坐在座位上，认真地回忆：这门课程上一次讲到什么地方了？主要内容是什么？自己掌握了多少？

在晚上做作业和复习功课时，如果孩子们的心理状态不稳定，也可以用回忆法，回忆课堂上老师讲授的内容，这样既复习了功课，又能尽快地进入状态，继而专心致志地做作业或复习功课。

（5）聆听法

聚精会神，仔细倾听某一种声音，对周围其他的声音则听而不闻。被倾听的这种声音愈轻微，注意力也就需要愈集中。如此反复训练，注意力就能集中。例如，有位中学生每天放学回家后，都会练习听时钟的嘀嗒声。第一天 10 次，第二天 15 次，第三天 20 次，逐渐增多，每次都训练自己只听钟的嘀嗒声，其他声音都不听。半个月后，他的专注能力大大提高，能排除外来干扰、专心致志地学习。长时间训练，就可以养成专注的良好习惯，使自己受益匪浅。

为什么要让孩子拥有善于观察的能力

父母箴言

观察是有目的、有计划、比较持久的知觉。这是人对客观事物感性认识的一种主动表现，是有意知觉的高级形式。观察是孩子增长知识的主要手段，在孩子的实践活动中具有重大的作用。

观是看，察是想。让孩子观察问题，不仅仅应该让孩子知道事物是这样的，还必须让孩子知道事物为什么是这样的。孩子要认识一个事物，总是从观察开始，有了观察，便开始有了记忆、想象和思维等。没有仔细的观察，孩子的思维就会因为缺少材料而得不到良好的发展。所以观察是认识的基础、思维的触角。

观察是孩子认识世界、增长知识的主要手段。它在孩子的一切实践活动中，都具有重大的作用。孩子通过观察，获得了一些知识，对一些事物有了鲜明的印象。观察和随便看看、随便听听是不一样的。孩子的观察能力决定着孩子的智力发展水平，因为观察力是一个人智力活动的基础，想要发展孩子的智力，首先就必须把观察的大门敞开，让外界的信息源源不断进入孩子的大脑。如果把孩子观察的大门堵住，老是让信息吃闭门羹，那么，他的智力不仅不会提高，反而会每况愈下。

心理学专家认为，如果让孩子生活在缺少日常刺激、感觉很少起作用的环境下，他们的知识内容就会显得苍白无力，而且注意力涣散，容易受到暗示，缺乏学习能力。实验表明：仅仅阻断触觉刺激，也会使参加测试者智力迟钝，手指尖的灵巧性下降，感情容易冲动，并出现离奇古怪的思维。缺少一般性的感知，会使孩子的智力活动受到明显的不良影响，那么，缺乏有目的、有计划的观察，对孩子智力活动的消极影响是不言而喻的。

大量的事实证明，观察力是一个学者不可缺少的品质。认识来源于经验。我国著名科学家李四光以他敏锐洞悉各种现象的观察力著称于世。他走到哪里，就观察到哪里，处处留心，时时注意，从不放过任何一个微小的观察机会。无论是出国讲学，参加国际会议，还是旅行、散步，他都会找机会进行地质观察。

人类如果要进步，就得不断地发现新问题，解决新问题。一个具有敏锐观察力的人，即使面对司空见惯的事物也能发现新问题。我国古代的名匠鲁班上山时被草叶划破了手指，他从草叶边缘呈锯齿状的特征中受到启发，发明了锯。德国著名的科学家魏格纳病在床上，仔细观看起一幅世界地图来。普通的一张世界地图，人们不知看了多少遍，而魏格纳却通过观察发现，各大洲的边缘虽然像锯齿一样参差不齐，但却恰好可以拼接在一起，由此提出了“大陆漂移学说”，后来得到证实。生物进化论的创始人达尔文，有一次发现许多昆虫落到一种特殊植物的叶子上面，植物受刺激后分泌出一种消化液，把昆虫消化掉，变成这种植物的给养。后来达尔文经过16年的观察研究，写出了《论食虫植物》一书，为生物学研究做出了贡献。我国著名的药物学家李时珍的巨著《本草纲目》，著名地理学家徐霞客的《徐霞客游记》都是他们不辞劳苦，有计划、有目的地进行实地观察的产物。

这些大量的事实证明，没有敏锐的观察力，就不会有什么新的发现，也就不会有人类的进步。

观察力还是孩子进行学习活动的必要条件。学习活动是一种复杂的智力活动，智力活动的基础就是观察。孩子没有一点观察力就无法写作文，无法解数学题，无法听课。观察力在孩子的一切活动中都是必不可少的。

苏联教育学家赞科夫经过几十年研究，发现学习成绩差的孩子有一个共同特点，就是观察力差。而观察是孩子们获得知识的重要途径，观察力的强弱，直接影响着学生的学业成绩。

例如在语文学习中，两个字的字形、写法只有细微差别，观察力较强的同学就能看出来，观察力较差的同学就常常把它们认错或写错。在写作上，如果观察力较强，就可以收集到现实生活中的大量素材，感到有东西可写，对人物、事件的描写就细致、深入、具体、生动；反之，在这方面能力较差的学生，就会感到没有什么可写，要么写不具体，要么就事论事，空洞无物。

在数理化的学习中，如果有较强的观察力，在老师利用实验演示或借助图形说明某一个概念时，就能抓住本质，看到数量关系的变化，理解概念的实际意义。在计算过程中，也需要有较强的观察力，才能发现各个数的特征，选择合适的方法。

在实验中，观察力更为重要，观察力强的学生可以通过对实验现象的观察，推断出物质的结构和性质。例如：初三学生做钠和水反应的实验，观察力强的同学，能全面而细致地观察到钠与水激烈反应的现象：钠与水激烈反应后形成小圆球，浮在水面上，做无规则运动，发出嘶嘶声，并且钠球不断变小，最后全部消失。而观察力差一些的同学，只能看到钠浮在水面上燃烧，而描述不出更多的细微之处，这种差别必定造成学生对钠的结构和性质方面的认识的差别。

为此，父母要让孩子在做好功课的同时尽量多地参加课外探索活动，在实践中进行认真观察。

我们下面谈谈观察力的特点。观察力的特点又称作观察力的品质。了解观察力的特点对提高孩子的智商有着重要的意义。

1. 观察的目的性

如果一个人在从事感知活动时，没有明确的目的，那么就只能算是一般的感知活动，不能称作为观察。只有感知活动具有明确的目的时，才能算是观察。因此可以说，目的性是区分一般感知和观察的重要特点之一。

就观察的目的性而言，至少应当包括：明确观察对象、要求、步骤和方法。一般来说，不论是长期的观察，系统的观察，还是短期的、零星的观察，都必须制订观察计划。

观察的目的性，还要求我们在进行观察时，必须勤做记录。这种记录是我们保存第一手资料最可靠的手段。记录要力求系统全面，详尽具体，正确清楚，并持之以恒。实践证明，若要做好观察记录，特别是长期的系统的观察记录（如观察日记），就必须坚持到底，持之以恒，切忌半途而废，功亏一篑。中国科学院副院长、气象学专家竺可桢在北京几十年如一日，对气候变化进行长期观察，从不间断。他每天都坚持收集气温、风向、温度等气象数据，直到去世的前一天。而他的观察和记载也为编写《中国物候学》积累了丰富的资料。

2. 观察的条理性

观察是一种复杂而细致的艺术，不是随随便便地进行就能奏效的。观察必须全面系统、有条不紊地进行。长期的观察需要如此，短期的观察也需要如此。

一般来说，有这样几种方式。

按事物出现的时间，可以由先到后进行观察。

按事物所处的空间，可以由远及近或由近及远地进行观察。

按事物本身的结构，可以由外到内或由内到外，可以由上到下或由左到右，也可以由局部到整体或由整体到局部进行观察。

观察力的条理性，可以保证获得的信息具有系统性，而这样的信息方便人们进行加工处理。如果一个人做事毫无章法，那么他所获得的信息也就必然是杂乱无章的。这样，他要想在一堆乱麻中理出一个头绪来，必然会花费较多的时间和精力。

3. 观察的敏锐性

观察的敏锐性是指迅速发现容易被忽略的信息。科学家和发明家的可贵之处就在于此。牛顿根据苹果坠地提出了万有引力定律，瓦特根据水蒸气顶起壶盖发明了蒸汽机。在学习活动中，同学之间的观察力千差万别，对于同一个问题，有的同学一眼就看出问题的要害和内在联系，有的同学则相反。敏锐性的高低是衡量观察力的一个重要标准。

观察的敏锐性与一个人的兴趣往往是密切相关的。不同的人在观察同一现象时，会根据自己的兴趣而注意到不同的事物。兴趣可以提高人们观察的敏锐性，例如，同在乡野逗留，植物学家会敏锐地注意到各种不同的庄稼和野生植物，而一个动物学家则会注意到各种不同的家畜和野生动物。

观察的敏锐性是与一个人的知识和经验密切相关的。一个知识渊博、经验丰富的人，在错综复杂的大千世界中，自然容易观察到许多有意义的东西。相反，一个知识面狭窄、经验贫乏的人，面对许多被观察的对象，总有应接不暇的感觉，往往结果是什么都发现不了。

4. 观察的准确性

提高观察的准确性需要从以下几方面入手：

首先，正确地获得与观察对象有关的信息。在观察过程中，不仅要注意那些预期的事物，还要注意那些意外的情况。

其次，对事物进行细致的观察，既能注意到事物比较明显的特征，又能觉察出事物比隐蔽的特征；既能观察事物的全过程，又能分别地考查事物的各个部分；既能地把握事物的整体情况，又能掌握事物的各个发展阶段的特点；既能发现事物之间的相似之处，又能辨别它们之间的细微差别。

再次，关注每一处细节。一个具有精确观察力的人，在观察事物的过程中，就会避免那些简单的、传统的、老套的方法，而是选择那些不寻常的、非常规的、复杂多变的创新性方法，这往往是富有创造力的表现。

提高孩子的观察能力

父母箴言

现在的孩子生活范围狭窄，对于社会和自然的接触机会少，所以他们缺少必要的实践活动，进而对他们的观察力也就造成了一定的影响。引导孩子发现事物间的区别、现象的变化，可以使他们逐步养成仔细、严谨的观察习惯。

观察是孩子积累知识、发展智力的重要途径，虽说有眼有耳就能看和能听，但接触同样的事物，有的孩子能在脑子里留下准确、完整、丰富、深刻的印象，有的孩子却只有支离破碎或者错误的印象。可见，观察力不是生来就有的，而是需要有意识地培养。观察不是一种消极的知觉活动，而是知觉与思维结合的积极的活动。孩子观察能力的培养是智力开发的重要内容。

观察是一个人认识事物的重要途径。没有良好的观察习惯，没有敏锐的观察力，就谈不上聪明，更谈不上成才。这也是很多孩子的学习成绩始终不理想的一个重要原因。

观察能让人更透彻地了解自然、社会。养成了认真观察的习惯，就如同登山者获得了一把开山大斧，前进道路上的一切荆棘都会被清理干净，隐藏在丛林深处的真理就会清晰地展现于眼前。观察力既是孩子通过眼、耳、鼻、舌、身感知客观事物的重要能力，也是孩子完成学习任务的必备能力。孩子学习知识需要从观察开始，即使是间接地从书本上获得知识，也离不开眼睛、耳朵等感官的参与。许多孩子学习成绩不好的原因就是观察力极差，从而导致思考能力和判断能力低下，由此可见，培养孩子的观察能力是非常重要的。

那么，怎样培养孩子观察力呢？

1. 指导孩子明确观察目的

孩子在观察当中，往往目的性不明确，喜欢凭自己的兴趣观察那些令自己感到好奇的事物。事实上，孩子的观察任务，直接影响观察的效果。观察目的越明确，孩子的注意力就越集中，观察也就越细致深入，观察的效果也就越好。

指导孩子明确观察目的，不仅要教育孩子树立观察的意识，认清观察对于发展自身智力的好处，而且要教育孩子在观察任何事物时都有明确的目的，也就是说要观察什么，为什么观察。

2. 培养孩子的好奇心

当代著名物理学家李政道博士说：“好奇心很重要，要搞科学就离不开好奇。道理很简单，只有好奇才能提出问题，解决问题。可怕的是提不出问题，迈不出第一步。”

一个人对各种事物的好奇心越强烈，就越具有探索的欲望。

如果一个人对周围的事物都熟视无睹，就不可能注意到新事物。正如爱迪生所说：“谁丧失了好奇心，谁就丧失了最起码的创造力。”

3. 教孩子通过观察去验证所学的知识

在现实生活中，当孩子学了新的知识后，对某些内容持有怀疑的态度，父母不要直接告诉孩子答案，因为答案太死板，孩子接受起来比较机械。事实上，可以让孩子通过观察去寻找正确的答案，这样可以锻炼孩子的观察力，让孩子从中学到更多的知识，记忆更深刻。

当然，在观察之前，父母应该教孩子做好充分的准备，激发孩子的观察兴趣，在观察的时候就会主动地去认识事物、观察事物。因此，在要求孩子观察某个事物时，可以让孩子先做准备，特别是知识上的准备，比如，在孩子观察猫的习性时，让他先看一些猫的相关资料，这样有利于孩子根据已有的知识去辨别事物，取得有效的观察效果。

4. 让孩子有计划地观察事物

父母要帮助孩子拟订观察计划，让孩子明确观察的对象、任务、步骤和方法，有计划地进行观察。

让孩子观察的事物应该从简单到复杂，观察的范围从小到大，观察的时间从短到长，这样有计划地指导孩子观察事物，有利于逐渐提高孩子的观察能力。例如，父母可以鼓励孩子自己种一盆花或其他植物，每天观察其变化，并写观察日记，父母则不断给以指导。这样，孩子往往可以观察到丰富的内容，效果也会很好。

再比如，父母可以让孩子观察父母怎样做菜，然后一边观察一边学着做。这样，孩子不仅提高了观察力，还锻炼了动手能力。

5. 在观察后对孩子进行提问

许多孩子观察后就把观察的过程放在一边，这时，如果父母能够进行提问，不但可以检查孩子观察的结果，而且可以促进孩子记住观察的内容和重点。

在生活中，父母应该鼓励孩子多提问，可以让孩子问父母、问老师，甚至是问陌生人，然后通过不断的观察去找答案，并抓住事物的本质。父母要鼓励孩子在观察之后进行整理，把获得的材料做必要的分析和综合，从而得出科学的结论。

6. 开阔孩子视野，激发观察兴趣

家长要充分利用周围环境和自然界千变万化的特点，扩大孩子生活的范围，开阔他们的眼界，随时随地激发他们的观察兴趣，引导他们观察各种事物的特征以及变化过程，如大树、小草、小动物、日出、刮风、下雨、霜冻等自然界的事物和现象。晚上看星星，就给他讲一讲星系，讲一讲与星星有关的故事；白天看云，就讲一讲云的形成。家长要利用有限的空间，种植花草树木，饲养小动物，为孩子提供观察的场所。到商场，就引导孩子观察商品的摆放、商场的布置等。总之，将日常生活中的细节融入学习中。

7. 教给孩子观察的方法

观察要讲方法，有了科学合理的方法，观察效果就会事半功倍。在一些范围大、事物多的场所观察，可以采用重点观察法。

家长要根据孩子的实际情况引导孩子有选择地观察一部分重点景物，如在野生动物园里，着重观察几种珍稀动物。黑格尔说，培养观察能力的最好方法是教给他们在万物中寻求事物的“异中同，同中异”。观察松树叶子的形状，可用比较观察法，比较松叶与一般树叶形状的差别；参观一道工艺品的制作过程，适宜采用顺序观察法，以便清楚地了解工艺品的制作步骤；观察动植物的生长情况、天气变化等都可采用顺序观察法。总之，家长要逐步把适合观察特定对象的科学的方法教给孩子。

8. 把观察和表达结合起来

观察是从外界获取信息的手段。将所获信息表达出来，才能真正达到观察的目的，才能提高孩子整体的智力水平。父母带孩子去公园玩，回来以后，父母可以让孩子把游览公园的过程，所见到的花草虫鱼一一叙述出来，这样还可以训练孩子的逻辑思维能力以及表达能力。

9. 观察加想象

引导孩子一边观察，一边想象、联想，孩子看到月亮，就问他：月亮像什么？孩子也许就会说，像镜子，像孩子的脸蛋，像盘子……这样将观察同联想、想象结合起来，孩子对事物的认识就会更全面、深入，而且能由此及彼，举一反三，这对孩子各方面能力的发展大有好处。

10. 纠正粗心、马虎的毛病

很多孩子写作文困难，口头表达不够流利，这与观察时粗心大意有很大关系。家长要及时纠正孩子粗心马虎的毛病。观察事物尽量落实到事物的每一个部分、每一个环节及更细微的地方。

引导孩子发现事物间的区别、各种现象的变化，还可以使他们逐步养成严谨的观察习惯。

附录：情商提高的四种表现

观察力敏锐：自我察觉与观察他人

自我察觉是情商的基本能力之一，是指了解自己感受到了什么，为什么有这种感受，以及引发这种感受的原因。

心理学家经研究得出：“情绪的自我察觉是构建其他多数情商能力的基础。”在现实生活中，人们常常把自己的内心感受投射到其他人的身上。为了提高我们的交互作用和人际关系，我们有必要审视自我内心的变化。

奥普拉·温弗瑞是王牌节目“奥普拉·温弗瑞脱口秀”节目的制片人、主持人。她的一个优势就是时刻与他人保持沟通，清楚自己要的是什么，清楚自己的感受，同时观察他人，并获得他人的认可与欢迎。奥普拉总是能和人们心心相印，让对方有安全感，感到安心舒适，她是一个高情商的人。

情绪的自我察觉很重要，因为它是做人的核心能力。对一个人影响最大的人就是他自己。理解自己是理解他人的第一步。

关于“自我察觉”，它不仅包含着对自身的察觉，同时也在极大程度上涵盖着对他人的察觉。我们可以通过观察他人的言行，更好地理解对方，从而更好地做到“共情”。在现今的社会中，一个人只有懂得理解与合作，才能更好地成就他自身的工作与生活，而这种对他人的洞察力，可以促使我们取得事半功倍的效果。我们只有心中有他人，把“小我”融入“大我”，才能让自己的生活真正具有意义。

理解力加深：现实判断与人际关系

现实判断决定着我们对周围事物的辨别程度，比如说人际关系，当一个人对人际关系有了一定的辨别能力，那么他就会根据自己的判断与人交往。

在人际关系中，现实判断起了很大的作用。人际关系给我们描绘了一张地图，去了解他人的地图，但是无论这张地图多么准确，也永远构成不了整个世界地图。只有提高现实判断才能让这张地图更加丰富、准确。

在现代社会，的确需要拓展人际关系，积累人脉，但朋友是需要时间去交往的。太过心急，只会引起对方的反感和逃避。所以，建立关系需要循序渐进，慢慢接触，这样拓展出的人脉才是稳定的，才是正确的现实判断。

高情商者不仅会受到他人的喜爱，更易得到别人的帮助。高情商的人知道如何培养现实判断的能力，从而达到人际关系的通达。

总之，想成为一个高情商的人就需要有良好的现实判断的能力，从而促进自己和他人达成共识，打造良好的人际关系网。

控制力提高：控制情绪与保持平静

控制情绪是取得成就的重要素质。人人都有自己的好恶和立场，所以每个人都有情绪的波动，这也是人和其他动物的不同之处。不能控制情绪的人，往往给人一种不成熟或还没长大的印象。只有小孩子才会说哭就哭，说笑就笑，说生气就生气。这种行为出现在小孩身上，大人会认为这是天真烂漫，但如果出现在一个成年人身上，人们就不免会对这个人的性格产生怀疑了，至少也会认为你还没长大，会对你失去信心，也会认为你没有控制自己情绪的能力。所以，在社会上行走，控制情绪是很重要的一件事。一个高情商的人往往会懂得控制情绪并随时保持平静，这才能避免不理智的行为。

能满脸笑容地面对烦心事的人，是能控制自己情绪的人。他们要强于那些一旦身处逆境便一蹶不振的人。那些能笑对逆境的人向世人表明，他们的胜利是注定到来的现实。

那些以为自制就会失去自由的人，对“自由”与“自制”的意义显然还没有深刻领会。因为自我控制并不是要以失去自由为代价，而恰恰是为了保证自由最大限度地实现。

可见控制情绪对于人们来说是多么的重要，它不仅有益于人们的人际交往，更能提高个人的情商。

意志力增强：忍受压力与坚持梦想

有人说："人们在忍受压力的同时，会有一个动力支撑着，那就是梦想。"一个研究机构曾经针对某大学的毕业生做过一次调查。最后研究者发现：同样基础的人，获得巨大成功的绝大部分是年轻时就心怀梦想，并始终坚持的。而同样毕业于这所顶尖大学，成绩也相当优秀的一些毕业生，因为没有梦想，往往碌碌无为。

随着人们生活水平的日益提高，"磨难"对于孩子们来说是一个接近陌生的词语。但是许多事实证明"自古雄才多磨难，梅花香自苦寒来"。

张海迪自幼截瘫，无法上学，但为了学习文化知识，她长期不顾一切地顽强学习，终于成为作家，便是很好的一个例子。能不能坚持下去，其关键在于能否以不屈的意志、顽强的精神来与噩运抗争，创造出奇迹。

在顺境中成长的孩子，磨难可能成为他们的致命伤；而在逆境中长大的孩子，磨难却成了人生道路上一笔可观的财富。因此，父母们应该在日常生活中给自己的孩子设置一些障碍，让他独立克服障碍、跨越障碍，父母可以在旁边关注，必要时要给予适当帮助，以此锻炼孩子坚持不懈的毅力。

在困境中坚持不懈是逆商（AQ）的关键所在。这种坚持的力量是一种即使面临失败、挫折仍然继续努力的能力。我们常常能够观察到，正确对待逆境的销售人员、军人、学生和运动员能从失败中走出来并继续前进，而当遇到逆境时不能正确对待的人

（低 AQ 者）则常常会轻易放弃。

意志力坚强的人懂得培养自己的恒心和毅力，并将它变成一种习惯，无论遭受多少挫折，仍坚持朝成功的终点迈进，直至抵达为止。

经得起考验的高 AQ 者常常以其恒心、耐力获益甚丰。作为吃苦耐劳、坚韧不拔的补偿，不论他们所追求的目标是什么，都能如愿以偿。他们还将得到比物质报酬更重要的经验。

在这本书的最后，我们要告诉孩子：敏锐的观察力、果断的行动和坚定的毅力是成功的必备要素，你能用敏锐的目光去发现机遇，同时也能依靠果断的行动去抓住机遇，但是最后还是需要用坚定的毅力把机遇变成真正的成功。

理性教育

正面管教

李旭影　编著

吉林出版集团股份有限公司
全国百佳图书出版单位

图书在版编目（CIP）数据

理性教育．正面管教／李旭影编著．-- 长春：吉林出版集团股份有限公司，2020.8

ISBN 978-7-5581-9044-5

Ⅰ．①理… Ⅱ．①李… Ⅲ．①儿童教育－家庭教育 Ⅳ．① G782

中国版本图书馆 CIP 数据核字 (2020) 第 167179 号

前言

关于正面管教，来看一位母亲成功教育孩子的真实故事，希望我们从中得到启迪。

孩子上幼儿园了，作为母亲，哪个不希望听到来自学校的好消息；然而，每次家长会，都令这位母亲失望，因为人家都有一个聪明乖巧的孩子，而她的孩子却是一个“愚顽不化”的人。

第一次参加家长会，幼儿园的老师说：“你的儿子有多动症，在板凳上连三分钟都坐不了，你最好带他到医院看一看。”回家的路上，儿子问她，老师都说了些什么？她鼻子一酸，差点流下泪来。因为全班30位小朋友唯有他表现最差；唯有他，让老师表现出不屑。然而，她还是告诉儿子：“老师表扬了你，他说宝宝原来在板凳上坐不了一分钟，现在能坐三分钟了。别的家长都非常羡慕妈妈，因为全班只有宝宝进步了。”那天晚上，她儿子破天荒地吃了两碗米饭，并且没让人喂。

儿子上小学了，在又一次家长会上，老师说：“全班50名同学，这次数学考试，你儿子排在第 49 名。我怀疑他智力上有些障碍，你最好能带他去医院查一查。”回家的路上，她流下了眼泪。然而，当回到家里，看到诚惶诚恐的儿子，她又振作起精神，对坐在桌前的儿子说：“老师对你充满信心。他说了，你并不是个笨孩子，只要能细心些，准会超过你的同桌。这次你的同桌排在第 21 名。”说这话时，她发现，儿子黯淡的眼神一下子充满了喜悦的光芒，沮丧的脸也一下子舒展开来。第二天上学，儿子去得比平时都要早。

孩子上了初中，又一次开家长会，老师告诉母亲：“按你儿子现在的成绩，考重点中学希望不大。”她怀着忧虑的心情走出校门，此时她发现儿子在等她，她便告诉儿子：“班主任对你非常满意，她说，只要你努力，很有希望考上重点中学。”

高中毕业了，当儿子把一份清华大学的录取通知书交到母亲手里时，边哭边说：“妈妈，我一直都知道，我不是一个聪明的孩子，是您……”这时，她悲喜交加，再也按捺不住十几年来凝聚在心中的泪水，任泪水滴落在手中那份录取通知书上。

读完这个故事，相信很多父母都会深深地被这位母亲卓有成效的教育方法所折服，尤其是她那超然的心境和博大宽宏的胸怀。其实，教育的最高境界，也就是“以爱育爱”了。平时管教孩子要多采用一些正面积极的方法，比如多给孩子一些赞美，这会让孩子生出更多的积极情绪，从而让孩子处在一种快乐的氛围里，进而让孩子更自信，更阳光。

但在现实生活里，很多家长和教育工作者却缺乏“爱心”“耐心”以及“宽容心”，缺乏对孩子们正面的教育方法，而是喜欢给一些有学习困难和学习行为过失的孩子贴上一些负面的标签。如“坏孩子”“调皮捣蛋”等，甚至会想出一些“招数”来对付孩子，从而影响孩子的身心健康。

显然，这不是任何家长或是老师想要收获的结果。孩子看起来最不值得爱的时候，恰恰是孩子最需要爱的时候。英国科学家麦克劳德，在上小学时曾偷偷地把老师家的狗杀死了，这显然是不可原谅的错误。可是麦克劳德却遇到了一位宽容且高明的老师，他惩罚麦克劳德的方法是让他画出两张解剖图：狗的血液循环图和骨骼结构图。而正是这种正面的“惩罚”方式，让麦克劳德爱上了生物学，而且因为他后来发现胰岛素在治疗糖尿病中的作用，还使他走上了诺贝尔奖的领奖台。

目 录

第三章 做善于夸奖的父母

第四章 对孩子的优秀品质真心赞赏

第五章 世上没有坏孩子

第六章　赏识教育的理想结果

第七章　他们都是被夸出来的天才

第一章

尊重是爱的基础

尊重是爱的真谛

中国科学院心理学研究所博士生导师张梅玲说：“没有爱就没有教育，没有尊重就谈不到爱。”尊重孩子是爱孩子的一个具体表现，也是爱孩子的真正内涵。

离开了尊重的爱，是一种不全面的爱，甚至可以说是一种畸形的爱，它会影响孩子正常心智的发展，难以使孩子形成健康的人格。

一位母亲曾哭诉了她孩子的故事：本来是一个幸福美满的三口之家，父亲是高工，母亲是主任医师，儿子聪明伶俐。父亲对儿子寄予很高期望，要求严格，每次考试必须是前三名。一旦考试低于前三名，就要受到父亲的打骂。由此导致孩子除了学习成绩还不错之外，心理极其压抑，甚至自闭，综合素质很差。

最终，孩子总算不负父望，考上了大学，父亲扬扬得意，颇为自己教子成功而沾沾自喜。可不幸正在暗中酝酿，孩子在大二时突然患了精神分裂症，拿刀要砍他的父亲。在孩子的日记里就明白地写着：我恨父亲！父亲终因无法承受如此严重的打击，中风瘫痪了，一个原本幸福之家被错误的教育理念给毁了。

父母好心，孩子无辜，为什么却造成了这样的家庭悲剧？这就需要我们做父母的反省自己——教育孩子一定要尊重孩子，顺应孩子的天性，没有尊重，变质的爱只会收获苦果。

现实中有一些孩子确实就是被父母逼着走向成功的，但有关专家指出，这种教育方法是很危险的，主要表现在以下两个方面：

其一，做父母的，假如只是一个劲地要求孩子达到他们为孩子确定的目标，而不研究孩子成长的环境，不了解目标是否顺应了孩子的兴趣、爱好、天赋，那么即使孩子按照父母的意愿取得了所谓的成功，却可能因此影响了孩子本可以取得的另一种更大的成功，或者这种已经取得的成功只能是一种表面现象，缺乏持久性。

其二，被父母逼着走向成功的孩子，由于未顺应孩子的天赋和爱好，必然会影响其独立人格的发展，即使孩子取得了成功，也存在着一种很大的缺陷，致使心智的发展受到影响而不健全。

因此，逼着孩子成功的教育方法并不好，尤其是对那些独立性较强的孩子来说，这种教育方法存在着产生反抗心理的危险，而这种被压抑太久的反抗心理一旦爆发，后果一般相对严重。

正如专家所说："在双方欠缺尊重和沟通的情况下，只一味施压，其结局，不是孩子强烈的逆反心理，导致人间至亲至爱的亲子关系成为互相残害的双方，就是父母的期望被子女片面理解，无限放大，当子女无法承受时，便会导致心理崩溃，走向自绝。"

这种观点也完全符合心理学家马斯洛所说的理论，他在"自我实现论"中强调，自我实现者的成就与童年情感等因素的发展关系很密切。童年情感的正常发展如遇到障碍，失去爱、安全感和尊重，长大后他就很难向自我实现的方向发展。这一点是家长必须深刻认识和反思的。

当然，教育孩子与严格要求是分不开的，但这种严格必须以尊重为前提，以不妨碍孩子的性格健全发展为标准。严格要求是爱的合理内核，而尊重则是爱的真谛。在家庭教育中强调这一原则有它特殊的意义。

没有尊重就没有爱，没有爱就没有教育，没有教育就谈不上孩子的成长与发展！多年来，我们的教育似乎铸就了这样一个不争的事实：我是家长（老师），是权威的化身，是权力的实施者。而尊重教育则要求家长和教师必须明白一个道理，即体罚代替不了教育，更无法建立威信。相反，尊重则是对一个完整生命的理解和认同，更是对学校、家庭和社会的积极负责。只有把孩子视为和自己一样处在同一条水平线的两个生命个体，才能建立新型的亲子关系或师生关系。

正确的爱应该是有理智、有原则的爱。正确的爱有益于孩子的身心健康，而畸形的爱不利于孩子的成长。心态是西瓜，成绩是“芝麻”，拥有良好的心态才是根本，学习成绩只是附加产品。父母不要过分操心孩子的学习，而是要培养热爱生命、积极生活的孩子。孩子成长是立体的，各方面都均衡发展的孩子才是优秀的孩子。

我们可以像训练动物一样训练孩子，强迫他达到我们的要求，但是，缺乏人道关怀的训练，是人性的扭曲，不是教育。用尊重孩子的态度进行教育，虽然不像以命令的方式进行教育那样简捷，但对孩子的生活、学习乃至一生的影响是不可估量的。

缺少了尊重，无法读懂孩子

尊重和信任是沟通情感的桥梁。谁尊重孩子，孩子就尊重谁。只有尊重孩子的人，他才有教育孩子的资格。无论是怎样的孩子，只要尊重他们，就能与他们畅通无阻地进行沟通与交流。

有位家长常常被自己与儿子间的矛盾所困扰。有一次，她在教训儿子时，儿子顶嘴，气得她掉下了眼泪，儿子见到她那副伤心失望的样子，不但不让步，反而奚落她说——扮什么可怜相。这位家长一听马上收泪，破门而出。这已不仅仅是伤心的问题，而是作为长辈应有的尊严为什么会遭受如此“不值钱”的践踏。

代沟问题一直是现实中令父母和孩子都深感头疼的问题。

“我和父母几乎没什么话可说，他们问我最多的就是学习情况，我特烦问这个。”已经上了初二的赵亮说，“我喜欢和同学聊聊足球，可妈妈不懂，也不感兴趣。所以她说我整天只知道玩，也不讨论讨论学习。”现在赵亮说自己也没有兴趣和父母聊天，感觉没什么话可说。

周蓝的儿子今年上高中了，“我平时很喜欢和儿子聊天，聊得最多的当然是学习。但现在感觉儿子越来越不愿意听，每次都敷衍了事，有时干脆什么都不说。”周蓝的儿子挺喜欢篮球的，说起篮球眉飞色舞。不过每到这个时候，周蓝就很生气地说：“一说学习你就烦，提起篮球你就来精神”。

两代人之间为什么会出现一条无法逾越的沟壑呢？这固然受时代观念的影响，但往往也是由于父母与孩子之间缺乏交流与沟通造成的。做父母的有自己的一套价值观念，孩子有孩子的一套价值观念，而且互相不了解，在此情况下，怎能不产生矛盾和冲突呢？因此，要避免两代人产生代沟，最有效的方法，就是用尊重孩子架起沟通和理解的桥梁。

听一则故事，对你肯定有所启发：

草原上有个牧民，养了很多牛。有一头小牛很倔强，经常不听牧民的命令，想离群跑开就跑开，想跟着牛群进草场就进草场。牧民有时觉得它很可爱，有时也非常讨厌它，觉得它实在是一头倔强的小牛，打算等它再长大一点后，就把它卖掉。

有一天晚上，牧民放牧回来，小牛又倔强起来，无论牧民怎么用鞭子打它，它都一动不动，就是不走进牛栏。牧民本来就累了一天，遇到这种情况心情烦躁起来，一边用鞭子打着小牛，一边暗暗地下定了决心：如果它还是这么倔强，就只好把它杀掉。牧民已经对管理、放牧小牛失去了信心。这时，牧民的母亲从帐篷里走出来，看了看倔强的小牛，拦住了牧民的鞭子。

牧民的母亲走到小牛身边，轻轻地抚摸了它一下，把自己的一根手指放到小牛的嘴边。小牛以为是自己妈妈的乳头，就跟着那根手指一路往前走。牧民的母亲轻轻松松地往前走，小牛开开心心地跟着走，一路走进了牛栏。牧民不禁看傻了眼，简直不敢相信眼前发生的事情是真的。

其实，道理很简单，牧民只是站在自己的立场上想问题，觉得天黑了，自己又这么累，所以要尽快地把小牛赶进牛栏。他并没有想过小牛的感受，小牛只是饿了，它需要妈妈的乳汁。牧民的妈妈，站在小牛的立场上去想问题，所以，用一根手指就轻松地将小牛引进了牛栏。

这个故事给我们的启示就是，要尊重孩子，就必须站在孩子立场想问题，这样就等于搭建了一条通向孩子心灵的桥梁，就能够轻松地将孩子那看似封闭的心灵打开，达到有效沟通。

孩子是一本书，是本很厚很厚的书，从婴儿到儿童，从少年到青年，一天一页，一年一章。而书中的主角应该是孩子本人，作为称职的父母，必须读懂这本书。然而，缺少了尊重，你永远也不会读懂。

家庭事务，孩子也有发表意见权

“这件事爸爸妈妈想听听你的意思。孩子，这是个重要的问题，咱们商量一下看怎么解决好。”作为家长，在尊重孩子的自主权方面你是否这样做了。

孩子是家庭的重要一员。可是，许多父母在决定一些事情尤其是一些重要的事情时往往把孩子排斥在外。是的，生活中纯粹的大人之间的事没有必要让孩子知道，可是还有很多事是应该让孩子也参与讨论的，尤其是涉及孩子的某项决定时。不要以为孩子小，什么也不懂。更不要以为孩子是你的，你就可以随便对他做出决定。

事实上，只要是家庭的成员，即使年龄小，总归是一个人，他有权知道关于自己以及家里的事情，有权参与家庭事件的讨论与决定。如此可以营造一种良好的家庭氛围，这样的氛围才有利于孩子的正常成长。

李刚和王海是两个男生，他们的父母失业了，两个家庭都陷入了困境。面对同样的境况，两个孩子的表现却截然不同。王海依旧没有改变穿耐克、乔丹等名牌，跟着时尚走的习惯，最近又迷上了网吧，并且达到废寝忘食的地步，更别说按时上课了。

“海儿是全家的希望，只要他读书好，将来有出息就行，没想到他连课都不上！”王海的父亲感到非常失望，“但我们还是觉得孩子应该拥有这个时代给予他们的快乐，再苦再累也不能让孩子觉得委屈，不能让他来承受父母因工作失败而带来的酸楚。所以，我们从不在孩子面前倾诉失业后的失落，更不会抱怨挣钱太辛苦和受到太多的委屈，照常满足他的吃穿要求和他想要的零花钱，没想到这孩子把我们对他的期望抛到了九霄云外。”

而李刚却和王海大不相同，虽然有时上学也常迟到，可是成绩却有进无退。

原来李刚的父母下岗后又另起创业，白天黑夜顾不了家，但思前想后，李刚的父母还是将实情告诉了孩子，与孩子商量商量应该怎么办。“有句古话不是说‘穷人的孩子早当家’吗？我们生活困难，孩子是家庭成员，有义务做贡献，帮助家庭早日脱离困境。”

李刚的父亲是一个性格爽朗的人，提起儿子就乐呵呵的：“与孩子商量后，孩子也很乐意，主动提出照顾好奶奶和搞好自己的学习。我们有时回家累了，他还会为我们捶捶背，按摩按摩。这孩子一岁多就会为我们添饭、拿拖鞋，我们就没不放心过，只是表扬鼓励他，并教他做力所能及的事，我们遇到什么困难也会与他商量，请他帮助想办法。我们常对孩子说的就是‘我们都是家庭中的一员，要相亲相爱，尽职尽责’，儿子做到了，他关心每个家人，把奶奶也照顾得挺好，这可解决了我们家的大问题了。而且听说他现在学习也没耽误，真是让我们高兴，也太难为孩子了。”

由此，我们做父母的要时刻记得，孩子是家庭中重要的一分子，许多事情，不要忘记弯下腰与他平等商量。一家人坐在一起商量某件事，大人和孩子各自的观点都被摆出来，做父母的把意见耐心地传递给孩子，让他思考判断，然后耐心地听取孩子的想法，把自己置于孩子的思维高度，总能找到每个问题最合适的答案。

当然，商量不是父母发号施令，而是要使每个问题的解决都打上“民主”的印记。商量更不是迁就，而是父母与孩子对话、沟通、相互了解，形成双方可接受的意见或办法。

如果你还在抱怨孩子不理解你，老跟你作对，那么就先想想自己是否在理解和尊重孩子的基础上与孩子商量了？

学会与孩子商量，可以从下面的小事开始：

你现在不想睡觉吗？明早你能够按时起床上学吗？

你又要这么多钱做什么？给一半可以吗？

旧文具盒扔掉买新的，可是这不在我们这个月的消费计划里，怎么办？

…………

著名教育家魏书生写过一篇文章，叫《商量，商量，再商量》，这一点对于孩子是十分必要的。卡耐基不是也曾经这样说过吗：对待杀人犯，还该讲三分道理哩。与孩子商量，完全可行，做父母的赶快试试吧，一定会发生你意想不到的好效果。

尊重孩子的个性差异

中国的教育往往强调让孩子遵循某些固定的规范，而忽视孩子的个性成长，“没有规矩不成方圆”这一俗语，就是此种教育观念的反应。而所谓的规范又是由教师、家长单方面制定的，许多时候它甚至成为压制孩子的一种工具。

小安已经是小学生了，可是小安一提动笔写字就会情绪低落，面无表情，心不在焉，每天老师留的作业都要哭闹之后勉强才能完成。

老师用了各种办法，小安也没什么大的改变。实在没辙，只好请来家长询问情况。这一问才知道一个大秘密：小安以前是个左撇子，在幼儿园的时候，被老师和家长硬板过来了！由此，导致了前面所说的这种状况。

这听来就像古人所说的“邯郸学步”，因为一心想学别人走路的姿势，结果把自己原来走路的姿势也忘记了，最后只好爬着回家。

不明白这位老师和家长为什么要这样做，这不但是在跟孩子较劲，而且还在和大自然（孩子的基因）较劲，是非常不明智的做法。对于家长，教训则是：不要盲目与教师保持一致。不能把“配合老师工作”简单地理解成“老师怎么说，家长怎么做”。家长若发现老师的办法总是不能解决孩子的问题，最好去请教一下专家。那样至少可以减轻孩子的压力，孩子的问题或许比现在要轻一些。

因此，家长在教育孩子时，对上面所讲的事例一定要引以为戒，虽然你可能不会像上面所提到的老师和家长那么“傻”，但一定要注意尊重孩子的个性、习惯，不要跟孩子较劲。

自然界没有一条相同的河流，也没有一座相同的山峰，也没有一片相同的树叶，更不会有一个相同模样和相同性格的人。所以，我们做家长的有什么必要非得强求自己的孩子要像其他的孩子一样呢?

自从达尔文发现进化论以来，我们大家就知道优胜劣汰是自然界的法则。然而，在自然界还有一条比“优胜劣汰”更重要的法则，那就是“与众不同”。

想起了这样一则寓言故事：

在动物王国里，有一天动物们决定设立学校，教育下一代应对未来的挑战。校方制定的课程包括飞行、跑步、游泳及爬树等，并要求所有动物要掌握全部课程。

鸭子游泳技术一流，飞行课成绩也不错，可是跑步就无计可施。为了补救，只好课余加强练习，甚至放弃游泳课来练习跑步。到最后磨坏了脚掌，游泳成绩也变得一般。校方可以接受平庸的成绩，只有鸭子自己深感不值。

兔子在跑步课上名列前茅，可是对游泳一窍不通，可校方硬逼着兔子学游泳，导致兔子精神崩溃。

松鼠爬树最拿手，可是飞行课的老师一定要它自地面起飞，不准从树顶上降落，弄得它神经紧张，肌肉抽搐。最后爬树成绩得丙，跑步成绩更只有丁等。

老鹰是个问题儿童，必须严加管教。在爬树课上，它第一个到达树顶，可是坚持用最拿手的方式，不理会老师的要求。

到学期结束时，一条怪异的鳗鱼以高超的泳技，加上勉强能飞能跑能爬的成绩。反而获得平均最高分，还代表毕业班致辞。

另一方面，地鼠为抗议学校未把掘土打洞列为必修课，而集体抵制。它们先把子女交给獾做学徒，然后与土拨鼠合作另设学校。

逼着鸭子学跑步、逼着兔子学游泳，最后个个倒霉，鸭子搞得一事无成，兔子得了精神分裂症，都成了失败者。

著名教育家李维斯的这个寓言值得我们每一位家长深思。教育的成功之道就是要找到孩子的优势，充分地、淋漓尽致地发挥他们的优势，如此才可能成功。反之，放弃优势，舍长就短，那就会像动物学校里倒霉的鸭子和痛苦的兔子一样。

孩子的个性是千差万别的。他们的天赋、兴趣、爱好、潜力也是有差异的，尊重孩子的个性其实就是保护了孩子的未来。马克思曾说过：“任何人类历史的第一前提无疑是有生命的个体的存在。”同样，任何教育的第一前提也是有生命的个人的存在，尊重每一个有生命的个体应是教育的第一要义。

只有尊重差异性，教育才有可能真正去关心人的过去、现在和未来发展的可能性，才有可能走进每个个体的心灵去完成唤醒的工作，才有可能实现不拘一格塑造人才的美好愿望。

尊重孩子，别扮“监工”

现在的孩子不缺吃不缺穿，但是他们却缺少一样最重要的东西——自由。他们没有选择的自由，没有交往的自由，没有玩耍的自由，没有尝试挫折的自由，即使有，也是受了很多限制的自由。他们的一举一动都在父母的监管中。

“我要当‘监工’去了！”一到下午5点左右，李女士便匆匆忙忙往家里赶，因为这是儿子放学的时间，她得同步到家对孩子进行“监管”。而儿子刚上小学一年级的王女士，也想着要换成上早班，以便“同进同出”盯住儿子。这种“严防死守”的战略，如今正成为许多家长管教孩子的经验。

虽然专家都强调要和孩子交朋友，给孩子自由的空间，但是家长们还是觉得当“监工”最容易。这样可以让孩子时时刻刻离不开自己视线，按照特定行为规范行事，时时提醒和监督，稍有懈怠和不从就立即给予训诫，以让孩子按部就班地直奔目标。

也许这一手段很见效，很让父母们省心。孩子乖乖按照你的意思和“制度”行事。可是难道孩子是真的心甘情愿、心悦诚服了吗？那不过是他无力反驳和反抗而已。他在内心里仍然会坚持自己的想法，而且还多了一份对这种“霸道”的反感。

何况孩子天生就有一种逆反心理。他的独立意识让他在面临严厉批评，尤其是不公正的批评时，在心里暗暗地说“不”，直至公开地作对。大人不让动的东西偏要动动看，大人不让做的事情偏要干一干。

“让孩子赢在起跑线上”，这里面包含有多少成年人想当然、一厢情愿的成分？随着孩子的长大，成人对孩子更加不放心和不信任。于是一些父母偷听电话、偷看日记，甚至用私人侦探跟踪的办法来“监督”孩子的生活。

父母以“监工”身份来压服孩子，有一个非常不好的后果。父母可以用这种手段把孩子培养为“听话的孩子”，但听话的孩子就是傀儡，就是没思想没内容的机器。可以想象一个没有主见、没有判断能力，甚至唯唯诺诺的人，等他遇到了比自己更强的人，是不是会俯首称臣、任人摆布呢？

1900年，梁启超写下了激扬一代中国人的《少年中国说》：“少年富则国富，少年强则国强。”而今天，梁启超曾寄望的少年具有的进取、创新、盛气、豪迈、“常思将来”“常觉一切事无不可为”的气质在青少年一代身上似乎还依稀可见，童年简单而平凡的快乐，人生的终极追求却已然难以寻觅。

这难道不是我们教育的失败、民族的悲剧吗？教育家们早就告诫过我们，只有身心快乐的孩子才会走向成功的顶点。老舍先生也提倡对待儿童必须有平等的态度，主张尊重儿童，像对待好朋友一样。希望普天下的父母都有这样的态度和胸怀，坚决避免像“监工”对待囚犯那样对孩子加以震慑和监管。只有如此，才能避免悲剧的发生。

第二章
倾听孩子内心深处的需求

孩子需要自主的空间

现在的孩子长大成人后，回忆起自己童年的生活时，恐怕值得回忆的东西太少了。他们没有上树捉过知了，没有下河逮过泥鳅，没有放过风筝，也没在田野上嬉戏过，有关童年的记忆是没有质感而苍白的。多彩的童年是一个人梦想的宝库，没有激情奔放的人生梦想，没有穿透时空的深刻思想，拥有丰富的人生是不可想象的。色彩单调的童年必将成为孩子们长大后永远的失落和隐痛！

一代文学巨匠巴金认为，人不能做考分的奴隶、文凭的奴隶。“为什么孩子们每天需要拿出那么多的时间来应付功课？为什么必须牺牲睡眠、牺牲健康、牺牲童年的欢乐，只是为了换取普通的考分？”

一个个天真的孩子，从上幼儿园起，就开始背诵唐诗、学习简单算术，等到上了小学、初中、高中，成堆的书本等着一个个稚嫩的肩膀去扛，尽管有“素质教育”为其“减负”，但又有几个孩子得到了真正的“减负”？况且，人家都在为分数而拼搏，唯独你在实实在在地搞“减负”，不管你是学生还是教师，不被淘汰才怪呢。于是，可怜的孩子们只有在书山题海中艰难地前行。

我们需要正视的问题是：现在的孩子，除了学习之外，还有多少自由活动的空间？现在学校大搞素质教育，孩子可以自主地支配自己的课余时间去做他们想做的游戏了吗？他们可以尽情地、开心地在游戏中用自己的童心去感受周围的世界了吗？恰恰相反，绝大多数的孩子没有感受到课余时间增多对他们的好处，反而更累。问题出在哪里呢？

事实上，在我们的周围，看到的、听到的却是“学校减负，家长加负”。孩子们苦不堪言。

荧荧是个特别优秀的孩子，上课听讲从不走神，作业和考试很少出错，老师以为她应该非常快乐。可是，她在日记中写下这样一段话：“……我学习不错，可妈妈还是天天让我做课外题。我的生活一半是做题，一半是课外兴趣班。”看得出，她并不快乐。

这个孩子的心理压力问题具有一定的普遍性。父母总认为孩子是海绵，可以无限地挤压，殊不知在大人们的挤压下，孩子失去了很多童年的乐趣，更谈不上健康快乐地成长。

可怜的孩子们，他们除了在书山题海中跋涉、在各类培训班里补习，还有一部分是提心吊胆去网吧“游戏”外，还有哪儿是为孩子们敞开的大门？因此，教师和父母应该还给孩子们自主的空间，让其在完成学业的同时，也能拥有快乐的童年。

我们做家长的必须明确的是，未来的社会，“知识＋能力”必将成为世界的主宰，所以，孩子的成长需要的是全面发展。

一是需要健康的人生。孩子的成长需要供应充足的、健康的精神食粮。要通过多种途径为孩子提供为人之道，自立能力是孩子的必选课。

二是需要全面的知识。知识的获取不但有书本的，还有自然的、社会的、实践的等各种途径。我们应注意培养孩子通过各种途径自我汲取知识的能力，鼓励他们不要光啃书本，还要学会向社会、向自然、向实践要知识。

三是允许孩子向多方面发展。世界本来就是多姿多彩的，“三百六十行，行行出状元”，不要过多地限制孩子的爱好，不要让孩子按照我们的意志去发展。

有句话说得好，谁拥有了孩子，谁就拥有了未来；谁输掉了孩子，谁就输掉了未来。

教育孩子，使孩子能够成才，或能有出人意料的成绩，最关键的是：一定要给他们以闲暇。正如苏霍姆林斯基所说的：只有孩子每天按照自己的愿望随意支配 5 ~ 7 小时的时间时，才有可能培养出聪明的、全面的人。又如一位老校长所说的：“要知道松松垮垮才能出人才。”

不要看到孩子埋头作业才称为“乖”，我们的教育不要这样的“乖孩子”。如果真的爱孩子，就还孩子一片自主的空间吧！像教育家陶行知所说的那样：解放孩子们的手，让他们尽情去玩；解放孩子们的脚，让他们到处去跑；解放孩子们的脑，让他们自由去想。

给孩子自主发展的空间

有位家长，与家里的宝贝儿子几近于“反目成仇”。问到原因，说是儿子学弹钢琴学腻烦了，小小年纪脾气倒不小，不但不好好听专业教师的辅导，回到家里，假如父母让他弹一曲，给远道而来的亲戚朋友听听时，小家伙就会极不情愿地在钢琴键盘上胡乱捣鼓，还时不时以不吃饭为“要挟”。

如此一来，他的妈妈感到很恼火，而怒火攻心则理智尽失，免不了要动点儿粗，暂时的“镇压”却总是带来更为长久的“冷战”。她自嘲说，早知如此还不如生个女孩好呢。

生个女孩就真的好了吗？与她的宝贝儿子一样，在我们身边，众多的家长不是对自家的千金也同样感到心力交瘁无计可施吗？为什么会出现这样的局面呢？

如今独生子女越来越多，在科学技术迅猛发展的今天，在对子女的成长成才教育方面碰到的问题也越来越多，但孩子还小，我们不可能把板子全打在他们身上，我们作为父母，更需要自己多加对照反思和理智把握。

著名作家刘墉说：“对孩子的教育应顺势而为，父母应为孩子做好充分的学前准备，就像火箭升空之前，要为他提供充足的燃料，不加燃料，孩子失败，父母就会后悔……一旦到了他能够自由发展的阶段，就要给他充分的空间。”

下面这则故事对我们家长一定会有很大的启发：

蔡志忠是台湾著名的漫画家。在他小的时候，有一次和别的孩子一起玩，他父亲把孩子们叫来亲切地问：“你们长大后想做什么呢？”

一个孩子说：“我长大要做大总统！”另一个说：“我想当警察！”而蔡志忠却对父亲说：“我想画招牌。”蔡志忠的父亲听了他的话，并没有因为他胸无大志而不高兴，只是淡然一笑。

他后来对别人说，不管要做什么，只要认真做就好。

蔡志忠四五岁时，趁父亲不在家，在房间的墙上画了一个个小人，面对自己的第一幅“漫画”，蔡志忠挺高兴。但父亲回来后看到墙被孩子弄成这个样子很生气，他挥起巴掌就追蔡志忠，蔡志忠早一溜烟跑了，但他心里怕父亲饶不了他。

可是令蔡志忠想不到的是，父亲后来只是骂了他几句就放过了他，而且居然给他买了一块小黑板和一些粉笔，蔡志忠真是又惊又喜。从此，小黑板成了他艺术想象力驰骋的天地。

蔡志忠进入彰化中学后沉浸在漫画天地里，结果成绩一落千丈。

如果是别的父亲，可能会禁止蔡志忠再画，但蔡志忠的父亲没有这样做，他虽然对孩子的成绩很失望，但觉得画画不是什么坏事，认真做也会有出息。

不久台北的一家漫画出版社请蔡志忠去工作，蔡志忠不知道父亲是否会同意他放弃初中学业远去台北。

他对父亲轻声说：“爸，我要去台北画漫画。”父亲平静地问：“有工作了？”“是的。”“那就去吧。”

一问一答，短短十几秒钟，一件影响蔡志忠终身前途的大事就这样决定了。

蔡志忠去了台北，很快成为台湾乃至东南亚一带最负盛名的漫画家。

“我让他自由。”这就是蔡志忠父亲的家教之道，蔡志忠一生得益于此。

好父母不当雕刻家，有一个“熊猫的故事”：

大熊猫妈妈希望她的熊猫儿子是天下最强壮最美丽最有本领的小熊猫。她对儿子说："哎，我想你能有大象那样结实的鼻子，有河马那样健硕的身子，有斑马那样疾跑的四蹄，有狮子那样尖利的牙齿……"儿子说："我的妈妈真棒啊！你看到了别的动物的最大优点。可是，如果我达到了你所希望的那些指标，我就不再会是你的小熊猫儿子，而可能会变成一个怪物了！"

故事虽然简单，可是寓意深刻。"望子成龙，望女成凤"是天下父母一生的期盼和希冀，但好的父母不当雕刻家，他们应成为一个理性有定力有耐心的教育家，用不带功利的真爱，用宽广的胸怀，用心灵深处的温暖，潜移默化地影响孩子，启发引导孩子，让孩子自由自在地成长成才！

试想，让孩子参加这样或那样的兴趣班，是孩子们喜欢做的吗？如果那是孩子喜欢的，是他的兴趣爱好，大可鼓励孩子参加；如果那只是父母在不了解自己孩子兴趣爱好的情况下，根据自己的意愿强加给孩子的事情，那不但浪费了孩子宝贵的时间和家长的金钱而收效甚微，还会严重地打击孩子的积极性和自信心。

如果当时邓亚萍的父母不顾她的兴趣爱好，一定要她去学医；如果刘翔的父母逼着他去学钢琴——结果会怎样呢？世界上是多了一个伟大的医学专家和钢琴家，还是少了一个杰出的世界乒乓球冠军和 110 米跨栏的世界冠军呢？道理是显而易见的。

孩子是有个性独立的人。家长培养孩子首先要发现孩子的特长与爱好，不要学"泥人张"，要学"根雕家"。根雕家的艺术原则是发现、尊重根形的特点，然后经过艺术加工，使其特点更为突出，更为生动，最后成为精品。

孩子需要保护和关爱，但更需要发展的空间。父母在给孩子爱的同时，千万别忘了给孩子发展的机会，要多给他们自行选择和决定自己事情的机会，让他们看到正确的结果，帮助他们发现自己对周围环境所起的作用，并由此认识到自己的重要性。

给孩子独立的心灵空间

很多父母对孩子疼爱有加，“含在嘴里怕融，捧在手里怕化”！认定“全面”照顾孩子是自己义不容辞的责任，对孩子的生活事必躬亲、全权负责，就连孩子的小小内心世界也不会忽视。这些做法也无可厚非，但如果关心到连孩子一点儿心灵空间都不留的话，那就容易变成是对孩子的一种伤害。

听听孩子是怎么说的：“我感到自己在家里就像个劳改犯一样，一天到晚要汇报、请示，没有一点儿自由。虽然我也知道妈妈是关心我，但我已经是个大孩子了，她还是这么不放心我，我真是有点受不了。”

再听听专家的话：“孩子长大了，开始有了自尊心和自我意识，有了独立的愿望，希望能够自己管理自己的生活，独立思考自己面临的一些问题。”

比如处在青春期的少男少女，总爱在自己的抽屉上锁把锁，似乎有什么秘密。其实这是一种正常的心理特征，它体现了一种独立意识和自尊意识。宣告了他（她）已成长为一个拥有个人行为秘密的成人，不再像童年时期那样，心里有什么话都愿意向父母敞开心扉。这个隐秘世界是孩子自由个性的集中体现，包括父母在内的其他人再不可随意进入自己内心世界。毫无疑问，保护孩子的隐秘世界是对孩子的尊重，父母也会因此赢得孩子的敬重和爱戴。

一位母亲曾伤心地说：

我女儿上初中后，把自己的东西都锁在一个小柜子里，钥匙总是藏起来。一天晚上，我发现女儿的钥匙放在桌子上，又惊又喜，准备打开柜子看看女儿究竟藏着什么秘密。这时，丈夫制止我说："你这样做必然会引起女儿的反感。"果然，第二天一大早，女儿醒来就大叫起来："你们偷看了我的东西！"我不容置疑地说："没看！"女儿叫道："我在钥匙上放了一根头发丝，怎么不见了？"我猛地倒吸一口凉气：幸亏听了丈夫的话。女儿打开柜子，看见里面的东西纹丝未动，道歉说："冤枉你们了。"我有点儿沉不住气了，马上说："本来我是想看的，可你爸没让我看。"女儿说："只要你们看了我就能发现，我所有的东西都有'暗道机关'！"女儿的话让我大吃一惊，她这不是把我们当成"特务"了吗？

这位母亲的遭遇挺让人寒心的。本来家应是孩子最安全的港湾，可如今有的孩子竟视父母为敌人。这多让人难过呀！

但是孩子们也有孩子们的苦恼。

"我最讨厌的事情，就是爸爸妈妈偷看我的日记、偷听我的电话。我觉得他们看我就像看贼一样！这样下去，我觉得自己和他们的隔阂越来越大，甚至不愿意和他们交流了。"西安市一名初二学生如此诉说。

调查显示，当孩子和同学聊天或者打电话的时候，有 50% 以上的家长会坐在旁边听甚至是躲在旁边偷听。"其实我和同学只是随便聊聊天，但是看到她在旁边偷听就是别扭，所以每次打电话我都躲到自己的屋里，把门关上。”而孩子的妈妈也表示出自己的无奈：“她有什么话都不跟我说，这是我唯一了解她的办法。”

这个学生的心声并不是个别现象，很多孩子在隐私问题上都深有同感。随着年龄的增长和独立性的增强，他们开始有了自己的一些秘密，日记就变成了孩子倾诉的朋友。但很多父母以对孩子负责、关心为由，想方设法翻看孩子日记，偷听孩子谈话，殊不知父母的这些做法却正是孩子们最反感的行为。

父母应尊重孩子们的隐私权，不列颠哥伦比亚大学的教育心理学教授金伯利·肖内特认为，青少年时期对隐私的保护超过他一生任何其他时期，甚至成年期，如果你认为隐私对你很重要，那么它对你的孩子更重要。

孩子需要有自己私人的时间和空间，家长应给予应有的尊重。对孩子的生活空间应如此，对孩子的心灵空间和感情空间更应如此。所以，不要轻易去动孩子抽屉上的锁，因为它是用来珍藏孩子的秘密的，如果强行打开，孩子的心灵大门就会从此对你关闭。父母应该平视孩子、走近孩子，多与他们沟通，了解他们的内心世界，解决他们的烦恼，给他们一片快乐纯净的心灵空间。

因此，作为家长万不可采取偷听（孩子之间的电话、谈话）、偷看（孩子的信和日记）、偷察（跟踪孩子，向孩子的同学朋友“刺探情报”）甚至打骂体罚、“刑讯逼供”等克格勃式的手段，来窥探孩子、监视孩子和干涉孩子。这样做的结果，只能使家长和孩子间的距离越拉越远，甚至还会产生难以挽回的后果。

有的家长给孩子制定了一系列的规定，这也不准，那也不行，凡事都要有家长来安排，孩子就像一台电脑一样，完全被操纵在父母的手中，按父母既定的程序运行。但孩子毕竟不是机器，当孩子的独立意识得不到发挥，独立性受到压抑，就难免会与家长产生摩擦和冲突，甚至走向逆反。因此，应该尊重孩子的个性，尊重孩子的心灵人格。俗话说："人敬我一尺，我敬人一丈"，父母与孩子也是一样，若是多留些空间，生活就会变得轻松和宽敞。

给孩子充分的玩耍时间

许多家长把孩子玩耍看成是一种错误。有的家长下班回家看到刚刚玩了一小会儿的孩子，随口就会抛出去："就知道玩儿，不知道学。"接着就是"回家赶紧做功课去！"如果孩子说"功课做完了"，家长马上会说："你不会复习复习啊！"

总之，这些家长是把孩子玩耍当成"大敌"去对待的。有的甚至公开说："必须把孩子的时间都占领，叫他根本没有玩的工夫！"于是，孩子的下午、晚上时间全部被占领了，星期六、星期日的时间也全部被占领了。假如有一点儿空闲，家长还要见缝插针，非彻底占领不可。可怜的孩子，已经成了机器人了。

有一句话家长都知道："玩耍是孩子的天性。"这句话包含着这样的意思：如果不尊重孩子的天性，就会限制孩子的发展，就会受到规律的惩罚。有哲人说过："小孩子不玩是长不大的，只有让他去玩，才能健康地成长。"

但在许多家长的眼里，孩子之间的谈谈笑笑、追追打打、玩玩乐乐，被看成是浪费时间的事情。其实，玩耍以及做游戏是孩子人生发育过程中必须经历的事情，这些看似浪费时间的事情，对孩子的人际情感、道德情感、自控情感、性格情感的发育以及智力、生理发育都有不可缺少的作用和意义。

老舍先生特别珍视儿童的天真，认为这是天下最可贵的，万万不可扼杀。他主张儿童“宜多玩耍”，最害怕看见“小大人”“小老头”和“少年老成”。玩是沟通孩子的幻想世界和现实世界的桥梁，也是孩子想象力发育的摇篮。在玩耍，做游戏的过程中，孩子们的想象力、创造力可以得到极大的发展。

但家长不让孩子玩，取而代之却是一堆堆的练习和这样或那样的补习班、兴趣班，这不是在扼杀孩子的天性吗？而且孩子能安心地去整天苦读，做功课吗？那样做，能培养出孩子好的学习习惯吗？

有这样一则报道，说的是法国的低收入家庭，特别是移民家庭的子女几乎没有外出旅游的机会，于是，法国一些社会团体就搞起了献爱心活动，通过募捐收集资金，把当地学校内没有机会旅游的孩子们组织起来，在暑期让他们到外地去旅游。

还有，在韩国，小学生假期通常会由学校组织参加一些活动，离开家去一些旅游地或野外爬山、游泳，以培养团队精神，通过吃苦，来培养“韧”的民族气质。活动费用通常由学校和个人各出一部分。甚至在宗教发达地区，有时教会会出钱资助。小学生们也会被安排去庙宇，接受一些宗教思想教育。

而如今，我们孩子在暑假里还要为各门功课去不停地补习，以期在开学能考个高分。我们应该明白的是，玩对于孩子来说不仅仅是兴趣，更重要的是在玩之中可以逐步开发孩子的智力。

在孩子的生活当中，很多事物都会使他们感兴趣，很多事都会成为他们最好的游戏。下雪的时候，孩子去堆雪人；下雨时，他会去挖沟渠。他还会用泥沙和石块建造神秘的城堡用积雪做雪墙、雪老虎，似像非像，妙趣横生。孩子冻僵了手，冻麻了腿，但仍然乐此不疲，如痴如醉。

孩子的各种能力就是这样从小培养出来的。有人认为像创造力这样的东西应该在孩子长大后才会具有，这完全是个谬论。其实，当一个孩子开始懂得玩耍时，他的创造力就已经开始了。

著名学者卡罗琳·胡珀说："孩子们的工作就是游戏，孩子们从他们所做的每一件事情中获得学习。"我国著名儿童教育家陈鹤琴先生在《家庭教育》一书中谈到儿童心理时，将儿童的心理特点归纳为七点，其中第一点便是"小孩子好游戏的"，是"以游戏为生命的"，儿童在游戏中学习，在游戏中"工作"，在游戏中身心能获得充分的、健康的发展。

任冠宇是北京市某重点中学的一名学生，他的爸爸是个普通警察，妈妈是北京市绢花厂的一名普通工人。冠宇小时候是个淘气包，很喜欢玩，特别对于车模，更是爱不释手。在他父母的"纵容"下，冠宇的这一爱好，渐渐成为兴趣，并取得了一系列好成绩：曾获得全国第三届奥迪杯四驱车模比赛全能冠军、全国青少年航空模型锦标赛个人冠军，被推荐为中国少年科学院小院士候选人，并被授予国家级运动健将称号……

对于孩子的成功，任冠宇的爸爸说："每个孩子的童年都应该充满无忧无虑的游戏。"这是一句教育成功的至理名言。

给孩子适当的交友空间

成年人都有一种体会：每当回忆起童年生活时都非常兴奋，对儿时的朋友感到特别亲密。对别人谈起来，赞不绝口，说起与童年朋友一起干的各种趣事，如数家珍。如果儿时的朋友要聚会，只要时间允许，有请必到；儿时的朋友需要帮助，立即行动，当仁不让。我们的经历告诉我们：孩子需要朋友。

俗语说得好："一个篱笆三个桩，一个好汉三个帮。"一个人不可能孤独地生活在社会上，总是需要朋友，需要友谊，需要别人帮助。离开人与人的联系与交往，人就不存在了；离开人与人的联系与交往，人就不能发展。在诸多的联系、交往中，总有感情亲密的一圈人，这就是朋友。所以说，选择友伴是人的社会性需要，也是符合少年集群心理的。我们的孩子应该在朋友圈中长大成人，这对于今天的独生子女来说，尤为重要。

可现实的情况是，南方某市有关教育部门对该市 1 000 多名小学生进行调查后发现：将近一半的孩子没有玩伴，"伙伴危机"正影响孩子的健康成长。它对孩子在成长过程中性格的形成，能力的培养，人格的完善及心理素质的提高等都带来了一定的负面影响。

独生子女缺乏伙伴是一个需要认真关注的问题。这不单单是表现在每一个家庭只有一个孩子，没有兄弟姐妹而产生的孤独感，更主要的是由于是独生子女，家长"少而精"的意识作祟，对孩子十分重视、百般呵护，不敢放手与人交往，不愿让孩子脱离自己的视力范围，不给孩子更多接触社会的机会，无形中缩小了孩子的活动空间，缩小了孩子的交友范围，人为地封闭了孩子本该躁动的心。

日常生活中，谈起家长们是如何对待孩子与朋友的交往这方面的话题时，孩子们几乎都有一肚子的苦水。

有一个女孩说：

我的父母对我的朋友总是特别敏感。如果我想和女同学交朋友，需要经过他们的“资格审查”。学习不好的不能交；讲话太多的不能交；打扮太漂亮的不能交；眼神太灵光的不能交。如果我想和男生交朋友，干脆免谈。在这种高压政策下，我还能有朋友吗？

有一次，我放学回家的路上碰见两个同年级的男生，大家平时都挺熟的。那天，他们说想到我家去聊聊，顺便认一下门。我答应了，虽然我知道父母将会怎样为难我，可我还是带他们到我家了。路上我跟他们说，要他们对我父母说是我的同学，是来找我借书的。我之所以这样做，是不希望又被父母骂，不希望弄得不愉快。

到了我家，还好，父母还算给我留面子，没有当时把他们赶走。但是，爸爸不时地到我屋里来看看，其实他是来监视我们的。那两个同学也觉得很别扭，没坐一会儿就走了。

我把他们送出门，刚回到家，爸爸就铁青着脸问我：“他们是干什么的？”我说是我的同学。他又问：“跟你是一个班的吗？”我说不是。爸爸又说：“那你怎么把他们招引来了？”我当时就忍无可忍，什么叫“招引”啊？爸爸为什么用这样的语言来挖苦我？

那一天，我不知道自己是怎么上床睡觉的。

各位家长朋友，您对你的孩子是否也这样？也许，您家没有这种比较过分的情况，但您是否给孩子的成长提供过一些与伙伴交往的机会？你是否对孩子的交往担心有余，放手不足——总是担心孩子到外面玩被人骗了，担心孩子与不好的伙伴交往被带坏了，担心孩子把朋友带回家弄乱了房间？

事实上，人际交往是人的一种正常需求，也是孩子社会化的重要途径。孩子的交往活动，首先发生在家庭中，主要是与父母及其他长辈的交往。但是，随着孩子年龄渐渐增大，他们开始与老师、同学、伙伴交往。在各类交往中，孩子们与同龄伙伴的交往尤其重要，他们也因此有了自己的朋友。

聪明的家长不会对孩子的朋友进行“围追堵截”，应给予孩子充分的择友权，让他们自己做出决定，并尊重他们的朋友，帮助他们建立积极的人际关系。

家长要想使孩子成为同学们心目中的好伙伴，就要努力为孩子提供一个相对宽松的民主家庭氛围，只有这样才能培养出性格平和的孩子，孩子才能平和地与别人交往。只有孩子在充满善良、宽松的环境中长大，才能保证他健全的人格，健康的个性品质，这是孩子成为受同学欢迎的人的基础。

家长还要善于利用各种机会指导孩子与人交往。比如，家里来了客人，要让孩子主动打招呼，帮助做些接待事宜；去别人家做客，要教育孩子有礼貌；成人间谈话，如果没必要让孩子回避，可以让他们参与，并允许他们发表自己的意见，这是他们学习人际交往的极好机会。家长对孩子敢于在别人面前说出自己看法的行为应给予鼓励，对他们正确的见解应及时肯定。对孩子的一些不妥做法，如只顾自己说话，随便打断别人谈话等，要及时提醒，并在事后进行必要的教育和指导。

孩子们在交往过程中出现的一些矛盾和争执，是很自然的现象，家长不应过多干预，要正确对待。要尽量让孩子们自己来解决问题。让孩子明白与同伴交往是自己的权利，同样，在处理同伴交往中出现的问题也是自己的责任和义务。这是对孩子独立人格的肯定，也是培养孩子独立性的重要一步。通过独立解决冲突和矛盾，使他们学会协调、同情、忍让等处世技能，这往往是在孩子与成人的交往中学不到的。

同时，家长要欢迎孩子的伙伴到家中做客。不必太在意孩子们在一起时对家中清洁与秩序的破坏。父母可以巧妙地抓住这一时机培养孩子们自理的习惯和能力。给孩子空间，允许孩子们单独在一起说悄悄话，进行“秘密”的小活动。

当然，家长对孩子的交往也应积极地监控。由于孩子年龄较小，自控能力较低，因此积极监控孩子的交往状况、预防同伴交往带来的不良影响是必要的。“近朱者赤，近墨者黑”，父母应经常和孩子讨论择友的标准与注意事项，以帮助孩子选择合适的交往同伴。

让孩子适度面对生活的风雨

教育不是说出来的，是做出来的，实践出真知，实践是检验真理的唯一标准。只有亲身经历过，孩子才能从中获得切身的体会，使之真正成为自己的经验。

从生活与教育的关系上看，著名教育家陶行知先生认为，生活决定教育；从效力上看，教育要通过生活才能发出力量而成为真正的教育，即生活教育化，教育生活化。这就指出了家庭教育的根本目的：引导孩子过健康的生活、劳动的生活、科学的生活、艺术的生活、改造社会的生活，就是运用生活的力量来改造生活。

这就要求我们家长必须给孩子体验生活的空间。在体验教育上，中西方教育方法存在着很大的差异。一些中国的家长对孩子过于关心，生怕孩子吃苦，愿意为孩子付出一切，但是他们没有意识到，错误的体验后所获得的记忆更为强烈，感受也更为深刻。让孩子自己去体验，是一种最见成效的教育方法。

孩子不但需要体验成功，更需要体验挫折，外国人常说，“我们希望孩子有犯错的机会”，“他小时候犯错不伤脾胃，长大再犯错那就麻烦了”。这也就是我们所提倡的挫折教育。

当向中外母亲提出这样的问题：有一天傍晚，孩子回家时带着一身的泥污，腿上还剐了一些小伤口，当你得知从来不会踢球的孩子是因为在学校踢足球而弄脏了衣服，甚至受了皮肉之苦时，你会不会责怪你的孩子？

让我们感到遗憾的是，大多数的中国母亲的答案是“责怪”。责怪之后，还会因为怜爱而警告孩子，下次不许了。当然，孩子的脏衣服由妈妈代洗了。

但洋妈妈们却给出完全不同的答案，她们会反问：为什么要责怪，应该鼓励孩子去尝试这个运动。至于搞脏了衣服、弄破了皮肉，没关系，我会教你如何清洗、如何上药，你自己去解决问题。

不经历风雨，怎能见彩虹？没有挫折，就不会成长。

中国的家长是最爱孩子的，但又是最不会爱孩子的。传统的中国家教不太鼓励孩子去尝试他们从未做过的事情，尤其是当这种尝试很可能导致失败的时候，母亲们更不敢轻易让孩子去体验了。而如果孩子背着家长尝试了某件事情，最终没有成功，而且造成了一定身心损失时，家长往往会对孩子选择指责甚至棍棒。事实上，这种情况在现在的中国家庭中还有很多。

这主要是由于绝大多数的父亲和母亲都曾走过许多弯路，因此希望孩子不走弯路不走曲线，两点一线，直接到达目的地。实际上，这种认识是片面的，许多经验的获取必须要经过困难挫折，孩子的成长一定要经过这条曲线，这是成长的必然。

母亲的愿望不能代替事实。如今有不少学生受不得一点儿委屈，更难于身处逆境。最近有媒体采访了一所大学的部分学生，竟有超过半数的学生承认曾经有自杀的想法或冲动，这是多么严重的状况！

人们见到的是，有些学生受了点儿委屈便对父母、家人、朋友等大发雷霆，乃至疯狂发泄，导致杀死他人或者自己亲属甚至父母者已屡见报道；他们一旦身处逆境便悲观绝望，常常冲动地以自杀方式结束自己的生命，完全不顾父母的养育之恩。人们不仅要问：如今的孩子怎么了？何以变得如此脆弱？

有句俗话说，不撞南墙不回头，颇有惋惜意，其实，南墙就是用来撞的，南墙撞了，人便成长了。一点点受挫折，隔三岔五脆弱一下，就不至逼迫自己太甚，郁积过多负面情绪而生轻生念头。若是为人父母，就应该允许孩子有失败和脆弱的时候。

有一位父亲有感于现实的触目惊心，从小便开始对自己的孩子进行挫折教育，诸如孩子跌跤了，哪怕鼻青脸肿也让他自己爬起来决不去搀扶；孩子要出去玩，便讲好自己走，否则便立即回去，对哭闹乃至赖地打滚坚决不予理睬，甚至再踏上一只脚（当然是轻轻地）不让他起来；孩子想要的东西，他首先分清有无必要再决定是否满足，这样可从总体上控制，总会有一些孩子的要求遭到坚决拒绝……对孩子进行鼓励为主的教育的同时，也加入少量的惩罚教育……

上面这位父亲的做法倒不失为一种切实可行的方法。试想，一个从小到大从没经历过哪怕最小挫折和些微风浪的人，如果在他以后的生活中突遇稍大一些的风浪，他能不惊慌失措，胡乱作为吗？挫折教育的实质就像是给孩子打的免疫预防针，用小的感染来激发其自身免疫功能的建立。

最近提倡的一种新型的教育方式——逆向关怀，其实就是挫折教育的一种形式。逆向关怀一词来源于动物保护：美国阿拉斯加国家动物园的鹿苑里，鹿群因既不必为觅食而发愁，也不必为逃避敌害而穷于奔跑，因而很快就繁殖起来。然而在一度兴旺之后，病弱残疾者与日俱增，最后竟出现濒临绝种的危机。当地政府曾不惜斥巨资予以挽救，可惜一概无效。后来一位聪明的管理人员建议，把几只凶残的恶狼引进鹿苑，又迫使鹿群为逃避狼害而重新拼命奔跑，从而使得留下来的鹿群体质日益健壮。后来，人们把这种奇特的动物保护方式称为“逆向关怀”。

如今的青少年也正需要逆向关怀。优裕的生活已经使很多孩子患上了现代懒惰症，消磨了孩子的意志，扼杀了他们的奋斗精神，长此以往，孩子渐渐丧失适应能力、生存能力，怎能不变成脆弱的一代。

美国洛克菲勒集团创始人老约翰曾对孩子说过这样一句意味深长的话：“在生活的道路上，什么事情都会发生。”很多父母都应该细细品味一下这句话的深刻含义。

第三章
做善于夸奖的父母

不必强求孩子成为最优秀的

张莹10岁的女儿小梅，长得并不漂亮，小脸黑瘦，头发黄黄的，个子也不高。而且，小梅的学习成绩也很一般，总在班上20名左右徘徊，在任何一门功课上都没有表现出过人的天赋。

在张莹的眼里，女儿太平凡了，平凡得让她没有夸奖女儿的机会。张莹对这个女儿几乎失去了信心。每当小梅不小心做错了什么，张莹总会生气地对她说："我真怀疑你是不是我的女儿，怎么这么笨啊，长大了肯定没出息！"

在日常生活中，我们也经常会听到一些父母对自己的孩子说这样的话："看人家小朋友多有礼貌，你为什么就不爱讲话？""看人家小朋友画得多好，你怎么画得什么也不像！""看人家小朋友多干净，你怎么就不讲卫生？"……

这些父母不明白，这种唠唠叨叨的做法，既不能弥补自己孩子的不足，也不可能使自己的孩子拥有别人孩子的长处。这样说的次数多了，反而会让孩子从心理上感觉到自己不如别人，从而逐渐失去自信心。

任何人承受压力的能力都是有限的，孩子们实际上还很脆弱，父母的火上浇油很容易使孩子压力过大乃至受到伤害。因此，父母发现孩子的缺点和不足后，不要不分时间场合地胡乱指责一番，而是要客观分析产生的原因，努力寻找有针对性的解决办法，帮助孩子一步步地改正。

每个人都有优点，也有缺点，孩子也是一样。父母由于天天跟孩子生活在一起，眼中看到的似乎总是孩子的缺点，而忽视了他们的优点。

在现实生活中，父母经常会把自己孩子的短处和别人孩子的长处相比，甚至把别人的孩子过度地美化和夸张，本想给自己的孩子树立榜样，其实却给孩子带来巨大的伤害，甚至会因此影响孩子的一生。

每一个孩子都有他的长处和优点，虽然孩子的天资有别，学习事物的效率有快有慢，学习成绩也有高有低，但判断一个孩子的好坏，不能只取决于一个方面。

作为家长，不能只凭长相、成绩等某个方面就认定自己的孩子不如别人、没有出息，而是应该善于发现他们的优点，发现他们与众不同的地方，要始终相信自己的孩子是优秀的，要把赞美留给自己的孩子，让他们在你的赞美声中继续发扬自己的优点和长处。

有这样一个孩子，初中时她的体质非常弱，任何体育活动都没法参加，学习又非常争胜好强，偶尔有一门功课拿不到第一就会难过就会自责。但父亲的一句话奠定了她的人生，父亲说：以你的条件，你不必追求优秀，但你可以做到良好。

她很听父亲的话，比较轻松地将每门功课的成绩都保持在良好的水平，同时她的体质也恢复到了良好的状态，高中毕业她给自己的定位是考上一所普通大学，压力不重反而发挥良好，她轻松地考上了重点大学。

读了这则案例，不知家长们做何感想。是的，家长们都爱自己的孩子，而且常常将对孩子满腔的爱，化作了热切的希望——希望孩子能够比自己幸福，能够拥有一个无比顺利、无比灿烂的未来。他们不愿意自己曾经吃过的苦，让孩子重吃一遍；自己所经历的人生曲折，让孩子再经历一次；自己失落的梦想，让孩子又一次失落。可是，他们如此深厚、强烈的爱，却未必能够得到孩子的回应，有时甚至还成了家庭悲剧的根源。

其实，父母培育孩子如农民种庄稼，只有遵循庄稼生长的规律，适时浇水施肥，才能获得丰收。爱孩子的家长，只有既能掌握孩子成长发育的一般规律，又了解自己孩子独特的个性特点，洒在孩子身上的爱才能得到成功的回报。

还有这样一个真实的故事。在一个标准的中等家庭里，养育了一个优秀的女儿。她不仅美丽出众，多才多艺，而且学业优秀，品行超群。小姑娘不听流行歌曲，不穿时髦服装，不讲俚语俗话，不崇拜任何同龄女孩子崇拜得五体投地的电影和体育明星。她功课门门优秀，业余时间不是弹钢琴便是读名著。她让无数家长羡慕甚至妒忌，使无数同学崇拜又敬而远之，令教师和父母引以为骄傲。

可就是这位“公主”，某一天突然没来由地歇斯底里、拳打脚踢、污言秽语……医生的结论是：因长期、过度紧张压抑所致。在维持“优秀”“出色”形象的努力后面，是来自内部和外部的负荷，是对于各种欲望的逃避和压抑。时间一长，孩子不堪重负，最终爆发。

其实，假如她不那么出类拔萃，不那么高尚优雅，比如热衷于女孩子喜欢的带点儿俗气的装饰品，比如有那么一点儿对于歌星、影星的迷恋崇拜，大约不会酿成这样的悲剧。

援引这个例子绝不是鼓励家长去纵容孩子的毛病，而是想说人无完人，青春期的孩子存在各种各样的缺点和问题是再正常不过的事情。

不管是怎么样的孩子，被尊重是他们与生俱来不可剥夺的权利，孩子成绩好也罢、成绩差也罢、家长都应当给予尊重信任和理解。这样的爱才有力量，才能使孩子的心灵得到舒展，才能让孩子得到努力上进的动力、信心和勇气。当你认为孩子让你失望、孩子不争气的时候，不要忙着责备、忙着施加压力。请记住，他们更需要的是理解、指点和帮助。

你的孩子是独一无二的，他的种种毛病就像他的可爱之处一样必不可少，有些甚至将伴其终身。请你将他的缺点连同他的可爱一并接受，这没有选择，就像孩子在接受咱们作为家长时一样，毫无选择！

不必强求孩子成为最优秀的，而是要量体裁衣地培养、教育他，只有这样才会让孩子去创造更适合他自己的人生，成为一个快乐的人。

挖掘孩子的特质

留意孩子天生的特质，并适时地给予肯定，等于帮助孩子建立一座自信的宫殿。

根据加登纳的多元智力理论，每一个正常的孩子都具有七种智慧，或者说具有这几个方面的发展潜质。这七种智慧分别是语言、数理逻辑、音乐、空间、运动、交往和自省。这七种智慧在孩子的身上不同程度组合，构成了他（她）的智慧特点。如果给予适当的鼓励，提供良好的环境和正确的指导，每个人都有能力将这几种智慧发展到一个相当高的水平。

当然每个孩子既有自己的优势智力领域，也有弱势智力领域。孩子不应该也不可能是全才，但他一定会有某种能力值得我们赞许和肯定。教育的目的就是发现、发展孩子的智能强项，扬长补短。即以孩子的强项为依托，强项带动弱项，相得益彰。

世界前首富比尔·盖茨，从小就极爱思考，一迷上某事便能全身心投入。从外祖母循循善诱的启蒙教育到父母不辞辛苦地为比尔·盖茨寻找适合他天分发展的社团与学校，无不为他天赋的发展提供了肥沃的土壤、清新的空气。

外祖母特别喜欢和聪明的小比尔一起做游戏，尤其是涉及一些智力的游戏。她教少年比尔下跳棋、玩筹码，还有打桥牌等她所喜欢玩的东西。玩游戏时，外祖母总爱对小比尔说："使劲想！使劲想！"外祖母还常常让比尔·盖茨读书，给他讲故事，比尔·盖茨从中受益匪浅。外祖母意识到比尔·盖茨在思维与记忆上的潜力，她总是不失时机地激活比尔这方面的潜能，有时祖孙俩到公园散步，外祖母常会与比尔·盖茨交流下棋的技术或看某篇佳作，让比尔探索更新的下棋技法或发表更独到精辟的见解。

比尔·盖茨的父母十分关注孩子的成长。他们在质朴的处世方式中，更多地关心孩子的成长与教育，他们在工作之余总是尽可能地与孩子们待在一起。一家人不断地进行各种游戏，从棋类到拼图比赛，几乎所有的益智游戏。

随着年龄的增长，家庭中的环境已无法满足比尔·盖茨天赋的进一步发挥。于是，父母把目光投向社会，积极为比尔寻找属于他的空间。在一次活动中，比尔·盖茨给班上准备一份报告，叫《为盖茨股份有限公司投资》。这篇报告几乎成了全家人的事，他的外祖母帮着弄封皮，连父亲也插手帮忙，气氛很活跃。

小学毕业后，父母在征求比尔·盖茨的意见后，送他进了湖滨中学。在湖滨中学，比尔痴迷上令他今后倾注毕生精力的计算机。

比尔·盖茨在湖滨中学读书时，常按自己的兴趣爱好来安排学习。比尔·盖茨在喜欢的课程上下功夫，学得非常棒，如数学和阅读方面。每次父母看到比尔拿回来的成绩单，尽管他们知道比尔在一些课程上会学得更好，但他们并没有拉下脸来责备比尔·盖茨。

中学毕业后，比尔·盖茨很想到哈佛大学去读书，这也正是父母们最大的心愿。幸好，比尔·盖茨的父母并没有像其他父母那样把孩子看作是自己的私产，必须让孩子们来完成父母喜欢的事。经过冷静思考后，父母放弃了让儿子当律师的想法，让比尔·盖茨在大学领域里自由发展。

但一年后，更大的难题摆在了比尔·盖茨的父母面前：比尔·盖茨要离开哈佛，放弃锦绣前程，与别人一起创办计算机公司！比尔与父母多次交谈，平静地表达了自己的想法。了解儿子秉性和志向的父母又能说什么呢？或许儿子的天赋与计算机事业是最佳的契合点吧！比尔·盖茨便毅然离开了令亿万学子向往的哈佛大学，开始在软件领域大展宏图。

在家庭的呵护下，比尔·盖茨能全力专注于某一事物的天赋十分明显。1975年比尔正式创办了现在的微软公司。很显然，比尔·盖茨的成功是个人天赋与家庭教育共同作用的结果。

比尔的事例告诉我们：教育应不断激活孩子的天赋，注重对孩子天赋的培养与保护。

每个孩子都是独一无二的，要了解孩子的潜能需要进行长期的观察研究。只有在了解孩子的情况下父母才可以做出明智的决定。确认孩子的优势就是确认了孩子的“精神生长点”。称职的父母必须独具慧眼，把握孩子的这一最重要的“精神生长点”。假如父母看不到自己孩子的优势，对孩子失去信心，就容易伤害孩子的自尊心和自信心。

判断孩子最发达智慧的一个最后的好方法，是观察他们在生活中“不规矩的表现”，比如：他虽不爱弹琴却喜欢绘画，虽没有耐性却有创意，虽不善言辞却很热心，家长若把这些细节记录下来，认真分析，就能归纳出孩子的性格趋向，发现其擅长的一面，从而诱导和激发他。

观察孩子“强势智慧”的重要途径是多和孩子在一起，即在无人指导下，看他在做些什么。可以通过观察他与同伴、朋友谈话和讨论问题时的情况来了解；还可以收集孩子的活动资料、参考学习成绩等。

当然，在此过程中，家长要做有心人，孩子的点点滴滴都不要放过。此外，家长还应留心观察孩子的爱好、个性、特长，加强自身学习，掌握新的科学方法和观察技能，要耐心等待孩子发挥潜力。

同时我们家长必须明确的是，发现孩子“强势智慧”的目的是充分发挥孩子的能力，发展兴趣，增强孩子的自信心、自强心。如果期望过高，脱离实际，势必会简单粗暴，使孩子丧失兴趣。

童话故事《从现在开始》主要叙述了狮子想找一个动物接替他做“万兽之王”的故事。

第一个走马上任的猫头鹰下令：“从现在开始，所有的动物必须白天休息，夜里做事。”结果动物们叫苦连天。第二个就职的袋鼠颁布诏书：“从现在开始，动物们都要跳着走路！”动物们也怨声载道。第三任最高行政长官猴子只说了一句话：“从现在开始，每个动物都照自己的习惯过日子。”动物们欢呼雀跃，狮子宣布，从现在开始，猴子就是“万兽之王”了！

老师引领学生熟读了这篇课文之后，让他们说一说内心的感受。孩子们畅所欲言：有的说狮子把大官让给别人做，真了不起；有的说猫头鹰和袋鼠让“臣民”像他们一样生活太霸道；有的说猴子思想开放，挺有人情味儿的！

突然，一个男孩子站起来说：“我想把妈妈变成一只猴子！”

闻听此言，同学们哄堂大笑。

“为什么？”老师惊诧地问。

“妈妈安排我星期六上午学国画，下午练书法；星期天上午弹钢琴，下午学英语。每个双休日都是如此。烦死啦！如果能把妈妈变成一只猴子，她就可以宣布：‘孩子们，你们按照自己的喜好过双休日吧！’”

同学们对他的回答报以热烈的掌声。

时下，不少家长在家庭教育中融进了太多的功利，往往看到眼前什么行业最吃香就希望将孩子培养成什么人。他们只注重加大某方面的投资而不顾孩子的特长个性。

教育学家普罗塔戈曾经指出：“头脑不是一个要被填满的容器，而是一支需要被点燃的火把，一个人发自内心的动力、爆发力最强。”

西晋时，左思的父亲左熹一心想让儿子学书法，不惜重金聘请名家指导。可左思不感兴趣，学无所成。左熹又让儿子学琴，结果学了很长时间竟弹不出一支像样的曲子。这时左熹从失败中懂得了尊重孩子特点的重要性，根据儿子性格内向、记忆力好，对文学有特殊偏好的特点，因材施教，让儿子学赋诗。左思如鱼得水，进步神速，不出几年，写得一手漂亮文章，最终成为西晋著名的文学家。

明代大医学家李时珍的父亲李言屡试不第，于是将仕进的希望寄托在李时珍的身上，而李时珍对八股文不感兴趣，对医学特别酷爱。可是在父权时代，儿子只好从命，攻读八股文，结果三次科考不中，时已 24 岁。李时珍感到再也不能虚掷光阴了，说服父亲同意他弃文从医，终成大医学家。

以上两则成功的案例告诉我们：教育孩子具有多面性和灵活性的特点，要循循善诱，因材施教。成年人应尊重每位孩子都是有价值、有不同能力的；他们都应有均等的权利，去选择适合自己的发展之路。在我们为孩子的明天精打细算的时候，应先认真考查一下今天的孩子的情况，然后根据孩子的实际因材施教，那样孩子的成才之路将更宽更平坦。

好父母总能发现孩子的闪光点

因为他们是孩子，所以他们对世界上的一切都充满了浓厚的兴趣，也敢于去想象、实践一些新鲜的东西。我们这里首先提出的就是要激发孩子的兴趣与创造力。而且这与孩子个性的形成有着很大的关系。

假如家长整天把孩子关在家中学习，限制其活动，并常常打破他们的幻想，这样的孩子长大了只会成为家长的乖儿女，社会的“绝对守旧者”，可以说他们也会因此形成一种“奴”性。你愿意自己的孩子成为这样的吗？如果孩子们都这样培养，那么社会就毫无进步的希望了。

激发孩子的兴趣、创造力要与其树立正确的是非观相结合。不能鼓励其胆大妄为，赞扬其胡思乱想。要激发其兴趣、创造力的有利性、可行性。这一点，A 女士就做得不错。

一天，A 女士下班回家，发现她儿子拿着他心爱的牛角冒着大雨在院子里挖石头，身上雨水混着泥浆，脏得不行了。那牛角尖也不知是否依然存在。她正气得想好好教训儿子一顿的时候，儿子手中拿着几块石块，满脸兴奋地跑了过来。

“妈妈，你看这石头上的花纹，真漂亮，放在我家的金鱼缸里，小金鱼肯定喜欢得很。”儿子举着石块对 A 女士说。

“是的，你真有眼光，这石块的花纹很特别，像向日葵花，哦，还像一只缩着头的乌龟呢。”A女士看着儿子无邪的脸，不由改变了主意。

这是一件小事，但如果A女士一怒之下打她儿子一顿，以后她儿子心中始终会存有阴影，会因顾虑母亲而放弃许多事。

其次，要激励孩子的进步。

随着年龄的增大、对世界了解的加深，孩子们开始变得比较成熟，开始有主见起来。这就是一个进步过程，这个过程中的激励是十分必要的。

进步分大的进步和小的进步。我们绝不能忽略那一点点的进步，正是这一小点儿一小点儿的进步促成了他的成熟。孩子们昨天问你星星有没有妈妈，你觉得他问得有几点幼稚可笑。

今天他问你星星到底距我们多远，你觉得很正常。但到有一天你儿子突然告诉你星星分为恒星、行星、卫星等，恒星能发光，太阳是太阳系里的唯一一颗恒星时，你是否觉得很突然？如果是，证明你平时没有多注意孩子的一点点的进步。

当你的孩子自己把房间收拾得整整齐齐；当你的孩子做好了饭菜等你回来吃；当你的孩子告诉你今天坐车时把座位让给了一位老太太；当你的孩子说昨天晚上学到12点，终于完成了所有任务……你觉得他们那时最期盼的是什么？是你的一句赞扬啊！你这时肯定知道孩子有进步了，开始慢慢长大了。你能不因此而高兴吗？

再次，当孩子具备一定的审美观后，他们开始有了对美的追求。他们开始讲究穿戴，开始注意发型，开始在异性面前表现自己。这时外界的氛围对其心态影响较大。如果别人说他（她）穿的合身，说他（她）的身材好或发型很酷，表面上他们肯定显得挺不好意思的，但内心却是很开心的。当然美不仅仅是外在的，更重要的是内在美。内在美主要是思想素质问题，包括对祖国的热爱，对父母的孝敬，对别人的尊重，对社会秩序的遵守；热爱劳动，热爱生活；等等。这些都非一日之功形成的，需要成人的时时指正，并有效地激励他们追求美。

最后，还要强调的是：对孩子意志力、勇气、自信心的赞扬。

爱迪生说：“成功＝一分天才＋九十九分汗水。”好多人具有一分天才，可是为什么他们还是不曾成功（即使他们也付出过汗水）？就因为他们没有坚强的意志力和自信心。本来要付出九十九分汗水，你付出二三十分即使九十八分也不能成功，只有坚持到最后才能成功。

孩子们就像一块未被雕塑的美玉，好父母总能看到这块玉身上的可塑之处，然后把它变成世上最美的玉。

发自内心地予以夸奖

露露 6 岁的时候，有一次，一个人在家把屋子收拾得干干净净。妈妈一回来，就说：“哇，是谁这么勤劳？把屋子收拾得这么干净！”于是她就从门后边站出来。妈妈说：“原来是我的宝贝女儿啊，你可真能干！”妈妈发自内心的夸奖，让露露爱上了家务劳动，她总想给妈妈一个惊喜。

发自内心的夸奖可以起到鼓励孩子的作用，让他们觉得备受尊重和有价值。发自内心的夸奖能让孩子肯定自我、尊重自我，进而发展更完美的人格。

家庭野餐会上，几个孩子一起打羽毛球，双方你来我往，战况激烈，笑声不断。12岁的瑞恩把球拍交给5岁的妹妹，并抱她坐在肩膀上一起应战。和大孩子一起打球，妹妹高兴得尖叫，有时候也能还击几球呢。

这群孩子一起回来喝汽水时，瑞恩的父亲小声对他说："你是一个很会照顾妹妹的好哥哥。"瑞恩耸耸肩，加入其他同伴，但脸上带着一抹隐藏不了的羞涩微笑。他明白父亲发自内心、真心诚意地赞美他对妹妹好，这种感觉将永远珍藏在他心底，成为难忘的回忆。

父母发自内心的赞美能够增强孩子的自信。当我们不在他们身边时，陪他们度过严峻考验的将会是这些自信。大方地赞美孩子吧，因为赞美永远不嫌多，这是孩子发展自我意识的必要支持力量。慷慨的赞美和尊重，真的足以供孩子享用一辈子。

生活在赞美中的孩子，将比他周围的朋友更活泼开朗。受赞美的孩子，会感到备受尊重，进而能激起他们内在的自我价值和尊严感。每个孩子都该得到这种感觉，这是我们为人父母者的责任。

如果父母没有发自内心，那么，所有的赞扬都是虚伪的，孩子会觉得父母是假惺惺的，赞扬的目的就不可能达到。

一位母亲经常打孩子，后来她听了有关赏识教育的一节课，觉得的确应该常夸夸自己的孩子。回到家，儿子正吃饭呢，她就跟儿子说："儿子你太好了！你真棒！"儿子说："妈，你生病了吧？我看你今天病得不轻，都说胡话了。"儿子不相信她的赞扬。

也难怪，假惺惺的谁信呢。赞美的话要发自内心地说才行。

杜鲁门当选美国总统后，有一天，一位客人来拜访他的母亲。

客人笑着对杜鲁门的母亲说：“有哈里这样的儿子，你一定感到十分自豪吧！”

杜鲁门的母亲微笑地回答：“是这样的。不过，我还有一个儿子，他同样让我感到非常自豪。他现在正在地里挖土豆呢！”

杜鲁门的弟弟是一位农夫，但是，母亲并没有认为这位做农夫的儿子是无能的。对她来说，每个孩子都令她感到自豪，无论儿子是总统还是农夫。

在接受记者采访时，杜鲁门的弟弟是这样评价哥哥和自己的：“我为哥哥感到骄傲，他将是美国最优秀的总统之一。但我同时也为自己感到骄傲，我是一名农夫，用自己的双手养活了自己，照顾了父母。”

这是何等的自信！而这种自信正是来自母亲的赏识。

实际上，每一个孩子都是有优点的，只要父母从内心去赏识孩子，每一个孩子都是值得父母自豪的。

由此可见，赏识孩子应该发自内心，从孩子本身出发，不要把自己的孩子与别的孩子做盲目的比较，尤其不要把自己孩子的短处和别人孩子的长处相比，而应该看到自己孩子的长处，看到自己孩子的进步，让孩子活出属于自己的精彩。

不管孩子是否优秀，做父母的都应该以平常心对待孩子。只有把孩子当作一个平凡的人，当你在发现孩子的优点和长处时，你才可能发自内心地去赏识他。

当你发自内心地赏识孩子的时候，一定要认真地注视着孩子，温和地对孩子说：“孩子，你真棒！”让小小的他或她感觉到你的无限真诚！

夸奖孩子一定要及时

孩子做了好事或有了进步，最好当时就给予夸奖和鼓励，这样孩子的荣誉感和成就感就会及时得到最大的满足，把后面的事情做得更好。如果，孩子取得了成就，你无动于衷或反应迟缓，必然会给他的内心造成不良的影响。

“妈妈，妈妈，我今天跳高得了第一名。”小剑一进门就兴高采烈地对妈妈说。

“你身体又不是特别好，运动起来那么使劲干吗？”正在厨房里忙碌的妈妈顺口问道。

“今天我们班上体育课，老师组织同学们进行跳高比赛。我是跳得最高的，老师夸我很有运动天赋呢！”小剑跑到厨房门口得意地说着。

“哦，知道了。今天有作业吗？快去做作业吧！我这里忙得乱七八糟的，你就不要捣乱了！”妈妈好像没有听到小剑说的话，表现出一副无动于衷的样子。

听到妈妈这么说，小剑刚进门的高兴劲儿一下子就没了，闷闷不乐地躲进了自己的房间。他不明白为什么自己跳高得了第一名，妈妈却一点儿都不高兴，更没有夸奖他。他甚至在心中犯嘀咕：妈妈难道不爱我了，一点儿都不关心我？

正当小剑疑惑不解的时候，爸爸回来了。爸爸发现小剑很不高兴，就问他：“怎么了孩子，有什么不开心的事情吗？”

“爸爸，我今天跳高得了第一名，老师都夸奖我了，可是妈妈却一点儿都不高兴。”小剑很委屈地对爸爸说。

“是吗？第一名啊，真厉害！和爸爸说说当时的情况。”爸爸很高兴地问。

“体育老师让我们分两组，男生一组，女生一组。男生里我跳得最高，他们都不如我，你都想象不到我当时有多帅！”

“真是好样的，等会儿吃饭的时候一定要多吃点儿，这样才能让身体更强壮，以后还要得第一名，好吗？”

“嗯，我以后还要得第一名。”小剑高兴地跑到饭桌旁边，等待吃饭了。

我们庆幸，小剑爸爸给了孩子所需要的奖励。小剑是幸运的，毕竟有一个好爸爸及时回应了他的夸奖需求，避免了给他的一生造成不良的影响。

但是事实上，在现实生活中，我们的父母们常常在孩子不需要关心的时候，给了孩子过分的呵护；而当孩子需要父母赞扬和鼓励的时候，却因为怕孩子骄傲而故作冷淡。

每个人非常希望获得父母的认同。作为孩子，他们通过自己的努力，在学习或者比赛中取得好成绩，这是多么值得父母赏识的事情！这时候，父母应该为孩子感到高兴，应该及时给予热情的赏识和赞扬，让他们感觉到父母为他的出色表现而骄傲！

事实证明，只有及时赏识和赞扬孩子，才能充分调动孩子的积极性，让他们往更高的目标冲刺。如果是过了很长时间，再给予赞扬，那么随着时间的流逝孩子已经不再期待，所以夸与不夸其实已没有多大区别。

某校长曾经做过这样一个实验：期末考试之后，他分别在不同时间内对两个班级考试成绩差不多的两组孩子做出评价。

对第一组孩子，校长在考试成绩出来的当天就表扬了他们：“成绩真不错，你们都是聪明的孩子，继续努力吧。”

对第二组孩子，校长一直等到下一个学期开始之后，才对他们说：“你们上学期考试成绩不错！”

一个学期以后，第一组孩子因为受到了校长及时的赞扬和鼓励，学习成绩有了明显的提高。他们一致认为是校长的赞扬让自己对学习充满了信心，学习劲头也更足了。而第二组孩子的学习成绩却没有明显进步。虽然校长赞扬了他们，但时间已经相隔太久，他们根本没有察觉到这种表扬，所以他们的学习积极性也没有太大的变化。

这个实验证明，孩子是需要家长正确把握赞扬的时机及时夸奖的。因此，当孩子达到了某个既定目标，父母一定要把握机会，及时由衷地赞扬孩子；同时表现出你的喜悦心情，让孩子感受到是他的良好行为表现使父母感到高兴。这是简单而又能产生显著效果的一招，只要坚持去做，必有喜人的收获。

有时候，孩子需要的不仅仅是父母一句赞扬的话，他们也需要得到父母的重视和关心。如果父母没有对孩子的成绩表示出及时的关注，会让孩子感到失望，而这种失望很可能会让他们失去继续努力的动力。

当看到孩子打扫房间时，应该及时称赞他：“你真能干，家里干净多了。”当看到孩子画了一幅画，应该及时称赞他：“画得真棒，很有想象力。”相信这些及时的赞扬会让孩子更加快乐和自信。

不要给孩子设立需要很长时间才能达到的目标。孩子的意志力和耐力都是有限的，他们很可能会因为等待时间过长而放弃努力。因此，应该多给孩子设立一些短期的目标，一旦孩子达到目标或取得进步，就及时赞扬他。

及时夸奖孩子，能表现出家长对孩子的真心赏识和热切期望，还能传递给孩子一种强大的精神力量。这种力量不仅可以让孩子更加努力和自信，而且会促进孩子健康快乐地成长。

在第一时间把赞扬和肯定传递给孩子，让孩子感受到父母发自内心的赏识和期望，从而满怀自信地面对学习和生活。——这是赏识教育里很重要的一课。

父母们，当孩子有出色的表现时，不管你在忙什么，是工作还是学习或者做家务，都请你马上停止。因为，在这个时刻，最需要你的是你那可爱的孩子，他或她正眼巴巴等待着父母的反应，请你第一时间回应他一句：“孩子，你确实做得很不错，我为你感到骄傲！”

第四章
对孩子的优秀品质真心赞赏

欣赏孩子的天赋

嘉嘉有一个像录音机似的脑子。她记得你一个星期前说的话并会提醒你。这一点非常令人惊奇。

从很小的时候，嘉嘉就喜欢和人交流。她很早就能用整句话和人交谈，并且词汇丰富。实际上，虽然她妈妈喜欢听她讲故事和唱歌，但有时她对嘉嘉的喋喋不休也感到厌烦。当她对家里人编故事和谜语时，她的演说听起来像个小大人。

在她还上学前班时，她就管理和指导她的小伙伴玩“让我们扮演”的游戏。她对于表达自我感受和稍带戏剧性地表达自己很在行。如果她画了幅画，她就想谈谈她的艺术创作。她在幼儿园里最喜欢的是表演和讲述，她可以与同伴分享一个新宠物和她家里的新玩意。

在班级里，嘉嘉被称作“老师的宠儿”，因为她频繁地被叫起来回答问题。她易于跟随口头上的指示并能够快速回答老师的问题。但当她在座位上说得太多而遇上麻烦时，她可不觉得自己是什么宠儿。她按读音拼写一切单词，所以有时写得不对，后来她开始用录音机来学习，这才有所改变。她还在记乘法表时遇到了困难，这降低了她数学考试的答题速度。但嘉嘉擅长创造性的写作和班级讨论，像许多听觉发达的孩子一样，她在努力为考试而记忆事实和拼写单词时常常动嘴背诵。她将一切都口头表达出来，她需要听到信息并顺序说出才能学习。

智力开发专家告诉我们：小嘉嘉是个听觉禀赋异常发达的孩子，假如加以开发，将会前途无限。孩子不可估量的潜能需要父母去发现。

美国加州医学院贝格尔教授认为：人的智慧潜能是无法测量的。发现是激发孩子智慧潜能的重要一步。那么，孩子天生有哪些潜在能力呢？对于儿童来说，只靠智力测验来断定是否有天赋，是否天资聪明是不可靠的。

贝格尔教授告诉我们，观察孩子的潜能，不妨从以下几个方面观察。

（1）走路早的孩子聪慧

走路本身就是对婴儿大脑发育良好的刺激，所以，孩子小时候应让他多走路，不要整天背着抱着。

（2）说话早的孩子反应敏捷

说话早说明孩子大脑神经回路即大脑细胞之间有广泛的联系。说话早能学到比一般孩子较多的词汇，能运用大量的词汇表达复杂的意思。有的孩子 3 岁时能认数百个单词，简短的文字能念下来，并且对图画感兴趣，能在一定的时间里集中精力处理一个问题。这类孩子大多口齿伶俐，语言流畅，思维清晰，理解能力强。

（3）对外界事物表现出广泛兴趣的孩子有天赋

这类孩子常常对事物表现出强烈的好奇心，并喜欢刨根问底，很早就表现出旺盛的求知欲和对学习的兴趣。随着年龄的增长，在正确的教育方法引导下，知识积累不断增多，眼界日益开阔，兴趣逐渐广泛，从被外界事物吸引，进而对一些事物主动地、有倾向性地追求，如爱画画的孩子，见什么都想画下来，听母亲讲故事，画故事情节，听音乐又去画对音乐的感受，等等。

（4）记忆力强的孩子聪慧

这类孩子的记忆广度和深度都超过一般儿童的水平，并且记的时间很长。学习速度快，轻松自如，能够迅速地记住幼儿园老师和母亲的要求。

（5）对某种事物表现出高度注意力的孩子有天赋

能够很快地发现问题，注意细枝末节。有的孩子对别的事物漫不经心，而对某一事物则表现出浓厚的兴趣，并专注于学习。

（6）活泼可爱、体力充沛、健康状况优于常人的孩子聪明

这类孩子与父母、朋友相处比一般孩子更融洽，在日常生活中情绪比较稳定，有独立生活能力，有很强的进取心、自信心。

希望父母平时注意观察您的孩子有哪些天赋，并充分地对孩子的这些潜在天赋进行开发、培养和教育，但不要拔苗助长，要让其自然地发展进步。事实说明，“仙丹妙药”不如“改善体质”。

为人父母者在教养孩子时，不要抱着能找到什么“仙丹”可以马上见效的想法，重要的是要针对孩子的气质、才智及性格来教育，孩子才可能发挥潜能，达到最佳的状态。

赏识孩子的自我管理能力

小张夫妇10岁的儿子扬扬考试得了满分。儿子平时勤奋好学，又好动脑，速算、抢答题都是他最先做完，那些思考题、作文也是班上做得最好的。

当人们让小张夫妇介绍一下他们是怎样教育自己的儿子时，他们是这样说的：我们从来不管儿子的作业，也从不看着他学习。从儿子上学之前，我们就开始给他灌输一种观念——学习只是他自己的事，将来就算是有出息也是他自己的事。我们一直在给儿子讲这一道理，几年来，我们都把责任还给了他自己，同时我们也把自由还给了他自己。我们的儿子每天的作业基本上都是在学校里完成的，即使是作业多做不完，他回家后的第一件事也是做完作业。我们要求他每晚8点半之前睡觉，有一次他贪玩结果忘了做作业，到睡觉时才想起，我们却告诉他，作业没完成是你自己的事，只能等着明天挨老师的批评了，现在是睡觉时间，你要上床去睡觉。从那以后，儿子就真的再也没有耽误过他的学业。

事实的确如此。正是由于小张夫妇平时不管孩子，实行“无为”而治，才使得自己的孩子有了许多的自由，也使孩子产生了许多自己的兴趣与爱好。没有家庭作业的时候，儿子会一边查字典一边读安徒生童话、格林童话、伊索寓言和其他的一些有趣的故事，有时家长问他为什么爱读这些书，他就告诉家长说因为他的同学们都爱听他讲故事。小张夫妇的儿子还爱画漫画，他把家长、亲人、老师同学都画到他的画里，他说这样是很有趣很好玩的。家长过生日时，他送给母亲一张他自己画的漫画作为生日礼物，那张画上他画了一只小老虎，用头顶着一本厚厚的书，然后递到一头戴着眼镜的大牛面前。儿子跟母亲解释说：“我是虎，你是牛，你平时爱看书，所以我送给你一本厚厚的书。”

小张夫妇的儿子生性是自由的。家长告诉他，做儿子的是可以跟自己的家长讲理的，每当他做错了事，家长从来不打骂他，而只是与他讲道理，一直到他明白是自己做错了为止。

家长也从不因为考试成绩好而去奖励儿子，因为他们要让儿子明白，学习的好坏其实是自己的事，既然学习是自己的事，那又凭什么要家长给他奖励呢?

小张夫妇联系当前家庭教育的现状，一针见血地指出：现在有太多太多的家长望子成龙望女成凤心切，他们是一心想让自己孩子成才，于是就替孩子做出一切属于孩子自己的选择，也陪着孩子做一切，结果使他们的孩子认为学习仿佛是家长的事，是自己在为家长完成这一切学习的。这样下去，本来是望子成龙望女成凤的家长，相反却剥夺了孩子的学习自由，又把孩子应负的责任担在了自己的肩上，到头来，他们的孩子肯定很难成龙成凤，因为任何没有发奋图强的愿望的孩子的将来是不可能腾飞的。

他们呼吁：家长应该把“望子成龙望女成凤”的心情改为“让子成龙望女成凤”的心态。给孩子创造一个良好的环境，同时给孩子树立一个比较好的榜样，让孩子能有更多选择的自由，也让孩子有更多的责任感，设法去激发孩子的“成龙成凤”热情，激发孩子的潜在的创造力和学习欲望，让孩子自己去渴望成龙成凤，这样一来，孩子才能真正成为一条“龙”或一只“凤”。

总而言之，家长不妨试试无为而治，站在第三者的角度来让孩子发挥自我管理的天性吧。也许，他们的表现会让你惊异呢！

赞赏孩子的冒险精神

两岁半的保罗总是喜欢闯祸，而且又很固执，什么事都想管一管，可怎么也管不好。这可和两岁时的他相差得太远了。保罗的爸爸曾经认真地学习过看护孩子的知识，可还是被保罗弄得晕头转向的，整日不得安宁。

现在保罗白天可不大愿意待在院子里，他要爸爸带他出去玩。父亲也知道，这一时期保罗特别喜欢新事物，不如带他去看看外面的世界，也好增长见识。在一个天气晴朗的周末，按计划全家四口人到郊外去野餐。大儿子迈克异常兴奋，早早准备好，等着出发。保罗更是乐得在地板上打了好几个滚。这天上午，他们开着车，带了一些野餐的工具和食品出发了。

他们选择了一个宁静的、靠着河边的小草坪坐下，就开始准备午餐。这时最忙的不是妈妈而是保罗了。他一会儿跟着迈克去打水，而且非得自己拿一个壶。迈克把水倒到小锅里时，保罗自然当仁不让，非要自己倒水，结果把刚点着的火又给浇灭了。气得父亲直摇头，哼了一声："哪来的灭火专家？"保罗反问了一句："Dad（爸爸），灭火专家在哪儿？"说着四处张望，寻找灭火专家。

吃过午饭，保罗开始进行现场指挥，叫爸爸去洗锅，妈妈去倒垃圾，最气人的是他居然还叫迈克把他的玩具枪给自己。迈克自然不干，结果保罗在那里大闹一场，最后迈克在爸爸的"威胁"

之下恶狠狠地把小玩具枪塞到保罗的怀里，保罗立即破涕为笑，玩起玩具枪来了。

爸爸与迈克一起到河边去钓鱼了，妈妈和保罗在河边散步。保罗刚开始还牵着妈妈的手，后来，他不知被什么吸引住了，一个人落在妈妈的后面，独自去看个究竟。直到听到保罗叫了一声："妈妈，快来看！黄蝴蝶！"妈妈才意识到保罗离她都有6米远了。不过她也不着急，毕竟这还算比较安全，在她的控制范围之内。况且看到他神采飞扬的样子，妈妈的心里也多了些安慰：保罗长大了。于是又回过头，和保罗去寻找那只黄蝴蝶了。

过了一阵子，迈克和爸爸钓鱼回来了，还真有不小的收获，保罗一看水桶里有活蹦乱跳的鱼，又兴奋起来了，非得伸手去抓弄一阵。幸亏有一条鱼来了个鲤鱼打挺，他才害怕地放手。

冒险，是儿童的天性。

美国政府曾经有过一则法令，要求所有对儿童开放的公园都不能禁止儿童触摸，否则将受法律制裁。在保罗这样年龄的儿童看来，世界对他们来说实在是太新奇了，在这之前，他们还基本上待在房间里，最多也就是在院子的附近逗留一会儿而已，而现在他们能很稳地走路，虽然也偶尔跌跤。如果父母在这个时期很少让孩子到外面去玩，那孩子的脾气会变得愈加固执。不过，在这个阶段，儿童的固执几乎成为一个显著的特征，因为他们希望表现自己的能力，他们还习惯于命令别人按照他的意志去行事，比如保罗叫爸爸去洗碗，妈妈代劳，多半会是以失败而告终。

去郊外玩，那可是这个时期儿童最热切期望的。这个时期，儿童对每一样事都感到好奇，一定要亲自去接触、感受不可。即使是你慢悠悠地散步，也会很快地把孩子抛在后面，如果恰好是在人多或者树丛较多的地方，你可得费一番功夫才会找到他。而此时，他正在摆弄着开着小花的小树枝或者趴在地上看着小蚂蚁搬家呢。所以说，这个时期的儿童最容易走失。不过，细心的父母也会发现，只要在你们的视线以内，一般儿童是不慌不忙的，但如果离开了你们的视线，儿童一旦意识到了这一点，他们会大声地哭着喊："妈妈在哪里，妈妈快来！"一旦他有什么新"发现"，首先他也会喊着父母和他一起分享。如果这个时候能对他讲解一些自然常识，会给他更多的信心，他还会问你一些意想不到的问题。而如果你不愿意与他分享这份"惊喜"，久而久之，他也会兴趣大减，对他今后的发展势必造成不良影响。

所以，你如果是宽容的父母，对他就应该"放任"一些，给他自由活动的空间，至多加以一定的教育引导。让孩子按照天性自由地成长，那他的世界里就会充满欢笑，你的生活里也会充满阳光。

11 岁的美美星期六想和同学去逛百货商场，然后看场晚上七点的电影，大约九点半以后再回家。妈妈不知道该如何回应美美的要求，"五年级的孩子可以自己去逛百货公司、看电影吗？"

"妈！求求你让我去嘛！"美美不停地说服妈妈，"其他的同学都去过了，只剩下我。她们都笑我像个小木偶一样，什么事都不会自己做！""可是，让你们自己去逛商场我真的很不放心。"妈妈回答。

"大家都这样，为什么我就不行！"美美开始掉眼泪。

"美美，我先打电话给小红的妈妈，"妈妈希望有更多时间和资讯来做决定，“你和小红是好朋友，我想看看她妈妈是怎么决定的。”

“你打电话来真好，”接到美美妈妈来电，小红的妈妈说，“小红和美美一样，吵个不停，说的话也都一样。我之前打过电话给李丽的妈妈，她的情形也一样。”

“那我们是不是该一起商量，看怎么处理这件事情比较好。否则，听孩子说起来，我们好像很不近人情，把她们当木偶一样操控在手里。”美美妈妈笑着说。

最后，妈妈们决定让孩子们星期六去逛百货商场两个小时，晚上如果要看电影，必须有一个大人陪同。这样，大人也比较安心。孩子们被迫同意了，但她们完全没有了原来的兴致。

请记住，孩子不是用规矩约束就可以教得好的，也不是整天在你眼皮子底下就会学好的。外面的天空很大，他们具有天生的冒险意识，需要自己去闯一闯。不要总想着，可能会出错，可能会惹祸，毕竟敢于冒险的孩子是可爱的。试着站在他们的立场上，给予支持和鼓励吧！

赏识孩子的兴趣爱好

什么是天才？怎样才能培养出天才？有人说，天才就是毅力；有人说，天才就是勤奋；还有人说，天才就是入迷。但归根到底，天才源于兴趣。要知道孩子的头脑不是一个要被填满的容器，而是一把需要点燃的火把。

兴趣是孩子最好的老师，没有兴趣的孩子，其成长过程是不健全的，还可能导致心理疾病。日本著名教育家木村久一指出：“制造凡人的方法是极为简单的，那就是不让孩子热衷于某一事物，只这一点就够了。对任何事物都不着迷，都不感兴趣，这就是凡人的特征。”每位教育工作者所要培养的，当然不希望是凡人；每位家长所期望的，当然也不会是凡人。望子成龙，望女成凤，这大概是家长所共有的心愿吧！

小陶陶生活在一个幸福的家庭，妈妈怀他的时候，爸爸就已经为他买好了钢琴。这不仅仅意味着家庭的富足，也表明了他的父母为孩子的将来设计了一条充满浪漫色彩的人生之路。可是小陶陶一直到 5 岁都没有弹过一次琴，他对这个庞然大物天生就没有什么好感。当他 6 岁的时候，父亲正式为他请了一位钢琴老师，可是只学了 4 个月就半途而废了。为此，小陶陶不知多少次遭到父亲的责备。

然而令父亲不理解的是，小陶陶无意之中却迷上了电脑，他玩起电脑游戏来超过了同龄人的水平。电脑绘画也是他的一项特长，有一次居然在学校里得了奖。这件事对父亲触动很大，他思索良久，终于理解了孩子。从孩子的气质上，他发现孩子没有艺术可塑性，但将来却可以是个不错的工程师。

从此他没有强迫儿子练琴。

人们经常会听到这样的俗语：吃草的骆驼莫喂肉。说的就是：骆驼是吃草的，肉的味道虽然鲜美，但骆驼是不会高兴，也不会去吃的。同样，我们对孩子进行教育也要奉行这个道理，即要贴近生活，按照孩子的兴趣、爱好来培养孩子。

在教育中时时注意提高孩子的兴趣，这几乎是每一个成人都懂得的道理，但并不是每位家长、教师在教育孩子的过程中都能做到的，也不是所有的成人在教育孩子的过程中都能得心应手地应用，原因是真正领会、弄懂并能运用这一真理的家长和老师并不多。

在我们的生活中经常会听到诸如此类的话：“我的小孩的确出问题了，他 3 岁时就认得 2000 多字，能背古诗 40 多首，会 100 以内的加法运算，亲朋好友都说是个‘神童’，可是一上小学，孩子开始厌恶学习，对学校教的不感兴趣。”这段话透露出家长对孩子失去学习兴趣的担忧。

为什么一个天真烂漫、热爱探索、想象力丰富的孩子上了小学后，反倒对学习失去兴趣了呢？是谁“夺”走了孩子的学习兴趣，让孩子到了小学就开始没有探索的欲望了呢？

这难道要归结为应试教育的失误吗？难道我们家长的就一点儿责任都没有吗？回想一下，我们在培养孩子的兴趣方面都做了哪些努力？

读一读下面这则事例，然后你再细心反思自己的所作所为，也许就能够有所领悟。

曾帅从 3 岁开始就是个故事迷，每晚睡觉前总要缠着妈妈讲故事，听着一个个童话、一首首儿歌才能悄然入睡。妈妈给他讲了一年故事后，便鼓励他讲故事给妈妈听。起初，让他把讲过的故事再讲一遍，不完整的地方，就由妈妈来为他补上，由此加深他对故事的记忆，对情节的把握。渐渐地，又开始培养他自己编故事或儿歌，有意识地开发他稚嫩而独特的想象力。如今，6 岁的曾帅已经成了能编会讲的小故事大王，故事可以随时就讲，儿歌更是可以张口就来。

为了进一步调动儿子创作故事的兴趣和积极性，妈妈采取了给他发稿费的办法。只要是他自己独立创作的故事、儿歌，经妈妈认可后，每个故事、儿歌发给5角钱的稿费，而且当场兑现。他所挣的稿费，完全由自己保管，自由支配。为此，妈妈有意“克扣”他的零花钱，在他想买东西的时候，就鼓励他自己挣“稿费”去买。

这种方式极大地激发了孩子的“创作热情”，小家伙开始开动脑筋，积极主动地想故事、自编儿歌。每天晚上，妈妈用一个小时的时间，审听他的“作品”，一旦达到“发表”水平，就马上付费，绝不拖欠，既守了家长的信用，又使他感受到了“成功”的喜悦。对一些还不够“发表”水准的习作，妈妈会及时给他提出意见；对有基础的作品，妈妈会启发式地为他提供修改建议，直到他“修改”成熟后，再发稿酬。

久而久之，曾帅编故事、儿歌的能力越来越强，挣的“稿费”也越来越多，有了自己的“存款”。有时，他一天就能编出几十个故事、十几首儿歌来。他用孩子独特的视角和感受，进入一个个童话世界，打开一片片儿歌天地，有时，大人都不得不对他刮目相看。

由此可见，作为家长，以一颗宽容的心赏识孩子的兴趣之源是多么的重要。

人最可悲的是一生对什么都没有特殊的兴趣和爱好，孩子最不幸的是父母凭主观意志扼杀其兴趣和爱好。孩子的兴趣之苗一旦破土而出，作为家长就应该精心呵护，不要让其因“杂草”丛生而枯萎，更不要随意破坏它。因为“兴趣是最好的老师”，兴趣可使一个人的能力得到最大限度、最持久的发挥。它一旦被激发，将会迸发出无穷的潜力，甚至创造出天才，创造出奇迹！

赞赏孩子的人际交往能力

洋洋的父母总是对孩子采取一种不加干涉的态度。洋洋要和妈妈、爸爸去参加小徐叔叔的婚礼了。

在妈妈的帮助下，他仔细地打扮起来。不一会儿，一位风度翩翩、神气十足的小绅士来到了爸爸面前。浅色的礼帽，洁白的衬衣上打了个漂亮的粉红色领结，浅灰色的西服平整笔挺，一双漂亮皮鞋擦得油亮，戴上那副小巧精致的洁白的小手套，显得神采奕奕，大方得体。

这时，爸爸已经收拾完毕。两人对面一站，全都是标准的装扮。

“爸爸，你看我的打扮，行吗？”洋洋仰面问道。

“当然，我的小天使，你看起来棒极啦！小徐叔叔看了一定会非常高兴的！”

当他们来到小徐叔叔家里，主人早已在外边等候了。

“哦，我的小先生，你今天看起来好极啦！”小徐叔叔抱起洋洋说。

“谢谢，小徐叔叔！祝您和阿姨生活幸福！”洋洋非常有礼貌地和小徐叔叔交谈。

洋洋的爸爸和妈妈显然对此十分满意。当他俩交谈一会儿后，他们才献上自己准备的精美礼物，表达出最诚挚的祝福。

现代孩子心理学研究发现，孩子到3岁时就开始想交朋友了，这就是他们的社会性的萌芽。

一个正在哇哇大哭的孩子，母亲怎么哄他也无济于事，如果这时过来了一个小朋友逗他玩，他立即就会破涕为笑的，这是因为小伙伴们之间容易形成一种“共鸣心理”，他们能相互接受对方的影响。

在这里，小伙伴所起的作用是大人所顶替不了的。这一关系等他们长到5岁时就显得更为重要了，这时他们就会有自己的“游戏集团”和“领袖”了，小伙伴们相处在一起，起到了很好的“孩子教育孩子”的作用，他们会在这里逐渐地了解到自己与他人的区别和联系，他们也开始认识到随心所欲、任性和以自我为中心，是肯定无法与其他孩子交往的，他们一定要严格遵守伙伴中的“法则”，要是谁违背了法则他就会被排挤，不受伙伴们的欢迎。

这样，他们就会逐渐从“自我”的思想中走出来，学会谦让和互助，也慢慢懂得自己的权利和义务。

小伙伴之间的关系往往都是十分密切的，这不仅满足了他们的心理发展的需要，而且从这里他们发展了一种独立性和社会性，增强了自主能力和社会能力，为他们以后长大成人，走向社会打下坚实的基础。

美国父母非常相信自己孩子的交往才能，他们会鼓励孩子学会通过电话问候爷爷奶奶，会带着孩子出席各种社会交往的场合。当着别人的面，让孩子主动自由自在地交往，大大方方地接受礼物，真诚地感谢别人的赞扬和主动请求别人帮助。

这就是一个父母要做的。让孩子独立自主地交往，在人际交往中学会主动、大方和自信。要尽量地支持孩子们共同玩要，一起活动，特别是当自己的孩子和别的孩子发生了争执的时候，更不该感情用事，过多地干预。

其实，孩子们打架是难免的，如果他们在打架中碰了钉子，他们就会意识到相互之间应该多忍让，考虑一下他人的不同意见，为了使活动能够继续进行，他们很快就会解决这些纠纷，重新言归于好，从而获得了与他人相处的经验。

我们的孩子不正是在打了好、好了又打中慢慢地成熟起来的吗？

个体如果脱离了社会，他就不再是一个个体了。为了孩子有个更好的将来，让他们去自由地“闯荡世界”吧。

赏识孩子的好奇心

有一位作家说：好奇心造就了科学家和诗人。满足孩子的好奇心，激发出孩子的兴趣，是家长应该操心的重点。

生活中孩子们的破坏行为很多，拆毁物品，屡见不鲜。

教育学家塞德兹给我们讲述一个这样的故事：

塞德兹的舅舅是个生活刻板严谨的人，极有规律，无论发生什么事，作息时间从不改变。但这么一个讲究纪律的人，却有一个最调皮捣蛋的儿子彼得。

彼得是个精力旺盛的孩子，成天都在不停地动，不知疲倦地摔碎器皿，弄坏东西，惹是生非。他与他的父亲是两个极端，因此两父子之间的战争一天之中不知要发生多少次。

有一次，彼得把祖母刚送给他的万花筒拆开了，想看看里面究竟藏了些什么，这自然会招致他父亲的愤怒。拆东西可算是彼得最大的爱好了，凡是让他感到好奇的东西，都逃不过被拆的命运，当然他也逃不过挨揍的命运。可是无论被父亲打骂多少次，他的这个毛病始终也改不了。

还有一次，彼得竟然把一块金表给拆开了，要知道这块表是彼得故去的爷爷留下的遗物。他父亲一直十分珍惜，总是带在怀里，从不离身。不久前他还说表出了点儿故障，必须拿去修理，哪知还没来得及修，就被他这个调皮的儿子给翻了出来。现在这块表被大卸八块，零件散落了一地。塞德兹的舅舅立即暴跳如雷，一耳光将儿子扇得坐在地上，接着他上去就是一阵拳打脚踢。

站在一边的塞德兹实在看不下去了，上前去抓住他的胳膊，高声说："请不要打了，你这样打孩子太过分了。"

他跺着脚说："你还护着他！你看他把我的表弄成什么样子。"

"彼得是弄坏了表，但是你认为一块表比自己的儿子更重要？"

这时，彼得抽抽搭搭地说："我没弄坏表……我……我只是拆开看看它哪儿出毛病了……"

塞德兹继续对他说："不管彼得是修表还是拆表，你都不应该打他，你这一打，恐怕又一个'爱迪生'就这样被你给'枪毙'了。"

他愣了一下，问道："我不懂你这话是什么意思。"

"就算孩子拆坏了金表，他也只是想知道金表里到底有什么，这是一种好奇心，这是有求知欲和想象力的表现，也是一种创造。如果你是一个明智的父亲，就不应该打孩子，而应该解放孩子的双手，要给孩子提供从小就能够动手的机会。"

那天彼得抽抽咽咽地哭了很久。他一个人坐在门前的台阶上，已经不哭了，可是眼睛里却充满了9岁的孩子不该有的忧郁神情。

“我现在该怎么办呢？”塞德兹的舅舅有些后悔。

“补救的办法还是有的，”塞德兹接着说道，“你可以和孩子一起把金表送到钟表铺，让孩子站在一旁看修表匠如何修理，这样，修表铺就成了课堂，修表匠成了先生，你的孩子就成了学生，修表费成了学费，孩子的好奇心就可以得到满足了。”

塞德兹的舅舅依计而行，小彼得果然开心地笑了。

教育的目的不在于形成习惯，而是要经常防止习惯的固定化，这才是教育最重要的课题。

然而，现行的教育是恰恰相反的，重纪律甚于重素质，把纪律看得高于一切。凡是遵守纪律的孩子，就被看成是好孩子，享受各种优待；一旦孩子违反了什么纪律，不管是有心还是无意，一律视为大敌，非得严惩不可。人们常常不自觉地要用纪律去约束孩子，尽力使他们合乎规范。殊不知，一个合乎规范的孩子，可能就是一个完全丧失了好奇心的孩子。

这是一个极端的事例，但它同时也非常具有典型性。当孩子显露出某方面的天才时，我们的教育不但不加以引导和启发，反而首先是用纪律的条框去规整它，使它符合我们的习惯。这真是教育的悲哀。

天真的孩子对世界的一切都感到新奇，很多孩子都有好奇心，例如，牛顿因为苹果从树上掉落地而引起好奇心，后来发现了“万有引力定律”；瓦特对滚水把水壶盖子掀起产生好奇心，进而探究其原理，才有蒸汽机的发明，这就是科学家好奇心与求知欲的美谈。

孩子对所听到的、见到的、小手摸到的都觉得很新鲜，这也是一种经验，他们的知识是由不同的经验而逐渐扩大的，对于很多事好奇，因而产生疑问；疑问就是儿童智慧之芽，若大人不让他的疑问得到满足，无形中将会摘掉茁壮中的智慧之芽，是很可惜的。

在大多数情况下，孩子的许多“破坏”行为正是他好奇心的表现。比如，把玩具汽车拆开是因为他想知道汽车里面是什么样的，是什么使汽车的轮子转动的，如果把车轮拆下来，汽车会怎样？孩子的头脑中充满了新奇的念头，于是他会毫不犹豫地付诸行动。因此，成人不能轻率地将孩子的某些违规行为定性为“破坏”，而应该真诚地相信每个孩子都怀有良好的愿望。

所有成就的背后都有力量在支撑着，那力量来源于人的好奇之心。这些本是我们每一个人原本拥有的，但是随着岁月的流逝，有多少人还把它视为宝？

好奇是孩子的天性，在好奇心的驱使下，孩子逐渐走出母亲的怀抱，不知疲倦地进行着探究。在这个过程当中，儿童获得了对于外界的最直接经验，认识到客观世界的一些基本属性。作为父母，应该尽可能多地为儿童提供探索的机会，让他们与外界进行亲密接触，让这些天生的“乐学者”延展探究的“领地”。这对于促进儿童的智力发展，养成良好的探索习惯很有好处。

孩子们的好奇心可能会给父母们带来麻烦感，父母们要经常面临小孩子各种问题的“考验”。比如，“太阳和月亮会撞架吗？”“星星有妈妈吗？”“我从哪儿来？”等等。同时，这些孩子有一股“不屈不挠”的探索精神，愈是不让动的，他偏要去动。比如，他极有可能在刚装修好的房子里画一幅爸妈的“肖像”

画；也可能会趁大人不注意的时候用手指头捅捅电插板感受一下；等等。遇到这种情况，许多父母都对孩子提出了“约法三章”：不准动、不能摸、不要拿。久而久之，孩子就失去了探索精神。

心理学研究表明：孩子的心理发展还处于一个相对不平衡和不稳定阶段。他们对新生事物怀有好奇感和新鲜感，满腔热情，但遇到困难又有畏惧不前的现象，缺乏信心。因此，家长应为孩子创设一个民主、融洽的活动氛围，打消孩子的各种顾虑，使他们充满信心地轻装上阵，这是孩子“敢”动的前提。

所以，当我们的孩子在为一件成人们所不能理解的小事大伤脑筋时，请不要给他们“泼冷水”。让他们大胆去“破坏”吧！

第五章
世上没有坏孩子

让说谎的孩子变得诚实

几乎所有的孩子都会在这种或那种场合讲假话，但是他们说谎的原因并不完全相同。因此，我们在看待某个孩子说谎以前，首先得弄清谎话的起因。

（1）家长的管教比较严厉，孩子想逃避责备

有一些家长对孩子的要求比较严格，这是好事，可是凡事都有个度，过犹不及，如果对孩子太过分，太严厉，动辄对孩子非打即骂，使得孩子见到父母就如同老鼠见了猫。此情况下，当孩子做了错事，怕被父母责备，往往想通过一句谎言来避免一顿“皮肉之苦”。

（2）孩子的虚荣心作怪

有一些孩子为了满足自己的虚荣心往往容易胡编乱造，瞎吹瞎说。对于这种自我夸大的谎话，家长有必要找出出现此种不正常心理的原因，如孩子未能取得理想的成绩，家长对孩子的清规戒律过多，而使孩子的内心感到压抑等。如属于上述情况，家长须全面地修正对孩子的态度，并给予孩子经常性的鼓励。

在弄清了孩子说谎的原因后，家长在处理孩子说谎时，不该充满一触即发的火药味，更不应总是一副剑拔弩张之态，而应心

平气和地疏导和教育，有的放矢地对孩子进行矫治。矫治的方法主要有以下几条。

（1）抓好第一次

如果孩子仅是第一次说谎，父母必须把它当作一件大事来抓。在弄清说谎的缘由和动因后，应动之以情，晓之以理，分析说谎的危害，指出问题的严重性，并明确表态："下次不能再说谎。"总之，要让孩子留下深刻的印象：说谎是不对的，下次不能再说了。只要抓好了第一次，就能刹住车。

（2）重视屡教不改的孩子

对那些屡次说谎的孩子，父母必须引起高度重视，因为这是关系到孩子道德品质的大事，弄不好会成为孩子走上违法犯罪道路的开始。因此，父母要认真分析其说谎的原因，摸准其说谎的规律，要多下点儿功夫，不要轻信孩子的话，稍有怀疑，必须马上核实孩子的话是否真实，如是谎言，应该及时揭穿。要让孩子知道谎话骗不了父母，就只好说实话；否则，孩子就会觉得父母是"好骗的""可欺的"，继而胆子就会越来越大，谎话也就越说越多。

（3）改变专制，创造民主和谐的家庭氛围

父母的不信任往往是孩子谎言的温床。因此，家长一定要民主、平等地对待孩子，让孩子敢于说实话。有时即使孩子做了错事，只要孩子认错了，就不应再痛骂、毒打，因为孩子犯点儿错误是在所难免的。家长对孩子因一时疏忽而犯下的过错反应过于激烈，就可能使孩子失去对家长的信任。家长对孩子的怒骂、惩罚常会适得其反，惹来更大的麻烦。

总之，家长对孩子撒谎行为的态度，会决定孩子是否会成为一个诚实的好孩子。只要家长对问题处理得当，引导有方，孩子一定会从撒谎走向诚实。

让胆小的孩子学会勇敢

兵兵今年已 4 岁了，爸爸妈妈都是做生意的，家里的经济条件不错。以前因为工作太忙，爸爸妈妈经常在外地出差，就把兵兵放到了爷爷奶奶家，让爷爷奶奶照顾。爷爷奶奶很疼兵兵，平时，兵兵就睡在爷爷奶奶中间，无论什么时候，都会留下一个人陪着兵兵。由于怕别的孩子欺负兵兵，更怕会出现什么不测的情况，爷爷奶奶很少带他出去。只是在晚饭后，小区里人少时，才会带他出去转转。

兵兵很怕生，赖在爷爷怀里，不肯到地上走，如果遇到爷爷的熟人，兵兵就把脸埋在爷爷怀里，不敢抬头，一个劲儿地拉爷爷的衣服，不让爷爷和别人打招呼，或者在爷爷耳边催爷爷快走。

兵兵 4 岁的时候，他的爸爸妈妈把生意的重心移到了本市，在郊区买了别墅，把兵兵接到了自己身边。

第一天晚上，妈妈让兵兵自己睡，兵兵不愿意，哭得上气不接下气，兵兵爸爸硬着心肠想让他自己睡。兵兵干脆躺在地上大哭起来。

"算了，干脆今天就让他睡在这吧，明天再说。"兵兵妈妈心疼了。听妻子这么一说，兵兵爸爸也只好同意了——毕竟，孩子小的时候，没有很好地陪过孩子，现在就当是补偿吧。说是只有今天这样，但每一天都是今天，兵兵就这样在爸爸妈妈中间睡了下来。兵兵倒是开心了，可爸爸妈妈心里却有种隐隐的忧虑。

现在，兵兵晚上不寂寞了，可白天还是需要有人照顾。

为此，兵兵爸爸特意请了位家政服务员。

家政服务员刚来家里上班时，兵兵一直躲着他。爸爸妈妈在场时，他就躲到爸爸妈妈身后；不在场时，就躲进自己的游戏间，反锁上门，无论家政服务员怎么敲门，都不肯出来。中午的时候，他的肚子饿了，家政服务员把香喷喷的饭菜端到桌上，可他就是不肯出来。

家政服务员没办法，只好给兵兵的爸爸打电话，说明情况。兵兵爸爸让兵兵接电话，但是兵兵不肯出来接听。家政服务员只好把电话机的分机，隔着门缝递给他。听到爸爸的声音，兵兵一下子就哭了：“爸爸，我怕，我饿……”

兵兵爸爸认为，家政服务员可能和兵兵不投缘，没办法，只好又换家政服务员。一连换了四五个，每一个的情况都大同小异。兵兵父母商量了之后，决定兵兵的妈妈不再做生意，回到家里来，安心做全职妈妈，外面的生意，由兵兵的爸爸全面料理。果然，妈妈回到家里之后，兵兵如鱼得水，活泼可爱的天性一下子显露了出来。

兵兵妈妈觉得，孩子总在自己身边，不接触其他人的确不是个办法。因为她曾经带着兵兵去她的一些朋友家里，本来以为，兵兵会和朋友家的孩子也成为朋友，会很快就玩到一起，可是，她发现自己的想法错了，兵兵根本不理会别的小朋友，只顾着自己躲在妈妈身后。

“这孩子，会不会有点儿自闭啊？”朋友轻声提醒乒乒妈妈。

乒乒妈妈吓了一跳，真信了，想带乒乒去医院检查，可乒乒根本不愿去医院。乒乒妈只好自己在网上查了些资料，发现自闭的孩子，不但是在外人面前沉默不语，就算是在自家亲人面前，也是一样。可乒乒并不是这样的，在家里人——爷爷奶奶、爸爸妈妈面前，他可活泼了，只是在外人面前，才会有惊吓的表现。

乒乒妈妈和爱人商量后，决定把乒乒送到幼儿园去。

在幼儿园门口，乒乒哭着喊着不愿松开爸爸的手。妈妈看着乒乒撕心裂肺的样子，真想放弃，带着他回家算了。可想想孩子以后的发展，再加上幼儿园老师一个劲儿地说：“没关系，孩子刚入园，头几天都是这样的，过了这段时间就好了。”所以还是狠狠心，把乒乒留在了幼儿园。

乒乒妈妈的确是狠下心来了，可是不出 3 天，幼儿园方面就给她打来电话，让她一定要把乒乒带回家去。原来，乒乒自从进了幼儿园，就躲在墙角落里，谁也不理，谁也不睬，不参加小朋友的活动。老师用了很多办法，想让乒乒和小朋友们一起玩，可乒乒就是不理人，躲在那里，不吭不响。

乒乒妈妈没办法，只好把乒乒带回家。

回到家里，乒乒渐渐地恢复如初，又活泼开朗了起来。

乒乒妈妈感到非常苦恼：乒乒如果继续这样下去，以后怎么上学呢？

那么乒乒的家长应该怎么办呢？专家指出，指导、帮助孩子克服胆小的毛病，应从以下几方面入手。

（1）对孩子胆小的情况有清醒的认识

家长要了解造成孩子胆小的原因、胆小的主要表现，并明白胆小是可以转变的，要树立改变孩子胆小的信心，认真制定具体措施，而不是简单的说教。特别是家长要认识到自己的责任，从转变自己的教育方法开始。

一般来说，造成孩子胆小的原因，家庭的因素比较大，有些父母为了管教孩子，经常说一些威吓的话，比如“你不听话，就把你送给坏人”“不许到处乱跑，小心捡垃圾的把你骗了去”等等，这种“大灰狼式”的话语无形中给孩子造成一定的心理压力。孩子会认为外界环境危机重重，首先就产生了防备心理或者逃避心理。

家长过度保护孩子，也容易让他们变得胆小：不放心孩子独自在家、独自出门，做任何事情都得在父母视力范围内才放心。有个 12 岁的小男孩到现在都不敢独自乘公交车，即使是家门口就有直达公交车，家人也不放心。其实正是这种“保护伞”导致了孩子胆小。

（2）采取有针对性的教育措施

孩子胆小，总有认识和行为两方面的问题，因此，既要解决认识问题，又要解决行为训练问题，二者相辅相成。

父母不要把“保护伞”撑得太大，有些事情不能替孩子做一辈子，而且孩子的独立能力也是在潜移默化的环境中培养出来的。所以从小就该给孩子一定的施展空间，让他们自己去闯闯。不过得重视方式，例如对不敢独自睡觉的孩子，刚开始父母可等孩子睡后再将其抱回小床上，或者孩子睡觉的时候开盏不太亮的壁灯，这些都可以让孩子渐渐适应黑暗。平时父母也可以以诱导的方式教育孩子，比如以孩子为原型编个“不敢独自睡觉的孩子”的故事，让孩子自己解答该怎么办，然后再让他们自己照着做，这比直接对孩子说教的方式要好。

比如孩子不敢在生人面前或在班级里讲话，要告诉孩子，只要想好了说什么，怎么说，大胆去说，任何人都是欢迎的。别的小朋友能做的事，你必能做到，而且能做得很好。孩子有准备地迈出第一步后，及时肯定，第二步，第三步就好办了。

为了让孩子在班级大胆发言，可先请几个与孩子关系较好的小朋友到家里来，练习讲小故事，一人讲一个。事先帮助孩子准备一个短故事，讲过一次后，下次就会勇敢一些。然后跟老师联系，请老师在课堂上提问他，事先让孩子准备好，回答之后，教师会表扬他，而且提出希望，下一次孩子就会跃跃欲试。也可以在孩子预习功课时，让他写出几个不懂的问题上课提问。班上有联欢活动时事先与老师联系，让孩子准备一个小节目，或者参加一个集体节目，得到锻炼机会。

为了让孩子培养自己办事的胆量，可以选择孩子能办的一件事，告诉他应该怎样办。他自己不敢去办，家长不妨陪他去，事情由孩子办。由小事到较大的事，由简单的事到较复杂的事，几次下来，孩子的勇气和能力就增强了。

总之，要针对孩子的问题，先讲道理并鼓励他，然后设计出具体的方案。只要家长下功夫，胆小的孩子一定会变得勇敢！

让任性的孩子懂得合作

婷婷是个公认的“怪人”。她语言表达能力差，为一件事能哭闹半天。外婆曾为她冬天要穿夏天的裙子而同她“斗争”二个小时，但最终还是以外婆的妥协而告终。

亲子之间是一种很奇特的关系，一方面相互依恋，一方面又互有攻守，有些像打仗。具体到任性这个问题，同样可以看到类似的进退攻守关系，孩子不断任性胡闹的过程，就是家长不断丧失权威的过程。

不少父母都有这样的烦恼：“我的孩子太任性，应该怎样教育他？”有的家长甚至说：“我的孩子是天生的拧种，真没办法。”就绝大多数孩子来说，任性不会是天生的毛病。那么，孩子任性是怎样造成的呢？

意大利著名教育家蒙台梭利说过这样一段话：“对成人而言，儿童的心灵是一个难解之谜。我们应该努力地探寻隐藏在儿童行为背后的那种可理解的原因。没有某个原因，某个动机，他就不会做任何事情。一个成人若想找到这些谜底，他必须对儿童采取一种新的态度，增强对儿童的责任感。他必须成为一个研究者，而不是一个迟钝麻木的管理者或专制的评判员，现实中成人以管理者或评判员身份对待儿童的情况实在是太多了。”

蒙台梭利的话为我们提供了一个全新的思路：希望我们的父母暂且放下牢骚和埋怨，努力探求孩子的心理，解开他们任性背后的谜团。

（1）模仿别人的结果

任性！不是天生的，但孩子的模仿能力却是天生的。在家庭里或亲友当中有人任性，孩子就会模仿，学着任性。有的成年人也任性，孩子同样会模仿。爸爸、妈妈，任何一方有明显的任性行为，都会直接影响孩子。

（2）家长迁就的结果

有些孩子任性，是家长迁就的结果。对孩子的要求一味地满足，不分对错，不管合理不合理，孩子要什么，父母就满足什么，可谓百依百顺。尤其是孩子小的时候，家长觉得孩子小，不懂事，对不合理的要求，也迁就他，如：要什么买什么，偏食，随意给零花钱……几次之后，孩子就形成了心理和行为定式。

（3）父母过于“民主”

对于年龄较大的孩子，可以以理服人，而对于年纪尚小的孩子，带有强制性的教育管理仍是必不可少的。因为年纪较小的孩子，还缺乏足够的经验和判断力，在生活中有许多地方需要父母的指导，如果对其过于放任，很容易把孩子宠坏，使其变得固执、任性、为所欲为。特别是学历层次较高的家长，把家庭教育中的“民主”管理看得很重，不管大事小事都寄希望于“晓之以理”，结果是理没谈成，孩子却被惯坏了。

（4）家长对孩子过于严厉、不尊重孩子

有的家长对孩子要求过于苛刻，孩子难以达到，产生逆反心理和抵抗行为，久而久之，变得任性。还有的家长不尊重孩子，动不动就贬斥孩子，甚至在外人面前也随意责备，孩子为了保全自己的面子，产生对抗行为。

怎样使孩子由任性变得不任性呢？要想教育好孩子，使孩子改掉任性的坏习惯，必须做到以下几点。

（1）站在孩子的立场

当孩子出现任性行为时，一定要把自己放在孩子的位置上，看其行为是否可以理解，每当他任性时，有这样一个诀窍：就是在做一件他不情愿干的事时，先征求他的意见，想办法让他点头同意。

（2）遵循教育统一的原则

只有家庭成员对孩子的教育互相配合协调一致，有统一的认识和要求，才能取得良好的效果。特别是爷爷、奶奶千万不要在孩子父母批评孩子的时候出面袒护、干涉，那样孩子有了“保护神”，就会更加肆无忌惮，聪明的父母会避开孩子单独商讨的教育问题，以求在达到统一的意见后再对孩子进行教育。

（3）转移孩子注意力

比如当孩子吵着、闹着要养猫时，可带他到公园去看老虎，威武的老虎也许会把他的兴奋点转移开。

（4）必要时，来点“惩罚”

比如：对他的哭闹，谁也不理睬，实行“冷处理”，即使他不哭不闹了也要坚持“冷淡”他一段时间，待他沉不住气主动同大人接近时，抓住这个时机，严肃地指出他犯的错，让他保证不再犯。只有这个时候，批评才是有效的。

认真做到以上四点，不管多任性的孩子都会变得乐于合作。

让依赖父母的孩子学会自强

曾经听说过一个故事：一位母亲为孩子操心，最后不得不去找心理问题专家咨询。专家问，孩子第一次系鞋带的时候打了个死结，你是不是不再给他买有鞋带的鞋子了？夫人点了点头。专家又问，孩子第一次整理自己的床铺，整整用了一个小时，你最后就亲自替他整理了，对吗？

夫人说没错。专家又说道，孩子大学毕业了去找工作，你动用了自己的关系和权力帮他。这位母亲很惊愕，问专家说："你怎么知道的？"专家说："从那根鞋带知道的。"夫人问："以后我该怎么办？"专家说："当他生病的时候，你亲自带他去医院；他要结婚的时候，你给他准备好房子、车子和足够的钱送去。别的，我也没办法。"

为什么专家也没有办法，就是因为这位家长的做法早已经偏离了教育的本质目的。雅斯贝尔斯说过："所谓教育，不过是人对人的主体间灵肉交流活动，包括知识内容的传授、生命内涵的领悟、意志行为的规范，并通过文化传递功能，将文化遗产教给年轻一代，使他们自由地生成，并启迪其自由天性。"

一个最明显的事实，即许多国家已把学会生存确定为教育的基本目标和内容。有一本书叫《学会生存》，自从问世后，已被译成23国文字，对各国教育的发展产生了不可估量的影响。毫无疑问，对于中国这样一个发展中国家，对于约6600万独生子女，学会生存是何等的紧迫！然而，众多的独生子女家庭，却忽略了学会生存还有更丰富的内容。

不少人可能看过《我们的留学生活》这部电影，这是根据现实中的一个事实改编的一个电影。当主人公的父母看到这部片子时，泪流满面。为什么？

电影中有这样一个情节：主人公小伙子到一个饭店要了两份饺子，他说："别以为我天天都能来此打牙祭，这是我吃了一个星期的方便面节省下的钱。虽然这饺子不如我妈妈做得好，但我已经很满足了。"他还强调说："在这一点上，我不得不怨妈妈，她没教会我包饺子，没教会我生活。在日本，我最大的问题不是学习，而是自己不能好好地照顾自己。"

主人公的父母看到这里流下眼泪。当然，这泪不是因孩子学业上的成功，而是为他们生活上的失败而懊悔，他们没有在孩子小时候教会孩子该学会的东西，连基本生活是什么孩子都没有感悟过。

现在的社会充满竞争，"仅有知识和态度是不够的，行动和技能才是决定因素"，那些没有独立性、创造性，动手能力差的人必定难以立足。孩子是在一定的环境中成长的，要培养孩子的动手能力，在提醒孩子"自己的事情当然自己做"的时候，就要放手锻炼，让他们"学会生存"。

有这样一位家长一直比较忙，经常出差，没有太多时间管女儿，所以，女儿很小就开始自己照顾自己。他们家的零用钱都放在一个抽屉里，旁边放一个账本，谁需要用钱就自己拿，然后在账本上记下买了什么东西、多少钱，每个月结束后再对账。从她的女儿上小学时起，她就自己在抽屉里取钱用，然后记下来，到月末和她们一起对账，结果这竟然提高了孩子的数学成绩和算账能力。

孩子上了初中后，她的妈妈就将她的伙食费、书本费和零花钱合在一起，每个月给她一次，并告诉她“如果不够就少用点儿，节省下来的则可以自己存起来”。慢慢地，她的女儿不但学会了打理自己的生活，一到家长的生日，还有母亲节、父亲节这些节日，孩子还用自己存下来的钱给他们买礼物，让他们特别感动和骄傲。

现在，理财已经成了这个13岁女孩子的强项。遇见商场打折，她总能很快地计算出比较合理的购买方式，她妈妈的一些比较糊涂的朋友们都喜欢“借”这个女孩去一起逛街，好帮她们理清“糊涂账”。

看了这则事例，家长们是否有所觉醒。大胆地放手吧，不要舍不得花时间让孩子自己做，更不要舍不得让孩子自己的事自己做。养儿育女的最终目的是协助他们逐步脱离我们的生活，成功建立自己的生活。

记得一份资料上曾提到3岁大的孩子可以把自己的房间收拾干净，6岁可以用吸尘器清扫房间。10岁的孩子每天应该做45分钟家务，另外，星期六又加两小时。18岁时，孩子应该已经懂得如何持家了。他们应该懂得洗熨衣服，弄简单的东西吃，清洁浴室，等等。所有这些训练不但为孩子长大成人做准备，更可让他们懂得感激父母在照顾家庭方面所付出的心血。

著名作家刘墉说：难道因为爬山危险，就不让儿子去爬山吗？你要想好，是培养一只乖猫睡在你腿上，还是培育一个独立于天地之间的男子汉？……养儿子就要让他志在四方，放开双手，让他走出去，让他走得稳。让他吃苦，并不一定要把他放到艰苦的环境中去，而是给他一颗能够感受生活的心。

自立自强的习惯对于人的一生是至关重要的。而一个人习惯的养成又和儿时的生活有着千丝万缕的联系。俗话说：“种瓜得瓜，种豆得豆。”哪一个家长不想让自己的孩子从小就“种下”一颗好习惯的种子！

让自卑的孩子走向自信

杨振宁说：“美国教育注重培养自信心，中国学生常常缺乏自信心；美国学生常傲慢自大，中国学生常谦逊退让。”这也许就是中国的教育应该思考的问题。

有一句教育名言是这样说：要让每个孩子都抬起头来走路。“抬起头来”意味着对自己、对未来、对所要做的事情充满信心。任何一个人，当他昂首挺胸、大步前进的时候，在他的心里有诸多的潜台词——“我能行”“我的目标一定能达到”“我会干得很好的”“小小的挫折对我来说不算什么”……假如每一个小学生、中学生，都有这样的心态，那么他们的前途还用得着家长和老师操心吗？

有位哲人说：“自信心是每个人事业成功的支点，一个人若没有自信心，就不可能大有作为。有了自信心，就能把阻力化为动力，战胜各种困难，敢于夺取胜利。”

有一则古老的印第安人的传说：一天，一个印第安小孩拾到一只鹰蛋，把它放进鸡窝里，后来小鹰和其他小鸡一起孵了出来，并一同成长。它无论做什么事情都和其他鸡一样，平日也在土里刨食吃。有一次，它看见一只大鸟在空中飞翔，那金黄的翅膀有力一振就能冲入云霄，小鹰羡慕不已，向鸡一打听，才知道那是鹰。于是，它也想像鹰一样到高空去翱翔，却只能拍打几下翅膀，抖抖羽毛，怎么也飞不起来。以后，它也不再想锻炼高飞，慢慢老死了。

既然是鹰，本来可以在高空飞翔。可小鹰为什么飞不起来了呢？这主要是缺乏自信心和艰苦的磨炼。我们把这种原本有好的素质，却由于不利环境的影响，而造成缺乏信心和锻炼，最终惨败的现象且叫作“鸡孵效应”。

美国一位学者说过：自信是能力的催化剂，信心能把人的一切潜能调动起来，并将身体各部分的功能调整到最佳状态。这种调动和调整如果不断发挥，它将能巩固成为人的一种本性，从而终身受益。许多成功者身上，都有这种自信的力量。他们在自信力的推动下，总是向自己不断提出更高要求，即使失败也不气馁，并鼓励自己继续努力，直至取得成功。一个缺乏自信心的人，便缺乏在各种能力发展上的主动积极性，而主动积极性对刺激人的各项感官与功能及其综合能力的发挥起着决定性的作用。

自信靠的是什么？我们认为，孩子自信心的培养，尤其需要来自父母和教师、朋友的激励。激励能扬起孩子自信的风帆。

学会适时鼓励孩子并不是一件容易的事情，每一个做家长的都要仔细地研究与思考，如何去鼓励孩子，养成经常反思的习惯。孩子的自信程度是表现在她的行为中的，如果孩子缺乏对自己能力的自信，对自己价值的信任，那么她所表现出来的就是缺乏效率、缺乏积极主动性，她不会通过积极参与，来寻找自己的归属感。

没有自信的孩子会很轻易地放弃任何努力，表现出自己是无用的，而且有时还故意做出反其道而行之的事情。这样做的原因是她认为自己是无能的，不能做出任何有意义的贡献，是没有价值的，那么还不如做些恼人的具体事情起码能得到别人的注意。家长如果不问青红皂白随意训斥或打骂孩子，是最容易挫伤孩子自尊心和自信心的。鼓励是一个循序渐进的过程，这一过程的主要目的就是能让孩子得到一种自我满足，即自尊感和成功感。

要找到鼓励自己孩子的最有效的方法，最重要的一点是深入地了解自己的孩子，透彻地了解自己的孩子。每一个孩子都有不同的特点，这就决定了我们的方法也是不同的，这就需要我们的家长花时间去找到这种不同处。鼓励孩子，树立她们的自信心，使孩子对自己有正确的认识，而不是终日怀疑自己，怀疑自己的能力与价值。有自信的孩子，不需要别人来评价自己的好坏。

目前，我们的学习环境和条件都存在着这样或那样的问题，有些孩子被过度保护着，有些孩子的学习生活还过得相当艰难，也有不少孩子处于家庭不利的环境影响中。如何使孩子保持坚定的信心，不自我泯灭，不陷入“鸡孵效应”的泥潭，是一个十分重要的问题。

（1）首先，多鼓励孩子

每一个孩子都需要鼓励，就像植物需要阳光、雨露一样。孩子尝试做一件事没有成功，这并不表示这个孩子无能，只不过是他还没有掌握技巧而已。如果我们责备孩子，自信心就会受到伤害并放弃努力。而在鼓励环境下成长的孩子，会懂得接受挫折和失败，会相信自己的能力并继续努力。

（2）在自立中培养自信心

有人说过，凡是儿童自己能做的，应当让他自己做；凡是儿童自己能够想的，应当让他自己想。美国的家长在培养孩子自立方面的要求非常高。两三岁的孩子就让他们自己吃、自己睡；孩子走路跌倒了，父母绝不搀扶，让他自己站起来；为了不让孩子有依赖心理，让孩子能独立生存下去，不少父母临终前宁可将财产捐尽也决不留给子孙。美国的这些教子方法，应该使我们得到一点启发。既要让孩子有自信心，就要让孩子在自立中磨炼。对于逆境中的孩子，父母更应该从树立自立精神上去勉励孩子。

（3）在成功的心理体验中建立自信

任何微小的成功，都能增强人的自信。一个孩子，当他写好一个字，做对一道题，得到一面小红旗，洗净一双袜子，做出一个菜，缝好一枚纽扣，擦净一次地板时，他都有成功的喜悦，会期望自己下一次做得更好。

因此，家长要善于让孩子尝到成功的滋味。发明大王爱迪生说过："你知道我是怎样迷上发明的吗？告诉你，我是从小用泥块捏成城堡开始的。在这个过程中我明白，我可以创造一切。"由此，我们可以看到成功的喜悦对孩子的魅力和价值。要做到这一点，一是家长对孩子期望目标不要太高，一定要适宜，并能进行长远目标的阶段性分解，以促进孩子的有效循环。二是要努力为孩子提供适当的帮助。

（4）在"自我优势感"中建立自信。

家长应当让孩子多看到自己的优势、长处，避免孩子老盯着自己的弱点，并争取做到以己之长，克己之短。同时，家长还应让孩子辩证地、客观地认识自我，这样既有利于孩子实事求是地制定自己前进的目标，又利于孩子充满坚定的信心，在通往成功的道路上迈出坚实的步伐。

总之，孩子的自信是建立在父母高度赏识的基础上的，家长的肯定是孩子自信的源泉。只要家长方法得当，你会发现有一天，自卑的孩子也会快乐地对你说：“爸爸，妈妈，我真的发现我也很不错！”

让悲观的孩子变得乐观

乐观积极对人的一生有着极其重要的意义。根据《乐观儿童》的作者、心理学家马丁·塞利格曼所称，乐观不仅是比较迷人的性格特征，它也能使人对生活中的许多困难产生心理免疫力。他做过高达 1 000 次的研究，研究人数达 50 万（包括成人和儿童），结果发现，乐观的人不易患忧郁症，在学校和工作中都更容易成功。

美国有一对兄弟，一个出奇的乐观，一个却非常悲观。

有一天，他们的父母希望兄弟俩的性格都能改变一些。于是，他们把那个乐观的孩子锁进了一间堆满马粪的屋子里，把悲观的孩子锁进了一间放满漂亮玩具的屋子里。

一个小时后，他们的父母走进悲观孩子的屋子时，发现他坐在一个角落里，一把鼻涕一把眼泪地在哭泣。原来，他不小心弄坏了玩具，怕父母会责骂自己。

当父母走进乐观孩子的屋子时，却发现孩子正在兴奋地用一把小铲子挖着马粪，把散乱的马粪铲得干干净净。看到父母来了，乐观的孩子高兴地叫道："爸爸，这里有这么多马粪，附近肯定会有一匹漂亮的小马，我要给它清理出一块干净的地方来！"

这个乐观的孩子就是后来的美国总统里根。他从报童到好莱坞明星，再到州长，直至当上了美国总统。这中间，乐观的性格起到了很大的作用。

乐观的人看窗外的天空是晴空万里，悲观的人看窗外的天空是乌云密布。

即使孩子天生不具备乐观品性，看待事特总是悲观伤感，也是可以培养的。怎样培养孩子乐观向上的人生心态呢？

（1）父母要做积极乐观的人

在家庭关系中，如果每个成员尤其是父母都始终保持乐观向上的性格，积极洒脱地对待一切事情，处理与孩子的关系，孩子生活在这种乐观积极轻松愉快的家庭氛围里，自然受到良好的浸染。同时，父母要懂得教会孩子乐观向上的一些准则和方法。

孩子的教育首先要使用积极的方式进行解释说明，让孩子看事物有利的一面，对事物的发展充满信心。培养他们良好乐观的心态。

平时，父母应该多向孩子灌输一些乐观主义的认识，让孩子明白，令人快乐的事情总是永久的、普遍的，一旦有不愉快的事情发生，那也只是暂时的、不具普遍性，只要乐观地对待，生活仍然是美好的。例如，周末要加班，就要对孩子说："今天妈妈要去单位加班，这表明妈妈的工作很忙。"而不要对孩子说："该死的，妈妈今天又要去加班。"

不管怎样向孩子说明你的情况，事实是无法改变的，但是给孩子的感觉却是不一样的。当你对孩子说：“今天妈妈要去单位加班，这表明妈妈的工作很忙。”孩子会觉得妈妈很能干，在单位是核心人员。如果你对孩子说：“该死的，妈妈今天又要去加班。”孩子会觉得你是不愿意加班而不得不去，这就给孩子留下了不快乐的阴影。

（2）当孩子遭遇困境时，父母要多加鼓励

每个孩子都会碰到不称心的事情，即使天性乐观的孩子也是如此。当孩子遇到困境时，父母要多留心孩子的情绪变化，如果孩子闷闷不乐，父母无论自己多忙，也要挤出一点儿时间和孩子交谈，教育孩子学会忍耐和坚强面对，鼓励孩子凡事多往好的方面想，不要尽往消极的方面想。

父母一定要注意观察孩子的情绪，只要孩子愿意与父母沟通，父母就要引导孩子把心中的烦恼说出来，这样，烦恼很快就会消失，孩子也会恢复快乐。当然，父母也可以帮助孩子克服一些困难，教孩子以正确的方法保持乐观的情绪，这些都是帮助孩子摆脱消极情绪的好方法。

（3）允许孩子自由地悲伤的情感

孩子在遇到困境时，往往会表现出悲伤。父母应该允许孩子自由地表现悲伤。如果孩子在哭泣的时候，父母要求孩子停止哭泣，不能表现出软弱，孩子就会把心中的悲伤积聚起来，久而久之，反而造成孩子的消极心理。

可见，对于孩子表现出的悲伤或软弱，父母不要呵斥，应该让孩子尽情地发泄心中的郁闷，只要孩子发泄够了，他自然会恢复心情的平衡。当然，如果孩子需要父母的帮助，父母应该及时安慰孩子，用相同的心理去感受孩子的情绪，努力引起孩子的情感共鸣，从而缓解孩子的不良情绪。

（4）要给孩子创造相对民主的环境

许多孩子不快乐主要是因为他们没有自己的自由。父母由于对孩子太过溺爱，往往会限制孩子们的一些行为和举动，甚至替孩子包办一些事情，这样，孩子就事事不用做，也无法在做事中感受到乐趣。

美国儿童教育专家认为，要培养孩子乐观开朗的性格，就不要对孩子“抑制”过严，而是要允许孩子在不同的年龄段拥有不同的选择权。

一般来说，只有从小就享受到“民主”的孩子，才会感受到人生的快乐。因此，聪明的父母不妨做个“懒惰”的父母，让孩子自己去选择、处理自己的事情。

（5）对孩子进行希望教育

乐观的孩子往往对未来充满了希望，悲观的孩子则往往觉得没有希望。因此，父母要对孩子进行希望教育。希望教育是一项细致的工程，需要父母及时地感受到孩子的沮丧和忧愁，帮助孩子驱散心中的阴影。

平时，父母要多引导孩子看到自己的进步和成绩，鼓励孩子想象自己的美好未来，让孩子对自己的未来充满希望。只要孩子对未来充满了希望，孩子必定会以乐观的心态去面对生活中的事情。

（6）丰富孩子的精神生活

丰富孩子的精神生活可以使孩子把注意力转移到其他事情

上来。

让孩子积极参加各种活动。开始时，可以暗示孩子主动提问，主动要求、主动学习。紧接着，当孩子主动行动了，父母要用表扬、奖励等方法强化孩子的自主观念。

孩子主动去做了，不一定都会成功。父母要激励孩子，告诉孩子："人生不如意事十有八九。"失败了一次不要紧，失败是成功之母。让孩子接触各类事物，接触的事情多了，见多识广，心胸自然就开阔，悲观思想便不容易产生了。

第六章
赏识教育的理想结果

让孩子自觉观察

“多看，多听，多接触，你就会成为智者。”这是阿基米德的父亲对孩子最重要的教育和启示。

公元前287年，阿基米德出身在意大利西西里岛一个学者家庭。父亲是宫廷的天文学家，特别注意对儿子观察能力的培养。

阿基米德很小的时候，父亲就带着他到山顶上观察明净的夜空和灿烂的银河，并且如数家珍，告诉孩子各种星座的方位和特征，什么北斗七星啦，大熊星座啦，小熊星座啦，仙女星座啦，巨蟹星座啦，他都一一指给孩子看，并要求孩子指出每一个星座的方位、亮度和其他特征。他说：“孩子，观察的技能就是抓住特征的技能，这是因为每一个事物都会具有不同于其他事物的特点。只要能多看、多听、多接触、多比较，你就会成为智者。”

为了培养孩子的观察能力，阿基米德的父亲还要求孩子在沙盘上把星座的位置和形状标示出来。这样一次一次地练习，小阿基米德也就具有了善于观察的火眼金睛了。

有一次，阿基米德在院子的草地上玩耍，他发现草丛里藏着一窝野蛋，就把这些野蛋捧起来，送还给邻居。邻居家的老爷爷笑着问他：“孩子，你怎么知道这些蛋是我们家里的呢？”阿基米德低着头想了想，指着蛋上的斑点说："您家的儿子在波斯经商，这些鸡都是吃波斯小米长大的，所以蛋上有一块一块的黄斑。我们这一带人家养的鸡都是吃小麦长大的，西西里小麦的颜色偏红，所以周围人家的鸡蛋壳儿都带有红色呀！"老爷爷非常高兴，连声夸赞阿基米德是一个聪明、诚实、观察仔细的好孩子，将来一定大有出息。父亲知道这件事以后，说："你年纪小小就很会观察，真是一个当学者的好料子。"

有一天，阿基米德到郊外游玩，看见一个农民在用木棒撬一块巨大的石头。他就询问说："石头这么重，你能推得动吗？"农民也不说话，只是在石头底下塞了一块小石头，再把一根长铜棍插到石头底下，一下子就把大石头撬得滚下了山坡。

阿基米德仔细观察农民的动作，又围着石头转了几圈，他发现：大石头距离支点很近，而农民手握的铜棍尾部距离支点非常远。由此，他大受启发，进而推出了杠杆定理，并且年轻气盛地夸口说："给我一个支点，我就能撬动地球！"

阿基米德的话传到了国王耳朵里，国王十分生气，说："这年轻人真是不知天高地厚。别说撬动地球，只要他能依靠他个人的力量移动王家游船，就算他有本事。"

国王的命令自然是金口玉言，阿基米德也不敢怠慢，他在码头上架起一根转轴，再在转轴上横穿了一根长长的杠杆。而转轴上拴着的绳子，又紧紧拉住了大游船的船头。

阿基米德表演那天，码头自然是人山人海，挤得水泄不通，只见国王一声令下，阿基米德就缓缓推动杠杆，注满了油的转轴也吱吱呀呀地转动起来。另一端的绳子越拉越紧，游船果真一点儿一点儿地移动起来。国王非常高兴，宣布说："阿基米德的杠杆的确可以战胜神力！"

常言说："家教无小事。"父母的家庭教育事关孩子的前途，这是万万不可掉以轻心的。而孩子智力的培养和生活技能的训练，最简单的办法就是从培养观察力开始。要鼓励孩子养成勤于观察、细心观察的习惯。

所谓观察，就是一要看，二要察。听、看、摸是人们观察事物的基本手段和获得信息的基本渠道。

学习过程本身就是一个观察的过程，所以观察力的培养也是提高孩子学习成绩的重要途径。比如说，物理、化学、生物实验，还有考试试卷卷面文字和图表的分析，都需要很好的观察能力，如果由于疏于观察而丢失了答题要件，那么就会造成明显的错误，例如做数学题丢失加减号，做物理化学题丢失所给条件，等等。

调查数据表明：平均成绩为85分和65分的孩子，明显存在着知识基础水平和素养的差距，而85分至90分和91分至95分这两个分数段的孩子，其智力水平和知识基础并没有发现明显差距，换句话说，这两个分数段的孩子知识能力是一样的，而其分数段的分野，就出现在是否具备细心观察的习惯上。分数稍低的孩子，无非是疏于观察，粗心大意，或者审题错误，或者丢失加减号，或者根本就忘记了检查试卷，以致一失足成千古恨！

著名作家福楼拜说过：最细微的事物里也会有一星半点儿未被认识过的东西，让我们去发现它。让我们这样告诉孩子吧！

让孩子乐于记忆

“你记忆，因为你热爱！”这是亚里士多德的父亲教导孩子的妙语。

公元前 384 年，亚里士多德出身于希腊斯塔吉拉城一位著名的医生家庭。在孩子 10 岁那年，父亲被任命为马其顿国王的首席医生。老父亲一无后台，二无背景，完全依靠技术起家，因而有一种极强的个人成就感。他非常珍惜自己的技术成就，并且希望将来孩子能够子承父业，当一名高级技术人员，不仅将技术作为终身职业，而且还要将技术作为安身立命和延续家庭血脉的超级法宝。

为了让孩子能够子承父业，从亚里士多德 5 岁起，父亲就开始教他背诵医疗书籍，例如药品配方、治疗手段等。可是弄来弄去，孩子专靠死记硬背，把那些医书上的知识记诵了一阵子，很快就忘掉了。后来老父亲想了一条妙计，他发现孩子对眼前看得见的活生生的东西非常有兴趣，而且记得挺牢固，就从药柜里拿出许多药品实物，一样一样叫孩子识记，看一样就记一样，而且各种药品的颜色、气味、形态，各有不同，很容易引起孩子的兴趣。父亲还如数家珍似的讲述每一样药品的生长地的风土人情，使孩子听得两只眼睛都直发亮，这种方法在现代被称为直观记忆法。当时印刷术不发达，书写工具也比较缺乏，学习医学的主要手段就是依靠记忆。几千种药品、几千个药方，还有数以百计的治疗方法，全靠医生花费几年或者十几年的时间记忆，所以全靠实物记忆显然是不够的，还得培养孩子其他的记忆能力和记忆手段。

老父亲为了延续祖传的医术，还想出各种高招来提高孩子的记忆，这类多手段全方位的综合记忆法，在当时就被称为“亚里士多德记忆法”。据说有一天，父亲带孩子上西西里岛游玩，那是一方阳光灿烂的音乐之乡，到处都是能歌善舞的民间歌手，游人只要往篮子里投一个铜板，歌手就会为你唱一支妙不可言的民歌。于是老父亲灵机一动，专门请了个民间歌手当仆人，一边料理家务，一边教孩子唱歌。小亚里士多德借着铿锵动听的节奏，一下子就能把歌曲背得滚瓜烂熟。这就是音乐记忆法，在当时就是一种流传很广的很好的学习记忆方法。

老父亲发现孩子迷上了雕塑艺术，当时希腊是远近闻名的雕塑之乡，城里有大大小小数十家雕塑铺子，匠人只要看一阵子图画，就可以依照图画制作出活灵活现的雕塑式样。于是老父亲就叫孩子到雕塑铺子里去拜师学艺，学习那些匠人惊人的记忆力，这就是色彩记忆和线条记忆。

每年 4 月 4 日，雅典城都要举行艺术狂欢节，上演 3 天大戏，城里男女老少倾城出动，去卫城大剧场看戏。亚里士多德特别爱看戏，早在 3 月柳枝发芽的时候，他就会一天一天计算日子，催促爸爸带他上卫城剧场看戏。雅典的大戏每天演出三场，大约 10 个小时，而孩子却全然忘了疲劳，从早到晚看得津津有味，还能把许多台词背诵出来。由于戏的内容大多是讲特洛伊英雄的故事，而老父亲早已把《荷马史诗》背得滚瓜烂熟，他就同儿子约定，每天晚上父亲给儿子讲一个特洛伊英雄故事，条件是儿子必须将故事情节复述出来。这在现代被称为语言记忆，同样也是培养记忆力的很好方式。由于日复一日地复述故事，儿子的记忆力非常优异。他不仅把父亲的医书阅读到了过目能诵的程度，而且还记住了哲学和数学方面的许多知识。他把每一个例题仔仔细细琢磨一遍，再去记诵有关例题的公式，例如毕达哥拉斯定理什么的。这就叫作理解记忆。

由于有了父亲从小精心培养的惊人的记忆力，亚里士多德广泛涉猎了政治学、戏剧学、心理学、医学、物理学、数学等学科，并且多有成就，被历史学家称为“百科全书式的学者”，最后还当上了马其顿王子亚历山大的老师。

记忆力、观察力、注意力、思维力、想象力，这是构成孩子智力的五大因素。要让孩子出类拔萃，必须下大决心培养上述五大智能。

古代教育把记忆力作为最基础的技能加以训练，这是因为古代书写工具极不发达，信息保存手段相当贫乏，所以人的大脑就成了最重要的信息资料数据库，记忆量的多少也就成为学问高低的重要标志。

在现代，记忆力同样是学生学习的基本能力。目前中小学主要是学习基础知识，而基础知识的主要获得手段就是识记，所以记忆力好的学生往往就是成绩最优异的学生。

记忆力不是才能，也不是天生的，是经过努力才能获得的方法。有了这种信念，相信你的孩子会对记忆力的培养充满信心。

让孩子欣然关注

“关注它，你就能得到意想不到的收获。”这是丘吉尔的母亲帮助孩子提高学习成绩的著名心得。

1874年，丘吉尔出身于英国一个官员家庭，由于父亲职务的调动，他在两岁时就随同全家迁到了爱尔兰。小丘吉尔非常顽皮，整天爬到树上掏鸟蛋或者一头钻进狗圈里逗狗玩耍，对父母的劝告根本就不加理睬。

小丘吉尔不停地变着花样地玩耍，一会儿玩游戏，一会儿又上树捕蝉，一会儿下五子棋，一会儿又跑到教堂里看合唱队唱《圣歌》，注意力转移得过于频繁，丘吉尔成了当地有名的“淘气鬼”。

7岁，丘吉尔进了圣乔治寄宿学校，他是全校有名的淘气包。教师在台上讲课讲得头头是道，他却在台下制作纸船和纸鸟儿。教师卖力地讲授课程，他却一句也没有听进去，成绩极其糟糕，是学校休息室里跪地板的常客。更为糟糕的是，小丘吉尔今天少学了一点儿，明天又少学了一点儿，结果他在学业方面的欠账越来越多，以至于根本就听不懂教师讲些什么。这造成一种恶性循环，使得他对学习完全失去了兴趣。

看着孩子一天一天地消沉下去，母亲自然十分着急。这个最难管教的孩子，一下子由心肝宝贝变成了妈妈心头永远的痛。这时候，保姆爱维莉给她出了个点子：“既然这孩子最大的毛病是注意力不集中，那么让他做些事情培养自己的注意力，问题不就解决了吗？”

丘吉尔的妈妈觉得挺有道理，就向自己的堂弟、教堂牧师米隆先生讨教。米隆说："注意就是选择，培养孩子的注意力就是让孩子专心关注一件事情，而对其他的干扰性因素充耳不闻，视而不见。我看哪，这事儿还得从孩子的兴趣入手。"

母亲茅塞顿开，决定按照米隆的意见办。孩子喜欢做纸鸟，妈妈就找了一些彩色纸张，天天陪着孩子做纸鸟，什么山鹰呀，鸽子呀，天鹅呀，一只一只地做，让孩子专心地做同一件事情。开始孩子能专心致志地做 1 个小时，慢慢地能做 2 个小时，这样日复一日地做下去，渐渐地提高了注意力的持久性。接着，母亲开始辅导孩子数学。每每孩子做对了一道题，妈妈就会不失时机地大加表扬。孩子有了劲头，便一道一道地做下去，久而久之，注意力也就能够集中了。

培养注意力的关键，是培养孩子关注同一件事的持久性和耐力。妈妈懂得这个道理，下定决心在孩子的耐力方面多做文章。

母亲背上画板带着丘吉尔去野外写生。爱尔兰的秋天，丹叶飞红，红枫似火，母亲让孩子专画那一棵棵在万叶飘红中苍翠欲滴的雪松。母亲总是慈爱地呼喊着："注意那垂下的枝叶，你瞧它在阳光下闪烁的光彩被染成了紫色。注意树冠，它像骑士的长剑一样锐利而且直指苍天呢！"如此这般，母亲一张画板，孩子一张画板，两人比着、赛着、互相鉴赏着，丘吉尔的注意力也在不知不觉中得到了锻炼和提升。

为了培养孩子的注意力，母亲还特别重视矫正孩子的不良习惯，比如说，孩子喜欢一边做作业，一边打开五音盒听音乐，母亲就会在这时候把他的五音盒放回卧室，避免孩子受到不良干扰。

又比如说，孩子做功课经常心不在焉，想一些同功课毫不相关的事情。母亲就告诉孩子：“不要三心二意，那是最糟糕的懒汉哲学。关注它，你就能得到意想不到的收获！”为了让孩子养成专心致志的习惯，母亲还陪着孩子一起做功课，通过不断提问使得孩子根本无暇去考虑无关的事情。就这样一点一滴，循序渐进，小丘吉尔一天一天改变了模样。为了让孩子避免受无关因素的干扰，母亲就亲自去找校长，把孩子的座位安排到了第一排，这样孩子上课时的注意力就明显集中多了。母亲的心血自然没有白费，经过长达6个月的注意力训练，丘吉尔已经能够毫不吃力地跟上教师讲课的节奏了。后来，他还考上了当时最有名的桑德赫斯特军事学院呢。

母亲的教育对丘吉尔的一生都产生了极其深刻的影响，“关注它，你就能得到意想不到的收获。”这句话成了丘吉尔写在军校课桌上的座右铭。这种专心致志的能力，最后伴随他走向成功。

众所周知，孩子获得知识的基本渠道是课堂教学，而将课堂教学的内容转化为孩子的知识储备的基础就是孩子的课堂注意力。

调查表明，注意力是影响孩子课堂学习效率最重要的因素。注意力集中并且持久的孩子，对课堂教学的知识转化率就特别高；而注意力不集中的孩子，课堂效率则每况愈下。最后这种注意力差距的积累导致了学生成绩差距的产生，从而不可避免地引发了学生成绩的明显分化。

调查数据同时表明，差生知识结构的缺陷是一种渐进的积累过程，这种积累的时间越长，矫正的难度就越大。而知识结构缺陷的根本原因并不是智力方面的，而是注意力方面的，或者说是由于学生课堂上的知识转化率过低而造成的。

注意力分为直接注意和间接注意，直接注意是因为孩子对某事产生浓厚的兴趣，从而将所有的精力专注于这一事物。间接注意是因为孩子对事物本身并没有很大的兴趣，但是他对事情的结果保持浓厚的兴趣，例如孩子可能对历史课没有兴趣，但是他对历史故事很有兴趣，于是也会集中注意力倾听历史课。我们既要培养孩子的直接注意力，也要培养孩子的间接注意力，最重要的当然是培养孩子对于学业的持久性毅力和耐力，让孩子欣然关注。

让孩子勤于思考

“我思故我在。”这是法国哲学家笛卡尔的传世名言。

直到现在，我们依然能感受到这位伟大思想家的思想光彩。笛卡尔的成功离不开家庭对他的影响。

1596年，笛卡尔出生于法国风景迷人的拉艾小城。他父亲是布列塔尼最高法院的法官，地位显赫。可他本人却很不幸，从小就失去了慈爱的母亲，因而父亲就独自承担了抚养孩子的重担。

小笛卡尔5岁开始接受正规教育，8岁开始学习欧洲最深奥的学问“经院哲学”，属于那种大器早成的孩子。可他有一个不大不小的毛病，特别喜欢睡懒觉。平时他晚上看书看得很迟，早上就在热烘烘的被窝里思考书上的问题。有人认为这是一个缺点，时不时地笑话笛卡尔，但是笛卡尔的父亲认为这是孩子的一个特点，他支持孩子说：“你有独立的思想就有独立的人格，不要在乎人家说些什么。”

父亲特别注意培养孩子的思维习惯和思维能力，他告诉孩子说：“财产是靠不住的，再富的家庭也延续不了三代。权力也是靠不住的，再显赫的家庭也同样延续不过三代。像法国最有权势的希龙家族，威风了两代人也就让皇帝给贬掉了。最重要的是靠自己，靠自己的学识和才智，这才是最具有长久生命力的东西呀！而要获得这些，关键是要学会独立思考问题，具有思维能力。”

笛卡尔 9 岁的时候，父亲带他到勃艮第公爵家做客，公爵家刚从非洲买回来一群鸵鸟，每一只都是健壮无比、奔跑如飞的庞然大物，上面还能骑小孩子呢。有人说：“别看这鸵鸟长得又高又壮，其实是胆小如鼠之辈。如果遇到敌人，就会把脑袋藏到沙子里，等着猎人去抓呢！”父亲笑着问孩子：“有句俗语说‘不要当藏头露尾的鸵鸟’，你说鸵鸟遇到危险的时候应该怎么办呢？”笛卡尔毫不迟疑地回答：“如果鸵鸟遇到危险就把头藏在沙子里，那么它早就在地球上灭绝了，因为鸵鸟毛那么值钱，非洲人不抓它才是怪事呢？再说，它的腿那么长，身子那么高，也不大可能把头藏在沙子里呀。我想，它最好的逃生方式，应该是拔腿就跑！”笛卡尔非同凡响的一席高论，听得周围的贵客们目瞪口呆。有人反驳说：“藏在沙子里的鸵鸟已经成了人所共知的常识，你怎么能随便怀疑呢？”父亲就鼓励孩子说：“常识也不见得句句都是对的。”

笛卡尔 14 岁那年，他又遇到了一个麻烦。笛卡尔父亲有一个好朋友是当地一位著名的商人，名叫希拉。希拉花了 200 法郎在巴黎买回来一只名贵的德国斑点狗，这在当时可真是一大笔钱。

然而买回来以后希拉不仅大失所望，而且叫苦不迭。因为这只挺好看的斑点狗是个超级哑巴，压根儿就缺乏看门的本领。它尽管出身名门，血统高贵，却像个大傻瓜一样，整天只晓得吃喝拉撒，把屎尿拉得满院子都是。

这弄得希拉非常恼火，曾经几次向笛卡尔的父亲诉苦说："干脆把这条懒狗拉到几十公里的野外扔掉，让它当野狗好了。"笛卡尔的父亲不愿意这样做，他交代笛卡尔，要他一定给希拉解决难题。

笛卡尔立刻拿出纸和笔，飞快地画出一根树干，然后再在树干上方描绘出几根树枝，并告诉父亲说："这根树干就是斑点狗难题，这几条树枝就是尽可能多的解决办法。如此这般，我就采用数学解析的方法把狗的问题分解成了 5 个处理方案。斑点狗不会看门也不会叫应该怎么办?

"第一，最容易的处理办法当然是再买一只，这种处理方式最简单而且最高效。当然也不是没有缺点，至少希拉先生还得从口袋里再掏出 200 法郎。

"第二是把这条懒狗退回给狗场老板，当然这又得花费一大笔运输费用，而且这条懒狗又脏又臭，路上患了什么传染病也说不定。如果出现了上述情况，这就意味着要增加一笔医疗费用。

"第三是训练狗按警铃，同样可以利用狗的灵敏嗅觉和听觉发挥它的效用。在正常情况下，估计教会一只狗按门铃需要 25 至 30 天时间，还得请一位比较好的猎狗训练师，其全部费用大约是 20 银法郎。根据成本和狗本身的价值来估算，这笔支出还是挺合算的。

"第四是在狗窝里装一根触动绳。只要它一离开狗窝，就会碰撞绳子，触动警铃。根据我最近的观察，这条狗听觉特别灵敏，只要在100码以内出现脚步声，它就会像炮弹一样冲出来。因此可以断定，安装触动绳的办法费用最低而且肯定有效。

"第五是找出狗不会叫的原因并且进行有效的纠正。我们甚至还可以建议希拉先生在大门口竖立一牌子，上面写着警示：'注意不会叫的看门狗！凶恶的狗比会叫的狗更可怕！'这才有威慑力呢。"

父亲听了，对笛卡尔大加称赞，说；"你能够用数学解析的方法来处理生活难题，这是一大发现！"

父亲的夸奖和鼓励，极大地激发和增强了笛卡尔发展思维探索难题和研究科学的兴趣。1637年，他发表了自己的大部头著作《方法论》，提出一切知识都可以采用数学推理的方法来证实，从而一举成名。

爱因斯坦曾说过："发展独立思考和独立判断的能力，应当始终放在首位，而不应当把获得专业知识放在首位。如果一个人掌握了他的学科的基础理论，并且学会了独立思考和工作，他必定会找到他自己的道路，而且比起那种主要以获得细节知识为其培训内容的人来，他一定能更好地适应进步和变化。"

"思考、思考，我就是靠这个学习方法成为科学家的。"

当前西方国家已经把培养幼儿的思考能力放在教育的首位。美国教育界认为在学校只强调掌握读写能力而不会思考是不行的，这样不利于他们正常发展。必须掌握基本功中的基本功——思考能力。他们说，应该鼓励孩子们动脑——创造性地思考，独立解决问题，自己做出决定，这对儿童成长至关重要！

因此，在美国的学校教室内到处可见挂着“走向独立解决问题的道路”“记住聪明猫头鹰的话：‘思考’”等巨型标语，孩子戴着的纸帽上写着“思考”，穿的汗衫上印着“我是一个小思考家”，处处提醒孩子去思考。

培养善于独立思考的人，是我们教育的目标之一。我们应当让孩子早一点养成勤于思考的习惯。

让孩子倾心想象

1425 年 4 月 15 日，在意大利著名城市佛罗伦萨西南的一个小镇上，诞生了一个活泼可爱的小男孩。这给全家人带来了无限的幸福和快乐。

7 岁时，他被送进了教堂附近的教会学校去读书。但他似乎对课堂上老师讲的那些枯燥无味的拉丁文不感兴趣。他经常偷偷地从教室里溜出来，到村子外的田野里去玩。

他的天真与好奇心，只有在美丽的大自然中才能得到满足。他经常一清早就从家里出来，在上课之前躺在山谷的草地上，出神地注视着平地飞起的云雀，想象着他们飞翔的奥秘，或者眺望远处隐隐约约的阿尔卑斯山的雪峰，不知道那上面是否住着神仙。有时他想象着自己身上长了翅膀，像云雀一样，飞到阿尔卑斯山，去找山上住的神仙。

每次外出，他总会带回一些奇形怪状的小动物或奇花异草，回家后观察、描绘。

时光流逝，日积月累，他画的东西逐渐有了一点儿画意，曾有一次，他花了一个月的时间把收集到的蜥蜴、蛇、蜘蛛、蜈蚣等各种小动物集中起来，从中选出具有特色的身体部分，拼凑起来再放大，画出了一个似幻似真的可怕的怪物。这位有着特别想象力的小男孩，就是后来著名的画家列奥纳多·达·芬奇。

在达·芬奇成名的道路上，不可否认他的勤奋与刻苦，但谁又能否认他那丰富而奇特的想象力对他的帮助呢？其实世界上的每个孩子，包括您的孩子，都是天生的梦幻家。

儿童文学家迈克·安迪曾经说过，他的《默默》(*MOMO*)和《永无结局的故事》(*Never Ending Story*)这两本获得儿童文学奖的作品，其生活来源就是那些出自街头巷尾的孩子们的“梦幻之思”。

“梦幻”即想象力，在成人的眼中，那是一种不切实际的感觉，但在孩子的世界里，却是一个充满神秘与强大吸引力的理想处所。在这里，孩子可以骑着一条板凳，驰骋在辽阔的草原上；可以和一只小羊羔说悄悄话；可以是布娃娃的妈妈；可以是手拿玩具枪的无敌战士……

想象是智力发展的重要因素。人们把想象力比作智力的翅膀，孩子丰富的想象力是他们智力腾飞的重要条件。要开发孩子的智力，父母必须走进孩子的梦幻世界，去了解孩子，亲近孩子，发展并引导他们的想象力。

一个人想象力丰富，思路必然开阔，智力发展水平便会有所提高。世界著名的物理学家爱因斯坦就是由于其丰富的想象力而发现了相对论。据说他不是在书桌前发现相对论的，而是在近乎一种怪诞的想象中突发灵感而发现的。

夏天的一个早上，工作了一夜的爱因斯坦，走出了自己的书房。为了驱赶疲劳，他爬上了村子后面的一个小山头，清新凉爽的空气和悦耳的鸟鸣，使他顿感轻松了许多。爱因斯坦躺在小山头上的一块平滑的大石头上，眯着眼睛向上看，这时东方的一轮红日正冉冉升起，万缕霞光穿过他的睫毛射进了他的眼睛，爱因斯坦好奇地想，如果能乘着一条光线去旅行，那将是什么样子呢？于是他展开了想象的翅膀，在近似梦幻的世界里做了一次宇宙旅行。

神奇的想象力把他带进了一个地方，这个地方是经典物理学的观点所不能解释的。于是，爱因斯坦怀着急切的心情，走下山头，回到屋子里，提出了一种新的理论，以解释他的想象。而且他还坚信，这种理论比经典物理学还要正确，这就是震惊世界的“广义相对论”。

后来，爱因斯坦深有感触地说：“想象力比知识更重要，因为知识是有限的，而想象力概括着世界的一切，推动着进步，并且是知识进化的源泉。”如果一个人想象力贫乏，思路狭窄，其智力就难以发展。因此，要开发孩子的智力就必须开发孩子的想象力。让孩子倾心想象吧，心所能达到的地方有多远，人生就有多远。

让孩子热爱学习

早在1560年，塔·布克，一个瑞士的钟表匠，在埃及的金字塔游历时，提出了一个大胆的想法——金字塔的建造者，不会是奴隶，应该是一批欢快的自由人！

塔·布克这种看法否定了希罗多德在《历史》中所记载的，金字塔由30万奴隶所建造的“历史事实”。但是，就是这种常人很难理解的“想法”，在2003年却得到了科学考古的证实。在这一年，埃及最高文物委员会宣布，通过对吉萨附近600处墓葬的发掘考证，金字塔是由当地具有自由身份的农民和手工业者建造的。

在400多年前，为什么一个钟表匠能一眼看出，金字塔是自由人建造的？原来塔·布克是通过钟表的制造过程得出这个结论的。

1536年，布克因反对罗马教廷的刻板教规，被捕入狱。由于他是一位钟表大师，入狱后，被安排制作钟表。在那个失去自由的地方，无论狱方采取什么高压手段，都不能使他制造出日误差低于1/10秒的钟表。可是，入狱前的情形却不是这样。那时，他在自己的作坊里，都能使钟表的误差低于1/100秒。

为什么会出现这种情况？起初，布克认为是由于工作的环境造成的；可是后来，他越狱逃到日内瓦，才发现真正影响钟表准确度的不是环境，而是制作钟表时的心情。

在有关塔·布克的史料中有这样两段话：

一个钟表匠在不满和愤懑中，要想圆满地完成制作钟表的1200道工序，是不可能的；在对抗和憎恨中，要精确地磨锉出一块钟表所需要的254个零件，更是难比登天。

金字塔这么大的工程，被建造得那么精细，各个环节被衔接得那么天衣无缝，建造者必定是一批怀有虔诚之心的自由人。真难想象，一群有懈怠行为和对抗思想的人，能让金字塔的巨石之间连一片刀片都插不进去。

塔·布克是瑞士钟表业的奠基人和开创者。据说，瑞士到目前仍保持着塔·布克的制表理念：绝对不与那些采取强制性、有克扣工人工资行为的国外企业合作。他们认为，那样的企业永远造不出瑞士表。

由此可见，在严格监管的地方，在身心受到摧残的时候，别指望有奇迹发生，因为人的能力，唯有在身心和谐的情况下，才能发挥出最佳水平。

所以，我们的家长不要以管孩子管得严而自豪了。“要我学”和“我要学”是有着本质的区别的。在家长严格监督之下，孩子也许可以按时地完成学习任务，但因为是处于一个“要我学”的被动状态，又怎么可能发挥出最佳的学习水平？只有我们以引导孩子的学习兴趣为主，让孩子自主自发地学习，变“要我学”为“我要学”，使孩子的身心处于一种愉悦的状态，才有可能激发孩子的潜能，达到最佳的学习效果。

“学生应该是能发光的灯，而不是存储燃料的瓶。”教师和家长不要做学生思想的保姆，要让知识成为学生自己思考的果实。“带着知识走向孩子”，不过是“授人以鱼”；“带着孩子走向知识”，才是“授人以渔”。

我国著名力学家、教育家，中国科学院资深院士钱令希说：“学习如同在硬木头上钻螺丝钉，开头要锤几下，搞正方向，把基础打牢，然后拧起来就顺利了。否则，钉子站得不稳不正，拧起来必然歪歪扭扭，连劲也使不上。”引导孩子学会学习也是这样，在最初的时候，就应该注意把发展的方向和运用的格局搞正砸牢。

张东的儿子马上就要升初二了，可孩子从小学到现在的学习都是在父母不断的督促下完成的。早上起床要叫；放学回家做作业要催；预习和复习要监督；休息和放松的时间更要我们掌握，否则就会“超标”。老师在学期末的评语中也说，张东的儿子缺乏学习的主动性。

老子说“知之者不如好之者，好之者不如乐之者”，这就是内动力的激发。人有内动力才能更好地、主动地前进。那么，怎样才能变孩子的“要我学”为“我要学”，使得他们有内驱力，自愿、自觉、主动去学呢?

首先，不要过分督促孩子。

家长的任务是培养孩子的学习兴趣，而不是监督或督促他们去学习，要真正地把孩子的主动权还给孩子，给孩子一个平和、安宁、温馨的学习环境。

家长的唠叨，不停地催促、训斥，使家庭气氛紧张，孩子无法获得宽松宁静的学习环境，这绝对不是行之有效的办法，而且老是被大人督促着学习的孩子，就非常被动，时间长了，结果往往事与愿违，孩子就逐渐失去了学习的主动性。

当然，对一些自制力较差或年龄偏小的孩子，适当的提醒、督促是必要的，但也要讲究方法。比如孩子玩得太久了，家长可以用商量的口吻说：“你准备什么时候做作业呢？”这样做的目的就是提醒孩子要自己安排学习，如果家长每天老是用命令的口气说：“该做作业了，不要玩了！”时间长了，必然会引起孩子对你以及对学习的逆反心理，那还谈什么主动。

假如孩子在学习方面的缺点很严重，比如马马虎虎的坏习惯等，父母对此要进行“责备”，但也应该变换不同的言语来指出，切忌唠叨，还要注意责备时语调应比平常说话的语气低一些，让孩子明显感觉到你所要表达的不是责怪，而是对他的关心。

其次，使孩子明确学习目的。

如果能让孩子了解，为了自己的前途，现在辛苦读书是绝对必要的，那么，对孩子来说，这就将成为一个比什么都强烈的用功动机。可以让孩子谈自己的理想，让他们的理想充分扩大发挥。这样一来，许多孩子会自然而然地领悟到：要实现自己的理想，现在就非努力用功不可了。

大家都知道，一般人的智力差异并不大，但为什么在同一个班里，同样的老师教，为什么有的同学能学得很好，而有的学习的效果却相差那么多呢？究其根本原因就是学习目标是否明确，有没有长远的理想和目标。学习目的不明确，不够刻苦，懒懒散散地过日子，不用功学，这些同学的学习成绩当然提不上去。久而久之还会对学习失去兴趣和信心，造成恶性循环。所以，想要孩子学得好，首先要使孩子有明确的学习目的。

第三，创造适宜孩子学习的家庭气氛。

有位教育学家说过：“在学习方面，人的最有价值的财富是一种积极的态度，而在这种态度下，头脑会因此产生一个新的思想，再也不会回到它原来的层面。”有研究表明，80% 的孩子学习比较困难大多与压力过重有关，而想要提高孩子的学习效率的和开发的创造潜能，就必须设法解除这些压力。因此，我们要善于为孩子创造适宜的学习气氛，营造宽松愉悦的环境。最后，让孩子学会主动学习的方法。

当孩子提问时，不要推托，也不要直接告诉他答案，而是告诉他通过哪些途径可以找到答案。如查字典、从相关的报刊书籍中查找、动手实践等都是好方法。

鼓励孩子有不同见解。如果让孩子全部服从课本、老师、家长，是抹杀孩子的创造力，变成“死读书”了，长此以往，孩子对学习变得被动没有激情了。

孩子能否自主学习，还要家长真正的放手。学习上的事情，要尽量放手让孩子自己安排（比如何时做作业、看电视、休息等），家长可以适当给予引导和提醒但决不能包办，否则孩子会对父母有依赖感而缺乏主动。

第七章
他们都是被夸出来的天才

物理学之父——牛顿

牛顿，伟大的英国物理学家。1661 年，就读于剑桥大学的三一学院。1669 年，年仅 27 岁，就担任剑桥的数学教授。1672 年当选为英国皇家学会会员。1685 — 1687 年，在天文学家哈雷的鼓励和赞助下，牛顿发表了著名的《自然哲学的数学原理》，完成了具有历史意义的发现——运动定律和万有引力定律，对近代自然科学的发展做出了重大的贡献。1703 年，当选为英国皇家学会会长。

牛顿不仅对于力学，在其他方面也有很大贡献。在数学方面，他发现了二项式定理，创立了微积分学；在光学方面，进行了太阳光的色散实验，证明了白光是由单色光复合而成的，研究了颜色的理论，还发明了反射望远镜。

可是就是这样一个伟大的牛顿，小时候竟被人称为“呆子”。要不是外婆、母亲、舅舅的赏识，他可能永远都是一个笨小孩。

牛顿 5 岁上小学，那时的小学是私人办的，带有私塾性质，而且是一种教鞭教育。学校请了一男一女两位教师分别教孩子们文法和算术。孩子们稍有不听话，或者回答不出问题，就要挨打。特别是那位穿着黑色长袍的男教师，像个神父一样，一脸的严肃，讲话时一点儿表情都没有，动辄发怒，教鞭打在讲台上啪啪直响。孩子们个个感到害怕，一上他的课，就神经紧张。牛顿最怕上他的课，怕听他的大声吼叫和教鞭拍打讲台的声音，所以总是低着头，眼睛不敢望着他。越是这样，越是被叫起来回答问题。那一天，是新生入学第一堂算术课，老师拿了一根粗粗的教鞭，不停地拍打桌子以镇住这些刚进学堂的毛孩子。

“伊萨克·牛顿，你站起来回答，一加二等于几？”

平时，外婆教过牛顿初级的算术，在制作小箱子、小桌子时也遇到过简单的加加减减，牛顿觉得这样的问题太简单。但他性格太过于内向，平常很少与人交往，说话更少，从未在这么多人面前站起来讲话，就不由得紧张起来。心里一急，便忘了该怎样回答，张口结舌了一会儿，好不容易憋出个“二”，立刻就听到哄堂大笑，接着是“噼噼啪啪”的教鞭拍打桌子的声音。牛顿又战战兢兢地答道：“是……是三。”

“到底是二还是三？”

“这么简单的问题都答不上来，你还来上什么学。过来，脸朝那一边站好。”老师一边挥动着教鞭，一边走过来，拉起牛顿，让他在讲台边上罚站。顿时，牛顿感到血液像火一样往上直蹿，脸刹那间变红了。屈辱、自卑感像尖锐的刺扎痛了牛顿幼小的心灵。牛顿嘴唇颤抖着，却说不出一句话。

牛顿噙在眼里的泪水止不住地落了下来，心里感到十分委屈，却听到老师奚落的话语：“嚯，你怎么这么懦弱，这么容易掉眼泪，真没用。”接着又响起不少男同学的附和声音。

经过这件事以后，牛顿每次上课都很紧张，老师讲的东西一句都没有听清楚，也听不懂，所以每次回答问题都是结结巴巴的，前言不搭后语，老师也听不懂。对牛顿的提问，差不多都是以牛顿遭受一通大声训斥或打手心而告终。学校的这种环境使他愈来愈厌恶上学，越是不想上学就成绩越差，成绩越差就越被老师训斥和同学们讥笑。

牛顿经常被列入差等生的行列。虽然人们非常关心、同情这个可怜的孩子，可是，同学们却常常歧视他，有的甚至还欺负他。牛顿在学校里不知听了多少讥讽的话语，也不知挨了多少次同学的拳打。同学们还给牛顿起了一个绰号：呆子！一些调皮的孩子常常拿他开玩笑，搞恶作剧。

牛顿的那种孤独内向的性格本来是个缺点，但是和对大自然无限热爱的天性结合起来，缺点变成了优点——他总有一种探究自然奥秘的欲望。牛顿最开心的时候是他放学之后。这个时候他可以想做什么就做什么，不必按照别人的规定去想去说去做。只有这个时候，他是自由的、自在的。他有时连书包都不方便径直到河边树丛里去玩，去观赏大自然和做他的遐想。有时一进屋就扔下书包开始做他心爱的木工活。随着年龄的增大，他所做的东西也开始复杂了。由开始做小桌子、小凳子、小箱子等这些模仿性的东西，到逐渐做一些带有设计性的东西。

虽然牛顿在学校里不用功学习功课，但是小牛顿极善于观察，极善于设计。于是，在家中，尤其是在他那间小屋子里，摆满了各种各样倾注了他心血和智慧的小东西。可能是由于经常观察自然现象以及爱沉思默想的缘故，他小小的脑袋里充满了各种各样的幻想和新奇事物。于是，当他一有新的想法，他便开始动手把想法变成现实。他不知是从哪里搞来一些工具：小锯子、小锤子、小起子、小刨子……还做了一个小工具箱。一到他突发奇想的时候，就把这些东西搬出来，还有一大堆木板、木条、钉子、铁丝等，弄得一地的东西，横七竖八，有时搞得外婆走路连下脚的地方都没有，而小牛顿呢，却趴在地上，一声不吭，埋头苦干，十分投入。就这样，入学后的牛顿在学校里学不到什么东西，却在自己的动手制作中独自摸索出了许多课本里学不到的知识。在老师与同学们眼中的“笨”牛顿，而在外婆心中，却是一个无比聪明的孩子。

14 岁的时候，妈妈打算让牛顿辍学在家帮助维持生计。

可是，热爱钻研的牛顿并没有把心思放在务农上，他无时无刻不在思考自己的问题。他每天都心不在焉地干活，以致闹出许多笑话。

有一次，他牵了一匹马在路上走，走着走着，那匹马脱掉了缰绳，跑回了马厩，但牛顿全然不知，仍在专心致志地思考自己的问题，手里一直牵着那根空绳子往前走。

另一次，牛顿骑马到了一处特别陡的山坡，他只得跳下马，牵着马上坡。当他和马走过坡顶后，牛顿竟忘了再上马，一直走着把马牵了回家。

一有时间，牛顿就抱着书看，在田头、在树下、在草地，牛顿一看书就忘记一切，有时候鸡羊跑到田间把庄稼吃了他也浑然不觉。有时，母亲叫他同用人一道去市场，让他熟悉市场行情并学会讨价还价的本领，但是，每次走近镇子的时候，牛顿就恳求用人一个人去镇上做交易，自己则躲在小树丛后面读书，待用人回来的时候叫他。有时，用人做完交易后到处找不到他，不知牛顿躲到什么地方去了，只得一人回家。牛顿忘情地看书，一直到肚子饿了或者天黑了，才从书本中出来，想起来要回家。

有一天，牛顿的舅父起了疑心，就跟踪牛顿上市镇去，看他究竟在做什么。他发现他的外甥伸着腿，躺在草地上，还在聚精会神地研究一个数学问题，活像一个学识渊博的学者在研究自己的问题——确实，相对于同龄的孩子，牛顿完全可以称得上学者了。

有一次牛顿在放牧的时候，把羊群赶到村外的一片草地上，任其吃青草，而自己则抱着一本厚厚的数学书，躺在草地上专心致志地看起来。牛顿完全沉浸在数学王国里，不知不觉已临近中午。这时，牛顿当牧师的舅舅威廉·艾斯库恰好去他家从这里经过。艾斯库看到羊四处跑散，牛顿连管都不管地趴在草地上，就十分气愤地走过来。他一边叫喊着牛顿的名字，一边紧握着拳头，想要替妹妹好好地教训一下牛顿。而牛顿好像是什么事情也没有发生似的，只顾埋头读书。尽管舅舅已走到身边，他也没有察觉到。舅舅怒气冲冲地说："牛顿！你还在睡懒觉，羊都跑丢了。"听到舅舅的喊叫声，牛顿急忙转过身，放下手中的书，一骨碌地爬起来，拍拍脑袋便去追赶跑散的羊群……这时，艾斯库才发现草地上那本厚厚的数学书。舅舅恍然大悟：原来牛顿正在研读一本数学书啊！他抬头望着牛顿远去的背影，想到妹妹在信中谈到有关牛顿的情况，此时，他不但怒气全消，而且还被牛顿的这种刻苦学习的精神所感动。他没有责怪牛顿，反而跑去帮助牛顿把跑散的羊群拢到一起，然后同他一起回到家里。

1658 年 9 月，英国的护国主克伦威尔去世的前几天，一场罕见的暴风雨袭击了英伦三岛，河水泛滥，树木在狂风暴雨里摇晃，枝条像吹乱了的头发在风中飞舞。树木都快被吹倒了，更别说人了。门窗在狂风中颤抖，“嘎吱嘎吱”地响。大风刚起的时候，牛顿的妈妈汉娜怕库房的门闩没有扣牢，被大风刮开，叫牛顿去把门扣牢。可是，出去了好一会儿，为什么还没有回来呢？他去干吗了？汉娜提心吊胆地等着他回来。

风一阵紧似一阵，雨借风威，也哗哗地下个不停。汉娜实在放心不下，披上雨衣，就向库房冲去。待她看到牛顿时惊呆了：被淋成落汤鸡的牛顿在暴风雨中跳来跳去，每跳一次，在落地的地方做上记号。

“伊萨克，伊萨克，你在做什么？”汉娜急切地呼唤着，冲上前去拉起儿子的手就往库房里跑。她生怕儿子发疯了。

牛顿跟着妈妈进屋之后，才用双手抹着头发上和脸上不断往下淌着的水，笑吟吟地说：“妈妈，我在做实验呢！”

汉娜心疼地看着儿子，不解地问：“做什么实验？”

“我在测风力。我看顺着风跳和逆着风跳距离差多少，然后就可以计算风力有多大了。”牛顿说。

汉娜虽然不懂用这种方法怎样去计算风力的大小，但是她明白这是儿子又钻研什么问题着迷了。通过牛顿这次“暴风雨中的试验”，汉娜更加清楚地认识到：让牛顿回家帮助自己干农活，将来当一名出色的农民，这个计划实在是错误的。因为牛顿完全被学习与研究迷住了，对于农活他毫无兴趣。虽然他不拒绝做家务和农活，但兴趣和干农活之间的冲突，已经越来越激烈了。的确，如果对这样渴求读书和研究的孩子，继续强迫他干农活，那么，说不定真的会使他变成一个疯子呢！

从这些事例可以看出，牛顿在少年时代就具有发奋图强和敢于创造的精神，及善于构思和动手实验与操作的素养，为他后来重视实验和鄙视无根据的假设与空想作风打下了基础。

牛顿的母亲也渐渐地看出来她的儿子不是一块种田的料。

于是，妈妈和舅舅不得不重新考虑牛顿的前途问题。牛顿的舅舅把事情看得更清楚，他劝妹妹把牛顿送到学校去读书，牛顿很可能不是一个粗俗的乡下孩子，他的表现与众不同，可能会成为一个特殊的人物，不要在这里耽误了孩子的前程。牛顿从此又上学去了。

如果当年不是牛顿妈妈和舅舅的转念一想，如果不是他们看重牛顿的研究精神，或许世上就永远不会有大科学牛顿了，只能有一个失败的农人牛顿吧！可见，天才是被赏识出来的，没有赏识哪有天才?

“进化论之父”——达尔文

达尔文是19世纪最杰出的生物学家，也正是他找到了生物发展的规律，成为进化论的奠基人，他的《物种起源》对近代生物科学产生了巨大而深远的影响，具有划时代的意义。

查理·罗伯特·达尔文，1809年2月12日生于英国希鲁兹别利，祖父和父亲都是著名的医生。

达尔文的母亲苏珊是一位著名的制陶商的女儿，她不但和蔼可亲，也很有见识和教养。她喜欢栽培花卉和果树，时常利用各种机会培养达尔文对周围事物的兴趣；同时她又很有耐心，守护孩子们的好奇心，每逢孩子们提出各种稀奇古怪的“傻”问题时，她从不妄加指责，而是耐心地给予解答。正是妈妈的这份爱心和耐心，使达尔文对生物、对他所生活的这个奇妙的世界产生了浓厚的兴趣。

1815 年夏季的一天，天气晴朗，蔚蓝的天空中飘着几朵白云，大地散发着诱人的清香。苏珊带着达尔文兄妹俩在花园里玩耍。孩子们采了一些花儿，又去捕捉蝴蝶。苏珊拿起花铲给刚栽的几棵树苗培土。她铲起一撮乌黑的泥土，轻轻闻了闻，然后把它培在小栗树的树根旁。

“妈妈，我也要闻闻。”达尔文兴高采烈地跑了过来，学着妈妈的样子闻着乌黑的泥土。突然，达尔文抬起头，好奇地望着妈妈，问道：“妈妈，您为什么要给树苗培土？”

“我要树苗和你一样壮实地成长，树苗离不开泥土，就像你离不开食物。”

“就像我离不开妈妈一样，是吗？”

苏珊会心一笑，说：“好好闻一闻，这是大自然的气息，是生命的气息呀！别看这泥土黑，它却是万物生长的基础。有了它，才有了郁郁葱葱的青草，才有了成群的牛羊，我们才有了肉和奶；有了它，花朵才能开放，蜜蜂才会成群飞来，我们才能喝到香甜可口的蜂蜜；有了它，才能长出燕麦和稻子，我们才有了粮食和面包。”

“那么泥土里为什么长不出小猫和小狗呢？”达尔文开始刨根问底了。

苏珊笑着对达尔文说：“小猫和小狗是猫妈妈、狗妈妈生的，是不能从泥土里长出来的。”

“我和妹妹是您生的，您是姥姥生的，对吗？”

“对啊，所有的人都是他们的妈妈生的。”

“那么，嗯，最早的妈妈是谁，她又是谁生的？”

“听说最早的妈妈是夏娃。不过，我只知道圣母玛利亚。”妈妈用手指着远方教堂对儿子说，“就是教堂里那个圣母玛利亚，可能夏娃和圣母玛利亚都是上帝创造的。”

“那上帝是谁造的呢？”

“亲爱的，世界上有很多事，对于我，对于你爸爸，对于所有人来说，都还是个谜，我希望你长大了自己去找答案，做一个有出息、有学问的人。”

也许从那时起，生命从何而来的问题就印在了小达尔文心中，直到他最终自己找到这个秘密的答案。

强烈的好奇心和求知欲使年幼的达尔文把家里的花房、花园和门前大河两岸的绿色世界当成了自己最早的课堂。他不但天生喜爱动物，还喜欢收集各种植物、贝壳和矿物的标本。他时常独自坐在河边或塘边，静静地注视着水下的游鱼和缓缓流动的河水。在妈妈的悉心指导下，他学会了怎样根据花蕊来识别花草，怎样记住各种花草和树木的名称。随着对生物了解的不断加深，他对生物的兴趣也愈来愈浓了。

也许正是出于对生物的喜爱，达尔文对各种小生命也总是格外珍惜。他很喜欢掏鸟蛋，但绝不将鸟蛋全部拿走，否则他觉得鸟妈妈太可怜、太孤单了。

童年在无忧无虑中过去了，妈妈的耐心引导使达尔文对生物的兴趣产生了萌芽，尤其是生命从何而来更成了小达尔文心中最神圣的领地。也正是得益于母亲耐心的教导，他那良好的观察能力、敏锐的思维能力为他日后的成功打下了坚实的基础。

然而不幸的是，当达尔文 8 岁时，母亲去世了。此后达尔文即由其姐姐们照料。

母亲虽然过早地离开了人世，但母亲对生活的热爱，对美好事物的憧憬却给达尔文留下了极为深刻的印象。

这一年达尔文进入了一所私立小学，他不喜欢课堂上老师讲的枯燥的《圣经》，却喜欢在课后观察蝴蝶、蜜蜂，捕捉昆虫。

上中学后，达尔文依然喜欢野外活动，学习成绩很一般。老师认为他“是一个平庸的孩子，智力远在普通水平之下”，他的父亲认为他“除了打鸟、养狗、捉老鼠外，什么都不会干，将来会丢全家的脸”。

1825 年秋天，达尔文按父亲的意志进入爱丁堡大学攻读医学，但他对医学不感兴趣，闻到解剖用的尸体的气味便恶心不止。他经常和高年级学生一起到海边采集海生动物标本，和这一带的渔民交上了朋友，有时还登上渔船捕鱼捞虾或去听地质学课。医学院的两年就这样过去了，他的医学课程学得很糟糕。父亲看到儿子学医不成，“习性”不改，非常气愤，就把达尔文送到剑桥大学去学神学，想让他将来成为一名牧师。

有一次，一个学生向牧师提问：“老师，世界上各种各样的生物是怎样产生的呢？它们之间有什么关系呢？”

牧师庄重地回答：“世界上的一切生物都是上帝按照一定的目的创造出来的。比如猫，被创造出来是为了吃老鼠，而创造老鼠就是为了给猫吃。自然界的万物都是不会变化的。”

达尔文不以为然，对神学课程心不在焉，浪费了许多宝贵时间。但不久他遇到了对他整个一生影响最大的一个人，这个人使他对生物学的热情再次迸发出来。

一个初夏的假日，达尔文为父亲不准他放弃神学专业而十分苦恼。这时，他的表哥约他去参观剑桥大学植物园，达尔文也想去散散心，于是也就欣然前往。然而，在此期间发生了对他“整个一生影响最大的一件事情”，这就是结识了亨斯洛教授。

亨斯洛是著名的植物学和矿物学教授，他非常赏识达尔文在生物方面的才能，他们一起去近郊采集标本，有时为了采集稀有植物标本，他们还要长途跋涉。在旅途中，亨斯洛把接触到的每一种新奇的植物和动物，以及每一块有特点的地层都当成生动的教材，向达尔文传授知识。

1831 年，达尔文经亨斯洛介绍，跟随该校著名地质学教授席基威克前往北威尔士，考察那里的古岩层，学习发掘和鉴定化石。

这一年，达尔文在剑桥大学毕业。他把自己的两个发现写成了科学论文，在爱丁堡大学的自然科学学会上宣读，获得了好评，这使达尔文研究生物学的热情更高了。

1859 年，达尔文发表了轰动世界的《物种起源》一书。马克思在仔细研究了这部书后指出：“这本著作非常有意义，我可以用它作为历史上的阶级斗争的自然科学根据。”恩格斯则称《物种起源》为“划时代的著作”。达尔文成了生物进化论的奠基人。

站在客观的角度上说，如果没有热爱自然的苏珊就没有伟大的生物学家达尔文，没有亨斯洛教授的赏识也就没有伟大的生物学家达尔文。所以，达尔文也是遇到伯乐后才成为天才。

“发明大王”——爱迪生

爱迪生是一位闻名世界的伟大发明家。他一生最主要贡献是发明了留声机和白炽电灯。在电影、有轨电车、矿业、建筑以及兵器等方面，有许多著名的发明创造。在一个真空灯泡里观察到热电子发射现象，后人把它称作“爱迪生效应”，热电子发射的发现，为研制电子管奠定了基础。

爱迪生从小身体瘦弱，可有一股犟劲儿。刚学走路时，就拒绝别人的帮助。一双亮晶晶的大眼睛，对什么都好奇，都感兴趣。天天缠着爸爸问这问那。“天上的星星有几颗？”“为什么会刮风啊？”爸爸总是被问得不知所措。家里人都害怕小爱迪生问的问题，因为很多大家都答不出来或者不知如何回答，可是他并没有因此而兴致大减。因为他有一个非常爱他的妈妈，这位伟大的母亲总会试图满足他，是他坚强而有力的后盾。由于妈妈的细心照顾，小爱迪生稍稍长大一些之后，就变成一个身体健壮、精神十足的孩子，他不仅不迟钝，而且非常活泼、淘气。

幼年时，爱迪生好奇心很强，不管什么事情，他都要问个明白。虽然这些问题很常见，但是很不容易回答。

比如，姐姐摔破了茶杯，他会问：“茶杯掉到地上，为什么就破了呢？有摔不坏的茶杯吗？”哥哥捉到了一只蜻蜓，他就会问：“蜻蜓的眼睛为什么是长在头顶上而不是长在肚子上呢？”

因为爱迪生时常会问一些很奇怪、很古怪的问题，所以，人们望着他不大相称的身体时便会说：

“这个孩子一定不太正常。据说脑袋特别大，是低能儿的征兆。”

然而，爱迪生对大人们的说法并不在意。对他来说，这个世界真是充满了数不清的奇异事物。

他4岁时，有一次在一片茂密、苍翠的树林里专心地注视着什么东西。那草地上美丽的鲜花和树枝上唱歌的小鸟，都没有吸引他的目光，他究竟在看什么呢？

原来，他在看一棵大树上的一个很大的野蜂窝。这野蜂窝，圆鼓鼓的，浑身坑坑洼洼的，长满了小洞眼儿，像个倒挂着的大菠萝，真是巧夺天工，好看极啦。小爱迪生看着看着自言自语道：“这个漂亮的蜂窝吊在树上，为什么不怕风吹，也不怕雨淋呢？这个野蜂群的家究竟是怎样的构造呢？”

好奇的小爱迪生踮着脚，正准备把脑袋伸进去探个究竟，只听“嗡”的一声，一群野蜂从蜂窝里朝他迎面扑来，把他蜇得连眼睛都睁不开了，最后还被野蜂蜇昏了过去。

“儿子，儿子，快醒醒啊，快睁开眼睛看看我们啊……”

不知过了多长时间，迷迷糊糊的好像耳边忽然传来了妈妈的声音，小爱迪生费劲地睁眼一看，自己躺在家里的床上。爸爸和妈妈正坐在床边，焦虑关切地看着自己。

妈妈南希抓住小爱迪生的手，紧张又关切地问道：“我可怜的孩子，感觉好点了吗，你现在感觉怎么样了？”

小爱迪生的父亲小萨缪尔非常生气，他本想冲着儿子大喊“是谁叫你去捅野蜂窝的！”可是此时，他面对被野蜂蜇得满头大包，全身红肿的小儿子，真是既心疼又生气，就说：“我的儿子，你真让我失望。你干吗非要去碰那些危险的东西呢？你这么不听话，往后要我们多为你担心啊！难道你不知道那些东西很危险吗，你这次差点儿小命不保你知道吗？”

小爱迪生听到父亲的话，也感到很后悔，加上浑身的疼痛，眼泪就稀里哗啦地流下来。南希一边为儿子擦眼泪，一边对丈夫说：“你就少说两句吧，阿尔是个懂事的孩子，他知道错了。”

其实，父亲说的没错，他比一般孩子更为好奇，不断提出千奇百怪的问题，并什么事情都想亲自去尝试一番。

有一天，小爱迪生到萨缪尔·温切斯特的碾坊去玩，看见温切斯特正在用气球做一种飞行装置试验，他想，要是人的肚子里充满空气，是不是也照样能飞上天。几天以后，他把几种化学药品搅拌在一起，叫他的好朋友迈克尔·奥茨喝下去，高兴地盼着他会飞上天，可迈克尔不但没能飞上天，反而肚子疼得哇哇大叫，最后，幸亏小爱迪生的妈妈及时赶到，找来医生，才化险为夷。

时间一晃到了 1851 年的春天，再过几天就是小爱迪生 5 岁的生日了。南希告诉儿子说：“妈妈养的几只大母鸡已经开始下蛋了，等到你生日那天妈妈给你做鸡蛋宴。”爱迪生听了，高兴地问妈妈：“妈妈，过生日为什么要吃鸡蛋？”南希解释说：“最近我看到一本书，书中介绍说过生日吃鸡蛋一年都会有好心情的。”

“真的吗？那可太好了！”

小爱迪生为妈妈的解释热烈欢呼。自从妈妈南希说了关于“鸡蛋宴”后他就天天守在鸡窝旁边，等着鸡下蛋。渐渐地他又发现一个新情况：他看见鸡下完蛋以后就把蛋压在肚子下面，这是为什么呢？他百思不得其解，便跑去问妈妈：“妈妈，为什么那只母鸡老是趴在那儿？”

“它在孵蛋。趴在那儿是为了给鸡蛋加温啊。”

“哦，我明白了！给蛋加温就可以把小鸡孵出来！”

第二天，到了吃晚饭的时候，还不见爱迪生回来，父母急得团团转，便四下寻找。最后直到夜幕降临时才在场院边的草棚里找到了他，爸爸见他正一动不动地趴在放了好些鸡蛋的草堆里，就非常奇怪地问：“你趴在草堆里干什么？”小爱迪生不慌不忙地回答：“我在学母鸡孵小鸡呀！”

原来，他看到母鸡会孵小鸡，觉得很奇怪，总想弄清楚其中的奥秘，所以自己就想亲自试一试。当时，父亲看见这副滑稽的样子，又生气又好笑地把他拉起来，告诉他，人是孵不出小鸡来的。在回家的路上，他还迷惑不解地问：“为什么母鸡能孵小鸡，我就不能呢？”父亲答不上来了，只好赶快催他回家去。

爱迪生喜欢了解他自己感兴趣的事物。但是对于上学就另当别论了。爱迪生 8 岁那年上学，当时他家刚搬迁到一个大湖旁叫作休伦港不久。整天困在教室里，他感到太没意思了。

像当时的大多数教师一样，这所学校的老师也信奉棍棒教育。爱迪生非常害怕藤条，尽管如此，他仍然学不进老师教的那一大堆知识，而他爱问问题的习惯更让老师生气。

一次爱迪生在手工课上做了一张凳子，但老师说：“你怎么这么笨，竟做出了世界上最难看的凳子！”爱迪生没有说话，默默地从桌子里又摸出一张小凳子，那老师不假思索地喊道：“哎呀，这张凳子是最最差劲的！”可是爱迪生又拿出一张来，理直气壮地说：“你看，这张更难看呢，但毕竟是第一次做的啊！”听了这番话，他的老师哑口无言了。

爱迪生成了班上最差的学生，一连 3 个月都是如此。后来他听见老师议论他，说他有毛病，说他“addled”。爱迪生知道这是什么意思：addled 指的是坏的、变质的蛋。一怒之下，他冲出了教室，再也不愿回去。

南希觉得小爱迪生求知欲很强。在她看来儿子将来一定会有出息的，因此她不论在干什么时都不忘教导小儿子。

五彩斑斓的大千世界，极大地激发了他的兴趣，小爱迪生 6 岁就开始劳动了。他家附近的大榆树、红枫树，他天天都去观察，还对它们的生长做了认真的记录。他的胆子一天天大了起来，想法也一天天多起来。他想知道爸爸的仓库要是起火了，究竟能胜过多少个火炉子，于是，他点着了爸爸的仓库，结果仓库化为灰烬。

有一段时间爱迪生时断时续地去过一些别的学校。但大部分时间里是母亲亲自教他。或者不如说，她任由他去自学。在她的鼓励下，他如饥似渴地读书：莎士比亚、历史、《圣经》。在他 9 岁那年，有一天，她给了他一本科学方面的书，这是他第一次看这种书。书名叫《自然哲学的学校》，它让读者们在家里做一些简单的实验。从那时候起，爱迪生的生活就起了变化。

他如痴似醉地将这本书读完，做了里面所有的实验，然后他做起了自己的实验。他买来化学制品，四处搜寻电线之类的边角料，在卧室里建起了一个实验室。他做的实验之一是将两只大猫的尾巴搁在电线上，将它们的毛相互摩擦，试图产生静电。唯一的结果是他被两只猫抓得鲜血淋淋！

生活中像爱迪生一样喜欢问问题的孩子其实有很多，他们的小脑瓜里总是装满了“为什么”，许多人都习惯对孩子那些异想天开、稀奇古怪的问题不加理会，或者轻易否定。爱迪生的妈妈却认真地对待、细心地回答孩子的每一个问题，这对培养孩子的想象能力、思维能力有很大帮助，使孩子强烈的求知欲望和好奇心不至于泯灭，从小就能养成勤于思考、勇于探索的习惯。爱迪生一生的成就就是对此非常好的佐证。当你遇到“为什么只有晚上才能看到星星？”“为什么地球是球型而不是个正方体？”这样的问题时，不要头痛，更不要厌烦，耐心一点，认真一些，甚至鼓励孩子多问问题，说不定你也能培养出一个发明家、科学家。

20 世纪最伟大的科学家——爱因斯坦

爱因斯坦是 20 世纪最伟大的物理学家。他在物理学的许多领域都有贡献，比如研究毛细现象、阐明布朗运动、建立狭义相对论并推广为广义相对论、提出光的量子概念，并以量子理论完满地解释光电效应、辐射过程、固体比热，发展了量子统计。并于 1921 年获诺贝尔物理学奖。

阿尔伯特·爱因斯坦刚生下来时，脑袋特别大，与他身体的比例很不协调；尤其是后脑勺，不但大，而且有棱有角。要是一般的父母一定会担心孩子会不会是畸形儿，然而阿尔伯特的父亲赫尔曼·爱因斯坦却说：“那可能是因为他那颗脑袋里装的智慧太多了！”一句话，饱含了他对孩子的期望。

转眼，爱因斯坦 2 岁了，但他却不能像大多数孩子那样开始咿呀学语，而且孤僻缄默得让人生疑，人们再联想起那颗不甚正常的头型，他们简直不敢再想下去了：“这孩子会不会是个哑巴或者痴呆？”

小爱因斯坦快 3 岁时还不会说话。这时他的母亲波琳就对丈夫说：“亲爱的，你不是说咱们儿子大脑袋里装满了智慧吗？可是他都这么大了还不会说话，那脑袋里究竟装了些什么呢！”

但是，父亲对自己这个大脑袋儿子仍然抱有信心，他说：“你别看他说话晚，等到他会说的时候，一定说起来就没完！”

这个时候，爱因斯坦虽然不会说话，但耳朵对音乐却极为敏感。

有一次，母亲在自家的花园里弹钢琴，当她正弹得起劲的时候，突然发觉后面有响动，她回过头去，发现小爱因斯坦正歪着大脑袋，聚精会神地听她弹奏，而且看那样子，分明是已经听得入迷了。她微笑着拍拍爱因斯坦的头：“我可爱的宝贝，看你入神的样子，难道你听懂了吗？”

接下来，每当母亲坐在钢琴前演奏贝多芬等一些著名作曲家的作品时，他都会悄悄地坐在母亲的旁边静静地倾听。小小年纪的他就懂得音乐不仅可以抒发内心的情感，还可以像画笔一样，描绘出蓝蓝的大海和柔和的月光，真是太美妙了。

母亲通过一次次的观察，认为“大头儿子”肯定有音乐的天赋，于是请来城里一位最优秀的小提琴手，做爱因斯坦的家庭音乐教师，专门教他演奏小提琴。爱因斯坦进步虽不是很快，但他非常地刻苦。渐渐地，他已经可以断断续续地演奏部分莫扎特作品的片段了。

小爱因斯坦不会说话，就进入了音乐的世界，究竟在这个世界他看到了什么，谁都不得而知，但有一点是肯定的，那就是他找到了自己所喜爱的东西。

可是，事情并没有像父亲所希望的那样发展。

小爱因斯坦快到4岁时才开口说话，也并不像父亲预料的那样“说起来就没完”。相反，是整天沉默寡言。

小爱因斯坦终于开口说话了，这让波琳太太一颗悬着的心渐渐地放了下来。不过，这个沉默恬静的小孩还是有意识地回避与他年龄相仿的伙伴们，从来不跟别的孩子玩，经常一个人躲在安静的地方沉思。

母亲尽可能多地抽出时间来和小爱因斯坦交流。这样做的目的，是为了把他从封闭的世界中拉出来，促进其语言的发育。只要她的儿子能够把自己所想的事说出来，那么她就可以帮他了。

但是，等小爱因斯坦稍稍长大些后，性格也很古怪，他从来不跟同龄的孩子们玩。

爱因斯坦5岁时，父母为他请了一个家庭女教师。第一次上课时，爱因斯坦大概发现自己将失去宝贵的个人世界，又一次大发脾气，向老师扔椅子以示抗议。为此，爱因斯坦的父母只好马上结束这还未开始的教育。

有一天，爱因斯坦夫妇外出归来，当他们推开院门时，不禁大吃一惊：院子里有一座楼房的模型！那模型跟真楼房的样式几乎没有什么区别，简直是真楼房的缩小版！

等再仔细一看，原来这座微型楼房全是用小废木块搭的。

而且那些小木块互相咬合在一起，着力平均，好像一个懂几何学和力学的中学生搭的。

他们不相信这是小爱因斯坦的杰作。

父亲问小爱因斯坦："儿子，刚才有谁来了？"

小爱因斯坦说："谁也没来。我不希望有人打扰我！"

母亲指着楼房模型又问："那么这幢小楼是谁搭的？"

小爱因斯坦头也不抬地说："当然是我搭的了！"

母亲抱起小爱因斯坦就亲个没完。这件事让她更加确信小爱因斯坦不像自己表现得那样笨，而是一个聪明异常的孩子。

值得庆幸的是，爱因斯坦的"独特"之处并没有被父母视为一种异端而遭受歧视，因此才使爱因斯坦能够成长为一位伟大的物理学家成为可能。这一点，是值得很多中国的父母借鉴的。

在爱因斯坦小时候，还有一件非常值得一提的事情。

一天傍晚，下班回来的赫尔曼先生一踏进家门，就对着爱因斯坦的房间大声喊："阿尔伯特，快来看看爸爸给你买什么礼物啦！"

正在专心练琴的爱因斯坦一听"礼物"两个字，便立即兴高采烈地从房间里跑了出来。

只见爸爸从他的包里取出一个纸盒，然后小心翼翼地慢慢打开它。

爱因斯坦好奇地接过来一看，里面装的是一个圆圆的、像大个儿怀表一样的东西。只是这个"大怀表"的四周除了均匀的刻度，还相对写了四个字母：N、S、E，W。它与怀表更大的不同之处还在于它只有一个指针，它正在不停地左右摇摆。

"这是什么呀？是不是一块手表啊？可是，上面似乎多了点儿东西。"爱因斯坦惊疑地问爸爸。

"听我给你讲啊，它不是表，表是用来计时的，而有了这个东西，你就可以知道方位了，它是用来指明方向的。"父亲耐心地做起了讲解员。

当爱因斯坦发现这个罗盘如此神奇时，眼睛便开始发亮。现在，这罗盘奇妙的功能已使爱因斯坦爱不释手了。

他拿着罗盘不停地晃动，不管怎样摇动，磁针总是指向一个方向——北方。

"磁针为什么总是指向北方呢？"爱因斯坦望着神奇的罗盘，像是自言自语地说。

"这是因为我们所住的地球，有一种磁力，这种磁力将磁针引向北方了。"爸爸听了爱因斯坦的话后，耐心地解释道。

"这种磁力到底是在地球的什么地方呢？"

"可以说，整个地球到处都有。"

以后，一连几天，爱因斯坦常常双手捧着那个小小的罗盘发愣。他不断地尝试着把它翻转，或是缓缓地转动方向，可无论他怎么做，那个小指针始终指着北方。他知道，这是那个看不见、摸不着的地球磁场在起作用呢。他想和那个小指针一起感受这个地球磁场，指针依旧指着北方，而他自己却什么也没有感受到。

一天，爱因斯坦终于忍不住去问雅可布叔叔，因为雅可布叔叔不仅读过大学，而且还是一名工程师。

"雅可布叔叔，您能给我详细说说有关磁场的事吗？"他扬起小脸，眼睛里充满对知识的渴望。

"阿尔伯特，你才这么小，怎么就问起这个问题来了。"雅可布叔叔感到有点儿奇怪。

爱因斯坦小心翼翼地从怀里取出那只罗盘，然后问道：“我看不到磁场，也摸不着。那么它是怎样让罗盘的指针指向北方的呢？”

雅可布叔叔对爱因斯坦的问题也感到有点儿为难，因为他对地球的磁场问题了解的也不是很透彻，只好说：“这个问题我一时也不知道该怎样回答你，或者，不知道怎么说你才能明白。你现在还小，等你上了中学、大学，就能够明白了。说实话，很多问题大人也在研究。”

“那——磁场看不到也摸不着，我们人类又怎么知道并确定它存在呢？”爱因斯坦没有办法，只好退一步问。

“它是存在的。罗盘里的指针不就是很好的证明吗？其实，世界上很多东西都是我们用眼睛看不见、用手摸不着的，不过它们的确存在。如引力场，在地球上我们叫它重力场，它也和磁场一样是存在的。我们把一件东西扔到空中，它又落回到地面上，这就是因为重力场的作用。”

爱因斯坦还是听不太懂，但他潜意识中觉得叔叔说得对，所以认真地点了点头。

雅可布叔叔对爱因斯坦说：“世界上所有自然现象背后都遵循着一定的规律。这个世界就是由这些看不到却一定存在的规律统治着。虽然看不到，但我们却能够发现它，认识它。”

“它们和上帝一样，是吗？”

雅可布叔叔笑了，说：“有点像。不过它们是两码事。”

爱因斯坦心里盼着自己早日长大，那样，他就可以搞清楚一些事情背后的原因了。

爱因斯坦经常会陷入苦思冥想之中。雅可布叔叔非常高兴，他认为这种平凡而又神圣的好奇心，正是爱因斯坦成长必需的动力！

爱因斯坦在学校的时候总是心不在焉，总希望快点儿下课，好快点儿回到自己那个广阔的世界中去。

爱因斯坦的这种表现，当然不会得到老师的喜欢，所以在大多数老师的眼里，爱因斯坦并不是一个好学生，因为他既不守纪律，还整天心事重重，谁也搞不清楚他到底在想什么。

赫尔曼先生为了儿子上学的有关事宜跑到学校，负责接待赫尔曼的是学校的训导部主任。看着主任那张挂霜的脸，赫尔曼小心冀翼地问："按我的儿子性格特点，将来应该从事什么样的职业？"

没想到训导主任竟毫不客气："不用问了，你的儿子无论做什么，都将会一事无成。"说完，他轻蔑地望了爱因斯坦的父亲一眼，便低头开始忙自己的事了。父亲手足无措地站在那里，心里非常难受，他不知该说些什么，也不知该做些什么。

过了一会儿，那位主任又抬起头来，把爱因斯坦在学校的一切"不好"的表现一一向赫尔曼介绍，说所有的老师都嫌爱因斯坦性格孤僻，大脑迟钝，并指责他"不守纪律、心不在焉、想入非非"。

"偏见，这一切都是偏见造成的。我的儿子，阿尔伯特·爱因斯坦是一个好孩子！"赫尔曼在心里恨恨地说。

后来，爱因斯坦因为沉醉于自学，被学校勒令退学。父亲依然坚持："我的儿子，阿尔伯特·爱因斯坦是一个好孩子！"

大家想一想，爱因斯坦4岁才开口说话，从小性格古怪，甚至有些木讷，上小学时成绩不好，中学时被勒令退学，在常人眼里，这是不是一个笨孩子？可是，爱因斯坦的父母用赏识的眼光发现了他超人的音乐天赋，发现了他可贵的探索精神，从此为他打开了通向广阔人生的大门。爱因斯坦成功了，但一切首先取决于他父母教育的成功。

绘画艺术大师——毕加索

毕加索是位一生不断变化艺术手法的探求者，印象派、后印象派、野兽派的艺术手法都被他汲取融合到自己的作品中。他的才能在于，在他的各种变异风格中，都保持自己粗犷刚劲的个性，而且在各种手法的使用中，都能达到内部的统一与和谐。他有过登峰造极的境界，他的作品不论是陶瓷、版画、雕刻都如童稚般游戏。在他一生中，从来没有固定的老师，也没有固定的子弟，但凡是在 20 世纪活跃的画家，没有一个人能延续毕加索的绘画风格。风格独创且缤纷多变的现代艺术魔术师毕加索，以他绚烂的彩笔，创作出一幅幅影响深远的巨作。

毕加索有着惊人的绘画天赋，但小时候在规矩森严的学校里，他根本就不是被社会所认定的那种好学生。

对毕加索来说，上学就是一种磨难，这个好动的孩子，对遵纪守法深恶痛绝，而对于需要不断创新的绘画者来说，与传统背道而驰，不屈服传统的精神则显得非常可贵。

随着每天的上课铃声一响，毕加索那难以忍受的煎熬就开始了。一节课的时间对他来说是那么漫长无止境，老师滔滔不绝的讲说，对毕加索来说无异于噪音。有时，他目光呆滞，对周围情况似乎毫无反应，他的思想在稀奇古怪的幻想天地里遨游。有时，实在忍受不了，他会随时在课堂上站起来，走到窗前敲敲玻璃，满心希望在学校对面的姑夫安东尼能把自己解救出来。

就这样，上了两年学，小毕加索根本就学不会最简单的算术题，更谈不上读书了。毕加索的注意力太分散了，他后来回顾道：“一加一等于二，二加一等……我脑子里根本就没法去想。我当时也拼命想集中自己的注意力，但老师认为我未做努力。我常常这样对自己说：现在我要集中注意力了，咱们瞧着就是。二加一等于……一点钟……啊！不对。”

虽然毕加索有着惊人的绘画天赋，但他在学校里，常常被同学讥诮为“呆子”。有时一下课，同学们就走到依旧呆呆发怔的毕加索面前，逗弄他问：“毕加索，二加一等于几？”而毕加索的老师也认为这孩子根本不具备学习能力，他的智力太低了，以致毕加索的老师多次跑到毕加索的父母面前，绘声绘色地描绘毕加索的“痴呆”症状。为此，毕加索的母亲又羞又恼，好像根本没脸见人。

本来镇上的人们对毕加索的天赋大为惊异，现在他们则一反常态。要知道，天才肯定具有极高的智商，可见小毕加索根本就不是天才，单有绘画才能有何用处，他的父亲堂·何塞不就是一个碌碌无为的小画家吗？他连自己的家都养活不了！在本镇多数人看来，写写画画的人不是性格乖张，就是吊儿郎当之徒。

整个社会似乎已有公论：毕加索是一个傻瓜。面对来自社会的讥嘲与蔑视，何塞绝不随波逐流，这不仅仅源自舐犊之情，而是他认为他自己真的理解与赏识孩子。如果从世俗的眼光来评价一个孩子，那么父母亲极易为流俗所左右，而缺乏对孩子的独特的发现与认识。何塞坚持自己的意见：毕加索读书不行，绘画却极有天赋。事实上，我们在教育孩子时，多少人是以他人的眼光来评判孩子的，又是以社会的标准来要求孩子的，他们总喜欢拿自己的孩子与同龄的孩子相比较，从而得出貌似客观的评价。

这时，为了弥补自己学习上的不足，毕加索总是毫不费力地绘出才华横溢的图画，企图以此来掩饰他其他方面的不足。然而，不论怎样，嘲讽来得更猛烈了，小毕加索脆弱的心灵蒙上了阴影，他变得不爱说话，成天蔫头耷脑。

关键时刻，是何塞给儿子注入了一针强心剂，他固执地认为：天生我儿必有用。

为了抚慰儿子受伤的心灵，拉近父子之间的感情距离，何塞开始坚持每天送儿子去上学，到了教室里，他把带来的画笔、用作模特的死鸽标本放在儿子的课桌上。既然儿子读书不行，就不要勉强，相反过分强迫儿子去学习文化，最终会把儿子的绘画天赋也扼杀了，何塞这样想。

有了父亲的支持，毕加索每天都沉浸在绘画的天地里。课堂上，他对功课不闻不问，却对绘画有着过人的颖悟与表达，只有在挥毫作画之际，毕加索才能找到自己的快乐。

这段时期，何塞成了儿子强有力的心理依靠，似乎离了父亲，毕加索根本没有勇气去面对生活。以至每天上学，必须在得到父亲会来接他回家的承诺后，毕加索才会松开父亲那温暖的手。

作为“坏”学生，在学校关禁闭已成了毕加索的家常便饭。禁闭室里只有板凳和白色的墙壁，这样关禁闭便像过节一样使毕加索乐不可支。因为他可以带上一叠纸，在那儿没完没了地作画，直到傍晚，父亲在夜幕降临之前接他回家。何塞从来不会因此粗暴地责骂儿子，他知道儿子在坚持不懈地追求自己的理想，儿子被关禁闭时丝毫没有忘记绘画，有什么理由去斥责他呢?

毕加索在父亲的影响下，重新恢复了自信，终于渡过这段难熬的时期。作为父亲，何塞坚信自己的儿子能成功，他果然得到了最好的回报。

大卫·洪贝克督学曾经指出，当大人对孩子产生信心时，将有两件事情会产生。第一，大人本身会变得更为乐观，因此当他和孩子沟通时，其言语及行动都更为正面；第二，大人这样的态度让孩子在学习上更加主动、更加热诚。洪贝克说：只要校方相信“每个孩子都会成功”，那么学校本身也会办得更成功。

这种信心就是你需要的，如此你才能带给孩子最好的。具体地说就是:“我永不放弃孩子。”这是成功父母最重要也最优先的秘诀。

如此，父母的信心就展现出一种态度，这样的态度推动你去做，让你知道有些事一定可以办到。你会知道你的孩子做得还不错，而且你也是不错的父母。

你的孩子值得你对他有信心。你对孩子的信心，将会引起孩子相同的回应。当你做了某些新的努力，你可能会在中间过程中就与孩子达成共识。只要孩子认为你是真的信任他们，孩子会很自然地依赖你、相信你，并且尽一切可能来证明你是对的。但是同时，他们也会想到拥有健康、快乐及独立的生活。这些都是值得被肯定的。

“我永不放弃孩子！”这句话意味着，不管孩子表现得如何，你都要相信孩子是优秀的，使孩子能心地纯良，努力做好，面对真实的自己。

理性教育

只有不会教的父母，没有教不好的孩子

李旭影　编著

吉林出版集团股份有限公司
全国百佳图书出版单位

图书在版编目（CIP）数据

理性教育．只有不会教的父母，没有教不好的孩子 / 李旭影编著．-- 长春：吉林出版集团股份有限公司，2020.8

ISBN 978-7-5581-9044-5

Ⅰ．①理… Ⅱ．①李… Ⅲ．①儿童教育－家庭教育 Ⅳ．① G782

中国版本图书馆 CIP 数据核字 (2020) 第 167178 号

LIXING JIAOYU
理性教育

编　　著：李旭影
出版策划：孙　昶
责任编辑：刘晓敏　孙骏骅　金佳音
装帧设计：李　荣
出　　版：吉林出版集团股份有限公司
（长春市福祉大路 5788 号，邮政编码：130118）
发　　行：吉林出版集团译文图书经营有限公司
（http: //shop34896900.taobao.com）
电　　话：总编办 0431-81629909　营销部 0431-81629880 / 81629900
印　　刷：天津海德伟业印务有限公司
开　　本：880mm × 1230mm　1 /32
印　　张：25
字　　数：600 千字
版　　次：2020 年 8 月第 1 版
印　　次：2020 年 8 月第 1 次印刷
书　　号：ISBN 978-7-5581-9044-5
定　　价：138.00 元（全 5 册）

印装错误请与承印厂联系　电话：022-82638777

前言

在大多数父母的心里，孩子都是第一位的。而很多父母努力工作的目的，也是为了让孩子过上幸福的生活。这种爱固然伟大，只是一旦过火，就很容易变成溺爱，这对孩子的成长会产生不利的后果。

溺爱孩子已然成为当今社会的普遍现象。可是常言道："严是爱，惯是坏，不管不教要变坏。"如果家长对孩子没有合理的管教，孩子就很容易养成霸道、自我的坏毛病。

如果家长对孩子一味地迁就，百依百顺，满足孩子的一切要求，把孩子当成全家的中心，整天围绕孩子转，那么孩子就有可能成为一个唯我独尊、为所欲为的人。这样的孩子长大后，一定不会成为一个有益于社会的人。

而要想把孩子培养成对社会有益的人，父母就不应该过分地溺爱孩子，而应该从小严格要求孩子守规矩。当然这在开始时会有些困难，但只要父母坚持对孩子进行正面引导和教育，孩子一旦养成习惯就能自觉遵守了。

教育家马卡连柯曾指出，父母“在开始教育自己的子女之前，首先应当检点自身行为”。比如父母要让孩子学会宽容，那么父母自己首先就应有宽容的品质。如父母心胸狭窄，无视他人意见，习惯于将自己的意志强加于人，为一点小事争执不休，为一点小利斤斤计较，这类父母的孩子又怎么能学会宽容呢？孩子是父母的影子，父母有宽容之心，宽容的品质才会出现在孩子身上。

对于家庭教育，有一点不得不提及：有太多的家长在孩子面前言而无信。比如，孩子哭闹时，妈妈常用许诺来哄孩子：“别哭了，回头妈妈给你买辆小汽车。”但妈妈并不兑现自己的许诺。孩子却信以为真，满怀希望地等待着，然而父母一次次的许诺都不过是“空头支票”，孩子的一个个希望都化成泡影。这样下去，孩子不仅逐渐失去了对妈妈的信任，还学会了说谎。家长只有在孩子面前信守诺言，才能真正树立威信，同时也会给孩子树立一个好的榜样，影响孩子以后的言行。所以在家庭教育当中，家长要以身作则，有意识地规范自己的言行，借以培养孩子的诚信品质。

孩子在成长过程中始终一帆风顺的情况是没有的，总会遇到各种障碍，受到各种挫折。孩子耐挫力的大小直接关系到他适应社会的成败。我们做父母的要重视培养孩子的耐挫力，铸就他们百折不挠的意志力。这样，孩子在遭遇挫折时才能淡定面对。

培养孩子是个漫长而又浩大的工程，在这一工程中哪个环节出了问题，都会影响“工程的质量”。所以在教育孩子时，家长要小心翼翼，采用科学合理的教育方法，这样才能教育出身心健康、积极向上的孩子。

目录

第 3 章

以“权”压人不可取——跨越代沟，平等交流

第 4 章

言传身教不可轻——家长需做孩子的表率

第 5 章

挫折教育不可缺——让孩子体味真实的苦乐人生

第 8 章

生活不是象牙塔——从小培养孩子的交际能力

第 9 章

慎用你的批评——责备孩子要讲究艺术和策略

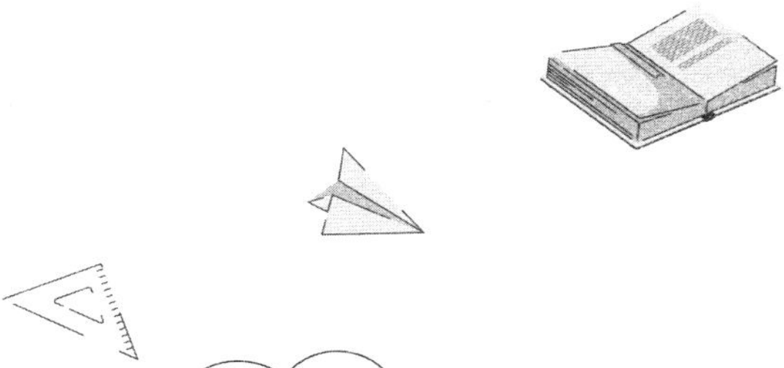

第1章

不做违背教育规律的事

——避开那些家庭教育的误区

“打是亲，骂是爱”是最大的谎言

王洋的爸爸脾气有些暴躁，在教育儿子的时候没什么耐心，动不动就会对孩子大吼大叫，但是王洋并没有因此而服从爸爸的管教，反而变得十分叛逆。有一次，王洋又因为在考试中数学成绩很不理想而遭到了爸爸的教训。

“爸爸，老师说家长也不能随便打人！”在挨打之后，王洋不满地说。

“谁让你不好好学习，不好好表现呢？考不好就要挨打！”爸爸大声地吼道。

“你这样做是不对的！”王洋有些气愤地说。

“你是我儿子，我就得好好管你！打是亲，骂是爱，我这样做还不是为了你好！别人我还懒得管呢！”

“我不用你管，你越是这样，我就越不听你的！”王洋边说边哭着跑出了家门。

“打是亲，骂是爱”是中国不少家长信奉的教育理念，而且在现实中，不少父母也都是按照这样的理念去教育孩子的。他们信奉“棍棒底下出孝子”，在教育孩子的时候喜欢训斥和打骂，希望孩子记住“前车之鉴”。王洋的爸爸就是这样。

可事实上，这种教育方式收效甚微，多数孩子并不会因为父母的打骂而意识到自己的错误，改正不良行为，反而会因此对父母产生不满情绪。很多父母不以为然，总是觉得这是因为对孩子的教训太轻了，所以孩子才没有记住。

殊不知，这是因为孩子受到了“情绪判断优先定律”的影响。所谓“情绪判断优先定律”，是指当人们遇到问题时，通常会让情绪优先于理性，先处理情绪再处理事情。孩子的心智发展还不成熟，很容易受到“情绪判断优先定律”的影响，当孩子对父母有不满情绪之后，通常会先记住当时的“恐惧”，而忘了反省错误，同时还会因为父母的不理解和不尊重而厌恶父母。这就是很多孩子“屡教不改”的真实原因。

其实，这种打骂教育，是存在着很大纰漏的。从表面上看，打骂可以使孩子暂时克制自己不合理的欲望和不正确的行为，但是，却并不能从根本上解决问题。弄不好还可能使孩子养成说谎的毛病，变得阳奉阴违。同时，打骂会侵犯孩子人格并扼杀孩子个性，还容易使孩子丧失自尊心，变得逆来顺受、畏首畏尾。虽然随着孩子年龄的增长，已看不见他们身体上挨打留下的伤痕，但他们的内心仍然会记得幼年时受到的伤害，这些痕迹会造成孩子不自信、缺乏安全感等，对孩子的个性发展和人生发展都会产生消极影响。

《白鹿原》是陕西作家陈忠实家喻户晓的小说，他正是凭借这本小说获得了第四届茅盾文学奖。在这部小说里，他塑造了许多具有时代特征的鲜明的人物形象。其中，黑娃作为一个反面人物，让人印象深刻。

他是地主白嘉轩的管家鹿三的儿子，白嘉轩对这个管家的儿子十分爱护，要求严格，当他犯了错误时，就跟教育自己家的孩子一样，总是严厉地斥责并打骂，希望他认真改过。可是，多年以后，这个在白嘉轩打骂下成长起来的孩子做了土匪，回到村子以后，第一件事就是教训白嘉轩。

“我恨你从小就挺着腰板教训我。”黑娃对白嘉轩说道。

“那是你嘉轩叔爱你！”鹿三哭着对儿子说。

可是，黑娃还是一枪杆子打断了白嘉轩的腰。

无数事实证明，“打是亲，骂是爱”是最大的谎言，暴力教育从来都不会让孩子变得顺从，也不会让他变得聪明和懂事，可能还会招致对父母的怨恨。聪明的父母，在教育孩子的时候一定要懂得“先处理情绪，后处理事情”。他们会试着先体谅孩子的心情，宽容和安慰孩子，处理好他的情绪，使他处于良好的情绪状态下，然后再想办法教育和引导，也只有这样孩子才会信服和接受。

教育孩子只能说服，不能压制，只能用爱交换爱，用信任交换信任。打骂教育，是一种畸形的家庭教育方式，在现代的家庭中，应该避免出现。

不要把某些兴趣强加给孩子

美国著名的教育家杜威认为，对于教育者来说，最重要的是经常细心地观察孩子的兴趣。他说：“成年人只有通过对孩子不断地予以同情的观察，才能够进入孩子的生活里面，才能知道他要做什么，用什么教材才能使他学习得最起劲、最有成效。”

在很多情况下，父母会不自觉地把自己的兴趣、愿望、希望甚至是自己没有实现的理想都强加在孩子的身上。虽然孩子的可塑性很强，但对于有些孩子来讲，在他没有兴趣的情况下强迫他去做一件事情，是一件很痛苦的事。这样做不但收不到应有的效果，反而会损害孩子的天性。

如果孩子自己能保持对某些事物的兴趣，是再好不过了，但在很多情况下，兴趣是需要后天培养的。尤其是在学习有些枯燥的各种文化知识时，兴趣就更需要培养了。但是，我们不能不提醒父母，父母自身的兴趣对子女兴趣的有无、兴趣的大小都具有十分重要的影响。

有一对从事音乐工作的夫妇，希望子承父业，让儿子也成为一个著名音乐家。于是，他们使出浑身解数，想把儿子培养成一个出色的小提琴手。孩子不到 3 岁，他们就为孩子买了一把儿童专用的小提琴，漂亮而又昂贵，希望孩子能爱不释手。可是出乎他们意料的是，不管他们怎么去哄，怎么去鼓励，孩子就是对拉琴毫无兴趣。每次拉琴时，他都是把弓放在琴弦上机械地拉动，睁着暗淡无光的大眼睛，似乎是在受难。

有一次，儿子在期末考试中取得了好成绩，父母决定给他买一件他最喜欢的礼物作为奖励。向他征求意见，问他想要什么的时候，孩子想了想，低着头说：“我说了你们能满足我吗？”父母说：“只要我们办得到的，就一定满足你。”孩子便用乞求的眼光看着父母，用郑重的口气说：“我要的礼物就是你们别再勉强我拉琴，行吗？”父母听了孩子的话不免有些震惊。他们万万没有想到，自己的一片苦心对孩子而言却是沉重的负担。孩子竟然把“不再拉琴”视作最好的奖赏。这是父母绝对没有想到的。

现在有不少父母，总想为孩子安排一切，包括孩子的前途。他们自己节衣缩食，却不惜拿出大笔学费，替孩子报各种各样的“特长班”“兴趣班”，其实孩子既没有他们想象的特长，也根本没有什么兴趣，都是父母在那里瞎忙乎，孩子们在父母一厢情愿的逼迫下也是苦不堪言。孩子上什么样大学，学什么专业，也多半由父母包办。

一些父母眼看别人家3岁的孩子会背唐诗，也买回一本，每天口读面授，逼着孩子背诵。还有的父母希望子女成为少年画家、书法家、乐坛“神童”，也不顾忌孩子的兴趣爱好以及自身的条件，就拿出自己省吃俭用的钱搞“智力投资”，但结果往往事与愿违。

如果不顾孩子的资质，不尊重孩子的意愿，越俎代庖，替孩子去选择奋斗目标，则注定要徒劳无功。让喜欢画画的孩子当数学家，让喜欢数学的孩子去当歌唱家，让喜欢唱歌的孩子当作家，这样的“期望”不仅注定不会开花结果，而且往往会把孩子原来的长处也抹杀殆尽。

别只会用金钱爱孩子

每逢暑假，很多孩子都会到爷爷奶奶家住几天，一则给老人的生活增添一些快乐，二则也给年轻的父母们放放假。但孩子回老家对老人来说不亚于一场“接驾”，孩子身上很多平时隐藏的问题这时候也都显露出来。相信很多人对下面这位父亲的故事一定不陌生：

“王鑫在家一直很乖，我和爱人对他很满意，也总是想办法让他生活得无忧无虑的。暑假到了，王鑫到奶奶家住了一周，马上变得难以伺候了。

“奶奶做鱼给他吃，他不肯吃，说要吃海鱼；买回鳊鱼来，他还是不愿意吃，说那个也不是海鱼；带他出去吃热干面，上面有葱不吃，沾了酱也不吃；做西红柿鸡蛋汤呢，他嫌里面没有肉。奶奶生气地说，要把他送回来，他却说要过完暑假再回来。

“一个暑假下来，奶奶都瘦了一圈。我接孩子的时候看到老母亲受苦，才意识到自己平时教育孩子出现了问题。

“平时王鑫不管想吃什么，一张嘴妈妈马上就去买了做。想看最新上映的电影，不论多贵一定会看到。他的玩具也总是紧跟潮流，图书漫画更是常换常新。和其他孩子比起来，王鑫知道的东西的确要多一些，但是他明显没有别的孩子懂事。只要是他想要的东西，一定会想办法弄到手，否则就不依不饶的，让别人拿他没办法。”

不懂得照顾别人，追求名牌和时尚是现代独生子女的通病。他们以自我为中心，在未来的人际交往中会受到很多打击：首先是发现自己不再是主角了，会失落；其次是因为以自我为中心，会招来别人的厌恶。父亲用金钱来满足孩子，结果宠出来这样的刁蛮少爷、小姐。所以父母最好能够在孩子还小的时候就让他们知道，自己不是世界的中心，自己想要的东西也需要经过劳动或者等待才能获得。

我们常常对孩子说：“吃得苦中苦，方为人上人。”但很多人在落实到行动的时候，又免不了会打折。用金钱来奖励，其实是扼杀了孩子的尝试机会，让一切想要的东西都变得唾手可得。他们就失去了支配生活、教育自己、锻炼能力。

“我自己上学去。”

“不行，路上不安全，我还是送你吧。”

“我自己选衣服。”

“不行，爸爸帮你选最好最贵的。”

……

其实有很多次都是孩子在主动要求锻炼，却被父母挡了回去。很少有父母能一边保护着孩子，一边又让他自己去尝试。

很多父母努力挣钱养家，但忽略了最根本的一点：孩子的成长不仅需要物质上的保证，还需要很多的心灵体验——酸甜苦辣、悲欢荣辱，这些才是培养一颗健康的心灵必备的营养，而金钱带来的快乐仅仅是其中的一种。

在2009年盛夏的成都，26辆法拉利、玛莎拉蒂等豪华跑车的车主涉嫌超速驾驶，在成南高速被警方拦下，现场照片传遍网络。第二天，备受争议的26辆豪华跑车再次出现在成灌高速，仅用13分钟就跑完了45公里的路程，平均时速210公里。据报道，这些跑车的车主们是清一色的“富二代”。

另有新闻报道：重庆江北茂业百货里，一个家境富裕的高干子弟持双刀杀死了自己穷追无果的一个女大学生。在南方沿海地区，19岁的女孩小肖牙龈被撕裂，整排牙齿松动，右下颌骨骨折，只因为拒绝了一个“富二代”王某。

上述“富二代”的作为，已经成为新时代纨绔子弟的缩影。毫无疑问，“富二代”的生活中并不缺少金钱，但是很明显，他们的生活中缺少严厉的管教。

财富可以给个人带来成就感，但是在教育面前，财富往往无能为力，甚至会帮倒忙，会让孩子的劣行更大程度地“施展”，祸害社会。

没钱的父母不一定就失败，有钱的父母不一定就成功。甚至，有钱也未必能成为教育上的优势。父母要当好，与其让孩子衣食无忧，不如让他们懂得为人处世的道理。而令人担忧的是，这些道理，很多父母却以为用钱就可以买来。

在家庭教育上，没有贫富之分，只有方法好坏之别。不会爱的父母，他们的上亿家产可能会把孩子压出心病；会爱的父母，兜里只有一元钱，也能给孩子换来开心、满足的欢笑。

教育不是拿学费这么简单的事情，如果父母把为孩子提供物质条件当成自己在教育孩子的过程中必须承担的责任，那孩子不仅很难对父母怀一颗感恩之心，相反，会忽略掉别人为自己做的事情，走向一个唯我独尊的“旋涡”里。用金钱爱孩子，需要花费多少的金钱才能体现出父母的爱呢？这个问题没有答案，因为金钱是无法代替父母之爱的。

“红白脸”是错误的教育方式

在孩子的成长过程中，父母扮演的角色是不同的，应该承担的任务也是迥异的。一般来说，母亲是榜样，父亲是权威。

母亲对于一个孩子有着无与伦比的影响，因为母亲对孩子的影响从准备怀孕的那一刻就已经开始了，因此，母亲的观念和信任对孩子人格的发展起着直接的引导作用。母亲是善于表达情感的，她的情绪、态度、处世方式、审美情趣往往会在潜移默化中传递给自己的孩子。母亲对自己生活的满意度高，孩子就更易形成乐观、开朗的个性，并与母亲更亲近。母亲勇敢、坚强，孩子也会成为一个积极进取、不惧苦难的人。

而对孩子来说，父亲提供了一种男人的基本模式。父亲是一种权威的象征。父亲对孩子的评价，往往决定他是自信还是自卑。父亲的鼓励对孩子的激励作用，往往不亚于母亲的鼓励。

因此，在日常生活中，母亲最重要的教育任务，就是时刻做孩子最好的榜样，给予孩子正面、积极的引导；父亲最重要的教育任务，就是给予孩子更多积极的评价和肯定，以及更多的关爱。

尽管在教育子女的过程中，父母分工不同，但要切记一点：在教育子女的时候，父母一定要达成默契，要自始至终保持态度一致。

由于父母各自生活经历不同，受教育的程度以及接受的家庭教育的不同，所以在教育要求、态度、方法上往往不一致，这是正常的。但教育子女是个严肃的问题，双方应交换意见，采用正确的教育观和教育方法。即使父母有分歧，也不能在孩子面前公开化，而是要避开孩子进行讨论，维护对方在孩子心目中的威信和形象。

如果在家教中采用“红白脸”的教育方式，父管母护，父严母慈或父从母命，在这种环境中成长的孩子往往觉得家里只有一个人说了算。他只怕一个人，只听一个人的话。“红脸”在家时，他会安分守己，乖巧得很；而一旦只有“白脸”在家，他则会顽皮，我行我素，为所欲为，甚至无法无天。

例如，当爸爸不允许孩子边看电视边吃饭时，妈妈就应与爸爸站在同一战线，并告诉孩子：“要听爸爸的话，吃饭时不可以看电视。”等孩子上床入睡了，父母双方再心平气和地讨论、沟通：“你那样管教孩子不妥当，我认为应该……”不要让孩子有机会拿妈妈的话当挡箭牌，拒绝接受爸爸的要求。

教育孩子的态度保持一致，不仅仅限于父母，还包括爷爷奶奶、姥姥姥爷。在有些家庭里，孩子做错了事，父亲要惩罚孩子，而爷爷或者奶奶则要庇护孩子，有的甚至当着孩子的面责备父亲，哄孩子说：“都是你爸爸不好，把宝宝给弄哭了。不哭了，奶奶替你打爸爸。”说着还假装打几下爸爸。

这种结果不但会造成爸爸的管教毫无效果，还损害了爸爸在孩子心目中的威信。

家庭成员对孩子的态度不一致，还会造成孩子无法辨别是非，无所适从。孩子年龄小，分辨不清怎样做是对的，怎样做是错的，需要加以引导才能逐渐辨明是非。如果父母的意见不一致，孩子到底该听从谁呢?

这样教育可能就会造成他谁的也不听，或在谁面前听谁的，谁对自己有利就听谁的，过早学会两种面孔对人、看人行事等不良行为。总之，父母对孩子的态度要保持一致，保证在孩子面前一唱一和。

不要轻易给孩子扣上“不自觉”的帽子

现在城市里的孩子，在物质方面几乎什么都不缺，但就是缺少理想和追求。人没有理想往往就会觉得百无聊赖，最常见的表现就是做什么事情都没有自觉性。

孩子的自觉性主要表现在生活和学习的各个方面：按时完成作业，自觉复习功课，自己准备学习用具，收拾屋子，自己洗衣服甚至做饭等。但是，很多孩子都做不到这些，他们整天玩也玩不够，既不愿意学习，也不喜欢干活，甚至吃饭、穿衣、上学都需要父母“拨一下，动一下”，让不少父母很头疼。

其实，任何自觉性都不是天生就有的，是需要后天逐步培养的。父母可以采用以下方法提高孩子的自觉性：

1. 用兴趣去培养自觉性

要培养孩子的自觉性，首先要培养孩子良好的兴趣和动机。

有些父母过早地让孩子认字、计算、背诗、阅读，过分地强迫孩子学习知识，占用了孩子的娱乐时间，因此孩子对学习产生厌烦情绪，总是想玩，学习的时候常常是“身在曹营心在汉”。

事实上，要想让孩子养成自觉的好习惯，只需让他对自己要做的事产生兴趣。可以说，孩子对做某件事产生兴趣的同时，其自觉性也就形成了。所以，有时候父母无须刻意去培养孩子的自觉性。

2. 要求孩子严守规矩

一件事情决定开始做了，就一定要有始有终，绝不允许半途而废。孩子如无故中途退却，就应受到批评，父母绝不可迁就。通常，父母给孩子定的规矩，孩子很少能遵守和执行，原因往往就是孩子缺少管束，想干什么就干什么。作为父母，由于对子女的疼爱，往往经不住孩子的纠缠，而放松尺度，不能严格要求。

当然这在开始时会有些困难，看似不近人情。但只要父母坚持，孩子一旦养成习惯就能自觉遵守了。

3. 通过学习提高自觉性

如今，有不少孩子已经十几岁了，却从来没有洗过衣服，更没有做过饭，对学习以外的东西一窍不通。父母应该知道，孩子的运动能力、动手能力、协调能力等都对成长有很大的帮助。道理很简单，如果孩子很懒，学习上就必然会遇到很多问题，遇到了问题而懒得去解决，只会使他们对学习失去兴趣，当然更不可能自觉去学习了。

有的孩子知道学习的重要性，也有一定的学习能力，但就是缺乏足够的自觉性，没有自制能力，不能很好地约束自己。出现这种情况，父母们应该怎样做呢？没有什么做法适用于所有的家庭，所有的孩子。

因此，我们提出一些简单而有效的建议：

（1）引导孩子正视自己的学习状况

学习上不够自觉的孩子通常很“迷糊”，就是对自己的学习状况并不十分了解，或者懒得去正视它。在这种情况下，父母要引导孩子正视自己的学习状况。乐乐爸爸的做法值得父母们借鉴。每天乐乐做完作业，爸爸都要跟他一起把当天学习中好的地方和不好的地方（如写错的字、做错的题）用本子记录下来，做成一个记录学习进展情况的“家庭档案”。乐乐做作业之前、考试之前，都会去翻档案。翻了档案，不用爸爸督促，乐乐就知道自己该做什么了。

（2）适当地陪伴孩子学习

如果大人都在看电视，或已经睡觉了，却让孩子一个人写作业，这样孩子很容易把学习当成一种苦差事，自觉性就很难形成。在陪伴孩子的时候，父母只需关心孩子学习的过程，而不必太在意学习的具体情况。否则，孩子就会觉得你是检查员、监督员，比老师还老师，那你的陪伴可能就会变成一件有害无益的事情。

（3）给孩子发挥自觉性的机会

父母一旦觉得孩子不够自觉，往往就会迫不及待地替孩子安排好一天的学习和生活，这样就剥夺了孩子自己安排的机会。时间长了，孩子们也就懒得自己动脑筋安排自己的学习了——反正父母会操心的！这样，孩子是无法发挥自觉性的。可见，最好还是让孩子自己安排什么时候开始做作业，什么时候开始看书，用多长时间。父母的工作就是督促孩子按自己制订的计划去学习，该做什么就做什么。

（4）监督孩子说到做到

既然做什么事是由孩子自己安排的，他就没有理由不照着做。在这一点上，做父母的是丝毫也不能跟他妥协的。养成了该做什么就做什么的习惯，孩子自然会自觉学习。当然，为了保证孩子真正能按照自己说的去做，父母应提醒孩子一开始不要给自己制订要求偏高的计划。

第2章

孩子不能“惯着”养

——宽严得当才是智慧父母

对感受要宽容，对行为要严格

孩子们是无法控制自己的感受的，比如面对未知的事情的时候，充满恐惧；面对糟糕的事情的时候，满心绝望。作为父母，这时候应该怎么办呢?

小勇今年刚上初一，以前都是住在家里的，现在由于学校要求进行封闭式管理，不得不住到学校。想到这里，他的心里很是害怕。

开学第一天，小勇就对妈妈说：“妈妈，我心里有些害怕。”

“怕什么呢？男子汉，不要怕！”小勇的妈妈有些不高兴地说道。

“学校住的地方晚上有灯吗？”小勇继续问道。

“有！你这孩子，真是的，这点事都怕，不要怕，听见了没有？”小勇的妈妈生气地呵斥道。

小勇感觉到妈妈似乎有些生气，就再也不说话了。而且，他后来在学校里遇到一些事情，也不再愿意跟妈妈说了，担心妈妈又说他胆小怕事，不勇敢。

面对自己从未经历过的事情，每个人都会有些害怕，这种感受是很正常的。可是，小勇的妈妈不仅不体谅孩子的感受，还指责孩子不勇敢，这导致孩子后来遇到事情不愿意跟自己的妈妈诉说。

试想一下，如果小勇的妈妈能宽容对待孩子的这种感受，孩子自然就不会疏远妈妈。

我们都喜欢和那些能够站在我们的角度，体谅我们感受的人做朋友。孩子何尝不是呢？

可是，对孩子的行为却不能纵容，需要严格要求的时候，必须严格要求。孩子的自制力等能力还在培养中，父母严格要求有助于孩子养成良好的习惯。

丽丽今年 5 岁了，每天放学回家后的第一件事情就是放下书包，坐到电视机前，然后一直看到睡觉。丽丽的妈妈觉得这样不仅影响孩子的学习，也会伤害到孩子的眼睛。

“丽丽，把电视关了。”丽丽的妈妈每次都这样喊叫，可丽丽仍是无动于衷。气急败坏的丽丽妈妈就自己动手把电视关了。可是不一会儿，丽丽又把电视打开了。这让丽丽的妈妈很是无奈。

久而久之，丽丽的妈妈实在是没有办法，就只好放弃了，任由丽丽放学回家后看电视。

直到丽丽的爸爸有一次严厉地教训了丽丽，丽丽这种行为才有所收敛。但是丽丽很长一段时间都因为爸爸的教训闷闷不乐，不敢跟爸爸说话。

丽丽不加限制地看电视的行为，的确是很不好的，作为妈妈进行限制也是没有错的，可是，丽丽的妈妈却没有收到效果，这是为什么呢？主要原因就是丽丽妈妈的方法不当。

在我们严格要求孩子的同时，一定要注意我们的方法。父母对孩子进行严格要求，但不一定要进行严厉的训斥。相反，要尽可能地采取温和的语气，让孩子有一些主动性，以防激起孩子的逆反心理。

在这里，我们要给父母一些建议：针对孩子的不当行为，首先要搞清楚孩子做出这种行为的心理原因，也就是首先搞清楚孩子是怎么想的。不过，不管孩子的想法是正确的还是错误的，是可以原谅的还是不可以原谅的，都不要去指责孩子，而是要尽力去理解孩子的心理。

总之，父母应辩证地看待孩子的感受和行为，孩子终究是孩子，如果在教育孩子的过程中没有让孩子从心理上接受父母的教育，那就是白费力气了。

让说脏话的孩子住嘴

在公共场合，常常会遇到一些脏话连篇的人，这时候周围的人都会流露出一种鄙夷的神情。如果说脏话的人是孩子，就更让人听着不舒服——看上去机灵可爱的孩子，怎么就“出口成脏”呢？

说脏话会被看成没有教养的表现，几乎所有的父母都不愿意让自己的孩子和说脏话的孩子交朋友。而且说脏话的孩子会被主流社会否定，会被贴上“坏孩子”的标签。

孩子生活在社会的大环境中，难免会受到别人不良语言习惯的影响。有时候孩子和小伙伴发生了争执，也会被迫骂人，以牙还牙，这样最容易让孩子养成不良的习惯。

琪琪和莉莉是同一个班上的两个小女生，平时就喜欢斗嘴。莉莉骂人骂得特别凶，常常会把琪琪气哭。

有一次，在学校大扫除的时候，琪琪负责提水，一不小心摔跤了。莉莉看到之后，不但没有过来帮忙，反而站在一边嘲笑:“你是笨蛋啊！连走路都走不好，是不是小时候爹妈没有教过你走路啊？”琪琪听到之后，很难过地哭了起来，当时也回骂了莉莉一句，可是心里还是不好受。

琪琪放学回到家之后闷闷不乐的，忍不住把在学校发生的事告诉了妈妈，并且问妈妈：“如果有人骂你，你该怎么办呢？是不是应该回骂别人一句呢？”妈妈这才明白了琪琪一晚上闷闷不乐的原因。

妈妈问琪琪：“如果你要送礼物给别人，别人却不接受，那你该怎么办呢？”

琪琪很认真地回答：“那就自己带回来啊。”

妈妈说：“同样的道理，当有人骂你的时候，你可以不接受他的责骂，就请他自己带回去吧。”

琪琪听懂了妈妈的意思：“我不接受别人骂我，说明别人没有骂到我，而是在骂他自己。”

妈妈又补充了一句：“所以当别人骂你的时候，千万不能回骂别人。否则，你也和他一样了，记住，骂别人就是骂自己啊。”

琪琪的心结解开了，和往常一样按时休息了，第二天照样精神饱满地去上学。

要想从根本上杜绝孩子说脏话，父母一定要注意以下几点：

第一，父母自己千万不能说脏话，要给孩子树立一个好榜样。很多父母在家时都不注意这一点，动不动就说脏话，孩子耳濡目染，自然也会受到影响，开始说一些脏话。最为可怕的是，孩子并没有意识到这是脏话。所以父母一定要做好榜样。如果父母千叮咛万嘱咐告诫孩子不要说脏话，可是自己却脏话连篇，这怎么能让孩子信服呢?

第二，当孩子说脏话的时候，一定要制止，并告诉他这是非常不好的行为。孩子有时候是不会意识到自己说脏话的，他可能只是从别人那里听来的，觉得好玩，就随口说了出来。这个时候，父母一定要温和地告诉孩子，这种行为是非常不文明的。但是切记不能因为孩子说了脏话就对孩子进行体罚，这可能会导致孩子从心理上反抗，从而不听从父母的话。

第三，要对孩子的情绪进行合理的引导。有些孩子可能是跟同学朋友吵架了，或者被老师父母说了几句，心里愤愤不平，脏话就随口而出了。这时候，父母就需要注意了，对孩子的这种负面情绪要理解，并加以合理的引导，让他们发泄负面情绪。比如可以创设悄悄话角，让孩子用语言发泄情绪；还可以让孩子通过运动的方式来宣泄感情。

明智的家长从来不会溺爱孩子

在大多数父母的心里，孩子永远都是第一位的。很多父母努力工作，是为了让孩子过上幸福的生活。这种真挚的爱固然伟大，只是一旦过火，就很容易变成溺爱，对孩子的成长产生不利的后果。

在心理咨询处的会客厅里，一位母亲面对专家显得忧心忡忡。

专家问：“孩子第一次系鞋带的时候打了个死结，你是不是就不再给他买有鞋带的鞋子了？”

母亲点了点头。

于是专家接着问：“那孩子第一次洗碗的时候弄湿了衣服，你是不是就不再让他靠近洗碗池了？孩子第一次整理自己的床铺，整整用了一个小时，你嫌他笨手笨脚，对吗？孩子大学毕业去找工作，你又动用了自己的关系和权力？”

所有的答案都是“是的”，这位母亲惊愕了，从椅上站起来，凑近了专家说：“你怎么知道的？”

专家说：“从那根鞋带知道的。”

母亲问：“以后我该怎么办？”

专家说：“当他生病的时候，你最好带他去医院；他要结婚的时候，你最好给他准备好房子；他没有钱时，你最好给他送钱去。这是你今后最好的选择，别的，我也无能为力。”

这则故事中的母亲就用自己的爱，为孩子埋下了一个温柔的陷阱。父母溺爱孩子，原本是想让他生活得幸福，但是孩子能在父母的溺爱下成长多久呢？总有一天他会与别人一起工作、一起生活，到那时他的困难谁来帮忙解决？还有不少父母，知道自己不能保护孩子一生，因而越发对孩子有求必应、百般顺从。这样的家长可以说是不负责任的，因为他没有为孩子的将来做任何打算，并且让孩子错失了很多学习和成长的机会。孩子是需要挫折才能健康成长的，而溺爱不仅会让他们失去在挫折中成长的机会，还会让孩子养成不好的生活习惯和性格。

这种不好的生活习惯和性格几乎随处可见：很难遵守规矩，也不懂得自我约束，在他们看来，规矩就是为别人准备的；有太多优越感，做事情眼高手低，不善于与人相处；当别人帮助了自己的时候，不懂得感恩，反而觉得是理所当然；当看到别人比自己优秀的时候，不仅不会向别人学习、替别人高兴，还会产生沮丧、嫉妒等消极情绪。

萌萌的妈妈是一个全职太太，体会到丈夫在外面工作的不易，她把家里的事情打理得井井有条。尤其在萌萌的教育上，妈妈积极地给孩子报辅导班，按时接送孩子，一日三餐都按照营养师推荐的食谱准备，保证孩子的身体健康。

平时孩子的任何事情，包括收拾书包、穿衣梳头、放水洗澡都由妈妈一手操办，在家务活上，妈妈尽心尽力，毫无怨言。

而萌萌却没有感觉到妈妈的辛苦，在她看来，妈妈所做的一切都是理所当然的，如果哪一次她发现妈妈没有帮她把书包装好，或是给她准备的第二天上学穿的衣服不称心，就会委屈地掉眼泪。爸爸长期不在家，妈妈就成了萌萌最亲密的伙伴，但凡遇到困难，妈妈总是第一时间帮她解决，但是萌萌还是常常和妈妈怄气。在学校里萌萌只要稍微遇到点困难，心情就极度沮丧，回到家中则跟妈妈抱怨个不停。

萌萌的这种情况绝对不是个例，很多父母都有这方面的烦恼，殊不知正是家长对孩子的溺爱才导致了这种情况的出现。

明智的家长是不会溺爱孩子的，因为他们懂得父母真正的职责：父母不是孩子始终依靠的人，而是使依靠成为不必要的人。

让孩子养成良好的卫生习惯

有人认为：“不干不净，吃了没病。”这是缺乏科学根据的。在现实生活中，确实有那么一些人不怎么讲究卫生，而身体也还健康，但是他们的身体健康情况不仅仅受卫生情况的影响，还受其他因素的影响。例如，阳光充足，空气新鲜，活动充分，营养全面等。如果他们能讲究卫生，身体会更加健壮的。

孩子的抵抗力比较弱，容易感染各种疾病，更应讲究卫生。孩童期是习惯养成的重要时期，使孩子养成良好的卫生习惯，将收到事半功倍的效果。

那么，应该怎样培养孩子良好的卫生习惯呢？

1. 引导孩子养成良好的饮食习惯

教育孩子不吃不洁净的食物。地上捡的东西绝对不能随便往嘴里放，生吃瓜果一定要洗干净，最好削皮。有的孩子生吃瓜果时只是在自来水龙头下简单冲一冲，其实这达不到消毒杀菌的目的。应该用刷子或丝瓜瓤把瓜果刷洗干净，再冲洗两遍，然后擦干才能吃。

2. 引导孩子养成保持身体和服装整洁的习惯

勤理发、洗头、洗澡、剪指甲不仅能使身体保持清洁，保证牙齿的卫生，而且能够促进血液循环，增进健康。

看书、绘画时保持正确的姿势，即眼距书本一尺远，胸距桌沿一拳远，握笔时手指距笔尖一寸远，不在光线太强、太弱的地方看书或绘画，不用手或脏手帕擦眼睛。

保护鼻腔，不抠鼻孔，养成用鼻子呼吸的习惯。这样可以使吸入的空气在经过鼻腔后变得洁净、温暖和湿润，保护呼吸道和肺，使它们免受伤害。

不挖耳朵，不将异物塞入耳内，洗脸洗澡时不把水弄进耳内，以免损伤鼓膜，引起中耳炎，影响听力。

引导孩子经常检查自己的衣服是否干净整齐，所有的扣子是否扣上了，鞋带是否系好了。还要提醒孩子经常洗头发，注意自己的头发是否整齐。

3. 督促孩子养成良好的盥洗习惯

常言道："饭前便后要洗手，肠道疾病不会有。睡前洗干净，睡觉也轻松。"其实，养成良好的盥洗习惯，好处何止这些?

（1）督促孩子饭前便后洗手

人的双手每天要接触很多东西，最易沾染上各种污物和细菌。据查，一只未洗净的手上有 4 万到 40 万个细菌，1 克重的指甲垢里藏的细菌和虫卵就有 38 亿之多。所以父母一定要使孩子养成饭前、便后和手脏时及时洗手的习惯。

父母应耐心地告诉孩子为什么饭前便后要洗手："因为手摸了许多脏东西，在吃饭前不洗干净，吃进肚子里就会生病，肚子里就会长出虫子来。"孩子很容易明白这样的道理，会愉快地去洗手。但孩子往往几天新鲜，坚持不了多久，在这个时候父母一定要反复提醒孩子。父母的表率作用对孩子有着很大影响，只要持之以恒，孩子就会养成良好的洗手习惯。

父母要为孩子准备好肥皂、擦手毛巾，放在孩子自己容易取拿的地方，要让孩子用流动水洗手，这样符合卫生要求。父母还要提醒孩子，手心手背都要洗，并教给孩子正确的洗手方法。往往通过父母的示范，孩子就能心领神会，很快学会自己洗手了。

（2）早晚刷牙、洗脸，饭后漱口

父母要让孩子养成早晚刷牙、洗脸，饭后漱口的习惯。

刷牙的目的是把残留在牙缝和口腔里的食物刷干净，起到保护牙齿和清洁口腔的作用。如果不刷牙或不正确地刷牙，口腔里残留的食物就会变质，细菌就会很快地繁殖，不断地侵蚀牙齿，久而久之会引起口臭和牙痛。为了保护口腔卫生，预防牙病，就要养成早晚刷牙的好习惯。

有些家长认为孩子的乳牙早晚要换，不必注意对它的保护，这是错误的。如果不注意保护乳牙，一旦它被龋蚀，将影响食物的消化与吸收，不利于孩子的生长发育。乳牙被龋蚀还会影响恒牙的生长发育。

要教孩子采用正确的刷牙方法，即竖刷法。刷上牙时要从上往下刷，刷下牙时要从下往上刷，里里外外都要刷，保证牙齿的每个面都刷到。刷后用清水漱口，千万不要左右横刷牙齿，因为横刷不但刷不干净牙齿，还容易破坏牙齿和牙床，以及牙齿表面的保护层——釉，使牙龈出血，患牙周炎等疾病。

孩子的自觉性、持久性比较差，一两次的早晚刷牙并不能形成习惯，所以父母特别要注意督促提醒，使孩子刷牙的习惯不断巩固，并逐渐变成自觉的行动。

（3）洗脚

睡前用温水洗脚能迅速消除疲劳，促进血液循环，使脚部肌肉松弛，感觉舒服，易于入睡。洗脚时要先卷好裤腿，把脚放到水里泡一会儿，接着用手擦肥皂搓洗脚面、脚跟和小腿，然后用清水冲洗，用毛巾擦干。

只要父母有耐心，孩子就会很自然地养成良好的盥洗习惯。

4. 教育孩子养成保持周围环境整洁的好习惯

不乱扔果皮、纸屑，不随地吐痰和擤鼻涕，不随地大小便，对保障人们的身体健康有重要意义。据化验，马路上 20% 的痰都带病菌，结核病人的一口痰里就大约有四五千个结核菌，这些带病菌的痰干了以后，会随风到处飞扬，污染空气，危害人们的健康。因此，从孩子到大人都要养成不随地吐痰的良好习惯。另外人在患病时咽喉和鼻腔里往往有大量的病菌，打喷嚏时很容易将病菌喷出来，所以应该教育孩子在咳嗽或打喷嚏时用手帕捂住口鼻。

不乱涂墙壁，不踩桌椅。不仅在家里要做到这一点，而且在公园、电影院、公共汽车站等公共场所也要做到。

引导孩子培养良好的卫生习惯，通常可以运用示范、讲解、提示、练习等方法，给孩子以具体的指导和帮助。当孩子还不会做某件事情时，我们就要向孩子示范和讲解，教他们如何做。如果孩子已经会做这些事情，只是还没有完全形成习惯，那么大人就需提醒他们，从而帮助孩子逐渐养成习惯。

帮孩子拔除嫉妒的毒瘤

嫉妒是孩子成长过程中一个无法回避的话题。孩子的嫉妒，不仅在家有，在学校也有。因为性别的原因，父亲在矫正孩子的这一缺点上面，有更多的责任。教会孩子宽容和珍惜友谊，是使其终生受益的事情。

要纠正孩子的嫉妒心理，父母先要分析嫉妒产生的原因。孩子嫉妒心理的产生往往是与其所关心的事物相联系的，孩子们之间的嫉妒常常反映在以下几个方面：

1. 因别人受表扬而嫉妒

别人受了表扬，有的孩子暗中不服气，有的公开挑人家的缺点，也有的故意表现出无所谓的态度。其实，他们的心理反应是：“有什么了不起，我也做得来。”

2. 因别人学习好而嫉妒

学习是孩子们的主要任务，学习成绩是评价孩子的重要标准。因此，有的孩子学习不如别人就嫉妒别人。有一个班级曾经发生过这样的怪事：在期中考试前一个星期，班上成绩最好的几个同学的笔记本不翼而飞。这几个同学着急的程度可想而知。考试之后，笔记本又回到了那几位同学的课桌里。显然，这不是一般的恶作剧，是某个同学出于嫉妒心理，采用了不道德的手段。

3. 因亲疏关系而嫉妒

有的孩子因为不被重视而嫉妒受老师重视的同学，并且常常迁怒于老师，背后议论老师，甚至对班上的某些活动采取消极的态度。

同学之间的亲疏变化，也常引起嫉妒心理的产生。有些孩子因嫉妒某些同学之间关系好，而从中挑拨，甚至诽谤。

4. 因物质方面不如别人而嫉妒

孩子们普遍希望有漂亮的衣服、新奇的玩具等，由于家庭条件不同，父母教育方法不同，总会产生有这个没那个的现象，这是正常的。但是，一些孩子会因此而产生嫉妒心理。当别人的东西脏了、坏了时，甚至幸灾乐祸。

嫉妒是一种消极的个人心理，是因为别人在品德、能力等方面超过自己而产生的一种不满和怨恨，是一种被扭曲了的情感。如果经常产生这种心理，那么孩子就很难协调与他人的关系，很难在生活中心情舒畅，因为对于嫉妒心强的人而言，别人的成功和自己的失败，都会给他带来痛苦，平添不少烦恼。

嫉妒虽是儿童心理发育过程中的正常现象，但父母也不能听之任之，应及时加以疏导，以免孩子形成不良性格。如脾气古怪多疑、粗暴自卑或自暴自弃等，这些对孩子的发展是十分不利的。

因此父母平时要关心孩子与人相处时的各种表现，一旦发现孩子有嫉妒心的毒苗，就要引导孩子正确地处理。

要消除孩子的嫉妒心理，父母可以从以下几个方面着手：

1. 营造良好的环境

嫉妒心理和行为的产生，虽有多种原因，但从根本上讲，是孩子内部的消极因素和外部环境的消极因素相互作用而产生的。父母应当在家庭中营造一种团结友爱、互相尊重、谦逊礼让的气氛，这是预防和纠正孩子嫉妒心理的重要基础。

2. 耐心倾听，让孩子合理宣泄

孩子的嫉妒是真实而自然的，嫉妒只是孩子们因自己的愿望不能实现而产生的一种本能的心理反应。因此，父母不要盲目对孩子的嫉妒心理和行为进行批评，要耐心倾听孩子们的苦恼，理解他们无法实现自己愿望所产生的痛苦情绪，使孩子因嫉妒而产生的不良情感能够得到宣泄。

3. 让孩子正确地评价自己和别人

孩子都喜欢受到表扬和鼓励。表扬得当，可以巩固其优点，增加他的自信，促进他不断进步；如果表扬不当或表扬过度，就会使孩子骄傲，进而看不起别人，认为只有自己好，别人都不如自己，甚至每次有人说别人好，没说他好，他就难以接受。

这是因为孩子年龄小，自我意识刚开始萌芽，还不会全面地看问题，不能正确地评价自己和别人。他对自己的评价是以成人对他的评价为标准的，所以父母要正确评价自己的孩子，不能因疼爱和喜欢，就过高评价孩子的品德、能力。

父母还要适当地指出孩子的长处和短处，使孩子明白人人都有长处和短处，小朋友之间要互相学习。父母可以引导孩子经常反问自己：“我现在各方面表现如何？有什么优点？有什么缺点？跟上个月比较，哪些方面有了进步，哪些方面有了退步？我该怎么做？我有决心再上一个台阶吗？我是否应该听取爸爸妈妈的意见？我是否应该征求老师、同学的意见？”

同时，教育孩子在班上给自己寻找学习的榜样，看到别人的长处。一个孩子如果能经常这样去想问题，嫉妒心理就会慢慢消除，就能够客观地自我评价和评价别人。

4. 帮助孩子强化自身的优势

现实中的人必然是有差异的，不是表现在这方面，就是表现在那方面。一个人承认差异就是承认现实，要使自己在某方面比较突出，只有靠自己努力，嫉妒于事无补，只能影响自己的奋斗精神。

父母如果发现孩子在某些方面不如别人的孩子，不要当面指出孩子不如别人，而应帮助他提高这方面的能力。如果有条件，父母可以请一个能力强的孩子来帮助自己的孩子，这样可以提高孩子的能力，而且孩子之间真诚友好的交流也是克服嫉妒心理的良方。

5. 对孩子进行美德教育

通常嫉妒较多地产生在有一定能力的孩子身上，孩子往往因为自己有一定能力，却没有受到注意和表扬，因而对那些受到注意和表扬的小朋友产生嫉妒。

所以在消除孩子嫉妒心理的同时还必须对孩子进行美德教育，让孩子懂得“谦虚使人进步，骄傲使人落后”的道理，让孩子明白即使别人没有称赞自己，自己的优点仍然存在，如果继续保持自己的长处，又虚心学习别人的长处，自己的优点就会越来越突出，就会真正地得到大多数人的喜爱。

6. 引导孩子树立正确的竞争意识

有嫉妒心理的孩子一般都有争强好胜的性格。父母要引导和教育孩子用自己的努力和实际能力去同别人竞争，竞争是为了找出差距，更快地进步和取长补短，不能用不正当、不光彩的手段去获取竞争的胜利。

父母应设法让孩子把嫉妒转化为竞争的动力，即让孩子把注意力放在“怎样超过别人”上，告诉孩子贬低别人并不能抬高自己，落后的原因不在于别人，而在于自己，要以努力缩小实际存在的差距，最终化解内心的不平衡。

父母千万不能用贬低孩子所嫉妒的对象的办法来消除孩子的嫉妒心理，那样会导致孩子总是盯着别人的不足而放弃自己的努力。

有时忽视也是一种力量

如今的孩子，都被父母疼爱有加，这种来自父母的过分关注，对孩子的成长而言，不是什么好事情，反而会使孩子处处以自我为中心，形成自私的性格，接受父母的爱也心安理得。父母们要适度忽视孩子，教会他们换位思考，这种适度的忽视会让孩子更好地体谅别人，懂得如何与别人沟通交流。

父母的忽视不是真正的放任不管，而是一种教育的艺术，给孩子更多的机会和时间来感知他周围的世界。忽视，其实是一种贴心的爱护，因为爱孩子，父母才舍得对孩子进行这种看似“冷酷”的教育。

妈妈和四岁的西西在车站等车，西西看见旁边的饼干屋，一定要买一块来吃。“亲爱的，你今天已经吃了两块糕点了，我们回去马上就吃饭，不能再给你买了。”“不，我要吃，我要吃。”他拉着妈妈的手扭动起来。妈妈将眼睛盯着道路上来往的汽车，不再作声。

“你在看什么？”

“看汽车，亲爱的。”

“我要买饼干。”

妈妈没有回答，眼睛又回到汽车上。

西西突然意识到再闹下去妈妈就要上车走了，他也许会被丢下，那可糟了，便很知趣地看了妈妈一眼说：“我们一回家就吃饭，西西不要饼干了。”

“西西对妈妈讲道理，这才是乖孩子，真懂事。”妈妈这一招很管用，西西被“震”住了，终于跟着妈妈回家了。

有人说“沉默是金”，其实这只说出了沉默内涵的一个方面，在对孩子的教养中，忽视也是一种力量。

寻找疼爱与控制之间的平衡

人们很长时间以来就知道，一个不被喜爱、触摸和抚慰的婴儿常常死于一种奇怪的疾病，这种疾病最开始被称为“消瘦”。他们在迎来第一个生日之前便会死去。这种感情需求的证据在公元 13 世纪就已被发现了，当时弗里德里克二世用 50 个婴儿做了个实验。他想知道，如果婴儿永远没有机会听到口头语言，他们会说什么语言。为了弄明白这个问题，他指派养母们给孩子们洗澡，喂他们奶吃，但是禁止她们爱抚、轻拍她们照看的孩子，以及与她们照看的孩子说话。这个实验戏剧性地失败了，因为 50 个婴儿全部死了。后来多次的研究表明，生命的第一年中母亲和孩子的关系对婴儿的成活来说是至关重要的。

疼爱的缺乏对孩子的影响是可以预料的，但是过度的爱或“超级的爱”也对孩子有危害。有些孩子被爱或以爱的名义出现的东西给毁了。有些家长在他们的舞台上非常过分地以孩子为中心，他们把自己所有的希望、梦想、期待和抱负都倾注到孩子身上。这种哲学的自然顶点就是对下一代的过分保护。

一位母亲说她的孩子是她生活中唯一的快乐源泉，在长长的夏日里，她大部分时间都坐在房子的窗户前，看她三个女儿玩耍。她担心她们可能会受伤或需要她帮助，或者她们可能会骑自行车到街上去。尽管她丈夫有一大堆的怨言，但她还是放弃了对家庭的其他责任。她没有时间做饭或打扫房间，看管孩子是她唯一的任务。她被她深爱的孩子可能受到伤害所带来的恐惧折磨着。

孩子的疾病或突然遭遇的危险，对于很爱孩子的父母来说总是难以忍受的，哪怕是最轻微的伤害也能令他们产生难以忍受的焦虑。不幸的是，父母并不是唯一受罪的人，孩子经常也成为这种焦虑的牺牲品。他或她得不到允许去进行合理的冒险——一种作为成长和发展的必要序幕的冒险。同样，在对孩子们的任何要求都不会拒绝的家庭中，前面所描述的物质问题往往会发展到十分严重的程度。孩子心理不成熟，是父母过分保护的又一个常见的后果。

想方设法地控制孩子的极端家庭通常都有一种相似的模式。父亲是一个非常忙的人，他深深地陷在工作之中。他从早到晚都不在家，而当他终于回来的时候，他会带回家一个装满文件的公事包。他可能经常出差。当他偶尔在家并且不工作的时候，他总是精疲力竭地倒在电视机前看棒球比赛，他不想被打扰。因此，他管理孩子的方式是严厉而冷漠的。他时常发脾气，孩子们都知道要与他保持距离。

相反，妈妈则对孩子顺从得多。她的家庭和她的孩子就是她快乐的源泉。事实上，这已经取代了那些从她的婚姻中消失的浪漫火花，她为爸爸为孩子们缺少感情和温柔而担心，她觉得她应该通过向另一个方向倾斜来弥补他的严厉。由于她是爸爸不在时唯一的权威，因此她在家中弹奏的旋律是不成章法的宽容。她太需要孩子们了，以至于不愿冒险去控制他们。

两个家长象征的权威是相互矛盾的，孩子被夹在他们中间。孩子对任何一个家长都不尊敬，因为一个会破坏另一个的权威。这种家庭模式经常会埋下定时炸弹，孩子们会在青春期引爆。大家所知道的最不友善、最野蛮的孩子就是从这种家庭中出来的。

如果我们想培养出健康、负责任的孩子，就必须寻求疼爱和控制的“中间地带”。

第3章

以“权”压人不可取

——跨越代沟，平等交流

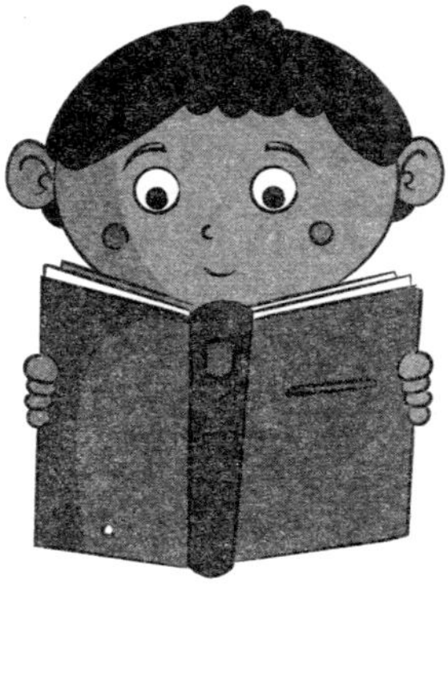

独裁家长让孩子的内心很悲伤

著名的钢琴演奏家郎朗出了一本自己的传记——《千里之行：我的故事》。在书中，他回忆起自己的童年，不免一阵心酸："爸爸以为我贪玩，没有准时练钢琴，就歇斯底里地吼叫：'我为了你放弃我的工作，放弃我的生活！你还不练琴，你真是没理由再活下去了，只有死才能解决问题……'说完这些话，爸爸竟真的拿起一个药瓶让我全部吞下去！"回想起过往种种，郎朗仍心有余悸。

"每年的年三十，我也必须练完八小时琴再吃年夜饭，菜都凉了……小时候，父亲对我太激进了，其实那是对小孩的一种摧残。"郎朗面对来访者当着父亲的面如是说。

但当爸爸看到郎朗书中所写的这些时，却似乎"想不起"那些事了。"我也是该严的时候严，该松的时候松，我也曾经骑着摩托车带他去抓过蜻蜓啊！"

"就两次！"郎朗马上说明。

一脸窘迫的爸爸承认："当然，我也有把变形金刚踹坏的时候！"

总之，郎朗对爸爸的总结是："独裁！"

郎朗的专辑在美国畅销，被称为钢琴神童。但他想到童年的记忆时只说：“我心里曾经很悲伤！”可以想到，在那些刻苦练琴的日子里，他的心里有太多的无奈和委屈。

说起来，“独裁家长”并不是一个新词汇。如今，大多数家长在教育孩子的时候总是以成人的眼光去要求孩子——什么事情该做、什么事情不该做，都是家长说了算，完全忽略了孩子的感受。因为大多数家长都有一个念头，那就是——我这样做是为了你好。不可否认，天下所有的父母都盼着自己的子女能有一个美好的未来。但问题是，我们不能因此就完全忽视孩子的感受。要知道，逼着孩子按照我们的要求去做，也许孩子会在我们的高压之下选择“乖乖地顺从”，但是孩子却不能从心里真正认同，结果就会导致亲子关系越来越紧张、疏远。

曾经有一女孩，学习优异，各方面的表现都不错，但是她说自己不愿意和父母说话。是什么原因阻碍了他们之间的交流呢？让我们来看看这个小女孩内心的真实想法吧。

“小学时，我成绩优异，一直担任班干部；初中时征文也屡屡得奖，然后我考上了最好的高中；接着考上了不错的大学，年年拿奖学金，做了团支书，入了党……我妈说我让爸爸很有面子，但我知道，这些不过是他长面子的资本而已。

“我从小被要求要出类拔萃，做这做那，一直到现在。我不忍心让父母失望，也从没让他们失望过。但是在这个过程中，他不断地提出新要求，而不是表现出一个爸爸对女儿的爱。”

读完这个女孩的内心表白，也许你会觉得这并不能说明父母不爱她，只是教育方式让孩子不能从感情上接受。很多家长都习惯于要求孩子做这做那，他们一心为孩子好，但遗憾的是，他们从来没有问过孩子的真正感受，没有问过孩子是否喜欢这样的安排。而他们这种爱之深责之切的做法，在孩子看来，不过是一种独裁和霸道，甚至被看作是一种投入与产出的关系。这样教育的结果，就是你对孩子再好，为他们付出再多，他们也不会从内心深处感激你，相反地，说不定还会埋怨你的“独裁”。

让孩子按照家长设定的路线去走，还需要看一看孩子是否能承受这份压力。如果父母给孩子的压力过大，不仅会适得其反，甚至可能会引发孩子的一系列心理问题。

因而，家长应该与子女建立一种平等、民主的关系，而不是家长“说了算”的独裁家庭关系。家长需要教育子女，但同时也要接受子女的建议，从传统的封闭式教育模式转向开放式教育模式。

不要随意打断孩子的诉说

于涛的妈妈是一个爱唠叨的人，一看到他表现不合她的意，就会说个不停。可是她却很少停下来听听孩子的意见和说法，在孩子向她倾诉的时候总喜欢打断孩子的话。

有一次，于涛的学校举办运动会，于涛参加的是长跑，在这项比赛中，他跑出了全校第一名的好成绩。晚上，他拿着奖状和奖品兴高采烈地回到家，看到妈妈在家，便忍不住想跟妈妈分享自己的喜悦。

“妈妈，我们学校今天举行了运动会，我参加了长跑。参加长跑的很多人都是高年级的，水平很高啊。”于涛说得津津有味。

此时妈妈正忙着打扫屋子，似乎没听清楚，就说了句：“嗯，快去写作业吧。”

“可是，我今天还是跑了第一名，在前两圈的时候，我前面还有好几个人呢，我以为自己要跑倒数了，谁知却后来居上……”

没等于涛说完，妈妈就打断他说：“你这孩子，叫你去写作业，你没听到啊！整天就知道不务正业。跑步好有什么用？重点大学能因此就要你了？”听完妈妈的话，于涛觉得很没意思，悻悻地走了。

在成人的交际中，我们知道随意打断别人的话是不礼貌的行为，但在与儿童的沟通中，却很容易忽略这一准则。结果，有不少家长就像于涛的妈妈一样，根本就没有耐心听完孩子的诉说，随意打断孩子的话，令孩子失去了倾诉的欲望，不愿意多跟父母交流自己的想法，分享自己成长的经历，影响了和谐亲子关系的建立。其实，建立良好的亲子关系并不难，不随意打断孩子的话，就是一个简单而实用的方法，能起到完全不同的教育效果。

如果父母总是随意打断孩子的话，就会造成诸多消极的影响：一是会让孩子觉得自己得不到父母的尊重，长此以往，他们就会习惯于把话藏在心里，不肯对父母说；二是会让孩子觉得自己和父母的地位是不平等的，自己的说话权得不到重视，时间长了，孩子就会产生对抗情绪，以致双方相互不信任，沟通困难；三是可能会影响孩子语言表达能力的提高和性格的发展，一些孩子可能会因此而变得自卑内向、沉默寡言。

琪琪是家里的独生女，但是却没有一点娇滴滴的样子，相反很像个男孩子，平时大大咧咧、外向活泼。同学们给她起了一个外号，叫“琪哥哥”，她自己对于这个外号也欣然接受。

在学校，琪琪学习成绩还不错，老师也经常夸奖她。尽管这样，但琪琪的父母总觉得琪琪应该做一个淑女，这样才能有气质、有未来，因此他们打算改变琪琪的这种性格。

以前，琪琪回来的第一件事情，就是对爸爸讲一讲她今天又做了什么让同学们吃惊的事情。有一天，琪琪依旧兴高采烈地回到了家中，看到爸爸坐在客厅里看电视，就扔下书包，跑向了爸爸。

“爸爸，我告诉你一件事情。”琪琪边说边走向爸爸。结果琪琪还没有走到爸爸跟前，爸爸就突然站了起来。

“琪琪，我现在要跟你说一件事情，那就是我希望你以后每天回到家里能安静点，不要喋喋不休。”

“你先不要打断我，听我说完，你再说嘛。”琪琪委屈地嘟着嘴说道。

“以后，你要是每天回到家中都说个不停，我会不停打断你说话，直到你不再说为止。”

“你这是干吗呀？为什么不让我说话呀？”琪琪突然大声哭了起来，可是爸爸依旧不为所动。

后来琪琪果真如她的父母希望的那样安静了下来，再也不跟父母说自己的事情了。

有调查显示，70% ~ 80% 的儿童心理问题和家庭环境有关，特别是与父母的教养方式和沟通方式不当有关。为了保证孩子健康成长，父母不仅需要平时多与孩子沟通和交流，更应该在双方对话的时候尽量耐心倾听，少打断孩子说话。

用沟通代替对孩子的命令

在生活当中，不经意间就会发现父母和孩子的对话充满了父母对孩子的命令，相信在不少家庭中都会出现这样的景象：

“去，给我回家写作业去！”

“不准说话，赶紧吃饭！”

“今天必须去辅导班听课！”

在教育孩子的过程中，很多父母一不小心就忽略了一点，那就是孩子是发展中的个体，具有独立的人格和鲜明的个性，在向周围世界学习的过程中，他们更喜欢处于主体地位，做学习的主人，而不是一直听父母的命令，被动地接受。

了解孩子、尊重孩子、激励孩子、诱导孩子是成功的教育方法。强迫责令，以成人为中心，往往会使孩子处于被动地位，收不到好效果。

因此命令的方式应慎用，绝对不能滥用。

举个例子，当孩子玩得开心之时，家长强硬地命令孩子去做这做那，孩子不去，家长便拖着孩子去，孩子很委屈，有时还大哭大嚷。其实，只要好言相劝，或者等孩子玩得尽兴再让他做其他事情，效果反而会更好。

田宇今年五岁了，这一天他正在跟隔壁的晓彤在小区的花园里抓蝴蝶，突然他的妈妈急急忙忙地拉着他往小区外面走。原来，田宇的妈妈有急事要出差，准备把田宇送到姥姥那里去，爸爸已经在小区外面等着他们了。

然而，田宇的妈妈并没有对田宇说清楚原因，田宇说："我要抓蝴蝶。"

"抓什么蝴蝶？妈妈有急事，快！"她边说边拉着田宇往外面走。

结果田宇就是不走，不一会儿就大哭了起来。田宇的妈妈越来越着急，就打了田宇，田宇更加委屈，在地上打起了滚。

这时候田宇的爸爸走进了小区的花园。

"怎么还没有出来呢？"田宇的爸爸问田宇的妈妈。

"这孩子太不懂事了，死活要抓蝴蝶。"田宇的妈妈说道。

"田宇，爸爸跟妈妈今天有急事，要把你送到姥姥家，等从姥姥家回来，你再和晓彤抓蝴蝶，好不好？"爸爸蹲下来对哭着的田宇说。

田宇抹了抹眼泪，点点头。爸爸抱起他往外走，妈妈向爸爸伸出了大拇指。

除了上面的例子，生活中还有一些情况需要父母们注意，比如孩子用手抓饭吃，妈妈打了孩子的手，孩子哭了，正在哭得喘不过气来之时，爸爸命令孩子"不要哭，闭上嘴"。这种情况下孩子怎能一下子憋住这口气呢？

其实，有一种比命令更好的方式，那就是沟通。

不知道父母有没有发现，自己在命令孩子的时候，说话的态度往往是简单而生硬的，而在和孩子沟通时，说话的态度却温和了不少。温和的态度更容易让孩子接受，而粗暴的态度却容易遭到孩子的反抗。所以，温和的沟通比生硬的命令往往有效得多。

孩子在接受命令时，往往是被动的，而在沟通时，孩子是主动的。比起被动的接受，主动的接受可以保持一种愉悦的心情，这也是孩子为什么讨厌父母直接命令的原因。

小飞扬今年四岁了，每天晚上总是在房间里跑来跑去，一会儿摆弄玩具，一会儿摆弄书本，总之就是不能安静地上床睡觉。飞扬的妈妈每天晚上都要追在他后面：

“飞扬，不要再摆弄玩具了，去睡觉！”

“飞扬，把漫画书收起来，睡觉了！”

“陈飞扬，去睡觉！”

妈妈的声音越来越大，可是飞扬却还是玩自己的。这让飞扬的妈妈很崩溃。后来，飞扬的妈妈实在是没有力气喊叫了，就走到飞扬面前，心平气和地告诉他：“飞扬，小孩子早早睡觉，早早起床，身体才会好。而且，爸爸妈妈明天早上也要早早起床上班，睡晚了，对身体不好。你能安安静静地去睡觉吗？这对你对爸爸妈妈都好哟。”

飞扬听了妈妈的话，扔下了漫画书和玩具，乖乖地到自己的床上睡觉去了。

飞扬的妈妈也长舒了一口气。

沟通最容易让孩子站在他人的立场上思考，也最容易让孩子养成理解他人的习惯。只有这样，他才有可能成为一个全面发展的优秀人才。所以，当父母命令孩子，而孩子却无动于衷时，不妨换个方式，好好沟通一下。

不要太介意孩子的“顶嘴”

有一位妈妈抱怨说：“最近我女儿特别爱顶嘴。比如，在从学校回家的路上，我们到一个公园去玩了一会儿。我说：‘咱们回家吧。’她不干，还会反问我：‘为什么我非要听你的，你就不能听我的吗？’女儿特别喜欢小动物，总想养一只小狗，我不让，说小狗身上有细菌。但是她却说：‘你说得不对！电视里说过，小朋友和小动物多接触可以提高抵抗力。’每当这时候我都会很着急，但是又不知道该怎么对待孩子。”

有不少家长都有过这样的抱怨，随着孩子一天天长大，渐渐觉得孩子不如从前听话了，并且变得难管了，动不动就与家长顶嘴，家长说东，他偏说西，这令家长十分为难和恼火，真不知道到底该拿这孩子怎么办才好。

其实，家长也没有必要特别烦恼，只要找到孩子顶嘴的原因，一切就很容易解决了。一般而言，孩子的顶嘴都是有原因的。随着年龄的增长，孩子进入了青少年时期，他们具有一定的独立思考能力，从这时候起，他们不再愿意别人把他们当作小孩子来看待，也不愿意处于被照顾的地位，更不愿意一直处在接受命令和指派的地位。所以，家长们没有必要为孩子的顶嘴而生气恼火，不妨为此感到高兴，因为孩子开始顶嘴意味着他们有自己的想法了，有独立思考的能力了，这不正是家长所企盼的吗？

有的父母不愿意接受孩子开始顶嘴这个现实，大多数是由于受到千百年传统观念的影响，总觉得小孩子见识少、阅历浅、不成熟，于是就形成了“父母说话小孩子听”的模式。也有不少父母要孩子对他们“言听计从”，否则就认为有失父母的威信和尊严。其实这种想法也是不对的，因为父母不可能总是按照管教三四岁小孩的方法来对待自己已经长大的孩子。

聪明的家长应尊重孩子的独立性，允许孩子有不同的观点、看法。面对顶嘴的孩子，应保持风度、保持冷静，不要轻易发火动怒，加剧对方的抵触情绪。要善于倾听孩子的意见，耐心让孩子把心中的观点讲出来，然后分析一下孩子说的是否有道理，变争吵为讨论、探讨。如果孩子是正确的，就应该给予肯定和鼓励。如果孩子是无理取闹，家长也可坚持自己的观点，但应该将心比心，耐心听完孩子的意见后讲明道理，真正说服他。

德国汉堡心理学家安得利卡·法斯博士通过多年的观察后指出：对于下一代来说，争辩是走向成人之路迈出的重要一步。能够同父母进行争辩的孩子，在以后会比较自信、有创造力和合群。

孩子争辩的时候，往往是他们最得意的时候。这至少有两个好处：一是当孩子最来劲、最高兴、最认真时，对他们的大脑发育是有好处的；二是这样可以营造家庭的民主气氛，增加孩子各方面的能力。这样的孩子具有很强的交际能力和其他方面的能力，对将来的发展是大有好处的。

总之，如果一个孩子从不与人争辩，总是与世无争，那么，他的勇气、智商、口才、进取心、自信心等就值得怀疑了。因此，从某种意义上说，争辩是孩子的一门必修课，而这门课最好在家里进行。在争辩的过程中，父母要有热心和耐心，让孩子在争辩中不断成长。

孩子说谎，找原因胜过责骂

诚实就像一件漂亮的衣服，对于孩子的成长而言，这件漂亮的衣服不是一件装饰品，而是一件必需品。那些拥有这件漂亮衣服的孩子，会交到更多的朋友，会得到更多的肯定和爱。可是，总有一些孩子调皮捣蛋，忘记了穿这件漂亮衣服。

那这时候，作为父母应该怎么办呢？

是大声地呵斥，以此警示要是再犯就挨揍，还是耐心教导，仔细分析孩子说谎的原因，告诉他说谎的坏处，让他不要再犯？有不少父母都不自觉地选择了前者，因为他们知道孩子撒谎后的第一个反应就是生气，生气几乎压制住了理智。

一个母亲就曾讲过这样一个故事：

“一个月前，女儿去张同学家玩，回来的时候把同学的小卡片拿来了，我发现后鼓励女儿还给同学，并要求她向人家承认错误，还告诉她别人的东西再好也不可以拿，如果喜欢可以和爸爸妈妈商量，女儿答应了。

“我以为事情就这样结束了，没想到后来和女儿的另一个佟同学的妈妈通电话，她告诉我说女儿那次和张同学说是佟同学把她的卡片拿回了家，她帮助人家还回来。

“我听了以后很惊讶，真不敢相信小小的女儿变得这么‘复杂’，竟然可以用一个谎言掩盖自己的错误，难过、生气、慌乱，许多的感觉交织在一起。

“晚上回家后我问女儿那天是怎么和同学说的，她似乎意识到自己的谎言要被揭穿了，有点不安，但并没有说出实话，只说自己忘了。

“我也实在没有耐心再听她继续撒谎了，就开始大声地训斥她，并且要求她明天分别向两个好朋友道歉。可是女儿却哭着跑开了。

“第二天早晨火气消了以后，我问女儿为什么要说谎，她说因为怕同学笑话，所以她才那么说。

“我理解她的心情，因为女儿的自尊心比较强、爱面子，可是我告诉她，做错事就要勇敢地承担责任，否则这是一个比前一个错误还要严重的错误。女儿点了点头，说自己知道错了，以后再也不撒谎了。”

仔细想想，父母的生气并非没有理由：辛辛苦苦养大的孩子怎么转眼间就变成了一个说谎精？可是，生气归生气，生气之后就应该立马冷静下来，找找孩子说谎的原因。要知道，只有对症下药，才有可能让孩子真正改掉说谎的毛病。

需要注意的是，不少父母总觉得撒谎是一个不可饶恕的毛病，撒谎的孩子一定是品德出了问题。其实，仔细分析孩子说谎的原因，就知道这种说法有些小题大做了。孩子撒谎固然不好，但是并非孩子的所有错误都与“品德不端”有关。许多时候，孩子犯错的最初原因可能在家长身上，也可能是无意中模仿大人的举动，或出于自我保护的本能，或为了迎合家长的过高期望，满足某种虚荣心。孩子犯错，作为家长要找出原因并加以引导，根据不同情况客观分析，对他进行正确的教育引导，即使孩子犯了错，只要说了真话，就应肯定他的表现，并引导他不断完善自己。

此外，父母在找到孩子说谎的原因后，还要反思一下自己的教育方法，比如说有些孩子因为害怕惩罚而撒谎，那父母就应该反思自己平时是不是太严厉了，所以才导致了孩子撒谎。

不要伤害孩子的自尊心

自尊心对一个人人格发展的影响是非常大的，可以说，培养孩子的自尊会直接影响到孩子的未来。历史上那些成功人物虽然个性不一，但他们都有一个共同点：具有强烈的自尊意识。所以，做父母的绝对不要伤害孩子的自尊心。

事实上，父母无意间伤害孩子自尊心的事经常发生。

有个孩子他天生不会唱歌，唱起歌来声音就像在敲砂罐。上小学二年级时，班上举行唱歌比赛，他只得在家里练唱。母亲恨铁不成钢，就烦躁地说："你这哪里是唱歌，分明是在鬼哭狼嚎！"这句无意中的评价，不但使孩子对练歌失去了信心，连上学都感到痛苦。

当然，这句话如果是出自他的一个同学，他虽不愿听，但还可能同他吵，甚至回敬他一句："我是鬼哭狼嚎，你是猪叫！"但是这种话出自自己的母亲，他所信赖、尊敬和依靠的人，他就无法反驳了。因此，这种伤害可能是无法弥补的。

还有一种无意的伤害，那就是父母总认为自己的孩子不懂事，无论什么事情都替孩子做主。其中最常见情形是，同学来找孩子出去玩，母亲也不管孩子愿不愿意，就不假思索地代他说："看书，不去。"

母亲的行为会让孩子在同学面前很没面子。孩子进入小学后，就会有自己的交际圈，有自己的朋友，自己的世界。在那个世界里，孩子在心理上认为自己是独立的，可以不受父母的控制。为了维护自己的面子，有时孩子甚至会故意不听话。母亲在孩子的朋友面前指使孩子，就等于告诉孩子的朋友你的孩子还没有独立能力。一旦同学们发现某人样样都不能做主，就不会再找他玩，不再接受他。这对孩子社会性的发展非常不利。

然而，孩子的这种心理却不易被父母理解或常常为父母所忽视，以致产生一些不必要的争执和伤害。这些都值得做父母的警惕与注意。

要求孩子尊重父母，是人们公认的道德规范。但是，孩子尊重父母是以父母尊重孩子为前提的。很多父母可能还无法接受这样的理论。父母是长辈，子女是晚辈，子女尊重父母天经地义，而且历来如此，却从没听说过父母有尊重子女的责任。

不管父母们怎么想，为了孩子的将来，尊重孩子都是势在必行的。一个孩子长到八九岁，就会有独立的意志和欲望，尤其是进中学以后，他会在心理上认为自己是独立的。他已经有了一些是非善恶的标准与概念。对孩子的这些概念，只要不是错误的，父母就应尊重。而且事实上，做父母的大部分都这样做了，因为谁都不会有意去伤害自己的孩子。

孩子如果在外面受了委屈，父母都会愤愤不平。但是，在日常生活中，有时父母自己无意间伤害了孩子的自尊，却没有引起足够的重视。

小孩子在家里不免乱拿东西，而且用过了，也不知道放回原来的地方。于是，有时父母要找一个东西，找不到就会问孩子把东西拿到哪里去了。如果孩子真的拿了，而且经母亲一问就想起来，那当然很好。可是如果孩子没有拿，父母却一再追问埋怨，往往就会在孩子的心里留下阴影。

有的孩子既好奇又调皮，总觉得大人的一切都很新奇。孩子喜欢在爸爸不在的时候，拿他的钢笔做功课；喜欢趁妈妈不在的时候，偷偷穿妈妈的高跟鞋。这些小事发生多了，父母就容易产生一种条件反射：只要有什么东西一时找不到了，马上就会想到是孩子拿了。

孩子说没拿，妈妈不信，反而会说孩子是撒谎，这实质上是对孩子人格的一种侮辱，孩子心里自然会十分痛苦。然而主观武断的母亲却察觉不到，也了解不到自己无意间对孩子心灵造成的伤害，还以为自己是正确的。过了几天，妈妈自己又无意间在另一个抽屉或什么地方发现了要找的东西，于是才恍然大悟，是自己放错了地方。

类似的事情，在不少家庭中都经常发生，而且常常被父母忽视。这种无意间的伤害，除了给孩子幼小的心灵造成创伤不说，也很容易造成父母与孩子间感情上的隔阂。所以，父母一定要学会尊重孩子的自尊心。试想，一个没有自尊心的人，将来会怎样呢？一个孩子一旦失去了自尊，也就丧失了前进的勇气。

例如，一些不用功和粗心的孩子，在做练习甚至考试时常会把一些极简单的试题做错。妈妈看到孩子的作业本或试卷上连简单的试题都答错了，感到气愤和失望，于是可能会骂道：“这么简单的题目都不会做！你还能做什么？”有的为了刺激一下孩子，还故意辱骂一两句：“你真是白吃了几年饭！你是小学一年级的吧！”

当然，父母的指责也可能促使孩子反省，从而产生奋斗的决心。然而，这种讽刺话却不可能产生什么好的效果。因为这种话只能刺痛他一下，但并不能使他悔悟，认识到自己不用功或粗心大意的错误。

每个小孩都愿意听大人说自己聪明能干。父母骂他“你和小学一年级的学生一样”等于说他“你的天资很差”，这只会使孩子泄气。照理说，在老师或别人责骂孩子“你什么都不会”时，作为父母应该鼓励和支持孩子：“妈妈相信只要你好好做，认真地去做，一定能做得很好。”

而且事实也是这样，不管外人怎么说孩子不行，只要孩子的父母承认孩子的能力，相信孩子的能力，支持和鼓励孩子，孩子就一定会努力拼搏，不会沉沦下去。

反之，如果父母首先就把自己孩子的才能否定了，孩子当然会无所依靠，进而丧失信心，结果什么都不想做。

还有，讽刺话也是不能说的。有的孩子本来对父母依赖性很大，读书做功课要父母喊，做事要父母催。后来孩子由于某种原因，改变了，主动读书做功课，而且还主动帮助妈妈打扫卫生。于是妈妈觉得很惊讶，不自觉地说了一两句：“今天怎么太阳从西边出来了”或“今天这孩子怎么变得我认不出来了？是跟隔壁大维学的吧”。

妈妈本来是要表示对孩子进步的欣慰，只是感觉有些意外，说了这种带刺儿的话。不过，即使是开玩笑，这种讽刺话也最好不要说。因为这种话同样可能伤害孩子的自尊。俗话说得好：“说者无心，听者有意。”

遇到上述情况，父母最好通过夸奖来放大孩子身上的闪光之处。如果孩子长期受激励性话语的影响，其内心就会形成正面的自我意象，久而久之，他们就会越来越自尊自信。

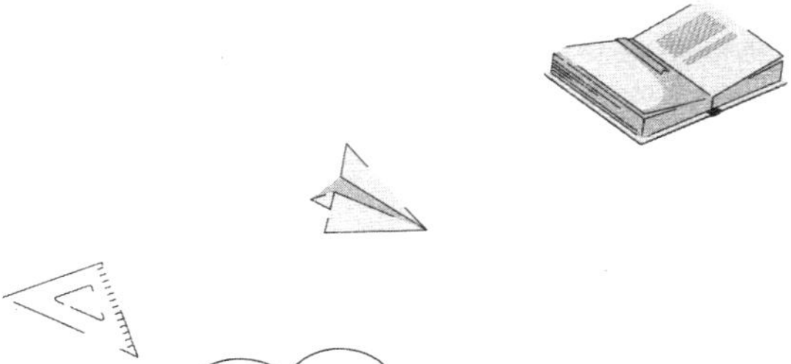

第4章

言传身教不可轻

——家长需做孩子的表率

不要将学习暗示为“苦”事

我们经常听见家长对孩子说“你要好好学习，现在苦点没有关系，等考上大学就有希望了”“现在吃点苦，将来才会有出息”之类的话。这些话包含了两层含义：一是要求孩子努力学习，二是学习本身是件辛苦的事。

但是，这些父母却不知道人有着避苦求乐的本能。当孩子自己还没有体会出学习的乐趣时，父母就给他暗示学习是件苦差事，这样，孩子会先入为主地认为学习是件苦差事，本能地逃避学习。

刘希刚上初二，这学期他们要学习一门新的课程——物理。在学习这门课程之前，就听高年级的同学说，物理是一门很难学的课程。父母也对他说：“学物理可不是一件轻松的事情，尤其对女孩子来说，一定要很努力才行。”

这些话都在刘希的心里留下了阴影。从上第一节物理课开始，刘希就高度紧张，生怕错过老师说的每一句话，后面的课程反而越来越听不懂。就这样，一节课下来，她感觉就好像跑了 800 米一样累。

没过多久，刘希就感觉上物理课是一件很累人的事情，尤其是当班里很多同学都说物理课听不懂的时候，她也开始放弃了。

就这样，期末考试的时候，刘希的物理只考了52分。

刘希的父母很生气，决定暑假的时候给刘希请一个物理老师补补课，可是，老师还没有请来，刘希自己就很头疼："爸爸妈妈，上物理课太累了，我不想补习。"

父母一定要懂得"游戏是儿童的天性"。对孩子来说，玩耍和学习本来是不冲突的，愉快教育已经成为教育的新理念，让孩子以游戏的心情愉悦地学习，学习效果或许会更好。那么，作为父母，应该怎样帮助孩子进行愉快学习呢？

首先，愉快学习就要求孩子劳逸结合。孩子每天睡眠充足，学习时才能精力充沛，才能高效地学习。心理学家认为小学生需要的睡眠时间为10小时，初中生需要的睡眠时间为9小时，高中生为8小时。

调查发现，睡眠不足不但影响孩子生长发育，学习效果也会受到影响。学习时的状态就相当于无限度地拉一根橡皮筋，橡皮筋拉得超过了"弹性限度"就很难再恢复原状。"超负荷学习"就是超过了"弹性限度"，学习就真的成了件苦差事，孩子只会感到疲惫，根本无法体会到快乐。所以，父母不要老盯着孩子，要求孩子一直学习，这是不科学的，也有害无益。

其次，要使孩子的注意力长久地集中在一件事、一个对象上是很困难的。很多孩子学习时出现分心现象，就是注意力不稳定、注意力分散的现象，因此，要求孩子一直注意力集中地学习是不符合客观规律的。因此，当孩子学习累的时候，父母要允许或者建议孩子休息片刻之后继续学习，这样学习的效率也会提高。休息的方法有很多种，睡觉是其中一种，特别是要养成午睡的习惯，这样下午和晚上都会精力充沛；此外，体育锻炼也是一种很好的休息方式，不但能放松心情，还可以锻炼身体。总而言之，劳逸结合才能有效地学习，学习才可能是愉快的。

最后，愉快地学习就要求孩子从学习的压力中解放出来。家长要善于观察孩子，如果发现孩子的压力来自自己，就要找些方法让孩子放松下来，比如发展一下其他方面的爱好，或者出去放松放松。另外，父母不要给孩子施加太大的压力，孩子是一个有着独立意识的个体，有着自己的喜怒哀乐。对于学习，家长要结合孩子的特点给予指导，而不是要求孩子必须考多少名、考多少分、考什么学校。如果父母无时不监管着孩子的学习，无视孩子的兴趣点，抹杀孩子的个性，让孩子做学习的奴隶，这样对于孩子来说，学习就真的成了一件苦差事。

学习是人探究自然界、认识自身的途径，是人从无知到知之较多的过程，也是知识和幸福积累的过程。父母一定不要好心办了坏事，天天督促孩子“下苦功学习”“刻苦学习”，结果让孩子感到学习是一件苦差事。

切忌对孩子不闻不问

余涛的父母都是律师，平时工作都比较忙，抽不出时间照顾和关心孩子，所以余涛的妈妈把余涛的爷爷奶奶接来和他们同住。余涛从小到大的多数时间是跟着爷爷奶奶一起过的，由于爷爷奶奶对他有些溺爱，他渐渐就养成了一些坏毛病，比如自私、任性、懒惰等。

一天，余涛的爸爸出差回来，看到余涛正对奶奶发脾气，还说一些很不礼貌的话。爸爸大声呵斥道："余涛，奶奶平时对你那么好，你怎么能这么对奶奶呢？"

"不用你管，反正你平时都不怎么理我，有什么资格管我！"余涛理直气壮地说。

"我是你爸爸，我怎么就没有资格管你！"爸爸十分生气。

"你还知道是我爸爸，那你平时怎么什么都不管我？别人都有爸爸辅导功课，可我没有；别人受了委屈可以找爸爸哭诉，可我不能。"孩子越说越委屈，居然哇哇大哭起来。爸爸一时手足无措，愣在了一旁。

一些父母考虑到严格管教孩子的弊端，主张让孩子顺其自然地成长。实际上，这种观念是偏颇的，对孩子管得太严极易使孩子反感并产生逆反心理，而对孩子不闻不问、放任自流会让孩子失去行动的准则，甚至养成一些坏习惯，而这些坏习惯是会陪伴孩子一生的。

认为"树大自然直"，对孩子放任自流的父母实际上是忽视了孩子成长的规律及孩子成长过程中环境因素的重要影响。在最初的时候，孩子就是一张白纸，后天的教育对于孩子个性的形成和发展、思想观念和道德品质的培养等有深远影响。

因此，要想让孩子健康成长，父母应该进行适当的干预和引导，切忌对孩子不闻不问、放任自流。在管教孩子的时候，父母应该掌握两个要点：

首先，父母应该掌握好分寸和尺度，切不可管得太严。父母要掌握好管教的分寸和尺度，既关心和爱护孩子，但又不过分约束孩子，不限制孩子自由发展的空间，积极为孩子创造出愉快轻松的环境。

璐璐的父母都是教育方面的专家，他们在教育璐璐的时候，就很注意管教的分寸和尺度问题。

“妈妈，我想玩会儿再去写作业，可以吗？”

“可以，但是只能玩一个小时哟。不然，妈妈就会认为你是一个说话不算话的小孩，明天玩的时候就要减少时间了！”

“爸爸，我想去荡秋千。”

“好的，爸爸推你，你自己要抓紧绳子。”

对于璐璐的要求，只要是不过分，父母都会在合理的范围内去满足。

其次，父母应该随时做好孩子的榜样，在教育孩子之前先纠正自己的不良行为。家庭是孩子接受教育的第一课堂，父母就是孩子最初的老师，只有父母先做好示范，孩子才会有样学样，接受好的影响。当父母行为不端时，孩子也会进行模仿而做出不好的举动，所以，想教育好孩子，父母要首先以身作则，纠正自己的不良行为。

小雨今年上一年级，学习成绩很好，老师希望她能帮助一下学习成绩差的同学，于是就安排小虎做了她的同桌。小雨很不情愿，回家跟妈妈说了，于是小雨的妈妈就带着小雨去找老师。

“小雨妈妈，这是去哪里了？”找完老师，回来的时候遇到了小虎同学的妈妈，小虎的妈妈问道。

“去小雨的姥姥家了。”小雨的妈妈回答道。

小雨看着妈妈，觉得很奇怪，回到家里，爸爸问小雨去了哪里，结果小雨回答说“跟妈妈去姥姥家了”。

“去姥姥家干什么呀？”爸爸继续问。

小雨回答不上来了。

“怎么小小年纪就说谎话呢？”

“妈妈就是这么跟小虎的妈妈说的。”

小雨的妈妈当时就愕然了，然后意识到自己犯了一个很严重的错误，于是立马蹲下来，告诉小雨：“刚才妈妈犯了一个错误，对小虎的妈妈说了谎话，妈妈知道自己错了。说谎是一种不好的行为，小雨以后千万不能学，知道吗？”

小雨点了点头。

总之，在教育孩子的过程中，父母会遇到很多问题，但只要父母心中有爱，坚持正确的教育方式，就总能教好孩子，切忌对孩子不闻不问、放任自流。

提高孩子的情商，父母应做好示范

家庭是孩子提高情商的第一所学校，是孩子发展情感的基石。在家里，他们将获得许多基本信息和知识，比如如何洞悉别人的情绪与表达自己的喜怒哀乐等。根据研究显示，父母对待子女的方式，对子女的情感世界有长远而又深刻的影响。因此，想要让孩子具有高情商，父母必须力争做到以下五点：

1. 要为孩子树立良好的榜样

父母的一言一行、一举一动，无不对孩子起着潜移默化的影响作用。因此，父母要以身作则，凡是要求孩子做到的，首先自己要做到，用榜样的力量去影响孩子。

2. 要用情绪影响孩子

孩子的情绪往往受家长的影响，平时在生活中，家长要用热情、豁达、乐观、友善等好情绪对待孩子和他人，控制住自己不好的情绪，这样孩子才会具有活泼、大方、快乐等良好的情绪和性格。同时大人还要及时排除孩子恐惧、抑郁、悲伤、愤怒等坏情绪。父母还要让孩子懂得，在不同场合应该表现出不同的情绪，以便让孩子逐渐形成控制自我情绪的能力。

3. 要注意孩子情感的细微变化

父母要与孩子进行心灵沟通，做孩子的知心朋友。对于孩子的要求，如果是合理的，父母就应该尽量给予满足；如果是不合理的，则要向孩子说明为什么不能满足。父母千万不能不关心孩子的情绪，也不能让孩子放任自流，更不能动辄训斥、打骂，压抑孩子的情感流露。相反，父母应让孩子的情感得到合理的流露，并要了解它产生的原因，需要解决的，应及时加以解决。

4. 要为孩子创造各种人际交往的条件

如果家里来了客人，父母要让孩子相识相伴、沏茶接待。父母也要适当带孩子去参加一些聚会，让孩子见见各种场面，学习与各种人打交道。另外带孩子上街时，要鼓励孩子问路。乘车、进公园、购物等，都可由孩子付费。孩子在幼儿园或学校当了小干部，要予以积极鼓励和支持。

5. 要带孩子多参加集体活动

在幼儿园或学校中，孩子与同龄的小朋友一起生活和做游戏，他们一起学习怎样玩耍、怎样相处、怎样生活。父母要欢迎孩子的朋友上自己家里来玩，也要鼓励自己的孩子到别的小朋友家里去玩。在孩子与其他小朋友交往的过程中，父母要教育自己的孩子严于律己、宽以待人、互相信赖、彼此尊重。

“啪啪！哗啦！哗啦！”小辉又在摔东西了，这次可非同一般，他摔碎了爸爸心爱的瓷茶杯，还砸坏了妈妈梳妆台上的大镜子，接下来是一场波及全家的“疾风暴雨”。当小辉被三四个大人“押”到心理老师面前时，他手上缠着纱布，脸上、手臂上都有青紫的伤痕。父母回避后，小辉对心理老师慢慢道出自己的苦衷：“还不是因为我期中考试没有考好？父母不许我做任何解释，这次题目特别难，班上十几个人没及格，我都及格了，名次比上学期还提前了。可爸妈不相信我，说我贪玩、不努力，我能不跟他们急吗？我一回到家里就感到特别压抑。我学习很努力，可没有父母期望的那么好。爸爸见到我总是板着脸，除了问学习没有别的话说，我出点小错就打骂，他手可狠了，摔东西可厉害了，老拿我当出气筒；妈妈爱唠叨，又动不动就哭天抹泪的；爷爷有心脏病，不让大声说话；只有奶奶真疼我，可又管不了爸爸。一放了学，家里人都不让我出去，说我脾气大，怕我惹事，不让我下楼踢球，也不让听音乐，我觉得家里简直像牢笼一样！我心里一感到难过，就想学爸爸的样子摔东西，听到那刺激的声响，我才觉得心里痛快些！”

其实，所谓脾气大、情绪易波动的青少年，往往是情商较高的孩子，同时他们的神经系统比较敏感。所谓“发脾气”，是因为缺乏宣泄和表白的机会，只不过是想让父母了解自己的内心。

近年来，“情商”这个时髦的心理学名词引起人们的兴趣，是有一定道理的，因为情商是人的非智力因素的核心内容，也是影响人事业成功的关键性因素之一。情商包含着三方面的内容：一是正确表达和适度控制自己情感的能力；二是理解和接纳他人情感的能力；三是与他人交流情感，以自己情感影响和感染他人的能力。在家庭教育中，家长应重视对孩子的情感教育，引导孩子努力提高情商，懂得爱自己和爱别人。

医药学的鼻祖希波克拉底曾经说，躯体本身就是疾病的良医。七情六欲，人所共有之。但是，同样是情绪，可以给人带来健康，也可以给人带来疾病。而人本来就有能力和办法来控制和调节自己的情感和情绪，使之有利于健康和生命。儿童、青少年处在心理尚不成熟，情绪情感十分丰富而又脆弱的时期。在家庭中，父母的情绪直接影响孩子的情感水平，是孩子的情绪的主要“影响源”。因此，父母应该学会驾驭自己的情感，提高自己的情商，保持自己情绪的乐观、稳定，给孩子做出榜样。

喜怒哀乐，人皆有之。在家庭中，教孩子学会情绪的自我调适，以下建议可供父母们参考：

对孩子细心一些，发现孩子情绪不佳时，要懂得理解孩子的感受，努力去了解引起孩子情绪不佳的前因后果，进而引导孩子以适当的方法抚平情绪。

帮助孩子建立自信心，培养他们的同情心，促进其情商的发展。

每天和孩子聊天 10 ~ 20 分钟。为了避免孩子拘束，可以和孩子一起做游戏和文体活动，或者是在睡前陪伴孩子一会儿，创造一种轻松温馨的气氛，使孩子愿意说出想说的话。

凡事想得开，对人大度开明，虚怀若谷，在家庭中讲究宽容，有话好好说，运用对话、谈心、讨论等方式与孩子进行心理沟通。

保持人格魅力。遇到任何事情都要镇定自若，引导孩子善于以自信和自强之心来战胜挫折和失败，使他们真正学会控制自己的情绪。

以幽默机智化解家人之间的矛盾。要能够承受一切外界或内心变化所带来的危机，转危为安，保证在家里不动武、不喊叫，维持和谐融洽的气氛。

如果父母出现言行、情绪失控的情况，向孩子发了脾气，则应当在事后做检讨，反省自己，以得到孩子的理解和原谅。

对于进入青春期的孩子，父母更要注意尽量不与孩子发生正面冲突，而是要心平气和，冷静处理所有的问题。

情感的交流是相互的。父母也应该将自己的喜怒哀乐告诉孩子，使他学会关注别人的内心，学会分享别人的快乐，分担父母的忧愁和烦恼。

鼓励与肯定孩子对自己情绪的表达。如果孩子有不好的情绪，也要表示理解和尊重，还要教导孩子通过正确的方式宣泄负面情绪，比如，向亲人倾诉等，达到缓解紧张焦虑情绪的目的。

你的语言传递着你的价值观念

父母通过与孩子的言语交流，在不知不觉中传递着自己的价值观念，包括什么是好的，什么是不好的；什么是可以的，什么是不可以的；什么是应该的，什么是不应该的；什么是提倡的，什么是不提倡的。也就是说，父母在平时的言谈中，要有意识地让子女学会分辨什么是大是大非，什么是无关痛痒的小事。因为这是为人处世的根本。

有些父母往往是以“只许州官放火，不许百姓点灯”的“州官”身份向孩子提出一些“以其昏昏，使人昭昭”的要求，或者是与其自身言行完全相悖的要求。如一方面要求孩子有礼貌、讲道理、尊重他人，另一方面自己对孩子说话时总是采取命令的、不尊重孩子的甚至是没有礼貌的方式。事实上，想让孩子讲道理，父母首先就应该讲道理，而不是只要求孩子讲道理。想让孩子尊重别人，父母首先就应该尊重他，想让孩子有礼貌，父母首先就应该对孩子有礼貌，而不是恶言恶语或歇斯底里。孩子很小时，对于孩子的任何行为父母总是会温柔地接受。因此刚学会说话的孩子都很友好、很温顺、笑眯眯的。但是，随着孩子年龄的增长，父母的这种态度逐渐改变了，他们总是喜欢指责和批评孩子，有时态度和语气都很恶劣。这往往会形成恶性循环，因为父母在孩子身上很快就可以发现自己的影子，然而很多时候孩子却会因此而受到责备。

有的父母希望自己的孩子不被别人欺负，因此，每当自己的孩子欺负了别的孩子时，虽然口头上表示不应该如此，但却会笑嘻嘻地走到孩子身边，抱着孩子并温和地对孩子说："怎么能打人呢？"其实孩子从父母这种温和的言语中已经意识到：这是可以的，至少不是很严重的。因此，以后还会发生类似的情况。所以，孩子的所作所为往往是成人价值取向的具体表现，当然不仅仅是父母价值的体现。

在这个问题上，有一点显得特别重要，容不得孩子吃亏的父母是不明智的。因为这些父母错过了引导孩子处理人际关系的机会，其后果是孩子不懂得与人友好如何相处，自然会在人群中不受欢迎，甚至会受排斥，从而影响孩子的进一步发展。孩子很多时候是通过融入小团体学会为人处世的，从这个意义上说，"吃亏就是占便宜"一点也没错。

孩子不孝，父母也有错

孝敬父母，是儿女应尽的责任和义务。每个人都明白这个道理，但并不是每个孩子都能做到。

有三个妇女在井边打水。

有一位老人坐在石头上休息。

一个妇女对另一个说道：

"我的儿子很机灵，力气又大，谁也比不上他。"

"可我的儿子会唱歌，唱得像夜莺一样悦耳，谁也没有他这样好的歌喉。"另一个妇女说。

第三个妇女看着自己的水桶默不作声。

“你为什么不谈谈自己的儿子呢？”两个邻居问她。

“有什么好说的呢？”她说，“我儿子什么特长也没有！”

说着，她们装满水桶，提着走了。老人也跟着她往前走。水桶很重，她们走得很慢，不时地停下来休息一下。

忽然迎面跑来了三个男孩，一个孩子翻着跟头，他母亲露出欣赏的神色。另一个孩子像夜莺一般欢唱着，妇女们都凝神倾听。还有一个跑到母亲跟前，从她手里接过沉重的水桶，提着走了。

妇女们问老人道：

“喂，怎么样？我们的儿子怎么样？”

“呵，他们在哪儿？”老人答道，“我只看到了一个儿子！”

显然，故事中的三个男孩，只有第三个孩子学会了孝顺，懂得母亲提水不易，接过了母亲手中沉重的水桶。而另外两个男孩，心中完全就没有孝敬母亲的意识。

当今社会，身为人子却不孝敬父母的比比皆是。都说“养儿防老”，可是一些长大成人的孩子却不尽赡养老人的义务，还有一些人不愿工作，做啃老族。更有甚者，看着年老体衰的父母不顺眼，对老人拳打脚踢，简直是禽兽行径。

看看他们的童年，他们几乎个个都是父母的宝贝，捧在手上怕摔了，含在嘴里怕化了。遗憾的是，父母过多的爱并没有养育出听话懂事的孩子，反而养出了好吃懒做、不懂得体谅他人疾苦的“孽障”。为什么会出现这样可悲的结果？凡事要全面考虑，孩子自身必然存在很大的问题，而抚养孩子长大的父母，在这失败的教育中也负有不可推卸的责任。

所谓“人之初，性本善”，每个孩子来到世间，都纯洁得像一张白纸。他们对世界的一切认知，都来自父母的引导。孝顺的孩子背后，往往会有通情达理的父母，因为他们的孝顺意识，最早都是由父母灌输的。同样，孩子的不孝，往往也是眼见着父母亲的一举一动学来的。

俗话说“上梁不正下梁歪”，父母如何对待自己的双亲，都会被孩子看到眼里、记在心里。不孝的行为缘于多方面，自私、冷漠也是造成不孝的一大原因。有些家长认为现在社会竞争激烈，人情味不足，于是就教孩子如何算计，日子久了，孩子愈加老练，自私到跟父母也斤斤计较。

父母应该从小就培养孩子的温柔善良，一方面让孩子学会孝敬老人，另一方面培养孩子的纯洁善良。一个孝顺的孩子，首先得是一个心中有爱的孩子。

平时，父母还可以扮演“弱者”的角色，让孩子学着照顾父母，学着刷刷碗，擦擦桌子，洗洗小件的衣物，进而体会到付出的快乐。有些家长提出疑问：让孩子做这种事情是不是早了些？现在自己身体健康，等自己老了再让孩子做也不迟。这种锻炼的重点是培养孩子孝顺的意识，要从小开始，等孩子长大成人之后再开始就来不及了。

可以不擅长艺术，但不能不热爱艺术

孩子需要艺术的熏陶。但这并不是说每个孩子都要从小学弹琴、学画画，这些应依孩子的兴趣而定。孩子可以不擅长艺术，但却不可以不热爱艺术。

艺术可以拓宽孩子的视野，增加孩子的见识，培养孩子的情趣。有才华的孩子总是会令人印象深刻，并且给人带来愉快的心情，古今中外都是如此。当孩子走入社会后，写一笔好字，可以给上司留下深刻的印象；弹一手钢琴，可以让他受到众人的瞩目；甚至做一道可口的家常菜，可以让伴侣惊喜和佩服。才艺不仅可以丰富孩子的生活，更有益于孩子养成平和的心境，让他的内心世界和生活本身一样多姿多彩。

一般而言，孩子三岁以后，就开始对自我和环境有审美要求。到了这个年龄段会对自己的衣着等各方面产生浓厚的兴趣。这个时候，如果父母对孩子进行正确的指导、引导、鼓励，孩子就会对艺术产生浓厚的兴趣。

深谙交际技巧的孩子可以很快认识朋友，但要赢得他人的尊重和好感，还需要有自己的见地和特长。

一个在思想上站得很高的人，见地往往不同凡响，能赢得听众发自心底的赞叹。那么什么可以让人的灵魂上升到更高的境界呢？答案是艺术。

提到艺术，很多家长认为古典音乐、美术、雕塑、舞蹈等代表了艺术，进而认为将孩子送到艺术学校，学一门才艺就算是跨进艺术的门槛了，这其实是对“艺术”一词的片面理解。通俗地说，艺术是抒发、传递、调动思想情感的手段。

按照这样的定义，每一个人都是艺术家，每个人的日常生活都可以成为一门艺术。艺术并不是专属于大师的，它属于每一个人。

培养艺术领悟能力的方法之一就是学习乐器、倾听音乐、参观画展等，这一点已经得到很多家长的重视，不论孩子们是否喜爱，家长都愿意花钱将孩子送进艺术学校去接受熏陶。但是这样的方式收到的效果是有限的，如果孩子自己不喜欢，反而会增加他的厌学情绪。

鉴于目前家长和孩子的困惑，再去强调学习一技之长的重要性就显得有点多余，我们需要面对的不是孩子学习艺术的资金投入问题。太多家长寄希望于乐器，却忽视了自己对孩子的艺术修养的影响作用。

希腊有个习惯，妇女在怀孕期间要观看美丽的事物，据说这是为了使孩子也能成为美丽的人。美能使人精神愉悦、情绪放松，而愉悦和舒适能使人变得更加美丽。

教育家斯特娜夫人也建议给孩子营造一个优美、舒适的室内环境。孩子的房间应选择空气新鲜、阳光充足的屋子；墙壁最好是有利于视力发展的暗绿色，上面最好挂有各种美丽的装饰，比如名画的复制品；床要整洁，被子要软而轻；最好在桌上陈列一些孩子喜欢的雕塑。

与斯特娜夫人主张相似的还有教育家洛克，他号召家长让孩子多接触音乐，并相信旋律可以刺激大脑的发育。

父母在孩子的生活中留下了一处处痕迹，就连孩子对艺术的理解也会受到家长的影响。能够对艺术有敏锐感知的孩子，心灵往往也敏锐纯洁，这样的心灵需要父母的呵护。说到底，还是要求父母自己有涵养。

如果父母的言语和动作都粗俗不堪，又常常在孩子面前搬弄是非、吵架骂人，一方面孩子会模仿，成为一个缺乏教养的人，另一方面孩子的内心情感会受到伤害，这样的孩子面对青山绿水、天高云淡的美景就会无动于衷。

与孩子一起阅读名著、排演戏剧、朗读诗文是很好的接触艺术的方式。家长还可以做孩子的听众，让他在家里演奏乐器，就像开自己的演奏会一样，这是激发孩子学习艺术的动力的最好方式，也是让孩子的心灵得到沉淀的最好方式。

当然，艺术的魅力不仅是净化心灵、调动情绪，它还能丰富孩子的内心世界，使孩子坚持对美的信仰和追求。有艺术修养的人，气宇轩昂、谈吐不凡，更容易赢得别人的敬重，这也是艺术带给人的一种财富。

第5章

挫折教育不可缺

——让孩子体味真实的苦乐人生

让孩子学会用正确的态度来面对失败

“失败”通常是一种无声的语言，是一种我们所不了解的语言。要不然，我们也不会在面对它的时候总是犯同样一个错误，无法吸取教训。实际上，失败这种语言是世界上最容易掌握的语言。

用正确的态度来对待失败，孩子成长和成熟的一个重要标志。很多的家长都希望自己的孩子能有出息、有才能，但是，他们只想让孩子遇到成功，和成功握手，却不想让孩子在认识成功之前及早地对挫折和失败有所了解。其实，只有这样，孩子才会做好冲向成功以及和逆境做斗争的准备。所以，父母要尽早给孩子提供锻炼的机会，等他们长大了，面对逆境的时候就会显得从容不迫了。

父母可以让孩子把失败看成是一种幸福，是生活赐予的最伟大的“礼物”。因为它可以激励人们振作起来，调整人们的努力方向，使人们向着更美好的未来前进。

有这样一句话：“在哪里跌倒，就在哪里爬起来。”其实这是不逃避失败的一种态度，相反，这也是正确对待失败的一种态度。

那么，为什么一定要爬起来呢？下面的几条理由应该可以说明这个问题：

1. 保住自己的尊严

人的天性就是看上不看下、扶正不扶歪的。在你跌倒的时候，如果你本来就不怎么样，那别人就会因为你的跌倒而更加看轻你；如果你已经有所成就，那么你的跌倒将会成为许多心怀妒意的人眼中的“好戏”。所以，为了不让人看轻，保住自己的尊严，就一定要爬起来！不让他们有任何机会来小看你和嘲笑你。

2. 爬起来才有机会

虽然说“跌倒”并不代表永远的失败，但是也得先爬起来，才会有机会继续和别人竞争。如果一直躺在地上，即使有机会，也会让站着的人抢走，所以一定要爬起来。如果因为跌重了而不想爬，那么不但没有人会来扶你，反而你会成为人们嘲笑的对象。如果忍着痛苦爬起来，迟早会得到别人的帮助。如果丧失了“爬起来”的意志与勇气，当然不会有人来帮助你。

3. 证明自己的意志和能力

一个人要成就事业，他的意志力相当重要。一个人的意志可以改变一切。

许多人只希望做个平庸的人，能够过着简单的生活，赚取微薄的收入，他们就心满意足了。他们的要求不高，不是因为他们天生有一副懒骨头，而是因为他们害怕失败，不知道有失败才会有成功！如果一个人总是一帆风顺，处处得意，并不证明他有能力，反而显示出他胸无大志、人生目标定得太低。

我们要告诉孩子：命运之轮在不断地旋转，如果它今天带给我们的是悲哀，明天它就将为我们带来喜悦。

不要心疼孩子吃苦

从某小学通往某发电厂的宽阔大道上，人山人海，热闹非凡。马路中间是学生队伍，上千名小学生个个精神抖擞，雄赳赳气昂昂地迈着大步，有的还不时小跑一阵，追上前面的同学……马路两边比马路中央还热闹，人数比中间的小学生还多，秩序比中间的小学生还混乱，人们推着自行车，骑着摩托车，甚至开着小轿车，不时向中间的小学生队伍大声喊道："别跑，慢慢走好了！""别逞强了，走不动爸爸捎你！"……从中间小学生队伍中响起的却是这样的回答："谁要你送啊？快回去吧！""烦不烦啊你！都被人家笑话死了！"……

原来，该小学正在搞活动——"奔向21世纪"。当然是象征性的，从学校出发走到发电厂，路程并不长。尽管学校事先已和家长沟通，沿途都有老师"站岗放哨"，还有收容车压后，且早与交管部门联系好，这段时间内实行交通管制，绝对出不了事，可家长们还是不放心，孩子可从来没有走过这么长的路啊，万一吃不消怎么办？好多家长都劝孩子别参加这次活动了，可孩子哪里肯听！到了活动那天，家长们纷纷赶来为自己的孩子"保驾护航"，于是就出现了上面的一幕。孩子不可能永远泡在蜜罐里，总有一天要走向社会，而社会既有晴空万里，风和日丽，又有狂风暴雨，雷电交加。人生道路不会一直平坦，坑坑洼洼，荆棘丛生在所难免，主要看你有没有跨越的本领。

有许多家长舍不得孩子吃苦，在不知不觉中就会忽视对孩子体力和意志力的培养，而体力和意志力则是成功的基础和保障。因此，孩子在身体上吃点苦，在意志力上受点考验并没有什么，家长不必心痛。让孩子以强健的体魄和坚强的意志力去面对未来，接受各种挑战才是最重要的。

在夏令营里我们会经常看到这样的情景：白天孩子们玩得很开心，但到了晚上睡觉时，许多孩子看看床，却抹起了眼泪。他们想父母，不能承受父母不在身边的痛苦。在劝说下，他们勉强上了床，但是要求老师不能关灯。有位女孩子让老师给她找个布娃娃抱着。灯可以不关，但娃娃却找不到，女孩子委屈地哭了起来，老师无奈给了她一个枕头当娃娃，可能是哭累了，她竟抱着枕头入睡了。还有的小女孩直哭着要见妈妈，老师怎么劝也不行，无奈拨通了她家里的电话，让她妈妈在电话中哄着她睡，她妈妈在电话里给她讲故事，唱《摇篮曲》，半小时以后，她终于睡着了。有的家长也会抱怨，现在的孩子太娇气了，依赖性强，吃不起苦，将来可怎么办？这样的担心并非没有道理，可是孩子真的去吃点苦，家长又牵肠挂肚地担心起来。

孩子将来面临的社会，是一个处处充满竞争的社会。“适者生存”“优胜劣汰”将是普遍现象，竞争会使孩子们面临极为严峻的考验。孩子没有吃苦的精神，是不能在激烈的竞争中脱颖而出的。

一些从日本回来的朋友，看到日本的一些幼儿园，每逢冬天，让穿着单薄的孩子在风雪中摔打。瑟瑟的冷风，冻得孩子发抖，嘴唇也发紫了。但是站在一旁的家长一个个“冷漠”地看着，不动声色。他们被日本家长的这种做法震惊了。日本的家长说：“在送给孩子幸福之前，先要送给他们苦难。”

在德国，对于孩子们的事，家长尽可能地让他们自己做，家长还有意识地让孩子去做一些比较有难度的事。法律还规定，孩子到14岁时就要在家里承担一些家务，比如要替全家人擦皮鞋等。这一做法大大提升了孩子的责任感。

在美国，小学生在学习间歇会通过给他人送报、送奶、修理草坪等来挣自己的零花钱，从小就体验劳动的艰辛。相比之下，中国的孩子吃苦太少了，他们在家长无微不至的关怀下，成了温室里的花朵。如果我们始终太心软，不放手让孩子去锻炼，那么就有可能使孩子丧失本该获得的幸福。

孩子在一生中不遇到挫折是不可能的，为了让孩子将来少吃苦头，不妨让他们在成长的过程中适当吃些苦头，培养他们的意志力。

让孩子把一件事情坚持做下去

父母要让孩子知道，每一个杰出的人物，在确定了自己的奋斗方向之后，都会不屈不挠地坚持着，忍耐着，直到胜利。波斯作家萨迪在《蔷薇园》中写道：“事业常成于坚持，毁于急躁。我在沙漠中曾亲眼看见，匆忙的旅人落在从容者的后面；疾驰的骏马落后，缓步的骆驼却不断前进。”

坚持对于一个人成就事业是相当重要的。说起来，一个人克服一点儿困难并不难，难的是能够持之以恒地做下去，直到最后成功。

其实，很多时候成功与失败仅一步之遥，父母要告诉孩子，咬紧牙关坚持一下，便会拥抱胜利。但是，许多人正是因为被困难搞得筋疲力尽，在最后的关头，即使遇到一个微小的困难或障碍都可能放弃。事实上，对于孩子来说，胆怯懦弱是普遍存在的。美国斯坦福大学的心理学家菲利普·津巴多在20世纪的七八十年代对近万人进行了调查，发现大约有40%的人认为自己胆怯、腼腆。胆怯有许多表现形式，如公共场所胆怯、社交胆怯、特定情境胆怯、特殊动物胆怯等。

“习惯是人的第二天性。”“教育孩子，就是逐渐培养他们良好的习惯。”这两句话告诉我们，好习惯是培养出来的，教育内容可以习惯的形式在孩子心中固定下来，他们便可以随时随地应用，形成一种本能。父母要培养孩子坚持不懈的习惯，这种习惯有利于许多其他习惯的养成，有利于整个教育的顺利进行。

培养孩子做事有始有终、坚持不懈的好习惯，父母可以重点关注以下两方面：

1. 让孩子做事有目标

父母可以为孩子设定一个目标，然后促使孩子针对目标来采取行动。父母可以在孩子完成目标的过程中鼓励他，但是不可以帮助他，要让他独立完成；当孩子想半途而废的时候，父母要制止他的行为，督促他把这件事做下去，实现既定的目标。

在奋斗的过程中，设立目标将会激励人们去克服困难，坚持不懈地去努力。实现既定目标的愿望越强烈，行动起来就越持久、越彻底。

2. “磨难”是培养毅力的沃土

随着生活水平的日益提高，“磨难”对于孩子们来说是一个比较陌生的词语。但是许多事实证明：自古英雄多磨难，梅花香自苦寒来。

张海迪自幼残疾，无法上学，但为了学习文化知识，她长期不顾一切地顽强学习，终于成为作家。这便是很好的一个例子。能不能坚持下去，其关键在于能否以不屈的意志、顽强的精神来与噩运抗争，创造出奇迹。

在顺境中成长的孩子，磨难可能会为他们带来致命一击；而在逆境中长大的孩子，磨难却成了人生道路上一笔可观的财富。因此，父母们应该在日常生活中给自己的孩子设置一些障碍，让他独立克服障碍、跨越障碍，父母在必要时要给予适当帮助，以此锻炼孩子的毅力。

在困境中坚持不懈是逆商（AQ）的精髓所在。这种意志力是一种即使面临失败、挫折仍然继续努力的能力。我们常常能够观察到，正确对待逆境的销售人员、军人、学生和运动员能从失败中振作起来并继续前进。

意志力坚强的人懂得培养自己的恒心和毅力，并自觉发展为一种习惯，无论遭受多少挫折，都会坚持朝成功的终点迈进，直至抵达为止。

经得起考验的高 AQ 者常常因恒心和耐力而收获甚丰。不论他们所追求的目标是什么，往往都能如愿以偿。他们还将得到比物质回报更重要的经验。

英国首相丘吉尔不仅是一名杰出的政治家，还是一个著名的演讲家，曾大力赞扬面对逆境坚持不懈的精神。他生命中的最后一次演讲是在一所大学的毕业典礼上，演讲的全过程大概持续了20分钟。在那20分钟内，他重点强调了两句话：坚持到底，永不放弃！坚持到底，永不放弃！

丘吉尔用他一生的成功经验告诉人们：成功根本没有什么秘诀可言，如果真有的话，就只是两个：第一个就是坚持到底，永不放弃；第二个就是当你想放弃的时候，回过头来看看第一个秘诀，即坚持到底，永不放弃。

我们要告诉孩子：敏锐的观察力、果断的行动力和坚持的毅力是成功的必备要素。你可以用敏锐的目光去发现机遇，同时也可以用果断的行动去抓住机遇，但是最后还是需要你用坚定的毅力把机遇变成真正的成功。

鼓励孩子遇到困难自己想办法解决

联联已经是四年级的学生了，他对什么事情都想试试。可他从小就有个毛病，一遇到困难就灰心丧气，失去继续探索的信心。他四岁时，做了一架飞机模型，可老是飞不上天，他气得把飞机模型扔在地上，用脚踩坏，从此再也不做飞机模型了。一年级时爸爸教他游泳，可他到现在还没学会，原来，有一次他呛了几口水，难过了好几天，从此再也不学游泳了。在学习上联联也是这样，一遇到难题就退缩了，不会做的题目从来不动脑筋思考，而是等着第二天去抄别人的。

一次，老师布置一道挺麻烦挺难做的数学题，第二天要在早自习课上收起来带回办公室批改。联联不会，便想了个办法，拿钱到商店去买东西，他把这道题拿给售货员阿姨计算，结果售货员阿姨用算盘很快打出来了，他照数在作业本上填上了。虽然耍了一个小聪明，但没有算式只有结果还是被老师给发现了。

在生活中，困难和挫折是不可避免的，一些孩子灰心丧气、沮丧气馁是由于他们做不成喜欢做的事，在挫折面前产生了畏惧心理，丧失了克服困难的信心。心理学家认为：丧失信心的理由有千万条，但根本的原因只有一条，那就是学不会、做不好或觉得自己做不好。一旦做不好，信心就会丧失，倦怠、懒惰的情绪也随之产生，造成学不会—没信心—没兴趣—更学不会的恶性循环。

孩子之所以会一遇挫折就灰心丧气，自暴自弃，其根本原因还是在于教育方式。许多家长认为孩子还小，而且就这么一个，不能让他累着，更不让孩子做些力所能及的事情，事事都包办代替，使孩子从小养成了衣来伸手，饭来张口的习惯。每当遇到一点点困难，孩子就会叫父母、叫爷爷奶奶帮忙，从小就养成了依赖、懒惰的习惯。

畏难是一种消极的心理体验。不光孩子有，许多成人也有。如果家长是一遇到困难就退缩的人，孩子在父母的耳濡目染下，也会一遇挫折就自暴自弃、消极等待。因此要想让孩子具有顽强的毅力，家长首先要以身作则，遇到问题不推诿，不退缩。

畏难心理也是孩子缺乏自信心的表现。有的家长在对孩子进行教育时，不能恰当地根据孩子的能力来提要求，对孩子的期望值过高，这样孩子往往达不到要求。这时，如果家长不问青红皂白横加指责的话，孩子就会感到自己很无能，丧失信心，以后遇到困难挫折也不想办法，心想反正自己不行，想也没用。

父母首先要从自己做起，给孩子树立榜样。不要让孩子做他无能为力的事情，而是经常让孩子获得成功的体验，这样有助于孩子树立自信心。不要过分保护和溺爱孩子，看到孩子一遇到点小困难就给他帮助，而应该鼓励他自己想办法解决，和孩子一起分析困难到底难在哪里，以便找出化解困难的办法。要通过真实事例让孩子知道，在困难挫折面前唉声叹气并不会解决困难、减少失败，只会增加自己的痛苦。父母可以给孩子讲一些名人不怕困难、不怕失败，最终做出重大贡献的例子。在孩子遇到挫折时，要鼓励孩子树立信心，不灰心丧气，勇敢面对困难。当孩子通过自己的努力，尝到成功的喜悦后，孩子克服困难的信心就会增加。家长应注意帮助孩子总结经验教训，让孩子在每次遇到困难后学会克服困难的方法，以后遇到同样的问题就会顺利解决了。家长要让孩子了解，人生道路上人人都会遇到困难，困难本身并不可怕，可怕的是丧失了克服困难的勇气和信心，应该以坚强的意志去面对生活中遇到的各种挫折。

世上没有唾手可得的成功，只有在挫折中不断进取才能摘取成功的桂冠。孩子成长过程中始终一帆风顺的情况是没有的，总会遇到些障碍，受到各种挫折，孩子耐挫力的大小直接关系到他的社会适应能力。我们做父母的要重视培养孩子的耐挫力，铸就他们百折不挠的意志力，告诉孩子怎样面对挫折。

在孩子不同的年龄阶段，我们可以给孩子确立不同的耐挫训练目标。一个五岁男孩的父亲说，在孩子还是不满周岁的小婴儿时，他就刻意在精心照料之外，留出一定时间让孩子自己玩。这样长大的孩子，必定能够面对困难和挫折，而不会时时要父母领着、牵着、陪着。孩子五岁了，免不了磕磕碰碰，遇到这样的情况便以坦然的态度告诉孩子，身体不舒服，心里难过是暂时的，药虽苦打针虽痛但能帮你恢复健康。孩子接受了这个道理，总是表现得非常出色。

一个六岁男孩的母亲说，单位计算机考试，她因病没有复习考砸了，她把这件事告诉儿子，并保证努力学习，一个月后这位母亲以优异的成绩通过了考核。身教重于言教，这会潜移默化地影响孩子的。

每个孩子都有长处和不足，父母应有客观的评价与合理的期望，鼓励孩子向恰当的目标努力。若只看到孩子的优点却无视其缺点，孩子会因对自身认识不足而骄傲自满，不能接受挫折。若父母期望值过高，就会增加孩子的心理压力，使他们不敢面对挫折。“知己知彼，百战不殆”这句古语用在这里也很妥帖，知己就是要引导孩子正确认识自己，了解自己的兴趣、能力、特长、性格以及希望自己成为怎样的人，未来可能会在哪方面遇到挫折等。知彼可以引导孩子认识环境、了解社会，如社会需要什么素质的人，现实中存在哪些不尽人意的事等，让孩子懂得做事要向高标准看齐，同时做好承受最坏结果的思想准备。

能力不足的孩子，遇到困难无力应付，常常被挫折感压得垂头丧气。能力强的孩子善于解决问题，即便受了挫折，也能积极地寻求解决问题的方法。孩子的许多能力是在解决问题的过程中形成和发展起来的。父母过分照料孩子，就容易放弃对孩子能力的培养。此外，在孩子遇到困难时，我们不能越俎代庖，以决策者的身份替他决定，而是当他们的顾问，给他们提建议，教他们克服困难的方法，鼓励他们对自己的行为负责，告诉他们挫折人人都会遇到，但挫折可以避免，可以战胜。

一般而言，容易受挫的儿童往往愿意追求不切实际的目标，对追求目标过程中遇到的困难没有心理准备，能力不足，不会应付，缺乏自信，把困难当成不可逾越的障碍。可以说耐挫力是影响孩子一生发展的极为重要的心理素质。

给孩子提供体验失败的机会

家长对孩子过度呵护与保护，会扼杀孩子的天性，令其窒息，甚至产生严重的后果。我们的做法正是以爱的名义毁掉了孩子精神的独立。他们没有经历过挫折，不知道何为失败。这就好比身娇体贵的建康县官王复，从未曾骑过马，一日忽见马嘶鸣跳跃，立刻大惊失色地对旁人道："这分明是老虎，你们怎么能说它是马呢？"

于是我们可以理解，为什么当孩子离开父母羽翼的庇护后，一旦遇到一点挫折就会认为发生了了不得的大事。

2007 年 10 月 31 日，清华大学年仅 26 岁的研究生洪乾坤跳楼自杀。他在遗书中说，因找不到理想的工作，不愿意成为父母的拖累，所以选择结束生命。

某大学生在学院联欢晚会上唱歌走调，引起观众的哄笑，一时想不开，竟于当晚自杀身亡……

这些恶果的根源，就在于父母早期给予了他们过分的保护。

挫折是任何人都无法避开的，一个人从事有目的的活动时，总会遇到障碍和干扰。现在的孩子们吃得好、穿得好、玩得好，从这个角度来说，他们是幸运的。可是他们面对挫折的能力较低，往往在学习和生活中经不起挫折，一旦遇到挫折和不幸，就极易悲观失望、自暴自弃，有的甚至走上轻生的道路。从这方面来讲，当今社会的孩子又是不幸的。

孩子无法面对挫折的原因是多方面的，主要来自学校、家庭、社会和自身：

第一，学校方面。

一些孩子由于生理、心理发展较慢，因此，中小学阶段的考试成绩都不理想，老师对他们的言行也不那么慎重，这些都能使他们心理受挫，产生恐惧感和焦虑感，进而怀疑自己的智力、能力，导致悲观、失望。性格外向的孩子会变得少言寡语、不苟言笑，性格内向的孩子会变得心灰意冷。

第二，家庭方面。

有些孩子因家里突然发生意外情况，如亲人伤亡、父母离异、天灾人祸等，或因父母“望子成龙”心切，或因经常受到责备打骂，在家里得不到温暖，从而产生挫折心态。他们往往会表现出非理性的行为或消极的处世心理，在性格发展上也会出现种种不良势头，如狭隘、抑郁、怯懦、孤僻、离群、对立、仇视等。经受这些挫折的孩子往往为了求得心理上的平衡，或逃避现实，或离家出走，或迁怒于他人。

第三，社会方面。

社会对孩子的影响是潜移默化的，有的孩子看到社会上出现的不良现象，如种种腐败现象，心理上失去了平衡，想到自己的基础差，学习又吃力，不如早点回家做个体生意或外出打工，这样便产生了挫折心态。

第四，自身方面。

有的孩子由于自己生理上的疾病及缺陷导致挫折心态，或由于自我设计的“理想”总不能实现而导致信念动摇，产生了挫折感。有这种心态的孩子，轻则表现出无所谓的态度，我行我素；重则逃避现实或玩世不恭、自暴自弃。

挫折与失败，其实是社会生活中的正常现象，几乎每个人都无法逃避。如果孩子想成就自己的人生，就更不能逃避挫折。正如中国古代大思想家孟子所言：“天将降大任于斯人也，必先苦其心志，劳其筋骨，饿其体肤，空乏其身。”也就是说，以吃苦为代价才能换取“降大任”的补偿。挫折，是成功的必经之路。家长要有意识地锻炼孩子承受挫折的能力，给他提供更多体验失败的机会，唯有如此，孩子在将来的人生道路上遇到艰难险阻才能从容面对。

消除孩子理所当然被爱的心理

相信大多数的家长都可以为孩子做出任何牺牲，且从不要求回报。但是如果家长表达爱的方式不对，就会让孩子误认为父母为他们所做的一切都是理所应当的。长此以往，孩子很容易变得以自我为中心，目中无人。

有位爸爸来自富贵之家，从小接受过最好的教育，是较为有名的整形医生。他有三个孩子，现在都在各自的领域里独当一面。这位爸爸看到太多富家子弟因钱而彻底毁掉的例子，为了避免这种事情的发生，他在孩子们还很小时就给他们立下了规矩：可以通过帮家人剪草坪或者取报纸等换零用钱，而作为家长，他只为孩子提供接受最好教育的经费。如果孩子要旅游、买车、租房，都要通过自己的劳动来实现。偶尔遇到特殊的情况，家长会借钱给孩子，同时要和孩子签合同，等到孩子有了能力之后要在第一时间偿还。

可见，有责任感的父母要教会孩子应该如何以正确的态度在社会上生存。

这样做的好处是让孩子真正体会到钱的来之不易，以及自力更生的充实感。反之，一个从小在温室里长大的孩子不会懂得生活的不易，也不会理解父母的辛劳，他们只是觉得衣来伸手，饭来张口是理所当然的，有什么必要感恩呢？如果一个孩子是带着这样的想法，可以断定他不懂得上进。到头来，父母的一片爱心换来的却是痛苦和悲伤。

当孩子明白了父母到底都为他们做了些什么，我们就会发现，他们变得懂事了很多。

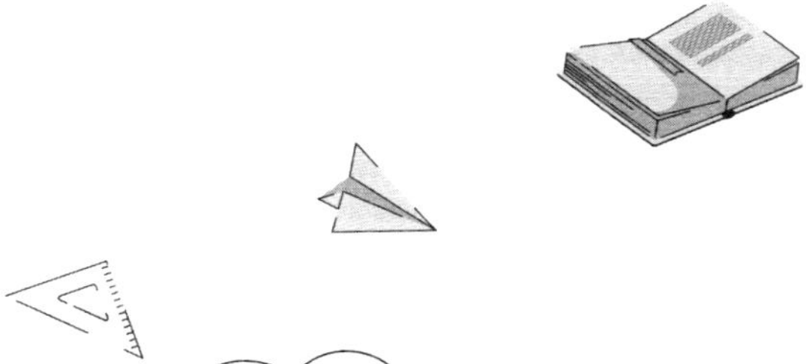

第6章

关注保护需有度

——莫让孩子成为“蛋壳宝宝”

父母越担心，孩子越困惑

有一项调查显示，在现实生活中至少有70%的父母觉得自己很称职，而在这些父母中，又以独生子女的父母居多，原因是他们觉得自己什么活都愿意替孩子做，什么苦也都愿意替孩子受。可是，这样真的就是称职的父母吗？

相信下面的场景很多父母都熟悉：

“这件衣服脏了，我拿去洗洗。”乐乐高兴地拿起自己的脏衣服对妈妈说。

“不用，你先放着吧，待会儿妈妈帮你洗，别累坏了，宝贝。”妈妈笑着对乐乐说。

“妈，周末我们几个同学想一起去郊游。”乐乐兴奋地跟妈妈说道。

“啊，又不是班上的集体活动，不安全，我不放心，不能去啊。而且，你明天还要上兴趣班呢。”妈妈一脸担忧地说道

“你这也不让，那也不让，只知道让我学习啊学习，我到底还有没有自由啊？”乐乐终于生气了。

“这话怎么说的？我这么做不是因为爱你、关心你吗？”妈妈一脸无辜，觉得自己很委屈。

乐乐是五年级的学生，因为是家中的独生女，父母对她呵护备至，总是觉得孩子还小，什么都做不了。乐乐想自己洗衣服，妈妈怕她洗不干净；乐乐想自己端饭，妈妈觉得她会把碗打碎；乐乐想出去玩会儿，妈妈觉得她会迷路。妈总是口口声声地说：“这一切都是因为爱你，关心你！”然而，乐乐并不因此感到开心，觉得妈妈不相信自己，还剥夺了自己成长的机会，妈妈所谓的爱让她不堪重负，渐渐地就对妈妈心生怨恨，喜欢和妈妈对着干。

现在的很多孩子都是独生子女，都是家长的掌上明珠。家长们总是觉得孩子还小，愿意帮他们做一切。家长本以为自己无私的奉献能保证孩子幸福健康地成长，可是孩子并不这么认为，反而认为家长剥夺了自己自由成长的权利，从而引发不快和矛盾，影响了亲子关系的和谐。文中的乐乐就是如此，妈妈无微不至地照顾她是出于爱护她，可在她看来，却阻碍了她动手能力的培养。

爱孩子是人之常情，但是在爱孩子的过程中，要讲究原则、把握尺度。要知道，家长和孩子看问题的方式不尽相同，所以，聪明的家长应该学会站在孩子的角度考虑问题，充分尊重和理解孩子的想法，不要因为心中有爱就对孩子过度约束。要知道，爱得多不如爱得对，真正的爱应该是孩子成长道路上的不竭动力，而不能成为孩子前进的阻碍。

如果家长总是觉得孩子什么都做不好，不愿意让孩子自己去尝试，孩子就会在内心对自己产生不信任感，这对孩子以后各种能力的发展都会产生不良影响。因此，如果家长真正爱孩子，就应该给予孩子适度的自由，让他们根据自己的意愿和兴趣爱好，自由地学习和探索。

不少教育专家提醒父母：不要抓紧孩子，限制太多，这样孩子只会越来越困惑。相反，要给予他们自由和鼓励，孩子会表现出优秀懂事的一面。

“妈妈，我想跟同学去爬山，我很喜欢爬山。”王琪跟妈妈说。

“去吧，注意安全。”王琪的妈妈回答道。

“爸爸，我不想去上钢琴课了，我不喜欢弹钢琴，我比较喜欢运动类的项目，要不给我报一个羽毛球班吧。”王琪跟爸爸说。

“这个你自己决定吧！”王琪的爸爸回答道。

王琪今年已经 14 岁了，是家里的独生女，却很少在她身上看到独生子女的娇气。相反，只要是她力所能及的事情，她都会去尝试。而且，王琪也是一个很有主见的人。王琪说，这一切都归功于父母很少去否定她的想法，让她做自己想做的事情。

父母都想成为好父母，做称职的父母，希望自己可以给孩子前进的动力，那就不要再轻易地否定孩子，而是应该鼓励孩子，让他们在实践中得到情感的满足，获得前进的动力。这才是真正称职的父母，这才是真正地爱孩子。

不要做事事代劳的父母

分离是每个人成长中不可避免的忧伤，也是每个父母无法阻挡的规律。于是，智慧的父母在孩子很小的时候，就应该学着如何放手，学着让孩子独立处理事情，培养孩子的独立精神和能力，不事事替孩子代劳。

孩子很小的时候对父母有着很强的依赖性，这是一件再正常不过的事情，可是随着孩子的成长，父母就需要培养孩子的独立精神和能力。

首先，要帮助孩子摆脱依赖心理。很多父母总觉得孩子依赖父母也不完全是一件坏事，至少说明在孩子心里父母是最亲近的人，却忽略了这种依赖心理对孩子成长的阻碍作用。

郭飞今年八岁，已经上小学二年级了。班里许多同学都一个人去上学，可郭飞却连最简单的整理书包都得妈妈帮忙。

他经常挂在嘴边的一句话就是“有妈妈呢，怕什么”。不管是学习上还是生活上，郭飞都对妈妈有着严重的依赖性。

郭飞的老师曾试着提醒他的妈妈，要注意帮助孩子摆脱这种严重的依赖心理，不然会影响孩子人格和能力的发展。

可是郭飞的妈妈对此并不以为然，她认为，孩子肯依赖妈妈就是觉得妈妈亲近，这没有什么不好。可是，结果却是郭飞越来越依赖父母，各种能力都得不到提高。

其次，就是不要再事事替孩子代劳，尤其是在一些孩子力所能及的事情上。

赫赫今年十岁了，刚上小学四年级，却是一个办事很有条理的孩子，从不乱放自己的东西。

原来赫赫的妈妈自从赫赫上幼儿园，就开始训练他把自己用过的东西放回原处。只要是赫赫能够自己完成的事情，赫赫妈从来不代劳。

有一次，赫赫去少年宫忘记了带画纸，赫赫妈发现之后，在一旁提醒赫赫说：“再检查一下，有没有忘记带东西？”

赫赫说：“没有。”说完就背着书包走了。

赫赫到了教室之后，才发现自己没有带画纸，于是只好自己又回家拿去了。

赫赫妈这样做，自然有她的道理。在她看来，让孩子自己形成习惯才是正确的教育方法，如果父母总是在一旁提醒，那孩子可能永远不会正视这个问题。这件事情给赫赫留下了深刻的印象，从此之后再也没发生过类似的事情。

现在赫赫基本上可以独立处理自己的很多事情了，赫赫妈逢人就说，对孩子事事不管才是最好的管。

最后，就是要鼓励孩子在社会生活中多实践、多锻炼，让他们学会独立地生活和学习，自主地处理生活、学习中的各种问题。

有一位父亲领着四岁半的儿子出去游玩，遇到一个土坑，儿子非要下去玩。当儿子玩得高兴时，爸爸躲到不远处，不让儿子看见。儿子玩够了，要上来，开始喊爸爸。爸爸却一声不吭，装作没听见。

儿子开始直呼其名，爸爸还是不理。于是，儿子连哭带骂：“坏爸爸，大坏蛋！呜呜……”可无论儿子怎样叫喊哭骂都不见爸爸露面，就只好自己想办法。

他发现土坑里有一个小阶梯，便手脚并用地爬出了土坑。当他发现爸爸就在不远处蹲着时，便惊喜地扑上去，举着小拳头自豪地说：“我是自己爬上来的！没有爸爸，我自己也能爬上来！”

现在有很多父母甘心做孩子的保姆，将孩子照顾得无微不至。其实这种保姆式的养护，会让孩子丧失动手的机会和基本的生存能力。

还有不少父母以长者自居，总以为孩子什么都不懂，习惯将自己的想法强加给孩子，孩子做这不行、做那也不行，结果会抹杀孩子的独立意识，对孩子的成长非常不利。

总之，在孩子成长的过程中，让孩子学会自己的事情自己做，是十分必要的。毕竟，父母不可能永远陪伴在孩子身边。

让孩子学会自己面对风雨

中国内地歌手王筝，有一首著名的歌曲《对你说》，是继《我们都是好孩子》之后最受人欢迎的歌曲之一。这是一首妈妈唱给孩子的歌曲，歌词中这样写道：

你睡着了手掌紧握
脸颊上有浅浅酒窝
在这一刻我看着你
好多话想说给你听
如果明天你就长大很多
我会不会觉得不知所措
你不再想让我牵你的手
每天盼望从我掌心挣脱
你也会爱上一个人付出很多很多
你也会守着秘密不肯告诉我

在一个夜晚倚着我的肩
泪水止不住地流了一整夜
和你一样我也不懂未来还有什么
我好想替你阻挡风雨和迷惑
让你的天空只看见彩虹
直到有一天你也变成了我

这首歌唱出了很多妈妈的心声，尤其是“我好想替你阻挡风雨和迷惑，让你的天空只看见彩虹”。

没有父母希望自己孩子的人生充满风雨，都希望孩子人生的天空永远晴朗。可是，这明显是一个不现实的期待，与其在这种不现实的期待中替孩子的未来担忧，倒不如放手让孩子学会自己面对风雨。

小刚有一天垂头丧气地回到家，告诉父母今天和同学一起踢足球，他带领的队伍输得很惨。看到小刚这样一蹶不振，爸爸拿出了自己年轻时候的照片，递到小刚的眼前。

“你看，这是爸爸上学的时候和同学的合影。”

小刚瞅瞅照片，一声不吭。

“那次也是足球比赛，我所在的队伍也输了，可是你看，我们还是很高兴地一起合影。”

小刚不知道爸爸接下来想说什么，一下忘记了难过，想听爸爸继续讲下去。

“这么多年过去了，还有谁会记得当年的那场球赛呢？现在留下来的，只有我当时快乐的影子。你说，一场输了的球赛，在人生中的分量能有多大呢？”

小刚明白了爸爸的意思：因为一场小小的比赛而把自己的情绪搞坏，那是非常不值得的。

“孩子，打起精神，你已经长大了，应该学会勇敢地从失败中站起来，经过努力，下次一定会赢的。”

爸爸拍拍小刚的肩膀，小刚则一扫刚才的郁闷，变得和平常一样生龙活虎起来。

在生活中，也许会出现这样的情况：原本优秀聪明的孩子会因为生活中偶尔出现的苦难和挫折等而被击倒，从此变得消沉起来，失去进取心；原本乐观开朗的孩子会因为家庭的变故、亲人的离世、生活的意外等偶然的打击而变得沉默寡言、萎靡不振……

尽管每个人都渴望生活得顺心如意，但人生中却充满了挫折、失败和未知，对于孩子来说尤其如此。

孩子年龄小、能力有限，遇到的困难和挫折可能会更多，一些孩子因此而遭受到沉重打击，不知该如何处理，此时父母需要引导孩子勇敢地站起来，积极面对风雨。上述案例中小刚的爸爸就是这么做的，他的这种行为是值得肯定和效仿的。

平时，父母可以告诉孩子失败在人生的道路上是不可避免的，让孩子在思想上做好准备，这样，即使孩子以后遇到失败，心理上也更容易承受，从而能将失败对于孩子心理的影响降到最低。

另外，在孩子遭遇失败和挫折时，父母绝不能责怪他、讽刺他，更不能嘲笑他，而应该给予鼓励和安慰，帮助孩子重建自信，培养孩子健康积极的心态，让孩子学会勇于承担风险。

失败是成功之母，如果能从失败中吸取教训，磨砺意志，人就会逐渐变得成熟和坚强，在逆境中奋起。父母应该教孩子学会吸取失败的教训，勇敢面对失败，变失败为成功。

不要替孩子承担责任

一个人成长过程中会犯很多错误，这是不可避免的。然而从另一方面来看，每一次错误都是一次成长的机会，好好引导，完全可以让孩子从错误中学到很多东西。

然而在教育孩子的过程中，父母总觉得孩子还小，有时候不是有意去犯错，因此会选择替孩子承担原本应该由孩子承担的责任。如果父母一直替孩子承担责任，孩子怎么能学会承担责任呢?

一个人如果对自己的错误行为都不能负责，就更难对他人负责。这样的人既不会得到别人的信任，也不会得到社会的承认。

每个家长都希望自己的孩子是一个有责任感的、能够对自己的行为负责的人，每个家长都希望自己的孩子能够融入社会，被周围的人所接受。

那么，当孩子犯错误之后，我们绝不能毫无原则地让步，更不能姑息放任，而是应该让孩子学会为自己的错误行为负责。

孩子的天性趋向于“自我宽恕”，他们并非天生就有承担责任的能力，他们的责任感是随着年龄的增长和心智的成熟而逐渐形成的。

因此，家长在教育孩子的过程中，应有意识地教育孩子对自己的行为负责，让孩子明白自己的不良行为给他人带来的严重影响。

一些家长在孩子有了过失之后，常常为了面子而否认说“我的孩子不会这样做”，或者是代替孩子出面道歉，替孩子承担过失和责任，这样的父母只会培养出遇事逃避责任的懦夫。

家长必须明白，孩子一旦做错事，让他悔过自省，向人致歉，对培养孩子的责任感是一次良好的机会。让孩子直接道歉有助于深化孩子对错误的认识，养成“一人做事一人当”的习惯。

虽然有时家长代子女承担责任亦有其必要性，然而，这也仅限于不具表达能力的幼儿而已，对于已能分辨是非的孩子，家长就应该尽量从旁辅助，让他们做一个对自己勇于负责的人。

家长要时刻牢记：孩子是一个独立的人，同时又是一个特殊的人，不能把孩子看成自己的“面子”，做错了就要说。

里卡尔达·胡赫说：“独自承担自己行为的责任，独自承担这些行为的哪怕是最沉重的后果，正是这种素质构成了人类伟大的人格。”

一个有伟大品格的人是善于为自己的行为负责的，成年人要为自己的行为负责，孩子也应该从小养成为自己行为负责的习惯，这样将来才能承担起生活的责任和人生的义务。

把握好孩子对父母的依恋

在孩子很小的时候，都会对父母有很强的依赖，甚至有时候，孩子就像是父母甩不掉的小尾巴，父母到哪儿都跟着。只要有一会儿见不着父母，孩子就会变得焦虑不安，甚至哇哇大哭。

于是有些父母开始烦恼了：孩子这么黏父母，到底是怎么回事呢？这样的孩子长大以后怎么会独立呢？

一个周末，艳艳的妈妈正在厨房烧菜，而艳艳像条小尾巴似的在妈妈身边蹭来蹭去，妈妈担心不小心伤着她，于是耐心对艳艳讲："艳艳，你先出去玩会儿，厨房里很危险的，一会妈妈做好饭就陪你，好不好？"

"我不！我要跟妈妈在一起！"艳艳噘着小嘴。

"艳艳乖，你看厨房里这么小，万一妈妈不小心碰着艳艳了怎么办？"

"不！我就不！"

好说歹说，艳艳就是不肯出去玩。

在平时艳艳就跟妈妈特别亲，无论是吃饭、玩耍还是睡觉都要妈妈陪着。一见妈妈不在，她就会到处找，甚至妈妈洗澡时，她也要守在门外，寸步不离。

艳艳刚上幼儿园时，根本就不愿意离开妈妈，无奈之下，妈妈在幼儿园陪了她整整一周，她才渐渐肯去幼儿园了。

艳艳的爸爸因为工作忙，平时都是早出晚归，因此，艳艳的吃喝拉撒都是由妈妈操持的，这无意中养成了艳艳特别依恋妈妈的习惯。

其实，孩子对父母的依恋，体现了一种天然的、积极的、充满深情的亲子关系，它能激发父母更好地照料孩子，对孩子的个性形成也有着重要的影响。

这种关系在孩子出生后的第一年是至关重要的，父母的接纳、喜欢、拥抱、抚慰和关注，将促进孩子与父母相互信任，这样的依恋关系能让孩子变得健康、活泼、开朗、自信和自尊。

如果父母的性格强硬，动作粗暴，对孩子疏于照料（让孩子处于饥、渴、冷、湿等状态），或不愿意陪伴孩子，把孩子寄养在别处，甚至虐待孩子，那么孩子就可能很难与父母形成良好的关系。

有很多不愿依恋父母的孩子，在成长中会慢慢出现边缘型人格障碍或自恋型人格障碍等。

与父母建立良好依恋关系的孩子具有以下特征：

1. 能正确解读父母的教育信息，孩子打得也骂得，不会记恨父母，也不会让父母太伤心。对父母不够依恋的孩子打不得也骂不得，因为父母这样做会激发孩子内心深处对父母的不信任。

2. 在人际交往中，开朗活泼，有自信心和自尊感，懂得爱别人，能与人“共情”，没有暴力倾向，善良宽容，知道自己的界限，不对别人过度要求。

一般来讲，依恋父母是孩子出生后最早形成的人际关系，父母与孩子建立良好的依恋关系，有利于孩子的健康成长。当孩子表现出对父母的依恋的时候，父母最好不要趁机对孩子身上的某些行为、特征、习惯表示不满意，忙着纠正孩子，这样会让孩子感觉很糟糕，没有安全感。

因此，父母要用一种平和、坚定、温暖的方式去引导孩子，这样的话，孩子才会完全投入父母的怀抱，不可强硬地阻止孩子对自己的这种依恋。

需要提醒父母的是，这种亲密的依恋关系会随着孩子的长大慢慢淡化，这是孩子成长的一般规律，孩子不会再像小时候那样黏父母，当然这并不是说孩子和父母不再亲密，只是孩子说开始学着成熟地把握感情，不再像小时候那样只能用依恋来表达对于父母关爱的渴望。如果孩子长大后依旧像小时候那样黏着父母，父母可就要小心了，这说明孩子可能在心理上还没有渡过“断奶期”。

因此，在这里给父母一点温馨提示：要把握好孩子对自己的依恋，在孩子小的时候，要尽量满足孩子的这种依恋需求，然而等孩子稍微长大一些，就要顺其自然地发展孩子的独立能力，不要让孩子依旧黏着自己。

第7章

限制太多会扼杀孩子的天赋

——家庭教育应适度粗放

事事顺从的孩子创造力为零

很多家长认为，一个听话的孩子一定是一个好孩子。仔细分析这种观点就会发现，这种观点基于一种意识：父母都是爱孩子的，父母对事情有更高明的判断，父母所说的话也都是为孩子好，如果孩子能听从父母的话，那他也自然会好。

父母的话是为孩子好本没有错，可是父母的话一定就是对的吗？似乎中国的父母从来不去思考这个问题，他们喜欢对自己的孩子说：

“宝贝，真乖！”

“我都是为你好，你这孩子怎么那么不听话？”

“就你，还想当班长？在家跟我们顶嘴，在学校跟老师顶嘴，总是想得跟别人不一样。为什么大家不愿意选你做班长啊？为什么婷婷当选了？就是因为人家从来不捣乱，人家很听话！”

左一句，右一句，说的都是让孩子顺从、听话！孩子顺从了，听话了，结果呢？

“爸爸，你看电视剧里的孩子，他跟妈妈争论问题，他觉得妈妈是错的，自己才是对的，他怎么能这样？”

“妈妈，老师布置了一篇作文，要求有新意，这个怎么写啊？”

如果家长认为“听话”的孩子才是好孩子，从他出生的那一刻起就对他进行“听话教育”——不但要听家长的话，还要听老师的话。对于父母和老师的训导、教诲和要求，孩子只能服从，不能拒绝，也不能怀疑和反对。

不知道家长有没有注意到，孩子经常带着一脸委屈，怯生生地站在一边。那是因为孩子没有说话的权利。通常，不管他有什么不同的意见，也不管这些意见有没有道理，家长在意识深处就直接进行了否定，孩子再说也是无用的。

结果，久而久之，在孩子看来，与其跟父母顶嘴、跟老师争辩，还不如乖乖地听话，这样起码还有父母的疼爱、表扬。

也许，在父母看来，孩子听话并不是一件坏事情，至少父母是为孩子好的，要知道父母有着更多的生活经验，孩子在很多事情上听从父母的安排就可以少走弯路。父母的这些想法似乎有一定道理，也是可以理解的。

但是，家长朋友们，您是否考虑过顺从和听话的背后意味着什么？

一批又一批顺从和听话的孩子出现了，一帮小大人出现了，他们的典型特征就是说着大人的话，带着大人的想法，俨然成了大人们思想的附庸，成了成人世界各种命令的执行者。

小安从前是一个很顽皮而又很有主见的孩子。面对父母的安排，如果不符合自己的心意，他就会直接反抗。

“不，我不喜欢学书法，我想去踢足球。”小安手插在口袋里，昂着头对妈妈说道。

“你这孩子怎么这么不听话，踢足球能有什么出息呀？”妈妈不耐烦地教训着小安。

“啪”！爸爸一个响亮的耳光打了过来，“踢什么足球？去上书法班，以后要是还不听话，爱顶嘴，会让你有好果子吃的。”脾气暴躁的爸爸严厉地说道。

小安吓得哭了。从此小安听话多了，可以说对父母言听计从。但慢慢地他们就发现了，这个言听计从的孩子让人很发愁。

“爸爸，老师让我们写一篇关于人生规划的作文，我不会写，你们对我的人生有什么规划呀？”

其实，我们不应该抱怨孩子，他们从小就失去了选择自己成长道路的权利，可谓没有一个独立的人生。他们现在听父母的话，养成了听话的习惯，那么到了社会上，在与人相处时也容易如此，这就意味着很难独立、自信，很难维护自己的利益和尊严。更为严重的是，他们的创造力从小就被从根上扼杀了！

在这个竞争激烈、动辄谈创新的社会，这样的孩子怎能有出众的表现？大家都知道，社会日新月异，这必然要求创新型人才的出现，如果想在社会上立足，想有一个美好的发展前景，创造力不可缺少。而顺从和听话的孩子又如何能拥有这样的能力，取得可喜的成就？

说了这么多，无非是想提醒家长朋友们，别为了培养听话的孩子，最后造就出没有创造力的孩子，这不应该是教育的目标和本质！

不要过多地干涉孩子的自由

观察世间万物，我们就会发现这样一个真理：只有自由的土壤才能培养出天地间的强者。为了自由，狼宁愿去搏杀，在险象环生的环境中生活，也不愿意享受“被限制了自由的富贵”。

同样的道理，父母如果想把孩子培养成为生活中的强者，就应该多给他们一些自由和空间，不应该随便插手孩子可以自己独立解决的问题。

海伦是一个11岁的小姑娘，但她却是一家夏令营的辅导员助手。她为人既公正又热情，而且待人周到。海伦的妈妈一向相信海伦的自理能力和社交能力，从来不会对她有半点怀疑。

这一天，妈妈和海伦通电话，感受到海伦的情绪有些不佳。

“亲爱的，你不是很高兴吗？”妈妈问道。

“妈妈，我之前的辅导员走了，新来的辅导员很粗鲁，对我们这些工作人员很严厉。”

“她对你也很粗鲁吗？”

“今天早上，我召集队员的时间有些晚，她竟然当着全队人的面，将我训斥一番，我觉得很没面子。”

海伦说到这里，在电话中忍不住哭了，她的妈妈很为女儿难过：“她这样做不对，我现在马上给你们学校的领导打电话，我要去提意见。或者你辞掉这份工作，回家来吧。”

妈妈心疼女儿，这无可厚非，但是这位妈妈想让校领导批评辅导员，会让海伦更加认为自己是委屈的。其实，海伦本身也有失误的地方，妈妈这样的话会让女儿无法反省自己的过失，这样下去，辅导员在她心中的形象会进一步恶化，从而影响她们今后的工作关系。

说到底，孩子和周围人的关系如何，需要孩子自己去处理。如果家长介入其中，就会剥夺孩子处理问题的权利，让孩子失去一次成长的机会。

当然，这不是说在孩子遇到事情的时候，父母可以不管不顾，孩子需要父母的指点，需要父母的帮助，但是父母不能过多地干涉。父母要做的就是稍稍地引导一下孩子，把最重要的一断路留给孩子自己走。

如果海伦的妈妈能够换一种说法，效果就会不同了。

比如他可以这样说："亲爱的，我很能够理解你，我想你现在一定觉得很不好过，但愿同妈妈谈一谈能让你心里变得舒服一些。"接下来，家长要做的是帮助孩子分析整个事件的全过程，帮助孩子反省一下自己的过失，同时还可以抚慰一下孩子的心情："辅导员老师态度是比较粗鲁，不过我觉得，学会与各种各样的人交往、相处，也是你参加这项活动的目的之一。如果你能够想出办法改善与辅导员的关系，对你今后的工作会有好处，也锻炼了你与人相处的本领，你觉得如何呢？"这样的话说出来，会转变先前孩子的抱怨情绪，给孩子留下思考和发展的空间。

不干涉孩子的自由，不仅仅是不干涉孩子自由发展的权利，也包括不干涉孩子自由选择的权利。

不干涉孩子的自由，会让孩子慢慢学会独立面对社会现实，并承担自己应该承担的责任。

这个社会是很现实的，家长应当允许孩子有机会接触生活的各个方面并且学会如何来应付它们，而不是将他们与现实隔离开来，所以，当孩子在成长过程中出现状况时，家长要引导他们，而不是干涉他们。

每个父母都希望自己的孩子成为生活中的强者，希望自己的孩子勇敢面对人生的风雨，可如果父母不放手，不给孩子经历风雨的机会，不给孩子独立面对社会的自由，那孩子如何成长呢？所以说，爱孩子就不要过多干涉孩子，让孩子自由地飞翔，才是真正爱孩子。

将最后的决定权交给孩子

在父母眼中没有长大的儿女，许多父母都觉得自己的孩子还小，不管什么事情都会帮他做好决定，并认为这就是一种爱。其实不然，爱默生曾说："你要教你的孩子走路，但是，应由孩子自己去学走路。"把孩子看成是一个自立的人，使其能决定自己的行为，也是对孩子的一种爱。

谢军是享誉世界的国际象棋大师，曾获得过多项世界冠军。很多人羡慕她的辉煌成就，但很少有人知道她能够取得这样的成就，完全是因为父母给了她自主的机会。

1982 年，12 岁的谢军小学即将毕业，但她却面临着两难的抉择：是升重点中学还是学棋？谢军犹豫不决。

小学六年中，谢军曾有七个学期被评为三好生，这样品学兼优的孩子，学校当然要保送她上重点中学了。

但是，国际象棋的黑白格同样吸引着谢军和她的一家人。在这个节骨眼上，母亲的一席话给了谢军莫大的勇气，让年纪小小的她学会了自主，学会了对自己负责。

母亲叫来了谢军，用商量的语气说：“谢军，抬起头来，看着我的眼睛。你很喜欢下棋，是不是？”

谢军目光坚定地看着母亲的眼睛，说出七个字：“我还是喜欢学棋。”

听到女儿的话后，母亲同意了她的选择，同时又严肃地说：“很好，不过你要记住，下棋这条路是你自己选择的，既然你做出了这个重要的选择，今后你就应该负起一个棋手应有的责任。”

一个12岁的女孩很难懂得和理解这段话，但却可以理解父母的良苦用心。

正是母亲的这段话，使谢军受益一辈子。假如当初母亲没有说这段话，或是由父母决定女儿的前途，就不会有今天的谢军，也不会有中国这位“国际象棋皇后”。

孩子虽然还小，但总有一天要走向社会。现在不培养他自我判断、自主决定的能力，什么事情都由家长解决，一旦孩子离开父母，没有人为他做这一切，而他自己又没有这种能力，那时该去依靠谁呢?

谢军的故事对父母有什么启发呢？那就是在家庭教育中，父母要像故事中谢军的母亲一样，孩子的事情让他自己决定，父母只提供参考意见。孩子自主取舍或选择，会激发他的自主性、积极性、独立性和自律性。

几乎没有父母会有意识地损伤孩子的自信心，或损伤他独立解决问题的能力，但不幸的是这种无意识的伤害却比比皆是。

为此，我们要有意识地避免过分保护，给孩子机会让他独立决定自己的事情。当然，在培养孩子自主能力时，也应注意：

第一，不要给孩子太多的选择，如“你想穿什么颜色的毛衣”，孩子可能会说出家中没有的东西，若父母不能时，反而会使孩子对父母失去信任。父母应该问：“你想穿这件绿毛衣，还是那件红毛衣？”

第二，不能让孩子选择有害、不安全的事，因为孩子不知什么有危险。例如，冬天一定要穿棉衣，这没有选择余地，必须执行，但可给些其他的选择：“这棉衣由爸爸帮你穿，还是妈妈帮你穿？”而不能说“要不要穿棉衣”。

第三，孩子做决定时，不要给其太大压力。如果孩子的决定不太合理、恰当，大人可给些提醒。如果孩子做决定后遇到挫折，产生了失败感，父母也要给予安慰。孩子做决定的机会不可太多，以免给他太大压力。

第四，根据孩子的愿望，运用大人的经验和知识，帮助孩子做一些决定。这是大人帮助孩子做决定的最好方式。

父母要让孩子知道，只要考虑清楚，做出比较合适的决定就可以了，不一定要十全十美；但不能随意做决定，要让孩子知道随意做决定的后果，从而不断提高自主能力。

如果孩子坚持穿裙子去操场玩，结果不小心擦伤了皮肤，家长不应该说“瞧，我叫你穿裤子，你偏不听”，而应说“你想一想，如果下次再去操场玩，该怎么保护好自己呢”。

随着孩子长大，经验增多，做决定的能力与技巧也会渐渐提高。这时，父母要学会对孩子放手，让孩子学着自己去生活，在实实在在的生活中找到自我。

不怕孩子没主见，就怕家长太强势

很多父母都有过这样无可奈何的时刻：

“今晚我们吃什么？”

“随便！”

“这两件衣服你喜欢哪一件？”

“随便！”

“周末李阿姨要把弟弟寄放在我们家，你看着点儿他啊。”

“随便！”

不管家长说什么，孩子都是一句“随便”。

也许，下面这位教育专家的亲身经历可以给做父母的带来一些启发：

有一天，有位热情好客的家长邀请我去某某高级酒店共进晚餐，顺便认识一下她的儿子，解决一些问题。其实，我不太喜欢在饭桌上谈什么教育，当时也有其他事情，脱不开身，但这位家长简直就是以命令和通知的语气说，希望我准时到场，万事俱备，就等我开饭。

到场以后，我真吓一跳，那位家长看起来十分娇小，但她的儿子却十分高大。我在家长的安排下坐到孩子的旁边。

那孩子很沉默，一直都是他的妈妈在滔滔不绝地向我介绍她自己的工作、丈夫的工作，今天怎么怎么忙，实在没有别的时间等。她讲到口渴，停下来喝水，我便问旁边的小伙子：

“在哪个学校读书啊？”

“哦，他在市一中。”

“你们几点放学？”

“他们四点半就放了，也是从学校直接过来的。”唉，这妈妈真爱说话。

“爸爸在什么单位？”

“崔老师，我刚不是说了吗？他在建行上班呢！”

“你们老家是哪儿的？”

“老家在延吉那边，爷爷那辈搬过来的。”

我实在忍不住了，就轻轻地碰了碰那位母亲，结果，这大姐说：“儿子，你往里面点，挤着崔老师了。”

……

饭后，妈妈说：“崔老师，你看我们家孩子长得不错吧？就是不爱说话，对什么都无所谓，哪像一个十几岁的少年啊。”

我诚恳地说：“大姐，真不是你家孩子不爱说话，而是你说得太多了。你看我问他的问题，都被你说完了，他还说什么呢？”

不是孩子没有主见，是根本不能有主见。孩子呐喊，无视；孩子反抗，打压。终有一天，孩子默不作声了，当然，仍要继续充当被指责对象——沉默寡言，没有主见。

强势没有好坏之分，对孩子过于强势就是把孩子推到弱势群体里！

让孩子成为探路者而非模仿者

人类的历史是一部冒险史，是一部对未知事物的探索史。也正是由于探索和冒险，人类的文明才一步一步向前发展。对于个人来说也是如此，一个人要想有所成就，探索精神和冒险精神必不可少。

一个曾在西方留学并执教多年的教育专家在他的研究中写道:

刚到西方不久，我就发现这里的父母对孩子的爱比起中国的父母要淡很多，有时候我甚至考虑西方的父母真的爱他们的孩子吗，因为他们对于自己的孩子总是表现出“满不在乎”的样子。

在西方的不少家庭中，你都会看到这样的情形：当孩子在房子后面的苹果树上爬来爬去时，父母却在家里忙着他们自己的事情，从来都不会制止；当孩子拖着重重的铁锹，艰难地向前迈着步子时，父母却远远地观望着孩子，从来都不会主动伸手去帮助一下；甚至当孩子拿着梯子，想爬上房屋去看看时，父母都没有多大的反应。

我想起了在中国，当孩子要去爬苹果树时，他的妈妈一定会因为害怕孩子从树上掉下来而去阻止他的；当孩子拖着重重的铁锹时，父母也一定不会袖手旁观的，而是会急忙去帮助孩子拿起铁锹;至于孩子想爬上屋顶去看看，那更是不可想象的事情。“万一摔一下，那怎么办？”中国的父母一定会这样问。可是西方的父母为何就不会这样想呢?

难道西方的父母真的不爱他们的孩子吗？我不相信天下有不爱自己孩子的父母，于是我决定去问问住在我隔壁的泰瑞的爸爸。

“哦，你怎么会这么想呢？我们当然爱我们的孩子，所以才让他们去自由地探索和冒险，要知道只有那些勇于探索和冒险的孩子，才可能成为未来社会的探路者。”泰瑞的爸爸笑着说。

这就是中西方教育的不同，在西方，父母在孩子很小的时候就开始培养他们的探索精神和冒险精神，甚至会想尽办法锻炼孩子的勇气和胆识。

可是，在中国，很多父母总是因为担心孩子受到伤害而竭力反对孩子去冒险和探索。要知道，西方孩子积极探索、不畏艰险的精神绝不是通过保护获得的，而是家长放开手脚让孩子锻炼出来的。

当然，这并不是鼓励父母为了锻炼孩子让孩子平白无故去冒险。在成长的过程中，孩子总是对这个世界充满了好奇，想要亲自去探索，甚至亲自去求证自己的一些猜想，这个时候，父母应该对孩子表现出来的探索和冒险意图进行鼓励和支持。只有这样，孩子在以后的人生中才愿意去做一个探路者，而不是一个在父母后面亦步亦趋的模仿者。

那么，若想培养孩子成为探路者，父母最需要注意的是什么呢？最主要的就是解放自己的思想，让孩子迎接每一次挑战、尝试每一个新想法。

鼓励和支持孩子去探索，让孩子成为未来的探路者而非模仿者，才是真正的爱孩子，为孩子的未来负责。

给孩子游戏和成长的空间

在自然界中，所有动物都喜欢做游戏，可以说游戏是动物的天性。詹姆斯博士认为，在这种游戏中，动物不仅得到了快乐，能力也得到了发展，比如小猫逗弄老猫，能够锻炼它捕捉老鼠的能力。

对于儿童来说也一样，为了获得生存必需的一些能力，游戏是必不可少的。因此，父母应该给孩子游戏的空间，这对他们的成长来说十分重要。

对孩子来说，早期的游戏完全可以成为学习的机会，但需要注意的是，这种游戏并不是给孩子买玩具或让孩子玩电子游戏，而是一种父母特别设置的游戏。在这方面，父母可以参考美国著名教育家卡尔·威特的一些教子方法。

老威特几乎没有给小威特买过玩具，他认为孩子从玩具中学不到什么知识；并且相信玩具是一把双刃剑，利用不好的话可能会起到相反效果。他尤其反对那些给孩子买了玩具就不再过问的父母，对这种行为提出非常严厉的批评。

当然，老威特也意识到，不给小威特买玩具，但也不能让他失去一般孩子都应享有的童趣。

为了让小威特在玩耍中增长知识，老威特在他家的院子里修了一个大游乐场。在上面铺上了厚厚的沙子，周围还栽有各种花草树木。由于沙子铺得很厚，下了雨马上就干，坐在上面也不会弄脏衣服。小威特在这里观花捉虫，培养对大自然的感情。

此外，应小威特的要求，他父母还专门为他配了一套炊事玩具，尽管他还是个孩子，但只要是大人要做的事他都想做。现在有些父母觉得孩子的这种癖好太琐碎，十分厌烦，这实际上是在忽视孩子的天性。而小威特的父母则认为，对于孩子的这种喜好，如果能引导得好，就能使儿童的潜能得到进一步开发。

小威特的母亲与其他母亲不同，她不是把炊事玩具给了孩子就撒手不管，而是借此机会进一步开发孩子的相关潜能。

小威特母亲习惯于一边做饭，一边耐心地解答小威特提出的各种问题，并且还监督小威特，让他用炊事玩具学做各种菜。

小威特的母亲还通过各种娱乐游戏来使小威特享受到获得知识的乐趣。比如有时小威特当“主妇”，妈妈当“厨师”，妈妈向小威特请示各种事情。如果小威特下达的命令不得要领，那就失去了当“主妇”的资格而降为“厨师”。

这时，当上“主妇”的妈妈就发出各种命令。如果小威特拿错了佐料，那么接下来他就连厨师也当不成了，只好被“解雇”了。

此外，老威特还为小威特做了许多形状各异的木块，他用这些木块盖房子、建教堂、修塔、架桥或者筑城。由于建筑游戏需要游戏者仔细动脑筋，因此非常有利于孩子的智力开发。

老威特认为，与孩子做游戏不能随心所欲，应当想办法让孩子开动动脑筋，这样孩子就不会感到无聊，也不会哭闹捣乱。

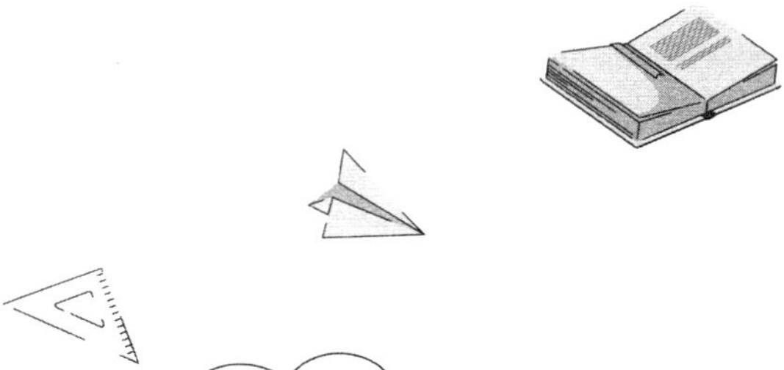

第8章

生活不是象牙塔

——从小培养孩子的交际能力

鼓励孩子多与人接触

社会学家说：“人，是群居的动物。”不错，我们的一生中不可避免地要与他人打交道，也不可避免地要遇到各种各样的人，这些人中有的只有一面之缘，有的到最后却成了我们的朋友。我们的性格、事业、生活等情况都和遇到的人有直接关系。

如果孩子害怕与人交流，那么很显然，性格、事业的发展就会遇到很多阻碍。因此，不少专家建议父母：要从小就鼓励孩子多与人接触。

五岁的豪哥性格开朗，喜欢交朋友。有一次，他跟随妈妈去野餐，在他们的营地旁边，还有另一个家庭。豪哥看到那边有一个小朋友，他的社交能力就开始显露了。他冲着小朋友挥手示意，那边的孩子看到有人挥手，也兴高采烈地回应起来。两个孩子就那样挥来挥去，乐此不疲。就在这个时候，对方的家长看到了豪哥，一边制止自己的孩子，一边冲着豪哥喊道:“你敢打他，我就打你。”

很多家长在理智上都是希望孩子认识新朋友的，但是当自己的孩子和陌生人交流的时候，保护孩子的强烈意识往往会盖过家长的理智，就像故事中那位小朋友的家长一样。这种做法是非常不恰当的，会在无形当中使孩子形成强烈的防备意识，会对孩子日后与人接触交往产生非常不利的影响。父母应该鼓励孩子多与人接触，接受不同的观念。试想一下，如果故事中的孩子能和豪哥这样的孩子玩耍，发现原来陌生人身上也有很多地方值得学习，与人相处可以得到快乐，也就会打开心扉，接纳他人。

在现实生活中，我们会看到有些孩子性格畏缩、爱哭泣、不敢与人接触，这与家庭的影响有很大的关系。这些孩子的爸妈怕自己的孩子吃亏，对其过分保护，使孩子养成了胆小怕事、遇事退缩的性格。要知道，孩子的社会行为和人际关系对他今后的成长一定会有影响，因此父母要鼓励孩子多与人接触，要注意培养孩子开朗、活泼、善于与人相处的良好性格。

孩子在成长过程中需要接触很多的人，这样才能够提高自己的组织能力和团体意识。人类是群居的动物，依靠集体的力量来抵御侵袭、创造语言、传播智慧。在现代社会，是否有组织能力和团体意识，是衡量一个人能力的重要标准。因此，接触不同年龄的人，是孩子成长过程中必须经历的。

鼓励不同年龄幼儿间的互动，这对幼儿的智力，特别是思维能力的发展是非常有好处的。这样可以训练他们的思维和表达能力，从而极大地鼓舞他们的信心。

这也是蒙台梭利的一个教育主张——混龄教育。

所谓的混龄教育，就是想办法让不同年龄段的孩子们一起玩耍，这样能够体现出群体互动的复杂性和层次性。不同的孩子在不同的群体当中扮演着不同的角色，比如说在这里是弟弟或者妹妹，到了另一个群体中就是哥哥或者姐姐，这样的一种变化会使他们不断适应和接受新的角色。这种角色变化可以让孩子体验到年幼幼儿对年长幼儿的尊重、敬畏、钦佩或嫉妒，同时还能体验到了年长幼儿对年幼幼儿的关心、爱护或轻视等，这些复杂的情感体验能给孩子带来巨大的冲击。

多和不同的人接触，孩子将获得丰富的情感体验。面对着相对复杂的关系，他们处理问题的能力也会得到相应的锻炼，这对他们的成长是有好处的。

在社会活动中培养孩子的合作精神

父母教育孩子，应该注重从小就培养孩子的合作精神，让他们懂得 1+1>2 的道理。在现代社会，如果一个孩子能有团结合作意识，并时刻将这种意识转化为自觉的行动，那他长大以后，往往也能争取到更多成功的机会。

星期六上午，一个小男孩在他的玩具沙箱里玩耍。沙箱里有他的一些玩具小汽车、敞篷货车、塑料水桶和一把亮闪闪的塑料铲子。在松软的沙堆上修筑公路和隧道时，他在沙箱的中部发现一块巨大的岩石。

小家伙开始挖掘岩石周围的沙子，企图把它从泥沙中弄出去。他手脚并用，似乎没有费太大的力气，岩石便被弄到了沙箱的边缘。不过，这时他才发现，他无法把岩石向上滚动，翻过沙箱边框。

小男孩下定决心，手推肩挤、左摇右晃，一次又一次地向岩石发起冲击，可是，每当他觉得取得了一些进展的时候，岩石便滑脱了，重新掉进沙箱。

小男孩只得使出吃奶的力气猛推猛挤。但是，他得到的唯一回报便是岩石再次滚落回来，砸伤了他的手指。

最后，他伤心地哭了起来。这整个过程，男孩的父亲透过起居室的窗户看得一清二楚。当泪珠滚过孩子的脸庞时，父亲来到了跟前。

父亲的话温和而又坚定："儿子，你为什么不用上所有的力量呢？"

垂头丧气的小男孩抽泣着说道："但是我已经用尽全力了，爸爸，我已经尽力了！我用尽了我所有的力量！"

"不对，儿子，"父亲亲切地纠正道，"你并没有用尽你所有的力量。你没有请求我的帮助。"

父亲弯下腰，抱起岩石，将岩石搬出了沙箱。

"儿子，记住，一个人的力量终归是有限的，你必须学会寻求他人的帮助，学会和他人合作。知道吗？"父亲语重心长地对儿子说道。

儿子看着爸爸，点了点头。

现代社会是知识经济时代，各行各业的竞争日趋激烈，然而这些竞争并不是靠个人单独作战就可以取胜的。因此团队合作意识在竞争中越来越重要。

然而，在独生子女比例相当大的今天，每一个孩子的好胜心都很强，孩子大都缺乏这种团结合作意识。这种状况与我们所处的需要合作意识的信息时代很不合拍，十分令人担忧。

对此，父母在鼓励孩子与人交往的同时，还要帮助孩子树立团队意识，培养孩子与人合作的精神。两人为"从"，三人为"众"，我们的社会是由人组成的，社会的发展需要众人的团结协作。每个人都需要借助他人的智慧来实现自己的人生超越，于是这个世界充满了竞争与挑战，也充满了合作与快乐。

对当今的父母来说，在孩子很小的时候就培养他们与人协作的意识尤为重要。

孩子一般不会在需要合作的情况下自发地表现出合作行为，他们也不知道应该如何合作。这就需要家长教给孩子合作的方法，指导孩子怎样进行合作。

我们可以为孩子策划一些活动，让孩子在活动中体验合作的重要性。例如，在活动中有四个小朋友，但是却只有三件玩具，怎么办？大家都在话剧表演中想演同一个角色，怎么办？……当孩子们在玩的过程中遇到问题了，他们就会想办法协商解决。当玩具不够的时候，他们就会主动想办法，相互谦让，或者是轮流使用，或者干脆大家一起玩，或者找其他的小朋友借。家长可以有意识地为孩子设计这样的情境，帮助他们逐渐养成合作的习惯。

为了孩子的未来，为了孩子的幸福，希望所有的父母都认识到团结合作的重要性，并切切实实地将其渗透到孩子发展的每一步。

让个性腼腆的孩子有话大声说

英国有这样一句谚语：“那些生性腼腆的孩子都是真正被上帝宠爱过的孩子。”我们不知道这些孩子是不是真的受过上帝的宠爱，但是我们知道，在人际关系十分重要的现代社会，一个生性腼腆的孩子很难得到更多人的帮助和宠爱。

森森就是一个比较腼腆的孩子，虽然今年已经上初中了，可是从来不敢在班上发言。最让父母头疼的是，他见到熟人也不敢主动打招呼，而是远远地就躲开了。

“教多少遍了，见了人要主动问好，但现在还是学不会，真笨！”每当此时，妈妈都要训斥森森一番。

“过来，这是李阿姨，快向阿姨问好。”妈妈跟森森说，森森却一直怯生生地扯着妈妈衣角，躲在妈妈的背后不肯出来。

“为什么别人都能回答出来问题，就你连话都不敢说？这是怎么回事？”爸爸质问的声音极大，儿子的泪涌了出来。

面对这个腼腆的孩子，森森的爸爸和妈妈实在是无奈至极，对孩子的未来也很是担忧。

在生活中，像森森一样的孩子有很多。这些老师在台演讲前、面试时、比赛前、照相时等，常常感觉紧张、脸红、心跳、发抖，在学习或工作中总是惴惴不安，神经绷得如一张满弓，唯恐出了差错……

上中学的小宇以前是个性格很活泼的人，现在见人就怕。面对熟悉的人从对面走过来，总是不知道应不应该和对方打招呼，心情越来越紧张。他发现嚼口香糖可以缓解说话紧张，所以现在一天到晚都嚼口香糖。他觉得自己很难看、声音很难听，所以很少和人交流，看到有人在很流利地谈话就嫉妒。他每天要照镜子很多次，不敢笑，也不敢大声说话。他在学习上注意力不能集中，不能回答老师的问题，人际关系非常紧张。

斯坦福大学的心理学家菲力普·G. 津巴多在《腼腆：事实与对策》一书中提出这样一个研究结论：如果一个孩子从小就很腼腆，而父母却对此漠不关心，那么孩子很可能一生都会这样下去。

这样的性格给孩子带来的影响是什么呢？津巴多认为，很多性格腼腆的人会终身不婚或者推迟结婚。而且性格腼腆的人大多数收入比较低，他们给人的感觉是无力承担有重大责任的工作。很多性格腼腆的人即便身怀绝技也会因为社交障碍而难以谋到好的职位。

具体来讲，孩子不敢在别人面前大胆说话的原因主要有两个：

第一个，不想出丑。这些人的想法是：如果我不在他人面前暴露自己的短处，别人也就不会知道我的缺点，而一旦在众人面前说话，自己的拙劣观点就会暴露出来，那么从此以后，哪里还有自己的立足之地？所以，不说话更稳妥。

第二个，不知道该如何组织说话的内容，就像被硬拉到一个陌生的世界一样，所以会感到惊惶。

而大体来说，性格腼腆者也分为后天和先天两种类型。有些人生来内向，他们说话低声细语，见到生人就脸红，甚至常怀有一种胆怯的心理，举手投足、寻路问津都会思前想后。而大多数是由于教育不当等后天的因素引起的性格腼腆。有些家长对孩子不加引导，当孩子见到生人或到了陌生的地方，总会习惯性地害羞、躲避，没有自信心。孩子随着年龄的逐渐增长，自我意识逐渐加强，对别人的评价十分敏感，希望自己在别人心中留下“光辉形象”，为此，他们对自己的一言一行都非常小心，唯恐有差错。这种心理状态导致了他们在交往中生怕被人耻笑。

“我总是不敢在别人面前讲话、发言，那会使我心跳加快，脑中一片空白……”有人承认自己说话胆怯，而且对此颇为苦恼。

家庭是孩子练习说话的第一个场所，因此父母一定要注意对孩子的引导，尤其对那些天生性格腼腆者。在家中，父母可以有意识地鼓励孩子将自己从书中看到的童话故事或者寓言故事等讲给自己听，当孩子讲不出来的时候，也不要对其大声呵斥，要多多提醒、多多鼓励。

父母还应该鼓励孩子多和同学交流，鼓励孩子广结良友，与朋友频繁往来，这是练习口才的又一途径，对于孩子改变腼腆的性格有着积极的作用。

教孩子聪明勇敢地说“不”

家长在教育孩子的过程中，应该让孩子明白这样的道理：一个主动掌握着自己命运的人，一个不被别人左右的人，一个敢于挑战自我、突破自我的人，一定也是一个懂得如何说“不”的人。只有学会说“不”，才能把握住每一个机会去展现自己，尝试改变。

凯梅从小就是一个老好人，很少对别人说“不”。这种性格在她的学生时代带给了她不少的烦恼，但她却并没有改变。大学毕业后参加工作不久，她的这种性格就给她招来了更多的烦恼，这让她很心情很糟糕。

她的姑妈决定给凯梅上一堂人际交往课。于是她的姑妈就假装来到她工作的城市看她。凯梅陪着姑妈在这个小城转了转，就到了吃饭的时间。

当时，凯梅身上只有 50 元，这是她所能拿出来招待姑妈的全部资金。她很想找个小餐馆随便吃一点，姑妈却偏偏相中了一家很体面的餐厅。凯梅没办法，只得随她走了进去。

两人坐下来后，姑妈开始点菜，当她征询凯梅意见时，凯梅含糊地说：“随便，随便。”此时，她心中七上八下，放在衣袋中的手里紧紧抓着那仅有的50元钱。这钱显然是不够的，怎么办？

可是姑妈似乎一点也没注意到凯梅的不安，她不住地夸赞着可口的饭菜，凯梅却什么味道都没尝出来。

最后的时刻终于来了，彬彬有礼的服务员拿来了账单，径直向凯梅走来，凯梅张开嘴，却什么也没说出来。

姑妈温和地笑了，她拿过账单，把钱给了服务员，然后盯着凯梅说：“傻孩子，我知道你的感觉，我一直在等你说‘不’，可你为什么不说呢？要知道，有些时候一定要勇敢坚决地把这个字说出来，这是最好的选择。我这次来，就是想要让你知道这个道理。”

女孩的姑妈教给了女孩一个道理，那就是在该拒绝的时候要聪明勇敢地说“不”，尽管说“不”代表“拒绝”，但有些时候，说“不”也代表“选择”。

家长应该在孩子还小的时候，就给孩子灌输一些重要的观念：

1.说“不”是你的权利，你不要因此而自责。

很多孩子经常会因为拒绝了同学或者朋友的请求而惴惴不安，害怕同学和朋友因此而疏远自己。这时候，就需要家长告诉孩子，说“不”是一个人的权利，如果对方是真心把你当朋友，他一定不会因为你行使了自己的权利就疏远你的。

2.不要因为害怕拒绝而丧失自我。

家长应该告诉孩子，当对一些人说“不”的时候，不仅仅是一种拒绝，更是一种选择，选择不去做怎样的人或者怎样的事情。

每个人的一生都会受到无数的诱惑，只有那些勇敢地对这些诱惑说“不”的人，才能成就自己的人生和事业。而且勇敢说“不”并不一定会给孩子带来麻烦，反而会让孩子减轻压力。如果一个人想活得自在一点、有原则一点，就得勇敢地说“不”。

3. 对于自己力所不及的事情，勇敢地说“不”，是对自己负责也是对他人负责。生活中经常出现这样的例子，明明自己不一定能做好，却因为不好意思拒绝或者为了保住自己的面子而答应了别人，结果最后不但没有帮到别人，还有可能伤害了自己或者别人。可以说，这是对自己和他人都不负责的行为。

此外，家长需要家长注意的是，让孩子勇敢地说“不”，不仅仅包括让孩子学会拒绝别人的请求，还包括让孩子学会拒绝别人的给予。

总之，学会拒绝是一种沉稳的表现，学会拒绝是一种意志和信心的体现，学会拒绝是一种豁达、明智的做法。学会拒绝，孩子才能活得真真实实、明明白白，才能活出一个真正完美的自己。

教孩子学会与人分享

分享是一种美德，更是一种快乐。萧伯纳曾经说过：“你有一个苹果，我有一个苹果，彼此交换，每个人还是有一个苹果。你有一种思想，我有一种思想，彼此交换，每个人就有了两种思想。”分享能够让人减少痛苦，获得快乐。一个人在生活中需要与人分享自己的痛苦和快乐，没有分享，他的人生就是一种惩罚。

现在的孩子多以自我为中心，这已经成为困扰老师和家长的一个严重问题，而孩子的这种以自我为中心的心理源于父母的溺爱。为了不让孩子的爱心泯灭，父母不仅要爱孩子，更重要的是要让孩子学会爱。父母只是一味地给予孩子爱，对孩子是没有好处的。“溺爱是父母与孩子关系上最危险的，用这种爱培养出来的孩子是不会把自己的东西分享给别人的。”这是一位教育家的经验之谈。所以，父母在爱孩子的时候，应该教孩子学会与人分享。

与别人分享好吃好玩的东西，对别人说一些关心体贴的话，同情并帮助有困难的人，不计较别人的过错，对别人能够宽容和谦让，孩子的爱心就是通过这样的行为逐渐形成的。

那么，怎样才能让孩子养成与别人分享的好习惯呢?

1. 让孩子体会到分享带来的乐趣

一般来说，以自我为中心的孩子会有以下三个特点：

（1）自私、故步自封。只看到自己而看不到别人的孩子是不会有什么进步的。

（2）缺乏自信。有的孩子会表现出娇纵的人格特征，就其本质而言，这是一种缺乏自信心的表现。

（3）社会性差，不合群。

以自我为中心作为一种人格特征，它所产生的消极作用和负面影响首先就是自私。这就直接导致了那些以自我为中心的孩子在和外界的交往中排斥“异己”、拒绝敞开心扉、忽视理性力量、回避真情、吝啬付出、难以与他人合作、缺乏公众意识。这就需要父母们用一些巧妙的方法把孩子自私的外壳击碎，让孩子能够拥有分享的智慧。

2. 通过移情引导孩子与他人分享

当孩子只有几个月大的时候，父母就应该让孩子学着与别人分享东西。等孩子渐渐长大了，要让他学着在餐桌上给长辈夹菜，给爸爸妈妈拿东西，给别人让座。让孩子做这些力所能及的事，会让他们品尝到做有益于他人的事而给他们带来的喜悦。

3. 父母要学会分享孩子的东西

很多父母宁可自己受苦也不愿让孩子吃苦，把那些好吃的、好玩的、好用的全都放在孩子的面前。虽然他们也会担心孩子将来成为一个不知道关心别人的冷血儿，但在行为上却不会与孩子分享。在一些家庭中，经常会出现这样的一幕：孩子诚心诚意请父母一块吃东西，父母却坚决推辞说："你吃，妈妈不吃"或者"爸爸不喜欢吃油炸的东西，也不喜欢吃甜的东西"。就这样，孩子的好意被父母给扼杀了。慢慢地，孩子也就养成了吃独食的习惯。

4. 用交换的方法让孩子学会分享

许多孩子在公共场合玩耍的时候，总是希望自己能够占有所有的东西。事实上，孩子的这种行为和想法都是不对的。但是，如果父母一味地批评孩子，则反而会产生相反的作用。遇到这种情况，父母应该鼓励孩子与其他的孩子交换玩具或是图书。让孩子学会把东西借给别人，再向别人借东西，即通过交换东西而学会和人分享。

5. 允许孩子有自己的宝贝

其实每个人都会有不愿意与别人分享的宝贝，孩子也一样。有些东西可能是孩子特别喜欢的，也可能是孩子认为特别重要的人送给他的礼物，这些对孩子来说有着特殊的意义。总之，父母在提倡孩子与人分享的同时也要允许孩子有不和人分享的宝贝，而且要让孩子懂得珍惜自己的宝贝。当其他的孩子来家里玩的时候，父母可以允许孩子把他认为重要的宝贝“藏”起来，不和其他人分享。但是，对于大多数的东西，父母应该要求孩子与人分享。

只有孩子藏好了自己的宝贝，他才会大方地把其他东西拿给别人，才会更好地和别人分享。父母强迫孩子把所有的东西都拿出来与人分享，这不但不合理，反而会激起孩子的逆反心理，让孩子做出抗拒的行为。

让孩子学会赞美别人

赞美是语言的钻石，赞美有着巨大的威力，赞美是我们乐观面对生活所不可缺少的，是我们自强、自信、自我肯定的力量源泉；赞美是人际关系的润滑剂，还可以约束人的行动，使人自觉克服缺点，积极向上；赞美的效果常常会出乎人的意料，即使是简单的几句赞叹也会让人感觉到心理上的满足。一个真诚的赞美，能给对方的心灵带来光明。所以，在日常生活中，应该培养孩子去发现，去寻找别人值得称赞的地方，并设法真诚地告诉别人，这样既能给别人的平凡生活带来阳光与欢乐，也会获得良好的人际关系。

在人际交往中，赞美要运用得体，它是一种密切人与人关系，消除隔阂，增加亲近感的奇妙的“润滑剂”。由于它能使别人获得自尊心和荣誉感，从而有效地消除抵触与对立的情绪，这就增强了双方的亲近感。赞美可以使人受到鼓舞、不断进取，也能使人盲目自满、故步自封。所以，对别人进行赞美的时候一定要讲究技巧。要记住这样一句名言：“赞美是一把两面有刃的利剑。它能增进人际关系，消除隔阂；也能刺伤对方的自尊心，破坏关系。”

赞美别人是一种习惯，这种习惯应该从小就开始培养。那么，怎样让孩子学会赞美别人呢？

1. 赞美别人一定要真诚

赞美绝不是虚伪的胡乱夸赞，也不可以用漫不经心的态度，一定要带着认真诚恳的表情来赞美他人。如果别的同学把事情搞砸了，你却“不失时机”地赞美道：“你做得真好，我想做还做不到那个样子呢。”这个时候，赞美就变成一种讽刺了。不真诚的赞美往往会起反作用，不但不会使别人舒畅，反而会伤害别人。

实际上，真诚的赞美者与虚伪的谄媚者有着本质区别：前者看到和想到的是别人的美德，而后者则是想从别人那里得到不当的好处。只有真诚赞美别人的人才能真正得到别人的爱。

赞美有时候没有必要去刻意地修饰，只要是源于生活，发自内心，真情流露，就会获得应有的效果。

2. 对事不对人

赞美也绝不是阿谀奉承。赞美别人不能毫无根据，只是说：“你真是一个好人！”这样的赞美毫无意义。所以，一定要赞美事情的本身，这样的赞美让人觉得尴尬。比如，父母带孩子到朋友家做客，朋友准备了美味的饭菜，这时候，父母可以让孩子这么说：“阿姨，你做的饭真好吃。”而不要只是说：“阿姨，你真好。”

3. 可以直接赞扬

以具体明确的语言称赞对方的行为。如赞扬同学的作文写得非常好，就该说："你的作文写得真好，我要是也有你那么好的文笔就好了。"这样的话语真实地表达了羡慕之情，让别人觉得很舒服。

4. 也可以间接赞美

教孩子以眼神、动作、姿势来赞美和鼓励别人。一般的人对表情和动作的感受远远超过对语言的感觉，人的表情在多数情况下是下意识的，装也装不出来，其所包含的虚伪成分是很少的。比如，可以用微笑、惊叹或是夸张地瞪大眼睛来表示对别人能力的倾慕，这种方式是容易被对方接受的。另外，如果想让孩子形成赞美别人的习惯，父母首先要学会赞美孩子。比如，赵越的英语成绩一直很差，他经常为此感到十分自卑。在一次期末考试的时候，他的英语成绩有所提高，并且受到了老师的表扬，他的父母更是给了他充分的赞扬和鼓励。这让他重新找回了自信，学习不断进步，最终考上了理想的大学。

恰当地赞美别人是很重要的，这能拉近彼此的距离，让别人对你充满好感，充满信任。生活中，只要孩子注意到了这一点，经常恰当地赞美别人，就会体会到爱的快乐。

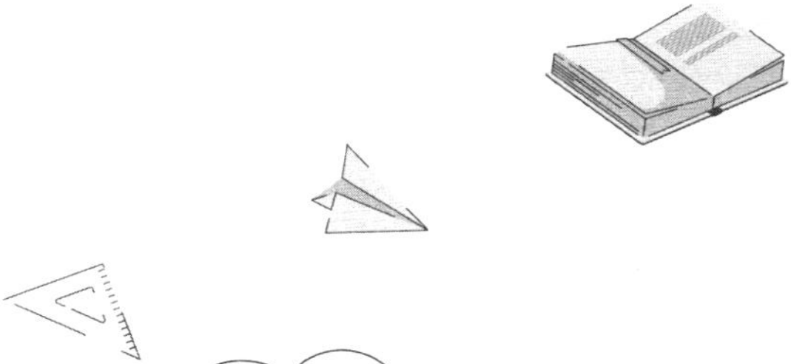

第9章

慎用你的批评

——责备孩子要讲究艺术和策略

不拿孩子的弱项和其他孩子的强项比

在孩子的成长过程中，总会有其他孩子和他一起成长。在许多父母眼中，也总有一个个别人家的孩子在某一点上比自家的孩子强。

晓岚的妈妈和佳佳的妈妈是大学时期的朋友，两家人住在一个小区，又是邻居，所以两个孩子从小就一起玩，一起读书，一起上下课，形影不离，关系特别好。

可是，自从上了初中以后，两个孩子变得有些疏远。原来，晓岚的成绩特别好，尤其是语文，作文经常被老师当作范文念，而佳佳的语文成绩却常常是班上倒数，她对写作文极其反感。

佳佳的妈妈总是抱怨佳佳的语文成绩差，尤其是喜欢拿晓岚和佳佳对比：“你说你从小就和人家晓岚在一起，怎么就一点都不向人家学习呢？和班里成绩最好的同学在一起，学习成绩尤其是语文成绩这么差，你不会觉得不好意思吗？”佳佳的妈妈这样说。佳佳很不服气，因为她的数学成绩比晓岚好。

于是和晓岚在一起，她越来越自卑，总觉得大家在看她的笑话，认为晓岚背地里和妈妈一样轻视她。慢慢地，佳佳对晓岚疏远了，总是一个人闷闷不乐地上课下课，放学回家后也不再找晓岚玩了……

我们身边有太多佳佳妈妈这样的父母，总是喜欢拿自己的孩子跟别人的孩子比，还总是拿别人家孩子的强项来跟自己孩子的弱项比。也许，父母的初衷是好的，希望以此激励孩子，让孩子上进，可是，结果往往是令父母失望的，孩子不但没有上进，反而更加退步。

为什么会出现这种情况呢？原因很简单：

第一，这样很容易伤害孩子的自尊心。一些自尊心比较强的孩子，听到父母的比较后，很容易产生逆反心理，家长越是拿别人和他们比较，希望他们上进，他们越是不听。

第二，这样很容易伤害孩子的自信心。这样的比较，其实是向孩子传达一个信息：你不如别人，别人可以做到，而你不行。这样的表达，也传递着父母对孩子的失望情绪，而这种失望情绪，对孩子的能力培养是致命的打击。

每个孩子都有自己的强项和弱项，聪明的家长不会拿自己孩子的弱项和其他孩子的强项相比，这不仅会损害孩子的自尊心和自信心，对自己孩子与其他孩子的友谊也会产生不利的影响，就像故事中的佳佳一样，会有意疏远自己的好朋友。

每个孩子都是独一无二的。由此，家长要让孩子保持自己的本色，鼓励孩子演奏属于自己的乐章。

与其责备，不如给予反省的机会

几乎每个孩子的成长都伴随着父母的责骂，可是，很多的时候，不管父母如何责骂，孩子还是不停地犯错误。对此，他们真的已经束手无策了。

在一节亲子互动课上，老师让家长坐在教室的后排，听听孩子对父母的要求：

“如果你做错了事情，希望父母怎么做？”老师开始问大家问题。

“我希望爸爸不要打我。”一个瘦瘦的男孩站起来说道。

“我希望妈妈不要老是责备我。”一个短头发的女孩大声地说道。

“我希望我的爸妈告诉我，我错在哪里。”一个眼睛大大的女孩说道。

“我希望我的爸妈能给我一个反省的机会。”一个个子高高的男生大声说道。

……

“如果父母做到了这些，你会怎么做呢？”老师笑了笑，继续问道。

“我会很爱他们，试着去改正错误。”孩子们高声答道。

大多数的父母在孩子犯错以后，第一反应都是去责备孩子。可是，这种做法真的十分有效吗？不见得。其实，孩子做了错事以后，是非常担心父母责备的。如果父母严厉地批评孩子，孩子就会有一种“如释重负”的感觉。相反，如果父母能保持沉默，孩子就会越发紧张，更容易产生一种愧疚感，进而去反省自己的错误。

同是13岁的王刚和李蕴是非常要好的朋友，两人在同一个学校的同一个班级，而且又住在一个小区，从小玩到大，可以说关系非常亲密。

有一次，在和其他小朋友踢足球的时候，王刚不小心把足球踢到了臭水沟里，其他小朋友都不想和他玩了。王刚生气地走了，李蕴也跟着王刚走了。走在路上，王刚跟李蕴商量买个足球。可是两个孩子都没有多少零用钱，王刚就建议偷偷从家里拿。两人回到家后，偷偷拿钱买了一个足球，可是心里总是觉得不踏实。

李蕴的妈妈和王刚的妈妈都发现家里的钱少了，但是两个人的处理方式却截然不同。

李蕴的妈妈在发现钱少了的同时，还发现李蕴最近总是怪怪的，回到家就开始写作业，吃饭的时候也不敢看她，于是就怀疑可能是李蕴拿钱买什么东西了。于是，她装作什么事情也没有发生，只是每天晚上去李蕴的房间，问问李蕴有没有什么话要对妈妈说。李蕴前三天一直都说没有，到第四天终于对妈妈坦白了，还说自己知道错了，希望妈妈给他改正的机会。

王刚就没有这么幸运了。王刚的妈妈发现钱少了后，也发现王刚最近怪怪的。有一次打扫的时候，她发现了王刚藏在床底下的足球，就去质问王刚是不是拿钱去买了足球，王刚说“是的”。王刚的妈妈大声地呵斥了他一顿，原本王刚觉得自己偷偷拿钱去买足球不对，心里很愧疚，结果妈妈把他训斥了一番之后，他的愧疚感却消失了。王刚的妈妈以为王刚记住了这次教训，可是没过多久，发现他又偷偷从家里拿钱了。

两个妈妈都是十分爱孩子的，希望孩子能够改正错误。可是，面对同一件事、同一个错误，两个妈妈采用了不同的处理方式，出现了完全不同的结果。我们不得不说，李蕴妈妈处理的方法比王刚妈妈处理的方法高明得多。

其实，父母责备孩子也是希望孩子可以改正错误，只是有时候却发现结果与期望完全相反。这个时候，父母不妨换一种方式，适当地保持一段时间的沉默，给孩子一个反省的机会，让他试着自己去改正错误。

主动认错的孩子不再批评

我们常说“能认识到自己的错误的就是好孩子”，其实，让犯错的孩子认识到自己的错误，主动认错，是最好的一种教育方式。只要孩子主动认错，一般都会真心实意地去改正。因此，父母也就不需要再去批评孩子了。

怎么引导孩子，让他认识自己的错误，进而主动承认自己的错误呢？我们看看下面一位妈妈的教育心得吧！

浩浩今年 4 岁了，他喜欢一边洗澡一边玩水。这次，他又在洗澡的时候找妈妈要杯子。妈妈把杯子递给了浩浩，提醒他一句：“你要快点洗澡，《亮剑》马上就要开始了，加快速度吧。”一听说看《亮剑》，浩浩马上爽快地答应妈妈：“好的，我今天不玩了。”说罢，他就把杯子扔到了澡盆外面，只听“咣当”一声，杯子撞击地面的声音格外刺耳。

妈妈当然对浩浩这样的做法很不满意，她真想把浩浩狠狠地揍一顿，但怎么能这么粗鲁呢？妈妈想了一下，换了一种方式。

妈妈说道："哎呀，你看，杯子怎么哭了啊？它摔得那么重，一定很疼吧。你说杯子是不是不高兴了，以后就不理我们了呀？"

浩浩正在水里扑腾，听妈妈这样一说，脸色马上就凝重起来，他说："妈妈，我向杯子说对不起可以吗？它能原谅我吗？"

其实，妈妈听到浩浩说这些话，心里已经很高兴了。但是，她不想让孩子的道歉成为空话，应该让他知道他犯下的错误所造成的后果。

于是，妈妈说道："它还没有原谅你呢，还在哭呢！虽然你现在跟它道歉了，但是它刚刚摔得很疼，它还很伤心，没有办法原谅你啊！"

浩浩眨着眼睛问道："为什么还不原谅我啊？"

妈妈说道："你刚才摔疼了它，虽然你跟它道歉了，但是它的疼痛感并没有消失，它怎么能原谅你呢？你想想看，如果是妈妈摔了你，给你道歉，你就不疼了吗？"

浩浩听了之后，脑袋摇得像个拨浪鼓一样。

"那你今后还摔杯子吗？"妈妈赶快趁热打铁地问。

"不摔了。"浩浩干脆利落地说道。

"嗯，这就对了，妈妈就知道你以后不会再摔了。好吧，现在你继续洗澡吧。"

浩浩拾起杯子递给妈妈："把杯子放好吧，我以后再也不摔了。"

妈妈很高兴，说道：“嗯，刚才杯子跟我说过了，它已经原谅你了。”小家伙很轻松地笑了。

这位妈妈的做法很值得提倡，孩子自己知道错了，并且能够主动认错，这是最好的结果。那么，究竟要怎样才能让孩子从心底认识到自己的错误，并且真心实意地改正呢?

1. 给孩子知错的机会

当孩子犯错误的时候，家长先不要怒斥孩子的错误行为，而是要心平气和地说出自己的感受，这样，孩子就可以从家长的话中，认识到自己所犯的错误对他人造成的影响，从而心甘情愿地主动认错。所以说，孩子不知道认错，其实大多数时候是因为家长没有给他们机会。

2. 教孩子认错的方法

有些家长可能会有类似疑问：孩子明明知道自己错了，但是嘴上就是不肯说出来，这是怎么回事呢? 其实，这是件很正常的事情，因为认错是需要勇气的，也是很伤面子的。如果孩子因为爱面子而不肯认错，说明他是一个自尊心非常强的孩子。另外，有些孩子不肯认错，是因为担心认错以后，家长不再爱他了，遇到这样的孩子，家长不妨试着告诉孩子，只要知错能改，大家仍会喜欢他。总之要让孩子明白，认错并不是一件很丢人的事情，相反，知错能改是一种可贵的品格。

3. 采用换位思考的方法，让孩子知道犯错所造成的后果

由于孩子年龄小，缺乏判断力，不知道他的错误会给别人带来伤害，所以家长有必要将犯错误的后果告诉孩子，让孩子想办法弥补自己的过错，并对自己所犯的错误承担责任。只有这样，

孩子嘴里的“下次再也不犯了”才会成为事实，因为他已经感受到他的不小心会给别人造成伤害。

犯错并不可怕，相反，孩子正是在错误中不断成长的，因为家长，我们有责任让孩子知错并认错，因为只有这样孩子才会去改正错误，有了改正错误的决心才不会再犯同样的错误。

孩子的伤疤不能揭

在现实生活中，有不少父母老是喜欢揭孩子的伤疤，认为这样就可以让孩子改正不合适的习惯或者行为。然而他们往往发现，这样做不但没有让孩子改掉不合适的习惯或者行为，反而让孩子和自己越来越疏远。

张华和陈默是表兄弟，两个人在同一所学校上学，两家住得不远，所以往来比较密切。有一天，张华的妈妈带着张华到陈默家玩，此时陈默的妈妈正因为孩子的数学考试成绩不理想而训斥孩子。

“你怎么搞的？怎么又考得这么差？都不知道你平时是怎么学习的，我都要被你气死了！”陈默的妈妈大声地训斥着陈默。

陈默不说话，低着头，似乎也在为此而羞愧。

“唉，孩子考试考不好是常有的事情，下次考好了就行了。”张华的妈妈觉得这样训斥孩子很伤孩子的自尊心，就急忙劝解。

“唉，你不是不知道，他小学的时候学习还是不错的，可自从进入了初中，他的成绩就开始退步了。”陈默的妈妈向张华的妈妈说道。

然后她又转过身来训斥陈默：“下次考好？哼，我看你下下次都很难考好。你想想看，这两个学期你哪次考试让人满意了？上次期末考试的成绩就很糟，数学没有及格，英语也考得很不好。这学期的期中考试你还是没有进步，英语只考那么点分，数学仍旧是不及格，你丢不丢人啊？”妈妈对着陈默又是一阵数落。

“其实我也想好好学，我也不想这样的！”在妈妈的强势逼迫下，陈默的辩解很无力。

“那你还不好好反省一下？下次考好点，不要总是不及格了，很丢人的。”

看到妈妈当着表弟和姨妈的面这样批评自己，陈默觉得很不好意思，于是没有再说什么，低头进了房间。

在孩子的成长过程中，挫折与失败总是难免的，有些失败会随着时间的流逝被淡忘，但是有些失败却会给他们留下心理阴影。这时候就需要父母鼓励和安慰孩子，并帮助孩子走出失败的阴影。

可是，在现实生活中，我们还是能看到不少父母像陈默的妈妈一样，反复提孩子失败的经历，随意揭孩子的伤疤，这无疑会给孩子的心灵带来伤害。对父母来说，这实在不是一件好事。

站在孩子的角度，揭孩子的伤疤会让孩子想起从前失败的经历，进而加重他自卑失落的心理。很多父母总是故意提起孩子的失败或者挫折，想以此激励孩子，这是一种非常错误的做法，会让孩子备受打击。试想一下，如果一个人失败的经历总是被反复提起，那他的信心该如何建立呢？他只会被失败带来的失落感困扰，从而更加自卑失落。作为父母，不应该随意揭孩子的伤疤，相反，要尽量给孩子鼓励和安慰，让孩子尽快走出阴影，重获自信。

批评孩子要让他清楚错在哪里

批评和表扬一样，也是教育孩子的一种手段，但批评更需要有艺术。

孩子有孩子的逻辑，当他意识到自己犯错误的时候，并不会惧怕批评。相反，他倒觉得不受批评才是不对的。这时，他往往会等待大人们的批评。当然，他也会耐心地接受批评。

不可否认，也有因为畏惧批评而掩饰错误并逃避责任的孩子。这很可能是由父母们以前批评不当引起的。遇到这种情况，父母们就更应该注意批评孩子的方式和手段，是发火还是揭穿，是暴跳如雷还是谆谆教导，都是父母值得思考的问题。

孩子也是人，他也有自尊。在批评孩子的时候，要让他清楚自己错在哪里，为什么不应该这样做，以后应该怎样做；要让孩子知道，自己年龄小，遇到不懂的事应向别人请教，或请求别人帮忙，而不能背着大人去做一些力不能及的事。

博博是个好奇心很强的孩子，遇到问题，他总喜欢搞个明白。有一次，他拆开了家里的小闹钟，弄得零件到处都是，小闹钟再也装不上了。

妈妈下班一进家门，就看到他在桌子前手忙脚乱的样子。看到妈妈进来，他还想把面前的东西都藏起来，不让妈妈看见。

又好气又好笑的妈妈把博博拉到身边，摸着他的头，说："博博，你在做什么啊？"

博博抬头看了妈妈一眼，马上低下头小声说："妈妈，我把小闹钟拆了，可怎么也装不上了。"

通过博博的话和他的表情，妈妈知道孩子已经知道自己错了，也就没有必要再说他做错事了之类的话。为了让博博明白自己为什么错了，错在哪里，应该怎么做，妈妈这样告诉他："你不应该在大人不在的时候拿工具去拆东西，不管是小闹钟还是别的什么东西，因为你还小，还没有办法像大人一样使用那些工具。即使是一把螺丝刀，如果拿不稳，也很容易把手划破，那妈妈该有多担心，多心疼啊！好孩子不应该让爸爸妈妈为他担心，博博已经长大了，应该学会自己照顾自己了。还有，你年纪还小，做事不能像大人一样周全细致。你看，现在零件撒了一桌子，有的找不到了，小闹钟还能修好吗？不能修好就不能准确告诉我们时间，这样会给爸爸妈妈上班带来很大的不便，每天不都是小闹钟叫我们起床的吗？"

妈妈说完了这些，博博抬起头，对妈妈说："妈妈，我知道错了，你罚我吧。""

"知道错了就是好孩子，妈妈不会罚你的。"妈妈接着问他，"为什么要拆小闹钟呢？"

"因为想看看小闹钟里面有什么，为什么到时间就会响，而且平时那几根小针还会不停地绕圈。"博博这么说的时候，一脸的兴奋，妈妈更不忍心去责罚他了。

"博博想知道小闹钟为什么这样，想法是好的。妈妈教过博博要细心地观察周围的事物，不懂就问，而博博是个非常爱探索爱学习的孩子。”

博博听到这些果然十分高兴，妈妈知道，博博又对自己充满了信心，认为自己确实是个爱学习的好孩子。

最后，妈妈并没有忘了补充一点：“但下次可不要这样了。你可以等爸爸妈妈回家后问嘛，而且你想看看小闹钟里面的样子，爸爸妈妈一定会满足你的愿望的。爸爸妈妈在你身边，看着你拆，装不上的时候还可以帮你啊。”

为了使博博加深对这件事情的认识，妈妈自己动手尝试着把闹钟重新组装起来。可里面的一些零件不见了，装好后，小闹钟也不能像以前一样正常工作了。在妈妈组装的过程中，博博一直在一边看着，妈妈趁机告诉他这个零件是做什么用的，那个是做什么用的，还有小闹钟之所以不能像以前那样工作是因为缺了某些零件。尽管博博并不能完全听懂妈妈的话，但他还是学到了很多东西。

孩子们在一起玩儿，难免会出现吵闹、打架等情况。如果是自己的孩子不对，父母就要及时批评孩子，让他认识到这样做绝对不可以。如果确实是别人做得不对，在批评完后，父母还应告诉孩子：“当别人骂了你或者侮辱了你，你不愿意容忍并没有错，你之所以受批评，是因为你在处理这件事情上用错了方法。做人要有自尊，但不能用别人对待你的不合适的方式去回敬别人。合适的方法有很多，比如和他讲道理，或者告诉大人，让他知道这样做不对。实在不行，可以不和他一起玩，直到他认识到自己的错误。

父母们都有这样的经验，体罚孩子的效果并不是很理想。孩子都很倔，打他时会忍着，受不了也会哭，但总是一副不服气的样子。遇到这种情况，父母可以和孩子共同探讨惩罚孩子的方法，使孩子意识到，这个规则并不是父母强加给他的，而是他自己认可的。

当然，父母首先要让孩子明确，今后绝对不会再打他了，以前打他的做法是不对的，是父母不好。孩子对于自己制定的惩罚措施，自然会自觉去执行。

说了这么多,那么,到底如何批评孩子才能取得好的效果呢?父母们可以从以下几个方面多加注意：

1. 先表扬后批评

在批评孩子时，不要不分青红皂白地猛训一通，应采取先表扬后批评的方法，这样孩子容易接受，效果也会好一些。

2. 当场批评

如不对孩子进行当场批评，就不会有什么明显的效果。因为上午发生的事情，下午或晚上他很可能已经忘掉了，这个时候去批评，就不会起到教育作用。

3. 批评时全家人的意见、态度要一致

孩子做错事的时候，若家里人有的批评，有的庇护，这样是不可能教育好孩子的。另外，不要全家一起批评孩子，这样会使孩子不知该听谁的好。最好由一人充当代表，其他人则表现出赞同的态度。

4. 父母的批评不应重复

孩子做错了事，应当避免多次重复地教育，如父亲说过了，母亲又接着说；今天说过了，明天又接着说。这样容易伤害孩子的自尊心，尤其对于比较敏感的孩子而言，这一点应当特别注意。

5. 情况危急时要严厉地批评

孩子在公路上和水沟边玩耍，或是玩火、摆弄利器时，都可能发生危险，要坚决地加以阻止。

6. 不要在饭前批评

在饭前批评孩子，既影响孩子的食欲，也影响孩子的情绪，有损孩子的身心健康。

7. 批评孩子时不要情绪冲动

父母要记住，批评不是目的，而是为了使孩子改掉恶习。斥责与发火应是不可取的，更不能抬手就打，张口就骂，否则容易使孩子形成抗拒心理。

8. 父母应注意：家丑不外扬

孩子做错了事，能在家里进行教育的，就不要拿到外面去。有的父母常吓唬孩子说："明天我到学校去告诉你的老师。"这样会使孩子产生恐惧，其结果并不理想。

9. 掌握批评孩子的分寸

孩子犯了错误，如果父母批评过于严厉，就会挫伤其自尊心，甚至引起其反抗；而如果批评力度不够，则不能使他认识到问题的严重性，他就会觉得无所谓。

因此，父母必须从爱护孩子的角度出发，严肃而又中肯地指出其错误所在、错误的性质和危害，揭穿其想要抵赖的心理，并帮助他找出改正的办法。这样做，一般都可以达到批评教育的目的。

用正确的态度对待成绩差的孩子

“望子成龙”可以说是每个家长的心愿。但是，在我们的现实生活中，由于各种各样的原因，还是有不少成绩不好的学生，这就使得一些家长的“神童梦”破碎，情绪悲观，从而粗暴地对待孩子，造成孩子心灵扭曲，在身心发育和学业发展方面陷入恶性循环，后果堪忧。其实，成绩差的孩子更需要父母用心地去对待。

孩子学习成绩不好主要有以下几方面原因：

1. 孩子智力方面存在问题

孩子的成绩不好可能是因为孩子的智力发展滞后，感觉器官存在先天缺陷或后天损伤等。另外孩子的思维大多都是具体的、形象的，如果他们的抽象思维能力没有及时地发展起来，在学一些抽象性、逻辑性比较强的知识的时候就会跟不上教学进度的要求。孩子学习差，多半是这个原因。

2. 孩子非智力方面存在问题

孩子的成绩不好也有可能是缘于孩子的学习态度不端正，学习目的不明确，学习方法不得当，学习动机不强烈，学习习惯不合理等非智力因素。如果孩子年龄较小的话，性格、情绪等对孩子的学习也有很大的影响。当孩子自制力较强、情绪高涨时成绩会呈直线上升，反之，成绩则大大下降。性格外向的孩子往往会过高估计自己的学习能力，性格内向的孩子则容易背上精神包袱。

3. 老师和家长的教育方式、方法方面存在问题

孩子的成绩不好可能和老师与家长的教育有关。比如教师水平有限，上课枯燥无味，让学生厌学；家长对孩子学习上的困难视而不见，或者随便训斥孩子，或者不能正确地启发、帮助孩子。

4. 环境方面存在问题

孩子的成绩不好还可能和环境有关，学校是孩子学习的主要场所，如果学校学风不好，设施、设备不完善，势必会对孩子的学习成绩造成影响。孩子在课余时间没有合适的活动场所，没有丰富的活动内容，与社会上各种不良分子接触，受到社会上一些不良风气的影响，也会使成绩下降。在家庭中，家庭的条件、气氛，家庭成员的素质等，都与孩子的成绩有密切关系。

由于孩子成绩差的原因是复杂的、多方面的，因此家长要抓住主要原因，采取相应的措施，比如帮助孩子树立明确的学习目标，教育孩子要有正确的学习态度，让孩子掌握正确的学习方法等。其中关键是对孩子既要理解宽容，又要严格要求。家长要积极主动地与学校老师联系，了解情况，共同磋商，找到好的方法。一般来说，孩子学习成绩差只是暂时的，只要家长重视，并加以适当的引导，是能改变这种状况的。

如果孩子的学习成绩不好的话，父母就有必要对自己进行一些调整，首先需要父母做的是放弃过高的期望，确立一个符合孩子实际能力的目标。

在学习上容易厌倦的孩子可以先让他学习 10 分钟、15 分钟，完成后好好表扬孩子一番，然后将时间逐渐拉长。当孩子能持续 30 分钟后，一个小时也不再是无法实现的目标了。最终目标可以很高，但短期目标不宜过高，应该是孩子易于实现的，这样能使孩子不断地获得成就感和自信心。

现在的父母往往以孩子的考试分数作为衡量孩子学业优劣的唯一标准。孩子的分数高了，父母十分高兴，给予各种奖励；分数低了，父母非打即骂，给予各种惩罚。但是，分数并不能代表全部，父母不要两眼只盯在分数上。只有对孩子的成绩不佳有了正确的认识，父母才能避免粗暴地对待孩子。只有父母信任孩子，对孩子满怀期望，才能调动孩子的自尊心、自信心，使孩子具有追求进步的内部动力。父母应该意识到，成绩不佳的孩子对他人的态度特别敏感，稍有不慎就会伤害他们的自尊心。父母可与学校老师联系，共同分析孩子成绩差的原因，并根据具体情况采取措施，督促孩子进步。